George Gilder

Das Leben nach

Google

Der Absturz von Big Data und
der Aufstieg der Blockchain

PLASSEN
VERLAG

Die Originalausgabe erschien unter dem Titel
Life after Google: The Fall of Big Data and the Rise of the Blockchain Economy
ISBN 978-1-6215-7576-4

Copyright der Originalausgabe 2018:
Copyright © 2018 by George Gilder.
All rights reserved.
Published by arrangement with Regnery Publishing.

Copyright der deutschen Ausgabe 2020:
© Börsenmedien AG, Kulmbach

Übersetzung: Hubert Mania
Satz: Andreas Schubert
Herstellung: Daniela Freitag
Lektorat: Sebastian Politz
Druck: GGP Media GmbH, Pößneck

ISBN 978-3-86470-669-1

Alle Rechte der Verbreitung, auch die des auszugsweisen Nachdrucks,
der fotomechanischen Wiedergabe und der Verwertung durch Datenbanken
oder ähnliche Einrichtungen vorbehalten.

Bibliografische Information der Deutschen Nationalbibliothek:
Die Deutsche Nationalbibliothek verzeichnet diese Publikation in der
Deutschen Nationalbibliografie; detaillierte bibliografische Daten
sind im Internet über <http://dnb.d-nb.de> abrufbar.

Postfach 1449 • 95305 Kulmbach
Tel: +49 9221 9051-0 • Fax: +49 9221 9051-4444
E-Mail: buecher@boersenmedien.de
www.plassen.de
www.facebook.com/plassenverlag

Für Matt und Louisa Marsh

Inhalt

VORWORT
Zurück in die Zukunft – die Simulatorfahrt 9

KAPITEL 1
Stehlen Sie dieses Buch nicht 15

KAPITEL 2
Googles Weltsystem 25

KAPITEL 3
Googles Wurzeln und Religionen 39

KAPITEL 4
Das Ende der Gratiswelt 51

KAPITEL 5
Die Zehn Gebote des Kryptokosmos 59

KAPITEL 6
Googles Coup mit dem Rechenzentrum 65

KAPITEL 7
Dallys Parallelparadigma 77

KAPITEL 8
Markow und Midas 91

KAPITEL 9
Leben 3.0 111

KAPITEL 10
1517 129

KAPITEL 11
Der Raub 141

KAPITEL 12
Auf der Suche nach Satoshi 151

KAPITEL 13
Kampf der Blockchains 167

KAPITEL 14
Blockstack 185

KAPITEL 15
Die Rückeroberung des Netzes 197

KAPITEL 16
Brendan Eichs Rückkehr mit Brave 205

KAPITEL 17
Yuanfen 215

KAPITEL 18
Sky Computing ist im Kommen 227

KAPITEL 19
Ein globaler Aufstand 241

KAPITEL 20
Die Sterilisierung des Netzwerks 257

KAPITEL 21
Das Imperium schlägt zurück 275

KAPITEL 22
Der Bitcoin-Fehler 283

KAPITEL 23
Die große Entflechtung 295

NACHWORT
Das neue Weltsystem 309

**Fachbegriffe und Informationen
für „Das Leben nach Google"** 319

Endnoten 329

Literaturverzeichnis 347

VORWORT

Zurück in die Zukunft – die Simulatorfahrt

Anfang der 1990er-Jahre, als ich in einer alten Lagerhalle am Housatonic River im Westen von Massachusetts eine Newsletter-Firma leitete, schneite die Zukunft bei uns herein.

Gleichzeitig stapfte auch die Vergangenheit in Gestalt des griesgrämigen Douglas Trumbull, eines Virtuosen für Spezialeffekte, hinterher. In einer Welt, die rasch in Richtung Digitalisierung voranschritt, hielt Trumbull verbissen an analoger Technik fest. So baute er zum Beispiel plastische Modelle seiner Ideen und speicherte seine vielschichtigen Bilder auf hochauflösendem Film.

Trumbull und mein Freund Nick Kelley hatten ein Unternehmen namens RideFilm ins Leben gerufen, um für einen Themenpark einen Bewegungs-Simulationsfilm – auch Simulatorfahrt genannt – auf der Grundlage von Robert Zemeckis' Filmreihe *Zurück in die Zukunft* zu produzieren. Ich stieg als Investor ein.

Es dauerte nicht lange, und ein nahezu lebensgroßer Tyrannosaurus Rex aus Plastik und Pappmaschee linste als inoffizielles Maskottchen von Gilder Publishing bedrohlich über unser verstaubtes Holz-Treppenhaus hinweg. Wir nahmen ihn nie richtig ernst, obwohl er sich schließlich während einer Regentschaft von gut 16 Jahren als Publikumsliebling zeitreisender Touristen in den Themenparks von Orlando, Hollywood und Osaka bewährte.

Trumbull verstand sich selbst als Zeitreisender. Berühmt geworden für seine Spezialeffekte in der „Star Gate"-Sequenz am Ende des Films *2001: Odyssee im Weltraum* von Stanley Kubrick aus dem Jahr 1968, hatte er Hollywood den Rücken gekehrt und eine Kleinstadt in Massachusetts als Exil gewählt, wo er bald den Argwohn hegte, man habe sich gegen sein analoges Genie verschworen. Nach seinem Triumph in *2001* produzierte Trumbull Spezialeffekte für viele bahnbrechende Filme, einschließlich Steven Spielbergs *Unheimliche Begegnung der dritten Art* (1977) und Ridley Scotts *Blade Runner* von 1982.

Doch inzwischen war die Welt digital geworden und Trumbull nahezu vergessen. In den frühen 1990ern plante er sein Comeback als Erfinder eines immersiven Filmverfahrens namens Showscan (70 Millimeter, 60 Bilder pro Sekunde) und einer 3D-Simulatorfahrt. Heraus kam dabei ein Erlebnis, das wir heute „virtuelle Realität" nennen. Trumbulls analoge 3D-Technik machte ein vollständiges Eintauchen in das Filmgeschehen ohne 3D-Brillen oder VR-Helme möglich. Da würde das Silicon Valley vor Neid erblassen.

Michael J. Fox' ursprüngliches Abenteuer – der Erfolgsfilm von 1985, der rund 500 Millionen Dollar einspielte – war ein triviales Gedankenspiel im Vergleich zu Trumbulls Simulatorfahrt. Steven Spielberg, Produzent des Filmstudios Universal, vermutete, dass der Handlungsablauf von *Zurück in die Zukunft* die Anregung für eine Simulatorfahrt geben könnte, die Disneylands *Star Tours*, von George Lucas erschaffen und auf seinen *Star-Wars*-Filmen beruhend, überflügeln würde. Lucas hingegen hielt es für nicht wahrscheinlich, dass Universal mit dem *Star-Tours*-Spektakel gleichziehen würde.

„Wollen wir wetten?", erwiderte Spielberg und hob das Projekt aus der Taufe.

Zukunft und Vergangenheit im Spiel, ein entfesselter Tyrannosaurus, ein „futuristischer" DeLorean, Doc Brown mit seinen wirren Haaren und weit aufgerissenen Augen, das idyllische kalifornische Städtchen Hill

Valley mit der Rathausuhr, der Fiesling Biff – vielleicht erinnern Sie sich. Sie alle trafen als Zeitreisende in unserem dreistöckigen Backsteingebäude ein, den Rex, die Karosserie des DeLorean und ein provisorisches Kino im Schlepptau. Die Dreharbeiten dauerten länger als ein Jahr.

Trumbull unterbot das Hollywoodstudio Boss Films, um die vierminütige, dreidimensionale Simulatorfahrt drehen zu können, die am Ende 40 Millionen Dollar kostete. Im Lauf von 15 Jahren spielte sie das Vielfache dieser Summe an Erlösen ein und verhinderte damit, dass Universals Themenpark in Orlando von Disney World verdrängt wurde. Die Simulatorfahrt wurde zu allererst für drei meiner Kinder und mich in dem Gebäude in Szene gesetzt, in dem wir unsere Büros gemietet hatten. Meine jüngste Tochter Nannina war zu diesem Zeitpunkt sechs Jahre alt und wurde von der Fahrt ausgeschlossen, weil wir befürchteten, dass sie es nicht schaffen würde, zwischen den furchterregenden Bildern und der Wirklichkeit zu unterscheiden.

Es stellte sich aber heraus, dass *keiner von uns dazu in der Lage war*. Festgeschnallt in den Sitzen des DeLoreans unter der Kuppel einer Omnimax-Leinwand und mit allen Sinnen gefordert, vergaßen wir schnell, dass sich das Auto nur einen guten Meter in jede Richtung bewegen konnte. Das genügte vollkommen, um unseren überlasteten Gehirnen die Illusion einer düsengetriebenen Bewegung vorzugaukeln. In dem Moment, als die Lichter ausgingen, waren wir mittendrin. Wir jagten „Biff" durch die Zeit, zoomten uns heraus und hinein in das Modell von Hill Valley, zertrümmerten das rote Texaco-Schild, zischten durch die kurvigen Straßen, krachten in den Uhrenturm des Rathauses und rasten durch ihn hindurch in die Eiszeit hinein.

Vom frostigen Anblick einer überzeugenden dreidimensionalen Tundra taumelten wir in einen aktiven Vulkan hinab und über eine Zeitklippe in die Kreidezeit hinein. Dort mussten wir versuchen, den aufblitzenden Zähnen des Tyrannosaurus Rex zu entkommen. Was uns misslang, sodass der DeLorean, an den Saurierzähnen vorbei, steil in seinen Schlund stürzte. Glücklicherweise wurden wir wieder ausgespuckt, sodass wir Biff weiterverfolgen konnten, wobei wir gemäß Doc Browns Anweisung mit einem Resonanzpunkt von 120 Stundenkilometern in das Heck seines Autos donnerten. Und voilà: Da waren wir wieder in der Gegenwart aufgetaucht. O nein! – krachten wir jetzt wirklich durch die Panoramafensterscheibe der Raketenabschussbasis von Orlando? *Jaaaa!* Viele Tausend Scherben fielen zu Boden, wir landeten an unserem Startplatz, kletterten aus dem DeLorean, raus auf die Bühne der schäbigen Lagerhalle. Nirgendwo eine Spur von zerbrochenem Glas.

Die Reise dauerte nur vier Minuten, doch die Intensität der virtuellen Realität ließ die Zeit länger erscheinen. Mit weit geöffneten Augen, rasenden Herzen und vollgepumpten Lungen hatten wir das Gefühl, zwei Stunden in dem Auto gesessen zu haben. Mindestens. Wir hatten in der Tat eine Art Zeitreise gemacht.

Die Erde ist nicht flach, das Universum auch nicht. Mickrige und deterministische Theorien, die das Universum als bloße Ansammlung nur von Physik und Chemie beherrschter Materie betrachten, lassen keinen Raum für Bewusstsein und Kreativität des Menschen. Genauso wie eine Simulatorfahrt in 3D über einen 2D-Film hinausgeht, sind andere Erfahrungsdimensionen transformativ und im künstlerischen Sinn real. Der in Harvard lehrende Mathematiker und Philosoph C. S. Peirce erklärte schon Anfang des vorigen Jahrhunderts, dass alle Symbole und ihre Objekte, egal ob in Software, Sprache oder Kunst, die Vermittlung eines interpretierenden Geistes benötigten.[1]

In unserem Geist öffnen sich potenzielle *Metaverse*, unendliche Dimensionen einfallsreicher Wirklichkeit – gegenteilige Fakten, Analogien, deutende Emotionen, Gedankenflüge und Kreativität. Der Romanautor Neal Stephenson, der den Begriff Metaversum[2] prägte, und Jaron Lanier, der Pionierarbeit auf dem Gebiet der „virtuellen Realität" leistete, lagen richtig, als sie diese Welten erforschten und wertschätzten. Ohne Dimensionen jenseits des flachen Universums schwindet und welkt unser Leben dahin und mit ihm sterben unsere Visionen.

Diese Analogie des „flachen Universums" war mir nach der Lektüre des Essays „Transposition"[3] von C. S. Lewis eingefallen, in dem er die Frage stellt: Angenommen, Sie leben in einem zweidimensionalen Landschaftsgemälde, wie würden Sie auf jemanden reagieren, der Ihnen ernsthaft versichert, das 2D-Gemälde sei lediglich das blasse Spiegelbild einer realen 3D-Welt? In der bequemen Höhle Ihres 2D-Gehirns hätten Sie 2D-Theorien parat, die all Ihre Erfahrungen im Flachland – die Farbpigmente, die parallaktischen Beziehungen zwischen nahen und fernen Objekten, die Winkel und Kanten – erklären. In Übereinstimmung mit der Mathematik. „Drei Dimensionen?" könnten Sie fragen. „Diese Hypothese brauche ich nicht."

Etwa zum Zeitpunkt von *Back to the Future: The Ride* in den frühen 1990er-Jahren prophezeite ich das Ende des Fernsehens und den Aufstieg vernetzter Computer.[4] In der Ausgabe meines Buchs *Life after Television* von 1994 erklärte ich: „Der geläufigste Personal Computer des nächsten Jahrzehnts wird ein digitales Mobiltelefon mit einer IP-Adresse sein ... das sich mit allen möglichen Datenbanken verbinden kann."[5] In zahlreichen Vorträgen verkündete ich, dass es „tragbar wie Ihre Armbanduhr und so persönlich wie Ihre Brieftasche sein wird. Es wird Sprache erkennen und durchs Straßennetz navigieren, es wird Ihre Briefe, Ihre Nachrichten und Ihren Gehaltsscheck verwalten." Bedeutungsschwangere Pause. „Wahrscheinlich wird es nicht auf *Windows* beruhen. Aber es wird Türen öffnen – Ihre Wohnungstür, Ihre Autotür und die Pforten der Wahrnehmung."[6]

Rupert Murdoch war einer der ersten, die diese Botschaft zu schätzen wussten. Er ließ mich nach Hayman Island in Australien einfliegen, um seine Führungskräfte mit Visionen einer Transformation der Medien für das 21. Jahrhundert zu verwöhnen. Zur selben Zeit erklärte Ari Emanuel, der erfolgreiche Künstlervermittler aus Hollywood, *Life after Television* zu seinem Leitfaden für die digitale Zukunft. Später erfuhr ich, dass Steve Jobs mein Buch lange vor dem iPhone gelesen und es an seine Kollegen verteilt hatte.

Vieles aus *Life after Television* ist wahr geworden, aber es gibt immer noch genügend Möglichkeiten, zurück in die Zukunft zu gehen. Das Internet hat seine wichtigsten Versprechen noch nicht eingelöst. Im Jahr 1990 habe ich vorhergesagt, dass in der Welt vernetzter Computer niemand mehr Werbung sehen muss, die er nicht sehen will. Unter Googles Führung wurde das Internet nicht nur mit unerwünschter Werbung vollgestopft, sondern auch mit Bots und Schadsoftware überfrachtet. Statt dem Einzelnen Einfluss einzuräumen, wurde es zu einer porösen Cloud, in der sämtliches Geld und sämtliche Macht an die Spitze gelangen.

Auf einer tieferen Ebene ist die Google-Welt – ihre Schnittstellen, Bilder, Videos, Icons und ihre Philosophie – zweidimensional. Google ist nicht nur ein Unternehmen, sondern ein Weltsystem. Und das Internet bricht gerade unter der Last dieser Ideologie zusammen. Ihre Anhänger erhalten die Theorie des Materialismus aufrecht, die der Vorstellung eines flachen Universums ähnelt: Deterministische Chemie und Mathematik genügen vollkommen. Sie glauben, dass der menschliche Geist ein suboptimales Produkt zufälliger Evolutionsprozesse ist. Sie glauben an die Möglichkeit eines Gehirns aus Silizium. Sie glauben, dass Maschinen auf eine Weise „lernen" können, die mit menschlichem Lernen vergleichbar ist, dass Bewusstsein ein relativ unbedeutender, aus Materie hervorgegangener Aspekt des Menschlichen ist, und dass die Vorstellung wahrer Neuheiten in einer hermetisch abgeschlossenen Welt der Logik eine Illusion ist. Sie behaupten, dass Menschen nichts mehr entdecken müssen und eigentlich mit einer staatlich garantierten Rente in den Ruhestand gehen sollten, während Larry Page und Sergey Brin mit Elon Musk davonfliegen und in galaktischen, ummauerten Gärten auf Privatplaneten in einem Kosmos, in dem der Gewinner alles bekommt, ewig leben werden.

Ihr DeLorean sagt nein. Die Mauern können niedergerissen werden und eine Welt mit vielen neuen Dimensionen kann uns gehören und uns bereichern. Diese Welt will erforscht werden. Steigen Sie ein und fahren Sie los.

KAPITEL 1

Stehlen Sie dieses Buch nicht

„Die Wirtschaft ist an einem Punkt angelangt, wo sie im Prinzip genug für alle produziert ... Deshalb geht es in der neuen Ära, die wir jetzt betreten, nicht mehr so sehr darum, wie viel produziert wird. Vielmehr geht es um die Verteilung – wie die Leute ihren Anteil vom Produzierten bekommen."
— W. Brian Arthur, Santa Fe Institute, 2017[1]

Bevor Sie dieses Buch lesen, geben Sie bitte Ihren Benutzernamen und Ihr Passwort ein. Wir kümmern uns um Ihre Identität, Ihre Cybersicherheit und Ihre literarischen Vorlieben. Wir wollen unseren Service verbessern.

Bitte übertragen Sie auch die gekritzelten, Groß- und Kleinschreibung unterscheidenden CAPTCHA-Buchstaben im Kästchen in Reinschrift (um nachzuweisen, dass Sie im Gegensatz zu etwa 36 Prozent der Webadressen kein Roboter sind, der Ihre Identität geklaut hat).

Entschuldigung, Ihr Benutzername und Ihr Passwort stimmen nicht mit unseren Einträgen überein. Benötigen Sie Hilfe? Wenn Sie Ihren Benutzernamen, Ihr Passwort oder Ihre Sicherheitsabfragen ändern möchten, klicken Sie bitte auf die URL-Adresse, die wir Ihnen in einer E-Mail an die Adresse, die Sie uns beim Kauf unserer Software mitteilten, zur Verfügung gestellt haben. Tut uns leid, diese Adresse funktioniert nicht. Möchten Sie Ihre E-Mail-Adresse ändern? Übrigens möchte iTunes ein Upgrade auf Ihre Software durchführen, um gefährliche Schwachstellen zu beheben. Dieser Software-Patch kann erst dann installiert werden, wenn Sie Ihre Apple-ID und Ihr Passwort eingegeben haben. Tut uns leid, diese Kombination entspricht nicht unseren Einträgen. Möchten Sie es noch einmal versuchen? Um diesen Vorgang zu wiederholen, müssen Sie zunächst Ihr Macintosh-Laufwerk entsperren. Geben Sie bitte Ihr Passwort ein, um Ihr Macintosh-Laufwerk zu entschlüsseln. Sollten Sie Ihr Passwort für Ihr Macintosh-Laufwerk verloren haben, müssen Sie eventuell Ihr Laufwerk löschen und neu beginnen. Sie werden dabei alle Ihre Daten verlieren, von denen Sie keine Back-ups gemacht haben, einschließlich dieses Buchs. Versuchen wir es noch einmal.

Aber zuerst *verlangt* Google von Ihnen, dass Sie Ihr Google-Passwort eingeben. Nein, nicht *das* Google-Passwort. Das haben Sie vor zwei Wochen geändert. Ja, wir wissen, dass Sie mehrere Google-Passwörter haben, die zu verschiedenen Benutzernamen gehören. Außerdem wissen wir, dass Sie Apple-Passwörter haben, die als Benutzername an Ihre Gmail-Adresse gebunden sind. Um Ihre Privatsphäre und Sicherheit zu gewährleisten, verlassen wir uns darauf, dass Sie wissen, welcher Benutzername in Kombination mit welchem Passwort in einer bestimmten Situation auf irgendeinem Ihrer Geräte infrage kommt. Nein, dieses Passwort stimmt nicht mit unseren Einträgen überein. Möchten Sie es ändern? Sind Sie sicher, dass Sie tatsächlich der Eigentümer dieses Buchs sind?

Bevor Sie sich ausloggen, nehmen Sie bitte an einer Meinungsumfrage über Ihre Erfahrungen mit unserem Kundendienst teil. Damit wir Ihre Adressen in Zukunft besser koordinieren können, stellen Sie uns bitte Ihre Telefonnummer, Ihr digitales Passbild und Ihren Fingerabdruck zur Verfügung. Vielen Dank. Außerdem hätten wir gern noch Ihre Mobiltelefonnummer. Wir wissen Ihre Kooperation zu schätzen.

Vielleicht möchten Sie noch ein paar weitere Bücher lesen, die unser Algorithmus auf der Grundlage der Online-Auswahl von Leuten wie Ihnen ausgesucht hat. Diese Werke erklären, wie „Software die Welt auffrisst", wie es der Risikokapitalanleger Marc Andreessen beobachtet hat, und wie Googles Suchmaschine und andere Software eine „künstliche Intelligenz" (KI) erzeugen, die nichts Geringeres ist als „das größte Ereignis in der Geschichte der Menschheit." Googles KI bietet verblüffende Algorithmen für „tiefgehendes maschinelles Lernen" an, die sogar den damaligen Vorstandsvorsitzenden Eric Schmidt aufschreckten. Sie übertrumpften ihn selbst und andere Menschen bei der Aufgabe, Katzen in Videos zu entdecken. Solche in diesen Büchern wiedergegebenen Kunststücke eines „Deep Mind" bezeugen, dass sich Computer gerade von ihrer Abhängigkeit von menschlicher Intelligenz emanzipieren und „Sie bald besser kennen werden als Sie sich selbst."

Um die sorgfältig ausgesuchten Bände herunterladen zu können, müssen Sie Ihre Kreditkartennummer, den Sicherheitscode und die dem Kreditkartenkonto zugeordnete Adresse eingeben. Sollte sich irgendeine Nummer verändert haben, können Sie Sicherheitsabfragen beantworten wie zum Beispiel die Adresse Ihrer Eltern zum Zeitpunkt Ihrer Geburt, den Namen Ihres Lieblingshundes, den Mädchennamen Ihrer Mutter, den Namen Ihrer Vorschule, die letzten vier Ziffern Ihrer Sozialversicherungsnummer, Ihren Lieblingssänger und Ihren ersten Grundschullehrer. Wir hoffen, dass sich Ihre Antworten nicht verändert haben. Anschließend können Sie weitermachen. Oder Sie können Ihr Passwort ändern. Wählen Sie sorgfältig ein Passwort mit mehr als acht Buchstaben, das Sie sich merken können, aber verwenden Sie bitte kein Passwort, das Sie für andere Konten nutzen, und vergessen Sie dabei nicht, Zahlen, Groß- und Kleinschreibung und alphanumerische Symbole zu verwenden. Damit Sie Ihr neues Passwort aktivieren können, wird Google Ihnen einen befristeten Code an Ihre E-Mail-Adresse schicken. Entschuldigung, Ihre E-Mail-Adresse ist nicht funktionsfähig. Möchten Sie es noch einmal versuchen? Oder haben Sie das Buch womöglich gar nicht bestellt?

Vielen renommierten Stimmen zufolge nähert sich die Branche rasch einem Augenblick der „Singularität". Deren Supercomputer in der „Cloud" werden so viel intelligenter als Sie und beherrschen ein derart umfangreiches Sensorium multidimensionaler Datenströme, die Ihr Gehirn und Ihr Körper erzeugen, dass Sie diesen Maschinen die meisten Entscheidungen in Ihrem Leben überlassen möchten. Fortgeschrittene künstliche Intelligenz und Durchbrüche in der Forschung über biologische Codes überzeugen viele Wissenschaftler, dass Organismen wie Menschen einfach nur das Produkt eines Algorithmus sind. Eingeschrieben in die DNS und in die Logik des neuronalen Netzwerks, kann dieser Algorithmus durch maschinelles Lernen interpretiert und kontrolliert werden.

Cloud-Computing und Big Data von Unternehmen wie Google mit seiner KI namens „Deep Mind" können individuelle menschliche Gehirne in den Schatten stellen, wenn es darum geht, wichtige Lebensentscheidungen zu treffen, wie etwa die Wahl des Ehepartners, der Krankenversicherung oder des Managements für den Geheimschlüssel Ihrer Bitcoin-Brieftasche sowie die Verwendung und Speicherung von Passwörtern für Ihr Macintosh-Laufwerk. Diese lernfähige Software wird auch in der Lage sein, die meisten Ihrer Jobs zu verrichten. Es könnte sein, dass die neue digitale Welt Sie gar nicht mehr braucht.

Bleiben Sie entspannt. Mit hoher Wahrscheinlichkeit werden Sie sich mit einem Einkommen zur Ruhe setzen können, das wir als ausreichend für Sie erachten. Führende Arbeitgeber aus dem Silicon Valley wie Larry Page, Elon Musk, Sergey Brin und Tim Cook halten die meisten Menschen für erwerbsunfähig, weil sie den KI-Algorithmen intellektuell unterlegen sind. Wussten Sie, dass Googles KI den Go-Weltmeister in fünf Wettkämpfen glatt besiegte? Sie wissen nicht einmal, was „Go" ist? Go ist ein hauptsächlich in Asien beliebtes Strategiespiel, das KI-Forscher lange Zeit als eine intellektuelle Herausforderung betrachteten, die in puncto Scharfsinn, Kombinationsgrad und Komplexität das Schachspiel bei Weitem übertraf. Sie haben einfach nicht die geistige Fähigkeit, bei derart anspruchsvollen Anwendungen mit Computern mitzuhalten.

Machen Sie sich trotzdem keine Sorgen. Für jeden unzeitgemäßen *homo sapiens* empfehlen die führenden Magnaten aus dem Silicon Valley ein staatlich garantiertes Jahreseinkommen. Ja, das stimmt, Jahr für Jahr „Geld umsonst"! Zudem könnten Sie als schlauer, mit dem Cyberspace vertrauter Leser durchaus zu den bemerkenswerten Eliten zählen, die nach der Vorstellung solch nachweislicher Genies wie Larry Page und Aubrey de Grey nach und nach als Nichtbeschäftigte ewig leben werden. Vielleicht zählen Sie sich gar zu den Big-Data-Weltbaumeistern, die Karriere machen und nahezu den Status einer Gottheit erreichen werden. Wie wärs denn damit?

Während die Google-Suche praktisch allgegenwärtig sein wird und über eine Macht verfügt, die frühere Stämme der Menschheit nur den Göttern zuschrieben, werden Sie womöglich zum *homo deus*. Yuval Noah Harari, ein beliebter Vortragsredner auf dem Google-Campus, benutzte diesen Begriff als Titel für eines seiner Bücher.[2]

In der Vergangenheit gab es solche Gespräche über Menschengötter, Allgegenwart und Vorherrschaft der Elite über das gemeine Volk zumeist nur bei spätabendlichem, trinkfreudigem Palaver oder in Nervenheilanstalten. Als jedoch in den letzten Jahren des zweiten Jahrzehnts des 21. Jahrhunderts die größten Profite im Silicon Valley den Firmen Google, Apple und Facebook zufielen, schien die Region einen Nervenzusammenbruch zu erleiden, der einerseits durch die Wahnvorstellung von Allmacht und Überlegenheit in Erscheinung trat und andererseits die Geräte von Konsumenten in Form von „Sicherheitsanweisungen" in Beschlag nahm. Nach einem offenbar beliebigen Muster fragten Programme nach neuen Passwörtern, Benutzernamen, PINs, Log-ins, Kryptoschlüsseln und Registrierungsvorschriften. Als jede Webseite Ihre besondere Aufmerksamkeit beanspruchte, als wäre sie Ihr Augapfel, fühlten Sie sich zunehmend eingeschränkt, weil die Anforderungen verschiedener Programme und Maschinen miteinander in Konflikt gerieten und auf Ihrem Bildschirm kaum zu erkennende Felder erschienen, die „Ihr Passwort" verlangten, als hätten Sie nur ein einziges.

Inzwischen war es offensichtlich, dass die Sicherheit im Internet zusammengebrochen war. Google entsandte Nerds als „Sondereinsatzkommandos", um auf Sicherheitspannen zu reagieren, die als selbstverständlich hingenommen wurden. Und wie Asheem Chandna, der Sicherheitsguru von Greylock Ventures, der Zeitschrift *Fortune* anvertraute, ist natürlich alles allein Ihre Schuld. Menschen fallen bereitwillig auf die Verlockungen von Schadsoftware herein. Deshalb, sagt *Fortune*, „wird der Kampf gegen die Verlockungen des Hackens eine niemals endende Schlacht sein."[3]

In der dystopischen Science-Fiction-Serie *Battlestar Galactica* lautet die wichtigste Regel, die die Zivilisation vor Cyborginvasoren abschirmt: „Vernetze nie die Computer." Zurückgekehrt in unsere Galaxie, stellt sich die Frage, wie viel Verstöße und falsche Reparaturversprechen wir noch brauchen, bevor die eigentliche Idee von einem Netzwerk fragwürdig wird. Viele Branchen wie Finanz- und Versicherungsunternehmen sind bereits im Grunde genommen offline gegangen. Das Gesundheitswesen steckt tief in diesem digitalen Morast. Unternehmensweite Sicherheitsmaßnahmen hinter Firewalls und 256-Bit-Verschlüsselungen sind einer einzigen Vorschrift gewichen: Nichts von entscheidender Bedeutung geht mehr ans Netz.

Sieht man von den Videospiel-Virtuosen in Spezialistenteams der Branche und von Hackerkommandos ab, hat das Silicon Valley so gut wie aufgegeben. Es wird Zeit, noch einen Vizepräsidenten für Multikulturalität einzustellen und den CO_2-Fußabdruck zu berechnen.

Das Sicherheitssystem ist genau in dem Augenblick zusammengebrochen, als die Computerelite damit angefangen hat, in den fieberhaftesten Fantasien über die Fähigkeiten ihrer Geräte zu schwelgen und arrogante Dummheiten über den im Vergleich dazu limitierten Horizont ihrer menschlichen Konsumenten zu verbreiten. Unterdessen haben diese Wahnvorstellungen von Allmacht den Niedergang ihres ursprünglichen Börseneinführungsmarkts, die kartellfeindliche Trübsal ihrer von Google angeführten Vorzeigeunternehmen und den unrentablen Wohlstand ihrer hungrigen „Einhornherden", wie sie Privatfirmen mit einem Wert von mehr als einer Milliarde Dollar nennen, nicht verhindern können. Da das Silicon Valley diese Rückschläge begrenzen muss, verliert es seinen unternehmerischen Biss im IPO-Prozess (*initial public offering* = der Börsengang eines Unternehmens) und zunehmend auch in Bezug auf Risikokapital an „Kommunisten" in China.

Zur Ehrenrettung des Silicon Valleys sei gesagt, dass es offenbar eine Strategie verfolgt, die man am besten als eine neomarxistische Politideologie und technologische Vision bezeichnen kann. Sie fragen sich vielleicht, warum ich diejenigen, die oberflächlich betrachtet die eifrigsten und erfolgreichsten Kapitalisten auf diesem Planeten zu sein scheinen, „Neomarxisten" nenne.

Unter dem Begriff des Marxismus werden oft revolutionäre Probleme, Arbeiteraufstände, die Zerschlagung von Handelsketten, Kritik am Kapital, Klassenbewusstsein und die Beschlagnahme der Produktionsmittel zusammengefasst. Im Kern jedoch hing der erste Marxismus dem Glauben an, dass die industrielle Revolution des 19. Jahrhunderts ein für alle Mal das grundsätzliche Problem der Produktion gelöst habe.

Zur ersten industriellen Revolution gehörten Dampfmaschinen, Eisenbahnen, Stromnetze und Turbinen – all diese „finsteren satanischen Mühlen." Marx zufolge war das der bedeutendste industrielle Durchbruch aller Zeiten. Marx' wichtigster Grundsatz lautete, dass in künftigen Zeiten das entscheidende Problem der Wirtschaft nicht die Produktion inmitten von Mangel sein werde, sondern die Umverteilung des Reichtums.

In *Die deutsche Ideologie* (1845) fantasierte Marx davon, dass der Kommunismus allen Menschen das Freizeitleben eines Gutsherrn auf dem Land ermöglichen werde: „wo ... die Gesellschaft die allgemeine Produktion regelt und mir eben dadurch möglich macht, heute dieses, morgen jenes zu tun, morgens zu jagen, nachmittags zu fischen, abends Viehzucht zu treiben, nach dem Essen zu kritisieren, wie ich gerade Lust habe, ohne je Jäger, Fischer, Hirt oder Kritiker zu werden."[4]

Marx gehörte zu den typischen Intellektuellen, die sich einbildeten, ihre eigene Epoche wäre die letzte Stufe in der Geschichte der Menschheit. William F. Buckley nannte dies das *immanentisierte Eschaton*, den Glauben nämlich, man werde „die letzten Dinge" selbst noch erleben.[5] Der Neomarxismus der heutigen Titanen im Silicon Valley wiederholt den Irrtum der alten Marxisten, weil er annimmt, die heutige Technologie – nicht Dampf und Elektrizität, sondern Mikrochips aus Silizium, künstliche Intelligenz, maschinelles Lernen, Cloud-Computing, algorithmische Bioinformatik und Robotertechnik – sei das Nonplusultra der menschlichen Errungenschaften. Das algorithmische Eschaton macht nicht nur die menschliche Arbeit, sondern auch den menschlichen Geist überflüssig.

All dies ist zeitbedingte Provinzialität und Kurzsichtigkeit, die die Bedeutung des Erreichten ihrer eigenen Ära, ihrer eigenen Firmen, ihrer eigenen besonderen Weltanschauungen und Hirngespinste überbewertet – und damit eigentlich auch sich selbst. Sie nehmen an, dass in gewisser Weise ihre „Go"-Maschine und ihre Klimatheorien die Vollendung der Geschichte seien, sie bilden sich ein, dass „der Gewinner ein für alle Mal alles bekommt." Seltsamerweise wird dieser Wahn auch von den Kritikern des Silicon Valleys geteilt. Die Dystopiker stimmen den Utopisten zu und stellen sich ein höchst kompetentes und visionäres Silicon Valley vor, angeführt von Google mit seinem Monopol auf Information und Intelligenz.

Man glaubt, die KI werde die Bedeutung des Menschseins neu definieren, ähnlich wie man es Darwins Werk *Über die Entstehung der Arten* in seiner Zeit zutraute. Während Darwin aber aus dem Menschen nur ein weiteres Tier machte, nämlich einen prekär aufgewachsenen Affen, ist der Mensch im Google-Marxismus den firmeneigenen algorithmischen Maschinen intellektuell unterlegen.

Das Leben nach Google plädiert für die gegenteilige Sichtweise. Was die hyperventilierenden Seher Yuval Harari, Nick Bostrom, Larry Page, Sergey Brin, Tim Urban und Elon Musk als einen weltverändernden KI-Götzen betrachten, ist in Wirklichkeit ein industrielles System, das aus dem letzten Loch pfeift. Die Krise der aktuellen Ordnung in puncto Sicherheit, Privatsphäre, geistigem Eigentum, Unternehmensstrategie und Technologie ist eine grundsätzliche Krise, die nicht im Rahmen der momentanen Computer- und Netzwerkarchitektur gelöst werden kann.

Sicherheit ist kein Vorteil oder Upgrade. Man erreicht sie nicht, indem man neue Schichten aus Passwörtern hinzufügt, Einsatzteams mit Pferdeschwänzen losschickt, Angriffserkennungssysteme und einen Bugfix installiert, Schadsoftware-Prophylaxe betreibt und dringende Softwarereparaturen aufschiebt. Sicherheit ist die Grundlage aller anderen Dienste und entscheidend für alle finanziellen Transaktionen. Sie ist der grundlegendste und unentbehrlichste Bestandteil jeder Informationstechnologie.

Im Geschäftsleben steht die Fähigkeit zur Durchführung von Transaktionen nicht zur Disposition. Sie ist die Methode, mit deren Hilfe jedes ökonomische Lernen und Wachstum stattfindet. Ist Ihr Produkt

„kostenlos", dann ist es kein Produkt, und Sie sind nicht im Geschäft, selbst wenn Sie sogenannten Werbekunden Geld abnötigen können, um es zu finanzieren.

Wenn Sie kein Geld für Ihren Softwareservice verlangen – wenn Sie also „quelloffen" („open source") sind – können Sie die Haftung für fehlerträchtige „Betaversionen" vermeiden. Sie können freudig die Überregulierung des 17 Jahre lang gültigen Schutzes des Patentamts umgehen, der für geringfügige Softwareverbesserungen oder „Geschäftsprozesse" wie das Einkaufen mit einem Klick gilt. Aber dann sollten Sie auch nicht so tun, als hätten Sie Kunden.

Sicherheit ist der wichtigste Bestandteil eines jeden Systems. Sie befähigt die Maschine, einen „Ausgangszustand" oder eine Grundeinstellung aufzuweisen und wirtschaftliche Zugkraft zu entwickeln. Ist Sicherheit kein integraler Bestandteil einer Architektur für Informationstechnologie, dann muss diese Architektur ersetzt werden.

Als alles noch „kostenlos" war, genügte die ursprüngliche dezentralisierte Internetarchitektur, weil das Internet damals noch kein Medium für Transaktionen war. Als es lediglich Webseiten anzeigte, E-Mails verschickte, Diskussionsforen und Newsgroups unterhielt und mit Hyperlinks den Zugang zu akademischen Seiten ermöglichte, brauchte das Netz nicht unbedingt eine Sicherheitsgrundlage. Doch als sich das Internet zu einem Forum für finanzielle Transaktionen entwickelte, wurden neue Sicherheitssysteme unumgänglich. Ebay machte es vor und kaufte Paypal, das eigentlich kein Internetservice war, sondern eine Fremdfirma, die die Effizienz von Online-Transaktionen erhöhte. Fremdfirmen benötigen Kundeninformationen, die überall im Netz übertragen werden, um Transaktionen durchzuführen. Kreditkartennummern, Sicherheitscodes, Ablaufdaten und Passwörter begannen das Netz zu überfluten.

Mit dem Aufstieg von Amazon, Apple und anderen Online-Marktplätzen im frühen 21. Jahrhundert war ein großer Teil des Internets mit Transaktionen beschäftigt, während sich die Industrie in die „Cloud" zurückzog. Die führenden Unternehmer des Silicon Valleys gaben die dezentralisierte Internetarchitektur auf und ersetzten sie durch zentralisierte und aufgegliederte Abonnementsysteme wie Paypal, Amazon,

Apples iTunes, Facebook und die Cloud von Google. Uber, Airbnb und andere abgeschottete „Einhörner" folgten.

Diese sogenannten „ummauerten Gärten" hätten wohl genügt, wenn sie tatsächlich vom Rest des Internets hätten abgeschottet werden können. Bei Apple versuchte Steve Jobs anfangs noch, eine solche Abschottung durch die Blockierung von Software-Applikationen (oder „Apps") von Drittanbietern zu erreichen. Amazon ist es weitgehend gelungen, seine eigenen Domains zu isolieren und diese mit externen Dienstleistern wie Kreditkartenunternehmen zu verbinden. Aber diese zentralisierten Festungen verletzten das Coase-Theorem der Unternehmensreichweite. In einem berühmten Artikel berechnete der Wirtschaftswissenschaftler und Nobelpreisträger Ronald Coase, dass ein Unternehmen seine Transaktionen nur bis zu dem Punkt durchführen sollte, an dem die Kosten für das Auffinden und Verhandeln mit Fremdfirmen die Unwirtschaftlichkeit übersteigen, die man sich durch das Fehlen realer Preise, von Binnenmärkten und Wirtschaftlichkeit durch Massenproduktion einhandelt.[6] Die Konzentration von Daten in ummauerten Gärten erhöht die Kosten für die Sicherheit. Die Industrie suchte Sicherheit in der Zentralisierung. Doch Zentralisierung ist nicht sicher.

Der betriebseigene Laden war in der Ära der sogenannten „Raubritter" kein großer Fortschritt des Kapitalismus, und heute ist es keineswegs besser, wenn er durch die Cloud zerstreut, durch Werbung finanziert und mit einem zweifelhaften Anteil an kostenlosen Waren kombiniert wird. Beim ersten Mal war der Marxismus eine historische Übertreibung, während der heutzutage herrschende neue Marxismus geradezu wahnhafte Züge trägt. Es ist an der Zeit, eine neue Informationsarchitektur zu errichten, für eine globale, dezentralisierte Wirtschaft.

Glücklicherweise wird schon daran gearbeitet.

KAPITEL 2

Googles Weltsystem

Alphabet, Googles Holdinggesellschaft, ist jetzt das zweitgrößte Unternehmen der Welt. Gemessen am Börsenwert steht Apple an erster Stelle. Zusammen mit Amazon und Microsoft, gefolgt von Facebook auf dem siebenten Rang, bilden die Vier ein immer stärker gefürchtetes, globales Oligopol.

Diese zunehmende globale Dominanz amerikanischer Informationsunternehmen war unvorhersehbar. Vor nur einem Jahrzehnt führten Exxon, Walmart, China National Petroleum und die Industrial and Commercial Bank of China die Liste der Konzerne mit den höchsten Börsenwerten an. Keine Internetfirma rangierte unter den Top 5. Heute dagegen sind vier der Top 5 amerikanische Schlachtschiffe der Informationstechnologie.

Warum aber heißt dann das Buch nicht *Das Umkippen des Apple-Warenkorbs*? Oder *Facebook und die vier apokalyptischen Reiter*? Weil Google als einziges unter den fünf Unternehmen Protagonist eines neuen und offenbar erfolgreichen „Weltsystems" ist. Vertreten in den renommiertesten amerikanischen Universitäten und Medienzentren, verbreitet sich Google rasch und weltweit in der Intelligenzija, vom kalifornischen Mountain View bis nach Tel Aviv und Peking.

„Weltsystem", („System of the World"): Diese Formulierung habe ich mir von Neal Stephensons Roman *Principia*, dem dritten Band seiner

Trilogie „Der Barock-Zyklus", ausgeliehen. Es ist ein Roman über Isaac Newton und Gottfried Wilhelm Leibniz und bezeichnet Ideen, die Technologien und Institutionen einer Gesellschaft durchdringen und ihre Zivilisation inspirieren.[1]

In seinem Weltsystem des 18. Jahrhunderts brachte Newton zwei Themen zusammen. Eine Newton'sche Enthüllung, verkörpert in seiner Infinitesimalrechnung und Physik, ließ die materielle Welt vorhersagbar und messbar erscheinen. Eine andere, weniger bekannte Schlüsselrolle hatte Newton bei der Festlegung eines zuverlässigen Goldstandards, der wirtschaftliche Bewertungen so berechenbar und verlässlich machte wie die materiellen Dimensionen von Handelsgütern.

Seit Claude Shannon 1948 und Peter Drucker in den 1950er-Jahren haben wir alle von der Informationsökonomie gesprochen, als sei sie eine neue Idee. Doch sowohl Newtons Physik als auch sein Goldstandard waren Informationssysteme. Genauer gesagt, ist das Newton'sche System das, was wir heute eine Informationstheorie nennen.

Newtons Biografen unterschätzen typischerweise seine Leistung bei der Schaffung der Informationstheorie des Geldes auf einer stabilen Grundlage. So schreibt einer von ihnen:

> Die Prägung der Münze einer Nation zu beaufsichtigen, ein paar Münzfälscher zu fangen, das bereits beachtliche persönliche Vermögen zu mehren, politisch einflussreich zu sein, den Wissenschaftlerkollegen Vorschriften zu machen [als Präsident der Royal Society]; das schienen recht grobe und bedeutungslose Ziele zu sein, nachdem man ein Werk wie die *Principia* geschrieben hat.[2]

Aber wenn Sie eine bessere Geldmaschine bauen, dann klopft die Welt an Ihre Tür. Sie können nach Belieben den Globus überqueren und die Werte übermitteln, für die Sie Handel treiben. Die kleine britische Insel regierte ein Imperium, das größer und unvergleichlich viel reicher war als dasjenige Roms.

Viele haben Newtons Beschäftigung mit Alchemie verspottet, den Versuch, Gold so genau nachzuformen, dass man es aus unedlen Metallen wie Blei und Quecksilber herstellen konnte. „Jeder kennt Newton als den großen Wissenschaftler. Nur wenige erinnern sich, dass er die Hälfte seines Lebens mit alchemistischen Experimenten verbracht und nach dem Stein der Weisen gesucht hat. Diesen Kieselstein wollte er unbedingt finden.³ Newtons moderne Kritiker scheitern daran, zu würdigen, wie seine alchemistischen Bemühungen entscheidendes Wissen für seine Verteidigung des auf Gold basierten Pfunds hervorbrachten.

Reichtum ist das Ergebnis von Wissen. Materie bleibt erhalten; wer sie einzusetzen versteht, erzeugt Fortschritt.⁴ Newtons Wissen, verkörpert in seinem Weltsystem, unterscheidet deutlich das lange Jahrtausend ökonomischer Flauten, das ihm vorausging, von den 300 Jahren wunderbaren Wachstums seit seinem Tod. Zwar scheiterte seine Alchemie, aber sie gab ihm – und der Welt – die wertvolle Erkenntnis, dass es keinem Rivalen, sei es ein Staat oder eine Privatbank, mit welchem Stein der Weisen auch immer, gelänge, besseres Geld zu machen. 200 Jahre lang, beginnend 1696 mit Newtons Einstellung bei der Königlichen Münzprägeanstalt, war das Pfund auf der Grundlage der chemischen Unumkehrbarkeit des Goldes ein stabiler und verlässlicher finanzieller Polarstern.⁵

Da die Pfundnote mit Gold zu einem festen Preis verknüpft war, bekamen Händler die Garantie, dass die Währung, die sie im Austausch für ihre Waren und Dienste erhielten, nie ihren festgelegten Wert verlor. Sie konnten langfristige Verpflichtungen eingehen – Anleihen, Darlehen, Investitionen, Hypotheken, Versicherungspolicen, Verträge, Seereisen, Infrastrukturprojekte, neue Technologien – ohne befürchten zu müssen, dass die von Falsch- oder Fiatgeld angeheizte Inflation den Wert künftiger Zahlungen aufzehrte. Jahrhundertelang konnten Länder, die den Goldstandard hatten, mit fast drei Prozent verzinsliche Anleihen ausgeben.⁶ Newtons System machte Geld im Grunde genauso unumkehrbar wie Gold, so unumkehrbar wie die Zeit selbst.

Unter Newtons Goldstandard erweiterte sich der Horizont der wirtschaftlichen Aktivität. Viele Tausend Kilometer lange Eisenbahnlinien breiteten sich über Großbritannien und das Weltreich aus, und auf den expandierenden Kreisen des Vertrauens, die dem britischen Finanzwesen und Handel zugrunde lagen, ging die Sonne niemals unter. Das vielleicht wichtigste Ergebnis des freien Handels war das Ende der Sklaverei. Verlässliches Geld und freie, effiziente Arbeitsmärkte ließen den Besitz menschlicher Arbeiter unprofitabel werden. Der Handel verdrängte körperliche Kraft.

In der Google-Ära wird nun Newtons Weltsystem – ein Universum, eine Währung, ein Gott – verdrängt. Seine einheitliche Grundlage unumkehrbarer Physik und seine unwiderlegbaren Goldmünzen haben unendlichen Paralleluniversen und vielfältigen, per Anordnung manipulierten Papierwährungen Platz gemacht. Genau wie der Kosmos ist auch das Geld beliebig relativistisch und umkehrbar geworden. Die 300 Jahre Newton'schen Wohlstands sind zu Ende, das neue Multiversum scheint nicht in der Lage zu sein, das Wunder eines Goldenen Zeitalters des Kapitalismus zu wiederholen. Inzwischen glaubt man weithin, dass die Bürger im Grunde dem Staat gehören, von dem sie abhängig sind. Sklaverei in Form von Unterwürfigkeit gegenüber der Regierung feiert ein Comeback, während Geldüberweisungen an Vertrauenswürdigkeit verlieren.

Glücklicherweise haben sich erste Merkmale eines neuen Weltsystems gezeigt. Man könnte sagen, es sei Anfang September 1930 entstanden, als eine auf Gold basierende Reichsmark allmählich den Sturm der Hyperinflation bändigte, die Deutschland seit Mitte der 1920er-Jahre heimsuchte.

Der Ort der unbemerkten Geburt war Königsberg, die historische, gotische Stadt der sieben Brücken an der Ostsee. Der große Mathematiker Leonhard Euler hatte im 18. Jahrhundert bewiesen, dass man nicht alle sieben Brücken überqueren konnte, ohne mindestens eine zweimal benutzen zu müssen. Euler hatte klar erkannt: Die Mathematik ist in all ihren Formen trügerischer, als sie zu sein scheint. Das gilt auch für ihre exemplarischen Erscheinungsformen in Computersoftware.

In diesem September 1930 versammelten sich Mathematiker in Königsberg zu einer Konferenz der Gesellschaft deutscher Naturforscher und Ärzte. David Hilbert, einer der Giganten ihres Fachgebietes, hielt einen Vortrag. Er stammte selbst aus Königsberg, lehrte an der Universität Göttingen, stand kurz davor, sich in den Ruhestand zu verabschieden und war der renommierte Vorkämpfer für die Begründung der Mathematik auf dem Gipfel des menschlichen Denkens.

Im Jahr 1900 hatte Hilbert die Herausforderung formuliert: Reduzierung der gesamten Wissenschaft auf mathematische Logik, basierend auf deterministischen mechanischen Prinzipien. Der Gesellschaft in Königsberg erklärte er es so: „Das Instrument, welches die Vermittlung bewirkt zwischen Theorie und Praxis, zwischen Denken und Beobachten, ist die Mathematik; sie baut die verbindende Brücke und gestaltet sie immer tragfähiger. So kommt es, dass unsere ganze gegenwärtige Kultur, soweit sie auf der geistigen Durchdringung und Dienstbarmachung der Natur beruht, ihre Grundlage in der Mathematik findet."
Und worauf gründete die Mathematik? Als Antwort auf die lateinische Maxime *ignoramus et ignorabimus* („wir wissen nicht und wir werden niemals wissen") stellte Hilbert fest: „Für uns [Mathematiker] gibt es kein *Ignorabimus*, und meiner Meinung nach auch für die Naturwissenschaft im Ganzen nicht. Statt des törichten *Ignorabimus* heiße im Gegenteil unsere Losung: *Wir müssen wissen, wir werden wissen*" – eine Forderung, die auf seinem Grabstein steht.[7]

Der Konferenz vorausgegangen war eine kleine, dreitägige Zusammenkunft, bei der es um „Die Epistemologie der exakten Wissenschaften" ging. Hauptredner waren die künftigen mathematischen Stars Rudolf Carnap, ein Mengentheoretiker, der Mathematikphilosoph Arend Heyting und John von Neumann, vielseitig talentiertes Wunderkind und Hilberts Assistent. Sie alle waren Soldaten in Hilberts epistemologischer Kampagne, und alle hofften sie, wie Hilbert selbst, dass diese Vorkonferenz ein Aufwärmtraining für die triumphale Feier der Hauptkonferenz werden würde.

Als die Vorkonferenz zu Ende war, hätten eigentlich alle nach Hause gehen können. Ein neues, mit Hilberts deterministischer Vision überhaupt nicht zu vereinbarendes Weltsystem war aus der Taufe gehoben worden. Hilberts triumphale Parade über die Brücken zwischen Mathematik und Naturerscheinungen war gestoppt worden. Die Mathematiker und Philosophen redeten jahrzehntelang weiter, ohne zu bemerken, dass sie entmachtet worden waren. Ihre Nachfolger reden sogar heute noch weiter. Aber der Triumph von Informationstheorie und Technologie hatte der Vorstellung eines deterministischen und vollständigen mathematischen Systems für das Universum ein Ende gesetzt.

Zu diesem Zeitpunkt war John von Neumann der führende Vertreter des Hilbert'schen Programms. Als Pendant von Euler und Gauß im 20. Jahrhundert hatte von Neumann sieben bedeutende Artikel über dieses Thema geschrieben. 1932 vervollständigte er sein Werk und erweiterte den „Hilbert-Raum" zu einer schlüssigen mathematischen Interpretation der Quantentheorie. Es sah so aus, als sei von Neumanns Karriere als Hilberts Protegé und Nachfolger gesichert.

Zum Ausklang der Vorkonferenz fand ein Gespräch am runden Tisch mit Carnap, von Neumann, Heyting und anderen Koryphäen statt. Am Rand der Gruppe saß Kurt Gödel, ein kleiner, schüchterner, 24 Jahre alter Hypochonder mit den Augen eines Uhus. Weil seine im Jahr zuvor an der Universität Wien eingereichte Dissertation einen Beweis für die Widerspruchsfreiheit des Logikkalküls anbot, schien er ein loyaler Soldat in Hilberts Armee zu sein.

Allerdings erwies sich Gödel auf der Party dieses Triumphalismus des 20. Jahrhunderts als Totengräber. Er bewies, dass die von Hilbert, Carnap und von Neumann lang gehegten mathematischen Ziele unerreichbar waren. In seiner Arbeit bewies Gödel, dass nicht nur die Mathematik, sondern alle logischen Systeme – sogar das als Maßstab geltende, in der *Principia Mathematica* von Alfred North Whitehead und Bertrand Russell verankerte System und selbst die Mengenlehre von Carnap und von Neumann – zu Unvollständigkeit und Widersprüchlichkeit verurteilt waren. Sie hatten zwangsläufig mit Paradoxien und Aporien zu tun. Die bloße Widerspruchsfreiheit eines formalen Systems bot keine Garantie dafür, dass das, was das System bewies, korrekt war. Jedes logische System hängt zwangsläufig von Aussagen ab, die nicht innerhalb des Systems bewiesen werden können.

Gödels Argument kam einem Bildersturm gleich. Doch seine Beweismethode war ein Glücksfall. Er entwickelte eine Reihe von Algorithmen, in denen alle Symbole und Anweisungen Zahlen waren. Folglich bahnte er durch die Widerlegung der deterministischen Philosophie hinter der Newton'schen Mathematik und der erhabenen Logik Hilberts den Weg für eine neue Mathematik, nämlich der Informationsmathematik.[8] Aus diesem Einspruch entstand ein neuer Industriezweig für Computer und

Kommunikation, der momentan von Google angeführt wird und seine Inspiration durch eine neue Mathematik der Kreativität und Überraschung erfährt.

Gödels Beweis liest sich wie ein funktionales Softwareprogramm. Jedes Axiom darin, jede Anweisung und jede Variable ist in mathematischer Sprache formuliert, die für eine Berechnung geeignet ist. Er bewies die Grenzen der Logik und artikulierte damit die Merkmale von Rechenmaschinen, die menschlichen Herren dienen würden.

Niemand im Publikum schien die Bedeutung des Gödel'schen Beweises erkannt zu haben, außer John von Neumann, von dem man hätte erwarten können, dass er sich über diesen einschneidenden Angriff auf die Mathematik, die er so liebte, ärgerte. Doch seine Reaktion war dem weltweit führenden mathematischen Geist angemessen. Er ermutigte Gödel und ging anschließend dessen Ausführungen nach.

Obwohl Gödels Beweis viele Kollegen frustrierte, fand von Neumann ihn befreiend. Die Grenzen der Logik – die Vergeblichkeit der Hilbert'schen Suche nach einer hermetisch geschlossenen Universaltheorie – sollten den menschlichen Schöpfern als Programmierer ihrer Geräte eine größere Freiheit verschaffen. Der Philosoph William Briggs bemerkt dazu: „Gödel bewies, dass das Axiomatisieren nie aufhört, dass Induktion und Intuition stets vorhanden sein müssen, dass nicht alle Dinge durch Vernunft allein bewiesen werden können."[9] Diese Bestätigung war für von Neumann persönlich eine Befreiung. Man konnte Algorithmen also nicht nur entdecken, sondern sie auch selbst verfassen. Die neue Vision führte später zu einer neuen Informationstheorie der Biologie (Bioinformatik), die von Neumann im Prinzip voraussah und die am vollständigsten von Hubert Yockey entwickelt wurde.[10] Mit ihrer Hilfe können Menschen schließlich Teile ihrer eigenen DNS umprogrammieren.

Die unmittelbarste Auswirkung des Gödel'schen Beweises war im Jahr 1936 Alan Turings Erfindung der Turingmaschine – der universellen Rechnerarchitektur, mit der er zeigte, dass Computerprogramme wie andere logische Systeme nicht nur unvollständig waren, sondern es sich auch nicht einmal beweisen ließ, dass sie zu irgendeinem Ergebnis gelangen konnten. Jedes beliebige Programm konnte den Rechner dazu veranlassen, endlos weiter vor sich hin zu surren. Das war das sogenannte „Halteproblem". Computer brauchten – von Turing als solche bezeichnete – „Orakel", um ihnen Anweisungen zu geben und ihre Ausgaben zu beurteilen.[11]

Was Turing bewies, war Folgendes: Genauso wie die Unbestimmtheiten in der Physik daher stammen, dass man Elektronen und Photonen benutzt, um sie selbst zu messen, stammen die Einschränkungen der Computer aus der rekursiven Selbstbezüglichkeit. So wie die Quantentheorie in selbstbezügliche Schleifen der Unbestimmtheit gerät, weil sie Atome und Elektronen mit Geräten misst, die aus Atomen und Elektronen bestehen, konnte die Computerlogik den selbstbezüglichen Schleifen nicht entkommen, weil ihre eigenen logischen Strukturen ihre eigenen Algorithmen mit Informationen versorgten.[12]

Gödels Einsichten führten direkt zu Claude Shannons Informationstheorie, die heute allen Computern und Netzwerken zugrunde liegt. Shannon konzipierte das Bit als Grundeinheit der digitalen Berechnung und definierte Information als überraschende Bits – das sind nicht von der Maschine vorherbestimmte oder festgelegte Bits. Information wurde zum Inhalt Turing'scher Orakelbotschaften – also unerwartete Bits –, die nicht in die hermetische Logik der Maschine selbst miteinbezogen waren.

Shannons anerkannte Gleichung übersetzte Ludwig Boltzmanns analoge Entropie in digitale Begriffe. Boltzmanns im Jahr 1877 formulierte Gleichung hatte die Bedeutung der Entropie als „fehlende Information" erweitert und vertieft. 70 Jahre und zwei Weltkriege später erweiterte und vertiefte Shannon sie erneut. Boltzmanns Entropie ist thermodynamische Unordnung, während Shannons Entropie informatorische Unordnung ist. Die Gleichungen sind dieselben.

Shannon benutzte seinen Entropie-Index der Überraschung als Maßeinheit für Information und zeigte, wie man die Bandbreite oder Kommunikationsstärke eines jeden Kanals oder jeder Verbindung berechnet und wie man den Grad der Redundanz misst, um Fehler auf jeder beliebigen Ebene zu reduzieren. Auf diese Weise konnten Computer schließlich Flugzeuge fliegen und Autos fahren. Dieses Hilfsmittel ermöglichte die Entwicklung verlässlicher Software für riesige Computersysteme und Netzwerke wie das Internet.

Information als Entropie verknüpfte außerdem Logik mit dem unumkehrbaren Zeitablauf, der auch durch den nur in eine Richtung weisenden Ablauf der thermodynamischen Entropie garantiert wird.

Gödels und Turings Werk führte zu Gregory Chaitins Konzept der algorithmischen Informationstheorie. Dieser wichtige Durchbruch überprüfte die „Komplexität" einer Botschaft anhand der Länge des Computerprogramms, die nötig ist, um sie zu erzeugen. Chaitin bewies, dass beispielsweise Naturgesetze allein die Chemie oder die Biologie nicht erklären konnten, weil die Naturgesetze viel weniger Informationen enthalten als chemische oder biologische Phänomene. Das Universum ist eine Hierarchie von Informationslagen, ein universeller „Stapel", der von oben nach unten gesteuert wird.

Chaitin glaubt, dass das Problem der Computerwissenschaft genau die Erfolge der modernen Mathematik widerspiegelt, die mit Newton begann. Ihr Determinismus und ihre Strenge verleihen ihr höchste Leistungsfähigkeit bei der Beschreibung vorhersagbarer und wiederholbarer Phänomene wie Maschinen und Systeme. „Doch das Leben ist", wie er sagt, „plastisch, kreativ! Wie können wir es aus statischer, ewiger, perfekter Mathematik erschaffen? Wir werden postmoderne Mathematik benutzen, die Mathematik, die nach Gödel, 1931, und nach Turing, 1936, kommt, offene, nicht geschlossene Mathematik, die Mathematik der Kreativität ..."[13] Das ist die Mathematik der Informationstheorie, und Chaitin ist ihr würdigster lebender Vertreter.

Die Aufspaltung jeglicher Information ist die große Trennlinie zwischen Kreativität und Determinismus, zwischen der Informationsentropie der Überraschung und der thermodynamischen Entropie vorhersagbaren Niedergangs, zwischen Geschichten, die eine bestimmte Wahrheit einfangen und Statistiken, die eine sterile Allgemeinheit offenbaren, zwischen kryptografischen Hashfunktionen (Streuwertfunktionen), die Informationen erhalten, und mathematischen Mischungen, die sie auflösen, zwischen dem Schmetterlingseffekt und dem Gesetz des Durchschnitts, zwischen Genetik und dem Gesetz der größten Zahlen, zwischen Einzigartigkeit und Big Data – es geht also, anders formuliert, um die unpassierbare Kluft zwischen Bewusstsein und Maschinen.

Nicht nur eine neue Wissenschaft war geboren, sondern auch eine auf einem neuen Weltsystem beruhende Ökonomie – und zwar die 1948 von Shannon formulierte Informationstheorie auf den erstmals in einem Raum in Königsberg im September 1930 verkündeten Grundlagen. Dieses neue Weltsystem wurde von der Firma, die wir als Google kennen, vollendet. Google ist, obwohl es noch auf dem zweiten Rang im Börsenwettrennen steht, bei Weitem das wichtigste beispielhafte Unternehmen unserer Zeit. Dennoch glaube ich, dass Googles Weltsystem scheitern wird, ja, noch in unserer Lebenszeit weggespült wird (und ich bin 78 Jahre alt!). Es wird scheitern, weil seine Hauptvoraussetzung versagen wird.

Wie können wir also, da wir mit dem überschwänglichen Newton angefangen haben, fortfahren und ein paar Milchbärten ein „Weltsystem" zuschreiben, die eine Computerfirma in einem Collegelabor gründeten, einen Webcrawler (ein Computerprogramm, das Webseiten analysiert) und eine Suchmaschine erfanden und damit die Werbung im Netz dominierten?

Ein Weltsystem kombiniert zwangsläufig Wissenschaft und Handel, Religion und Philosophie, Ökonomie und Epistemologie. Es kann Veränderungen nicht nur beschreiben oder analysieren, sondern muss sie auch verkörpern und vorantreiben. Was intellektuelle Stärke, kommerzielles Genie und strategische Kreativität betrifft, ist Google ein würdiger Anwärter auf die Nachfolge Newtons, Gödels und Shannons. Es ist das erste Unternehmen der Geschichte, das ein Weltsystem entwickelt und realisiert hat. Vorläufer wie IBM und Intel waren vom technologischen Schwung und vom Erfolg her vergleichbar, von Thomas Watsons Großrechnern und Halbleiterspeichern bis zu den Prozessoren eines Bob Noyce und Gordon Moores Erfahrungskurven. Doch das Moore'sche Gesetz und Big Blue (IBM) stellen kein schlüssiges Weltsystem zur Verfügung.

Unter der Führung von Larry Page und Sergey Brin entwickelte Google eine ganzheitliche Philosophie, die mit großem Erfolg danach strebt, unser aller Leben und Schicksal zu gestalten. Google hat eine Theorie des Wissens und des Geistes vorgeschlagen, um eine Vision für die dominierende Technologie der Welt mit Leben zu erfüllen, ein neues Konzept für Geld und daher auch für Preissignale, eine neue Moral und eine neue Vorstellung über die Bedeutung und den Verlauf des Fortschritts.

Googles Theorie des Wissens, mit dem Spitznamen „Big Data" versehen, ist so radikal wie Newtons entsprechende Theorie und so einschüchternd, wie Newtons Botschaft befreiend war. Newton brachte ein paar relativ einfache Gesetze ins Spiel, mit deren Hilfe jede neue Information interpretiert und der Wissensvorrat erweitert und angepasst werden konnte. Im Prinzip kann jeder Physik und Infinitesimalrechnung oder die von ihnen hervorgebrachten Untersuchungen und Fertigkeiten anwenden, unterstützt von Werkzeugen, die an jeder Universität, an vielen Gymnasien und in vielen Tausend Unternehmen auf der ganzen Welt bequem erschwinglich und verfügbar sind. Hunderttausende Ingenieure tragen in diesem Augenblick zu diesem Vorrat menschlichen Wissens bei und interpretieren jeweils eine Information.

„Big Data" vertritt den umgekehrten Ansatz. Die Idee hinter Big Data ist, dass die frühere langsame, unbeholfene, schrittweise Suche nach Wissen durch menschliche Gehirne ersetzt werden kann, wenn zwei Bedingungen zutreffen: Alle Daten in der Welt können an einem einzigen „Ort" gesammelt werden, und es können Algorithmen geschrieben werden, die hinreichend umfangreich sind, um sie zu analysieren.

Diese Theorie des Wissens wird von einer Theorie des Geistes aufrechterhalten, die vom Streben nach künstlicher Intelligenz abgeleitet ist. Aus dieser Perspektive ist das Gehirn ebenfalls grundsätzlich algorithmisch und verarbeitet in wiederholten Vorgängen Daten, um zu Ergebnissen zu kommen. Studien über wirkliche Gehirne widerlegen diese Vorstellung. Es stellt sich heraus, dass sie eher wie sensorische Prozessoren arbeiten und nicht wie logische Maschinen. Dennoch bleibt die Ausrichtung der KI-Forschung im Wesentlichen unverändert. Wie ein Methodenschauspieler hat die KI-Industrie akzeptiert, dass es ihr Job ist, zu handeln, „als ob" das Gehirn eine logische Maschine sei. Deshalb bleiben die größten Anstrengungen, die menschliche Intelligenz zu kopieren, Übungen in immer schnelleren Verarbeitungen, und zwar so, wie Computer sie am besten bewältigen. Letztlich bleibt die KI-Priesterschaft dabei, dass der menschliche Geist – nicht nur in dem einen oder anderen spezialisierten Ablauf, sondern auf jede erdenkliche Weise – von extrem schnellen logischen Maschinen, die eine unbegrenzte Menge Daten verarbeiten können, überflügelt werden wird.

Die Google-Theorien des Wissens und des Geistes sind keineswegs bloße abstrakte Denkspiele. Sie diktieren Googles Geschäftsmodell, das von „suchen" zu „zufriedenstellen" vorangeschritten ist. Googles Weg zum Reichtum, für den es beträchtliche Beweise vorlegen kann, läuft darauf hinaus, dass das Unternehmen mit genügend Daten und genügend Prozessoren besser als wir selbst wissen kann, was unsere Sehnsüchte befriedigt. Ebenso wie die früheren Weltsysteme durch entscheidende Technologien verkörpert und umgesetzt wurden, so wird Googles Weltsystem durch eine technologische Vision verkörpert und umgesetzt, die Cloud-Computing genannt wird. Wenn Googles Theorie darin besteht, dass universelles Wissen durch wiederholte Verarbeitung riesiger Datenmengen erzielt wird, dann müssen die Daten auch irgendwo für die Prozessoren erreichbar sein. Erreichbarkeit wird in diesem Fall durch die Lichtgeschwindigkeit definiert. Die Grenze der Lichtgeschwindigkeit – knapp 23 Zentimeter in einer Milliardstel Sekunde – benötigt die Ansammlung von Prozessoren und den Speicher an einem zentralen Ort mit verfügbarer Energie, um die Daten abzurufen und zu verarbeiten.

Die „Cloud" ist folglich ein gewitzter Name für die neue Schwerindustrie unserer Zeit: gewaltige Datenzentren, die aus riesigen Systemen von Datenspeichern und Prozessoren bestehen, miteinander verbunden durch viele Millionen Kilometer Glasfaserkabel. Sie konsumieren Elektrizität und strahlen Wärme in einem Ausmaß ab, das die meisten industriellen Unternehmungen in der Geschichte der Menschheit übersteigt.

Die Maschinen der industriellen Revolution waren derart von Energiequellen abhängig, dass die Nähe zu einer solchen Energiequelle – an erster Stelle Wasser – häufig eine wichtigere Überlegung bei der Entscheidung für den Standort einer Fabrik war als der Vorrat von Rohmaterial oder die Verfügbarkeit von Arbeitskräften. Heutzutage werden Googles Datenzentren mit ähnlichen Einschränkungen konfrontiert.

Googles Vorstellung von Fortschritt ergibt sich aus seiner technologischen Vision. Newton und seine Kollegen waren von ihrem jüdisch-christlichen Weltbild geprägt und entfesselten eine Theorie des Fortschritts, in deren Mittelpunkt die menschliche Kreativität und der freie Wille standen. Google muss zögern. Falls der Weg zum Wissen tatsächlich die unendlich schnelle Verarbeitung aller Daten ist, und falls der Geist – jene Maschine, mit der wir die Wahrheit der Dinge anstreben – einfach nur eine logische Maschine ist, dann kann die Kombination von Algorithmus und Daten nur ein einziges Ergebnis hervorbringen. Eine solche Vision ist nicht nur deterministisch, sondern letzten Endes diktatorisch. Wenn es ein moralisches Gebot gibt, nach der Wahrheit zu streben und die Wahrheit nur durch die zentralisierte Verarbeitung aller in der Welt vorhandenen Daten gefunden werden kann, dann müssen alle Daten in der Welt wegen des besagten moralischen Gebots von einem Schafhirten in einem Pferch eingesammelt werden. Google kann es vielleicht bei guten Worten belassen, wenn es um die Privatsphäre geht, aber persönliche Daten sind der Todfeind ihres Weltsystems.

Schließlich schlägt Google etwas vor – muss es vorschlagen – das dem, was Newton konstruierte, als er einen verlässlichen Goldstandard für die Welt schuf, radikal entgegengesetzt ist: einen ökonomischen Standard, eine Theorie des Geldes und der Werte, der Transaktionen und der Informationen, die sie übermitteln.

Wie das freundliche Bild vom Cloud-Computing scheint Googles Geld- und Preistheorie auf den ersten Blick äußerst gutartig und in gewisser Hinsicht zutiefst christlich zu sein. Denn Google bestimmt, dass es, zumindest im Bereich unter seiner direkten Kontrolle, überhaupt keine Preise geben soll. Abgesehen von ein paar geringen (aber bedeutsamen) Ausnahmen, ist alles, was Google seinen „Kunden" anbietet, umsonst. Internetrecherchen sind umsonst. E-Mails sind umsonst. Die gewaltigen Ressourcen der Datenzentren, deren Bau Google schätzungsweise 30 Milliarden Dollar kostete, werden im Wesentlichen kostenlos zur Verfügung gestellt.

Kostenloser Service ist kein Zufall. Wenn Ihr Unternehmenskonzept vorsieht, Zugang zu den Daten der ganzen Welt zu bekommen, dann ist Kostenlosigkeit eine Notwendigkeit. Zumindest für Ihre „Produkte". Für Ihre Werbekunden sieht das ganz anders aus. Sie zahlen für die riesige Datenmenge und die Erkenntnisse, die sie bei der Verarbeitung gewinnen. Das alles macht die „Kostenlosigkeit" möglich.

Und so fing es mit den Kaskaden der „Kostenlosigkeit" an: kostenlose Landkarten mit phänomenaler Reichweite und Auflösung, die Google zum Marktführer mobiler und lokaler Dienste machten, kostenlose YouTube-Videos von strahlender Qualität und erstaunlicher Vielfalt, die auch zu einem bevorzugten Medium für Musik im Internet werden; kostenlose E-Mail-Konten von eleganter Schlichtheit mit verblüffenden Spamfiltern, mühelos einzubindenden Anhängen und mehreren Hundert Gigabyte Speicher, Links zu kostenlosen Kalendern und Kontaktlisten; kostenlose Android-Apps, kostenlose Spiele und kostenlose Internetsuche mit unübertrefflicher Geschwindigkeit und Effektivität, kostenlose, kostenlose, kostenlose, kostenlose Urlaubsdiashows, kostenlose nackte Frauen, kostenlose moralische Erbauung („Do the right thing" – Mach es richtig); kostenlose Klassiker der Weltliteratur und schließlich kostenlose Antworten, maßgeschneidert für jeden Geschmack von Google Mind.

Was ist daher verkehrt an kostenlosem Service? Es ist immer eine Lüge, weil es am Ende nichts auf der Welt umsonst gibt. Sie tauschen dafür nicht messbare Dinge ein. Für den Augenblick eines kurzen Videos, das Sie womöglich gar nicht zu Ende sehen wollen, erklären Sie sich einverstanden, eine Werbung zu sehen, die lang genug ist, bevor man sie überspringen kann. Statt mit dem präzisen Tauschwert von Geld zu zahlen – und um damit etwas zu signalisieren –, bezahlen Sie mit der glatten Münze von Information und Ablenkung.

Von allen Gründungsprinzipien Googles ist der Preis null offensichtlich das großzügigste. Dennoch wird sich herausstellen, dass es nicht nur sein schädlichstes Prinzip ist, sondern auch der schlimmste Fehler, der Google selbst zum Verhängnis werden wird. Wahrscheinlich wird Google auch in zehn Jahren immer noch ein wichtiges Unternehmen sein. Recherche ist ein wertvoller Service und Google wird seine Suchmaschine weiterhin anbieten. Mit der Suche wird es seinen Wohlstand wahren, selbst mit einem Preis null. Doch Googles heimtückisches Weltsystem wird hinweggefegt werden.

KAPITEL 3

Googles Wurzeln und Religionen

Unter der Führung von Larry Page und Sergey Brin entwickelte Google die ganzheitliche Philosophie, die gegenwärtig unser aller Leben und Schicksal bestimmt. Dazu gehören eine Theorie des Wissens (mit dem Spitznamen „Big Data"), eine technologische Vision (zentralisiertes Cloud-Computing), ein Kult des Gemeinguts (verwurzelt in „quelloffener Software"), ein Konzept für Geld und Werte (auf der Grundlage kostenloser Güter und automatisierter Werbung), eine Moraltheorie („Geschenke" statt Profite) und eine neue Vorstellung von Fortschritt als evolutionäre Unvermeidbarkeit sowie ein ständig sich abschwächender „CO_2-Fußabdruck".

Diese Philosophie beherrscht unser ökonomisches Leben in Amerika und zunehmend auch in der ganzen Welt. Als Google den Maschinen das „tiefgehende Lernen" beibrachte und 2014 den Erfinder und Propheten Raymond Kurzweil einstellte, startete das Unternehmen eine Mission, um die Erkenntnisfähigkeit von Mensch und Maschine miteinander zu verschmelzen. Kurzweil nennt es „Singularität", gekennzeichnet durch den Triumph des Rechnens über die menschliche Intelligenz. Man könnte sagen, Googles Netzwerke, Clouds und Rechenzentren haben schon viel davon erreicht.

Google war nie nur ein Computer- oder Softwareunternehmen. Von Anfang an, seit den späten 1990er-Jahren, als ihre Gründer noch in Stanford studierten, war es das Lieblingskind des Stanford Computer Science Department und eng verbunden mit der Finanzwirtschaft der Sand Hill Road in der Nachbarschaft. Der Ehrgeiz der Gründer ging über bloßes Geschäftemachen weit hinaus.

Die Firma wurde 1996 in den Laboren des neu eröffneten (Bill) Gates Computer Science Building ins Leben gerufen und kam in den Genuss der Schirmherrschaft seines Präsidenten John Hennessy, sodass sie Zugriff auf die gewaltigen Computerressourcen der Fakultät hatte. (2018 wurde Hennessy Vorstandsvorsitzender von Alphabet, Googles Holdinggesellschaft). In den Anfängen konnte Google auf die volle Bandbreite der T-3-Kabel der Universität zugreifen, später standen ihm großzügige 45 Megabits pro Sekunde zur Verfügung, und man pflegte Beziehungen zu Titanen aus der Risikokapitalbranche wie John Doerr, Vinod Khosla, Mike Moritz und Don Valentine. Die Informatik-Fachtheoretiker Terry Winograd und Hector Garcia Molina betreuten die Dissertationen der Gründer.

Sie rasten im Geiste Claude Shannons auf Inlineskates und in ausgelassener Stimmung durch die Flure der Computer-Science-Ruhmeshalle von Standford und hatten Umgang mit akademischen Größen wie dem begrifflichen Softwarekönig Donald Knuth, mit Billy Dally, einem Vorreiter der parallelen Informationsverarbeitung, und nicht zuletzt mit John McCarthy, dem Begründer der künstlichen Intelligenz.

Im Jahr 1998 leiteten Brin und Page den Kurs CS 349, „Data Mining, Search and the World Wide Web". Andreas (Andy) von Bechtolsheim, der Gründer von Sun, Amazon-Gründer Jeff Bezos und Dave Cheriton, Netzwerkguru von Cisco, hatten das Google-Projekt mit beträchtlichen Investitionen bedacht. Stanford selbst erhielt 1,8 Millionen Aktien im Austausch für Googles Zugriff auf Pages Patente, die im Besitz der Universität waren (Stanford löste 2005 die Aktien für 336 Millionen Dollar ein).

Google zog 1999 von Standford in eine Garage in Menlo Park um. Sie gehörte Susan Wojcicki, einer Intel-Managerin und bald darauf CEO von YouTube und Schwester von Anne Wojcicki, der Gründerin des Genom-Start-ups 23andMe. Brins Hochzeit mit Anne 2007 symbolisierte die fruchtbare Umarmung von Silicon Valley, Sand Hill Road und Palo Alto – ihre Ehe wurde 2015 geschieden. Bis zum Jahr 2017 hatten Googles eigene Computerwissenschaftler mehr der am meisten zitierten Artikel der Welt zum Thema geschrieben als Stanfords eigene Fakultät.[1]

Die Google-Gründer sprachen über ihre Vorstellungen stets in prophetischen Begriffen. Page ist ein hervorragender Informatiker. Als Sprössling zweier Doktoren desselben Fachs würde niemand, nicht einmal seine Mutter, leugnen, dass dieser „PageRank"-Aufsatz hinter der Google-Suche besser als jeder Doktortitel ist.[2] Sein Vater Carl war ein leidenschaftlicher Verfechter künstlicher Intelligenz an der Michigan State University und am Familienesstisch in East Lansing.

Brin betrachtete das Wort „Googol", das die Zahl 10^{100} bezeichnet – eine 1 mit 100 Nullen und daher eine unfassbar riesige Zahl – als ein Symbol für den Einflussbereich und den Ehrgeiz des Unternehmens. Als tonangebender Mathematiker, Informatiker und Herr über „Big Data" in Stanford, brachte Brin die mathematische Akrobatik ein, die den Page-Rank-Suchalgorithmus in einen skalierbaren „Crawler" für das gesamte Internet und darüber hinaus verwandelte.

Mit der Erkundung der Suche – was Page „die Schnittstelle zwischen Informatik und Metaphysik" nannte" – stürzte sich Google in tiefgründige Probleme der Philosophie und Neurowissenschaft.[3] Suche setzt ein Weltsystem voraus: Sie muss mit einer „Spiegelwelt" beginnen, wie es der Yale-Informatiker und Philosoph David Gelernter ausdrückt – ein authentisches Modell des beobachtbaren Universums.[4] Um etwas mit einem Computer suchen zu können, muss man seinen Gerätekorpus in digitale Form übersetzen: Bits und Bytes, von Shannon als die nicht reduzierbaren Bináreinheiten der Information definiert. Page und Brin machten sich daran, die Welt wiederzugeben und begannen mit ihrem Simulakrum (= einem virtuellen Scheinbild), dem World Wide Web, mit einer lesbaren Ansammlung digitaler Dateien, einem „Korpus" zugänglicher Information, einer riesigen *Datenbank*.

Im Lauf der Zeit digitalisierte Google fast alle zugänglichen Bücher (2005), den ganzen Komplex der Weltsprachen und Übersetzungen (2010), die Topographie des Planeten (Google Maps und Google Earth, 2007), einschließlich der sichtbaren Oberflächen und Strukturen einzelner Straßen (Street View) und ihres Verkehrs (Waze, 2016). Mit seiner digitalen Gesichtserkennungssoftware digitalisierte Google sogar weltweit die Physiognomien von Gesichtern (2006, inzwischen massiv nachgerüstet und Bestandteil von Google Photos). Mit der Erbeutung von YouTube 2006 hatte Google eine explosiv expandierende digitale Darstellung eines großen Teils der Bilderwelt, der Musik und der Gespräche auf dem Planeten vereinnahmt.

Der Zugang zu dieser digitalen Spiegelwelt erfolgt durch ein Passwortsystem namens Gaia, benannt nach der Erdgöttin. Ihre zahllosen Wechselwirkungen bringen einen dynamischen Mikrokosmos hervor, der einem Googolplex gleichkommt. Page schreibt dazu: „Wir produzieren nicht immer das, was die Leute wollen; es ist wirklich schwierig. Um das zu schaffen, muss man schlau sein – *man muss alles, was auf der Welt geschieht, verstehen*. In der Informatik nennen wir das künstliche Intelligenz."[5]

Das gestaltlose analoge Durcheinander von Oberflächen, Klängen, Bildern, Konten, Songs, Reden, Straßen, Gebäuden, Dokumenten, Nachrichten und Geschichten auf dem Erdball in eine planetarische digitale Verwendbarkeit zu bringen, war ein Kunststück von ungeheurem finanziellen Wert. Kein anderes Unternehmen konnte auch nur annähernd mit dem exponentiellen Wachstum des Internets mithalten, wo sich Datenverkehr und Inhalte jedes Jahr verdoppelten. Googles Webcrawler-Technologie ist das Wunder gelungen, Kopien von URLs (universal resource locators; also Webadressen) in extrem parallel automatisierte Berechnungsabläufe zu verflechten und einzuhüllen. Google hat die Informationsfunde im Internet der Öffentlichkeit bequem zugänglich gemacht, seine Reichweite auf die gesamte Erdoberfläche ausgedehnt und eine grundlegend neue Technologie eingeführt.

Eine normale Firma im zuvor existierenden System hätte den Zugang zu diesen Informationen womöglich verkauft oder Lizenzgebühren für die dafür benötigte Software kassiert. Google hätte bei umfangreicher Expansion mit der Entwicklung effizienter und problemloser Transaktionssysteme, durch Optimierung seiner elektronischen Datenverarbeitung und durch Kostensenkung im Lauf der Zeit gewaltige Profite einstreichen können. Selbst mit der geringen Gebühr von einem Cent pro Suche auf seiner 42-Kilohertz-Suchmaschine (die 1.000 Anfragen pro Sekunde verarbeiten kann) hätte das Unternehmen rund 13 Milliarden Dollar Umsatz pro Jahr machen können, wobei das meiste davon dem Nettoeinkommen nach Steuern zufällt. Doch mit dem Sinken der Preise würden die Verkäufe zunehmen, und die angehäuften Profite würden nach dem Modell allen kapitalistischen Wachstums steigen.

Allerdings war Google keine normale Firma. Sie traf die schicksalhafte und verwegene Entscheidung, all ihre Inhalte und Informationen *kostenlos* zur Verfügung zu stellen; im ökonomischen Sinn bedeutet das ein *Gemeinschaftsgut*, erhältlich für alle, im Geist des Internetpioniers Stewart Brand, dessen Slogan lautete: „Informationen wollen frei sein."

Brin und Page stammten aus dem akademischen Milieu Amerikas, wo Erfolg weniger in Geld als in Prestige gemessen wird: Sommermonate in sorgloser Muße und Forschung, vor allem aber Festanstellung (Amerikas Antwort auf einen Sitz im britischen Oberhaus). Die Angehörigen der Akademie sind darauf versessen, garantiert als die „schlauesten Typen im Raum" angesehen zu werden, wann immer sie es über ihre heiligen Hallen hinauswagen. Die Google-Kultur ist besessen von akademischen Graden, Testergebnissen, Studienabschlüssen und anderen Qualifikationen.

Googles Philosophie hat einen Beigeschmack von Verachtung für die Geldgier der bürgerlichen Gesellschaft. Der frühere Technische Leiter Alan Eustace sagt: „Ich sehe die Leute hier als Missionare, nicht als Söldner." Google reibt sich nicht auf, um Waren und Dienste für Bargeld und Kredite anzubieten. Man stellt Informationen, Kunst, Wissen, Kultur und Aufklärung zur Verfügung und verlangt dafür kein Geld.

Dennoch hat diese scheinbare Opferstrategie nicht verhindert, dass Google eines der wertvollsten Unternehmen der Welt wurde. Während ich dies schreibe, steht Apple, 20 Jahre älter als Google, immer noch an erster Stelle, auf dem Gipfel des weltweiten Markts für sein begehrtes iPhone, doch Google hat es mit seiner Strategie der Kostenlosigkeit auf die Spitze abgesehen. Im Jahr 2006 kaufte es Android, ein quelloffenes Betriebssystem, das Firmen in aller Welt und sich selbst mit der Fähigkeit ausstattet, in Wettbewerb mit dem iPhone zu treten.

Apple ist ein Unternehmen alten Stils und verlangt einen Preis für alles, was es anbietet. Vielleicht erinnern Sie sich, dass sein CEO Tim Cook folgende messerscharfe Einsicht geäußert hat: „Wenn der Service ‚kostenlos' ist, dann sind Sie nicht der Konsument, sondern das Produkt." Apple Stores setzen pro Quadratmeter zehnmal mehr um als jeder andere Einzelhändler. Wenn sich der Markt jedoch gegen Apples Produkte wenden sollte, wenn also Samsung oder Xiaomi, HTP, LG, Lenovo, Techno oder Zippo oder sonst irgendein asiatisches Imitat, durch Google befeuert, mit unschlagbar günstigen Preisen auf dem Markt auftaucht, könnte Apple auf der Liste rasch nach hinten durchgereicht werden.

Googles Erfolg mutet unheimlich an. Alphabet, seine neue Holdinggesellschaft, ist fast 800 Milliarden Dollar wert, ungefähr 100 Milliarden weniger als Apple. Wie wird man reich, wenn man Sachen verschenkt? Google erreicht das mit einer der genialsten technischen Maßnahmen in der Geschichte des Handels.

Page und Brin hatten die entscheidende Erkenntnis, dass das existierende Werbesystem, verkörpert durch die Madison Avenue (eine Straße in Manhattan, wo viele wichtige Werbeagenturen ihren Sitz haben), mit der alten Informationsökonomie verbunden war und vom Fernsehen angeführt wurde, das Google stürzen wollte. Der Umsturz des Fernsehens durch Computer war Thema meines Buchs *Life after Television*. Sollte Google mit seinem Plan, „die Informationen der Welt zu organisieren", Erfolg haben und sie verfügbar machen, könnte das existierende Werbesystem ersetzt werden.

Brin und Page fingen mit der Idee an, eine Suchmaschine zu produzieren, die von einer gemeinnützigen Universität verwaltet und fern der korrupten Handelssphäre betrieben werden sollte. In ihrem Aufsatz von 1998 stellten sie ihre Suchmaschine vor und erklärten ihren Standpunkt zur Werbung:

> Gegenwärtig ist das vorherrschende Geschäftsmodell für kommerzielle Suchmaschinen die Werbung ... Wir erwarten, dass kommerzielle Suchmaschinen grundsätzlich den Werbekunden ins Auge fassen und weniger die Bedürfnisse der Konsumenten ...

Im Allgemeinen könnte man aus der Perspektive des Konsumenten folgendermaßen argumentieren: Je besser die Suchmaschine ist, umso weniger Werbeanzeigen werden benötigt, damit der Konsument findet, was er sucht. Das untergräbt natürlich das werbegestützte Geschäftsmodell der existierenden Suchmaschinen ... Wir glauben, dass das Annoncenproblem genügend gemischte Anreize hervorruft, sodass es entscheidend ist, eine wettbewerbsfähige Suchmaschine zu haben, die transparent und im akademischen Bereich zu Hause ist.

Steven Levys richtungsweisendes Buch über Google beschreibt die Situation, als Google 1999 seine Werbestrategie entwickelte: „Die damals im Netz vorherrschende Form der Werbung war aufdringlich, lästig und zuweilen auch anstößig. Besonders verbreitet war Bannerwerbung, bei der in einem irritierend ablenkenden Rechteck auch noch eine Art Laufschrift blinkte. Andere Anzeigen beanspruchten gleich den ganzen Bildschirm für sich."[76]

Es war genial von Google, ein Suchmaschinenmodell zu erfinden, das genau die Tücken vermeidet, die es den existierenden Praktiken zuschreibt, und ein neues ökonomisches Modell für sein Weltsystem begründet. Google erkennt, dass die meisten Werbeannoncen die meiste Zeit *wertmindernd* sind. Für die Betrachter sind Werbeanzeigen also überwiegend negative Erlebnisse oder sogar mit Sprengminen vergleichbar. Die digitale Welt hat demensprechend mit Werbeblockern, Werbefiltern, Stummschaltungen, Festplattenrekordern, Software für werbefreies Surfen und anderen Mitteln reagiert, die Zuschauern helfen, den Nachteilen zu entkommen – der verdeckten Inanspruchnahme, durch die sie für ihre kostenlosen Inhalte bezahlen.

Google ließ die Welt begreifen, dass dieses Modell nicht nur unhaltbar, sondern auch unnötig ist. Brin und Page erkannten, dass die durch Suchmuster zusammengetragenen Informationen genau die Informationen waren, die man benötigte, um festzustellen, welche Werbung die Betrachter wahrscheinlich freundlich aufnehmen würden. Google könnte also aus seinen Suchergebnissen Werbung produzieren, die der Betrachter *zu sehen wünschte*. Auf diese Weise veränderte Google ein für alle Mal das Werbegeschäft.

Levy zufolge beschloss Google, dass „die Werbung keine zweigleisige Transaktion zwischen Informationsverbreitern und Werbekunden sein sollte, sondern ein Dreierbündnis, das den Benutzer mit einschließt." Doch in der Praxis machte Google gemäß seiner Regel, „sich auf den Benutzer zu konzentrieren, woraus sich alles andere ergibt", daraus einen einseitigen Anreiz für den Benutzer.

Google begriff: Wenn die Benutzer die Werbung nicht wirklich wollten, dann nützte es auch dem Werbekunden nicht und bedrohte letzten Endes auch die Werbevermittler. Im Sinn von *Life after Television* wäre das Versprechen des Internets unter Googles Plan, dass „niemand unerwünschte Werbung lesen oder sehen müsste." Werbung würde gesucht und nicht bekämpft werden. Um dieses Ziel zu erreichen, bezeichnete Google seine Werbung als „gewerbliche Links" und verlangte Geld nur für erfolgreiche Anreize, die anhand von Klicks gemessen wurden. Dasselbe Maß benutzte das Unternehmen, um die Effektivität und Qualität einer Werbeanzeige zu messen und zwang die Werbekunden, ihre Anzeigen zu verbessern, indem es diejenigen entfernte, die nicht genügend Klicks erzielen konnten.

Levy erzählt die erhellende Geschichte der Markteinführung von Google Analytics, einem „Barometer der Welt" für die Analyse jeder Anzeige, ihrer Klickrate, den damit verbundenen Käufen und ihrer Qualität. Analytics verwendet ein „Dashboard", eine Art Google-Bloomberg-Terminal, das die Anfragen, die Erträge, die Zahl der Werbekunden, die Zahl der Reaktionen auf Stichworte und die Kapitalrendite eines jeden Werbekunden überwacht.

Ursprünglich plante Google, 500 Dollar pro Monat für den Service zu verlangen, während AdWords-Kunden einen Rabatt erhalten sollten. Aber wie Google erkannte, sind Abrechnung und Inkasso schwierige Angelegenheiten. Sie werfen Fragen der Sicherheit und der gesetzlichen Haftung auf und bringen den Verkäufer in eine wenig verträgliche Beziehung zu seinen Kunden. Leichter und cooler ist es daher allemal, die Sachen zu verschenken. Eine leicht zu nutzende Quelle unmittelbar abrufbarer Statistiken über Websites und Werbeerfolge wäre ein Selbstläufer. Google Analytics wurde also kostenlos angeboten, um die Überlegenheit von

Google-Werbung zu demonstrieren und die Kunden zum Kauf anzuspornen. Bald brachte der Dienst mindestens 10 Milliarden Dollar jährlich an zusätzlichem Werbeumsatz ein.

Googles neues, kostenloses Wirtschaftsmodell hat sogar in seine Kantinen Einzug gehalten. Die Firma hat die bemerkenswerte Entdeckung gemacht, dass eine Kantine viel effizienter sein kann, wenn sie von ihren Kunden kein Geld verlangt. Zunächst richtete Google ein System von Terminals ein, um von seinen Angestellten Geld für das Essen zu kassieren. Das System selbst kostete Geld und es führte dazu, dass wertvolle Google-Ingenieure in der Schlange standen und Firmenzeit verschwendeten, während sie darauf warteten, ihr Essen bezahlen zu können. Billiger und einfacher und im Ganzen geradezu transkapitalistisch cooler war es da, das Essen zu verschenken. Das Unternehmen gibt inzwischen mehr als 100.000 Mahlzeiten am Tag umsonst aus. Und das trifft auf fast das gesamte Portfolio der Google-Produkte zu.

Im Jahr 2009 veröffentlichte der Stanford-Philosoph Fred Turner einen Aufsatz mit dem Titel „Burning Man at Google: A Cultural Infrastructure for New Media Production". Darin enthüllte er die religiöse Bewegung hinter Googles Weltsystem.

Der Burning Man ist ein einwöchiges Treffen in Black Rock in der Wüste Nevadas und erreicht mit einem gemeinsamen Ritual seinen Höhepunkt. Während rund 30.000 ekstatisch sich gebärdende Nerds, manche von ihnen halb nackt, tanzen und wild herumheulen, zünden Techno-Priester eine zwölf Meter hohe, geschlechtslose Figur aus Holz an. Zusammen mit ihr brennt ein Tempel im Sand nieder, in dem prophetische Bezeugungen deponiert wurden.

Wie Google könnte Burning Man als ein Gemeinschaftskult bezeichnet werden: eine kommunitäre religiöse Bewegung, die das Schenken – freiwillige Spenden ohne Erwartung, etwas dafür zurückzubekommen – als das moralische Zentrum einer idealen Ökonomie der Missionare statt einer Ökonomie der Söldner feiert. Es vermittelt die Überlegenheit der Google-Maxime „Mach es richtig" im Gegensatz zu dem, was das Silicon Valley als die finstere Geschichte von Microsoft im Norden des Landes ansieht.

Die Website von Burning Man präsentiert wie Google einen Dekalog gemeinschaftlicher Prinzipien. Verfasst vom Gründer Larry Harvey 2004, scheinen die „Zehn Prinzipien des Burning Man" auf den ersten Blick mit dem Ethos eines gigantischen Konzerns, der das Geld nur so scheffelt und der von zwei der reichsten Männer der Welt geleitet wird, unvereinbar zu sein:

Radikale Inklusion: keine Teilnahmevoraussetzungen.

Schenken: Spenden ohne die Erwartung, etwas dafür zurückzubekommen.

Dekommodifizierung: Austausch, der nicht durch kommerzielles Sponsoring oder Werbung, die mit dem Begriff *Ausbeutung* in Verbindung stehen, vermittelt wird.

Radikale Eigenverantwortlichkeit: sich auf die eigenen Ressourcen verlassen.

Radikale Selbstdarstellung: als Geschenk dargebrachte Kunst.

Kommunale Anstrengung: das Streben, soziale Netzwerke, öffentliche Räume, Kunstwerke und Kommunikationsmethoden hervorzubringen, die die menschliche Gemeinschaft unterstützen.

Bürgerverantwortung: Die Wertschätzung der bürgerlichen Gesellschaft und die Befolgung der Gesetze.

Keine Spuren hinterlassen: die ökologische Tugend, die im Gegensatz zur industriellen Umweltverschmutzung und des menschlichen Makels steht.

Mitwirkung: eine radikal partizipatorische Ethik; transformativer Wandel im Individuum und in der Gesellschaft kann nur durch persönliche Mitwirkung stattfinden, die das Herz öffnet.

Unmittelbarkeit: keine Idee kann eine unmittelbare Erfahrung ersetzen ... Teilhabe an der Gesellschaft und Kontakt mit einer Natur, die die menschlichen Kräfte übersteigt.

Doch Brin und Page erkennen keinen Widerspruch zwischen dem Ethos von Burning Man und Googles Ethos. Sie nehmen häufig am Burning Man teil, genau wie Eric Schmidt, dessen Verpflichtung angeblich leichter über die Bühne ging, weil man wusste, dass auch er zu den Anhängern des Kults gehörte. Googles Hauptverwaltung, Gebäude 43 in Mountain View, wird häufig mit Fotos der Wüstenzeremonien geschmückt. Das erste Google-Logo war eine einfache Figur des Burning Man.[7]

In dem Maße, wie sich Googles Gründer zu religiösen Impulsen bekennen, stehen diese Versammlungen in der Wüste sinnbildlich dafür. Ein Kritiker könnte sich über die Betonung auf „als Geschenk dargebrachte Kunst" beschweren. (Rechtfertigt das etwa die spärlichen Vergütungen für YouTube-Beitragende und Autoren von Blogs und Büchern?) Die Feier gemeinschaftlicher Anstrengungen legt Googles Glauben an die Überlegenheit quelloffener Software nahe, für die nicht bezahlt werden muss. Mit Open Source lassen sich die Google-Plattformen mühelos erweitern, was die Projekte potenzieller Rivalen in ein schlechtes Licht rückt. Mittlerweile bewahrt Google gern Stillschweigen, wenn es um das eigene geistige Eigentum und die damit verbundenen Methoden geht. Vielleicht enthüllen die Liturgien des Burning Man ja einfach nur die spielfreudige Scheinheiligkeit von Atheisten aus dem Silicon Valley.

Ein Echo der zehn Prinzipien des Burning Man findet man auf Googles Unternehmensseite, wo „Unsere Philosophie" präsentiert wird, ein Leitfaden für sein Weltsystem in Form von „zehn Dingen, deren Wahrheit wir erkannt haben". Diese zehn Prinzipien scheinen, ähnlich wie die des Burning Man, auf den ersten Blick untadelig zu sein, doch enthält jeder Punkt eine subversive Botschaft.

Konzentriere dich auf den Benutzer und alles Weitere wird folgen. (Googles „Geschenke" an den Benutzer erbringen freiwillig gewährte persönliche Informationen, die sich zur aufschlussreichen Größenordnung von Big Data summieren.)

Es ist besser, eine Sache wirklich und wahrhaftig gut zu machen. (Um den Informationsmarkt zu beherrschen, musst du, angetrieben von künstlicher Intelligenz, Weltmeister im „Suchen und Einordnen" sein. Du musst für die Ziele deines Kompetenzbereichs nahezu allwissend sein.)

Schnell ist besser als langsam. (Schnell ist besser als sorgfältig und fehlerlos.)

Demokratie im Netz funktioniert. (Aber Google selbst ist eine strenge Leistungsgesellschaft, in der IQ und akademische Abschlüsse eine drakonische Herrschaft ausüben.)

Du musst nicht an deinem Schreibtisch sitzen, um eine Antwort zu benötigen. (Mensch, wir hätten lieber AdMob für mobile Werbeanzeigen kaufen sollen.)

Du kannst Geld verdienen, ohne Böses zu tun. (Akademische Eitelkeit, die den Eindruck vermittelt, dass „der meiste große Reichtum auf einem großen Verbrechen" basiert. Wenn Schnelligkeit und Kostenlosigkeit zu einer Vielzahl an ökologischen Sünden führen, dann ist Google stolz darauf, das gutzumachen, indem es seine Rechenzentren durch Solar- und Windenergie mit einem auf null gesenkten CO_2-Fußabdruck betreibt.)

Es gibt da draußen immer noch mehr Informationen. (Big Data sieht keinen verminderten Skalenerträgen entgegen.)

Der Bedarf an Informationen überquert alle Grenzen. (Wir sind Weltbürger, und Google Übersetzer verschafft uns einen weltweiten Vorteil.)

Du kannst auch ohne einen Anzug seriös sein. (Jeansverkleidung und Ablehnung des enormen Reichtums und der Privilegien des Silicon Valleys. Es müssen keine Stoffanzüge getragen werden.)

Großartig ist einfach nicht gut genug. (Wir sind auf *lässige Weise* großartig.)

Wie Scott Cleland und Ira Brodsky in *Search & Destroy*, ihrer verwegenen und leidenschaftlichen Tirade gegen Google, betonen, gibt es ein entscheidendes Versäumnis auf dieser Liste edler Anliegen.[8] Nirgends wird die Notwendigkeit von *Sicherheit* erwähnt. Die Autoren führen aus, Google diskutiere Sicherheit auf einer gesonderten Seite, und ihr munterer PR-Ton ist nicht gerade beruhigend: „Wir haben Folgendes festgestellt: Wenn Sicherheit richtig eingesetzt wird, ist es eine gemeinschaftliche Angelegenheit. Dazu gehört jeder: die Leute, die Google-Dienste nutzen (Dank an euch alle!), die Softwareentwickler, die unsere Anwendungen herstellen, und die externen Sicherheitsenthusiasten, die uns auf Trab halten. Diese vereinten Anstrengungen tragen viel dazu bei, das Internet zuverlässiger und sicherer zu machen."[9]

Mit anderen Worten: „Sicherheit ist eine komplexe Aufgabe, an der alle mitarbeiten müssen." Sie ist das Kernproblem des Netzes, und in diesem Fall ist Google eher eine Quelle von Problemen statt von Antworten.

KAPITEL 4

Das Ende der Gratiswelt

„Diese Werbung nervt"
— Larry Page, gepostet auf dem Google Board, 2002

Die Google-Welt ist ein großzügiges und günstiges Königreich. Aber es beruht immer noch auf Vermittlung durch Werbung, und das in einer Zeit, da sich viele Formen der Werbung in einer langsamen, aber erkennbaren Todesspirale befinden.

Jerry Bowyer schreibt dazu in *Forbes*: „Falls Werbung [als Unterstützung der Medien] stirbt, dann sterben auch die sogenannten Medien. Das ganze System, das mit der Zeitung begann, sich mit dem Radio, dann mit dem Fernsehen fortsetzte und sich schließlich in unterschiedliche Formen des Bloggens und Streamens einbrachte, ist im Grunde ein und dasselbe Geschäftsmodell: Versammle eine Menge Leute, die glauben, sie seien wegen einer Sache dort, in Wirklichkeit aber wegen etwas ganz anderem da sind."[1] Es ist eine Lockvogeltaktik, und niemand mag so etwas. Trotz aller heroischen Fortschritte erhält Google nicht weniger als 95 Prozent seiner Einkünfte aus Werbeannoncen, die an ihre Suchmaschine gebunden sind.

Um Publikum anzulocken und dessen visuelle Aufmerksamkeit zu erregen, funktioniert nichts so gut wie das „Verschenken" von Diensten. Sergey Brin stellte die entscheidende Frage schon ziemlich früh in der

Unternehmensgeschichte. „Inwiefern ändert sich die Strategie, wenn der Preis gleich null ist?"² Die Antwort lautete: „Wir gewinnen den ganzen Markt." Im Jahr 2014 engagierte Google Jeremy Rifkin für seine Vortragsreihe, um ein Fazit zu ziehen. Er verkündete eine „Gesellschaft mit null Grenzkosten." Unter dem neuen System wird der Preis von Waren und Diensten, die mit einem Zuwachs verbunden sind – von Suche bis Software, von Nachrichten bis Energie – auf „umsonst" zulaufen, während jedes Gerät und jede Dateneinheit in der Welt in einem Internet der Dinge zusammengefasst sein wird, wo exponentielle Netzwerkeffekte eine neue Ökonomie der Freizeit und des Wohlstands hervorbringen werden.³ Rifkin versicherte seinem Publikum, dass es in der Tat eine Google-Welt sei.

Aber „umsonst" ist nicht nur eine Lüge, wie wir gesehen haben. Ein Preis null signalisiert eine Rückkehr zu dem Tauschsystem, einem Morast unvergleichbarer Tauschhandlungen, den die Menschheit in der Steinzeit hinter sich ließ. Sie zahlen nicht mit Geld, sondern mit Ihrer Aufmerksamkeit.

Vor allen Dingen zahlen Sie mit *Zeit*. Zeit wird durch Geld gemessen und repräsentiert. Sie bleibt knapp, wenn alles andere in der Ökonomie mit „null Grenzkosten" reichlich vorhanden sein wird. Geld signalisiert die echten, in den falschen Unendlichkeiten der Kostenlosigkeit verborgenen Mängel der Welt.

Larry Pages unermüdlicher Ehrgeiz bei der Gründung von Google – laut Doug Edwards, „Googles Mitarbeiter Nummer 59" – war es, „die Welt davon abzuhalten, seine Zeit zu verschwenden."⁴ Er könnte inzwischen sein Ziel erreicht haben, abgesehen von gelegentlichen Zwangsvorladungen einer übereifrigen Regulierungsbehörde irgendwo auf der Welt. Doch für den Rest von uns führt das ganze kostenlose Zeug bei Transaktionen zu Tricks und Fallen: Angebote von nur selten erwünschten Abonnements, die automatisch verlängert werden, zweifelhafte Preise, Boni und Jackpots, während mit jedem neuen Pop-up und jedem Klick Risiken verbunden sind.

Es ist die „Umsonst-Welt", und sie greift an Ihrer Brieftasche vorbei, verschmäht Ihr verdientes Geld, um Ihre Zeit zu stehlen – die genau genommen Ihr Leben ist.

Das Werbemodell siecht langsam, aber sicher dahin. Laut einer Studie von Laura Martin (Needham & Company) aus dem Jahr 2014 hat sich der tägliche Medienkonsum in den vergangenen 70 Jahren von fünf auf zehn Stunden pro Person verdoppelt. Kostenloser Porno ist sowohl ein Mittel als auch ein Symbol für die süchtig machenden Eigenschaften kostenloser Waren. Mittlerweile sind die pro Person gelieferten Werbeannoncen bei täglich rund 350 stabil geblieben. Gesehene Werbung pro Stunde Medienkonsum, einschließlich Printmedien, ist um die Hälfte gesunken. In einer Welt der digitalen Geräte lernen die Leute allmählich, Werbung, die sie nicht sehen wollen, zu löschen, stummzuschalten oder ganz und gar zu vermeiden. Sobald die nächste Generation von Innovatoren eine neue Bezahlung und ein neues Sicherheitsmodell entwickelt, wird sich dieser Trend noch verstärken.

Während ich die ökonomischen Auswirkungen von Googles Beschäftigung mit „kostenlosen" Waren recherchierte, enthüllte Jonathan Taplin in seinem Buch *Move Fast and Break Things*, dass Google fünf der sechs Spitzenplattformen im Netz mit mehreren Milliarden Benutzern besitzt sowie dreizehn der vierzehn besten kommerziellen Funktionen, und dennoch machen diese weniger als fünf Prozent seiner Einkünfte von Endkunden aus.[5]

Außer Anbieter von Werbung zu sein, die niemand sehen möchte, ist Googles Hauptfunktion die des Vermittlers. Obwohl Googles Liste seiner Geschäftsprinzipien mit „Der Kunde geht vor" beginnt, hat Google letztlich nur sehr wenige Endkunden. Außerhalb der verhätschelten Käufer seiner Werbung ist Googles Kundenstamm winzig im Vergleich zu Amazon, das sich im Gegensatz zu Google nie scheute, Geld zu verlangen.

Ein Blogger namens Daniel Colin James erregte durch ein Posting im Forum meiner Telecosm Lounge meine Aufmerksamkeit. James schreibt in einem Blog mit dem Namen Hacker Noon – „wo Hacker ihren Nachmittag beginnen"[6] – und hat Googles Schwachstellen in der Werbung schlüssig belegt. Seine Enthüllungen beginnen mit Apples Entscheidung Ende 2015, einen Werbeblocker in seinem iPhone einzuführen. Das war ein bedeutender Schlag gegen die Onlinestrategie des „Sammelns und Werbens", die weithin als Googles Weg zum permanenten Quasi-Monopol galt. Da das iPhone die Quelle von rund 75 Prozent aller Einkünfte Googles aus mobiler Werbung ist, wurde Googles Mobilstrategie von Apples Schachzug vernichtend getroffen. Außerhalb der kostenlosen, quelloffenen, zur Share Economy gehörenden Android-Plattform ließ Googles Antwort ein Jahr lang auf sich warten. Dann entschied man sich, Apple täuschend echt zu imitieren.

Google Analytics, das branchenführende Werbewerkzeug, verriet offenbar, dass seine Benutzer die Idee, Werbung zu blockieren, gut fanden. Und da der Kunde König ist, stellte Google in seinem Browser Chrome seinen eigenen Werbeblocker vor. Google vertrat dabei den Standpunkt, dass sein Blocker nur die Werbung ausschaltete, die von der Coalition for Better Ads (Koalition für bessere Werbung) getadelt worden war. Mit anderen Worten, da Googles Werbeannoncen bekanntlich dezent und versteckt waren, kündigte das Unternehmen an, es werde die Werbung schamloser, schriller oder übermütiger Rivalen blockieren. James spekulierte darüber, ob diese Aktion womöglich illegal für eine Suchmaschine sein könnte.

James erkennt, dass für die online unerwünschte Werbebranche das Blockieren von Werbung letztendlich selbstmörderisch ist. Zwischen 2015 und 2016, so berichtete er, stieg das Abschalten von Werbung um 102 Prozent an, wobei 16 Prozent der Smartphone-Benutzer weltweit die Technologie anwandten. In den Vereinigten Staaten – der Quelle von 47 Prozent der Einkünfte Googles – schalteten 25 Prozent der Desktop- und Laptopbesitzer Werbeannoncen automatisch ab. Jugendliche Altersgruppen, die von den Werbekunden begehrte Zielgruppe, führten die Bewegung an. Wie James genüsslich bemerkt, wurden nur 0,06 Prozent der Smartphone-Werbung angeklickt. Da den Untersuchungen zufolge mehr als 50 Prozent der Klicks aus Versehen zustande kamen, belief sich die internationale Reaktionsrate auf 0,03 Prozent.[7] Dieses Resultat konnte höchstens akzeptabel für Spammer, nicht aber Teil von Googles Plan sein.

Zur gleichen Zeit, als Google zurückhaltend vor der Stimmung gegen Werbung kapitulierte, bot es seinen YouTube-Benutzern mit seinem YouTubeRed genannten Dienst einen Vorgeschmack auf ein werbefreies Nirvana. Als andächtiger YouTubeRed-Benutzer kann ich bestätigen, dass es ein Vergnügen ist – ein wirklich großzügiges Angebot eines „Lebens nach dem Fernsehen" für 9,95 Dollar im Monat. Ich bin ein Süchtiger, und ich wünschte, Google würde seine Inhaltsanbieter gleichermaßen großzügig entschädigen. Aber das geschieht nicht. Als größtes Streamingportal für Musik mit einem Anteil von 52 Prozent zahlt Google nur 13 Prozent aller Tantiemen für Musikstreaming. Google steht heftigem Wettbewerb gegenüber. Es gibt jede Menge Anbieter von kostenpflichtigem Videostreaming. Auf diesem Gebiet ist Google nur ein weiterer Akteur und erlebt Missgeschicke bei der Entdeckung realer Preise.

James erwähnt einen zweiten Schlüsselaspekt: Während die reine Informationssuche noch immer von Google dominiert wird, verlagert sich die kommerzielle Suche – Suchen mit Kaufabsicht – auf rasante Weise zu Amazon. Im Jahr 2017 beherrschte Amazon 52 Prozent des Markts für Produktsuche und seine Gewinne nahmen zu, während Google bei 26 Prozent stagnierte. Betrachter, die etwas kaufen wollten, begannen ihre Suche bei Amazon. Der Gigant aus Seattle konnte ihnen die Waren direkt verkaufen – mit nur einem einzigen Klick –, statt sie mit einer Werbeanzeige zu dem Produkt zu lenken, gefolgt von einem Brimborium aus Passwörtern, Benutzernamen, CAPTCHAS, EULAS und der Nerverei mit Kreditkartendaten. Amazons Rezensionen, so zweifelhaft manche von ihnen auch sein mögen, genießen größeres Vertrauen als Googles bezahlte Werbeannoncen und Vermittlungen. Und warum auch nicht?

Dieser Erfolg glückte Amazon nach dem Coup mit dem Cloud Service. Obwohl Google nach allen Maßstäben der weltweit führende Cloud-Anbieter war, schlug Amazon den Konkurrenten bei der Vermarktung von Cloud-Diensten um 57 Prozent im Jahr 2017, sodass es auf 16 Prozent Marktanteile kam. Dieser Fortschritt beim Geldeinsammeln von realen Kunden muss Google rätselhaft erschienen sein. Es schlug zurück, wie es das normalerweise tut, mit vielen Vorträgen und technischen Präsentationen auf YouTube, die Googles Überlegenheit demonstrieren sollten: seine Cloud-Angebote, seine globalen SQL-Suchen (Structured Query Language = strukturierte Abfragesprache), seine bequemen Benutzerschnittstellen, die augenblicklichen Antworten, die Big-Data-Systeme für MapReduce, Hadoop und „Spanner", seinen massiven Glasfasereinsatz, die weltumspannenden Rechenzentren, den Idealismus und dem durchschlagenden Erfolg seiner Tech-Konferenz. Doch aus irgendeinem Grund wandten sich die Leute, wenn sie sich für einen Cloud-Dienst entscheiden sollten, an den Amazon Web Service und nicht an Google. Wer hätte das gedacht?

Unterdessen wandte sich Google unter seinem neuen CEO Sundar Pichai von seinem stark publik gemachten Mantra „Mobil geht vor", was zum Erwerb von Android und Ad Mob geführt hatte, ab und verkündete nun: „KI geht vor". Google war der anerkannte intellektuelle Anführer der Branche und seine KI-Prahlerei wurde weithin begrüßt. Tatsächlich nahm das Unternehmen den größten Teil der KI-Prominenz unter Vertrag, einschließlich der Speerspitzen und Talente aus dem Bereich „tiefgehendes Lernen": Geoffrey Hinton, Andrew Ng und Jeff Dean, den angeschlagenen Anthony Levandowski sowie Demis Hassabis von DeepMind.

Wäre Google eine Universität gewesen, hätte es alle anderen in Bezug auf KI-Talente überstrahlt. Es muss daher entmutigend gewesen sein, herauszufinden, dass Amazon 2014 auf clevere Weise einen großen Teil des Markts für KI-Dienste mit seinen Projekten Alexa und Echo erobert hatte. Das Unternehmen brachte richtige Hardware auf den Markt, um KI in alle Haushalte zu bringen, und zwar in Form elegant gestylter Geräte, die Fragen beantworteten und Produkte bestellten, während sie Werbung mieden.

Amazons Vorsprung war, wieder einmal, darauf zurückzuführen, dass es keine Angst vor Kunden hatte. Google hatte seine KI-Werkzeuge am ungesehenen Back-End angewandt, wo es Werbung ins Visier nahm und die Reaktionen darauf analysierte. Man brauchte volle zwei Jahre, um mit Haushaltsgeräten zu reagieren, die jene von Amazon kopierten. Aber es gab noch ein tiefer greifendes Problem. Sowohl Googles Strategie „Mobil geht vor" als auch Amazons Alexa lenkten die Branche in Richtung sprachgesteuerte KI. Der sprachbasierte Zugriff macht Googles Dominanz in der Suchmaschinenwerbung größtenteils zunichte. Wenn gesprochene Werbung in einen Suchstream hineingeplärrt wird, unterscheidet sich dies radikal von einem eingefügten und angemessenen Text unter Tausenden von Antworten auf eine textbasierte Suchanfrage. Es war eine rückschrittliche Strategie, die auf die Welt des Radios in seinen Todeszuckungen zurückgreift. Hier wurden immer mehr Werbeannoncen benötigt, um eine versiegende Bereitstellung von Inhalten zu kompensieren, und die Gewinner waren hauptsächlich charismatische Redner wie Rush Limbaugh, die nichts mit Google zu tun hatten.

Inzwischen erhält Google Assistant Applaus als die beste Spracherkennung, und LG empfiehlt die App für alle seine 90 Haushaltsgeräte. Google und LG sind Pioniere für die Funktion der Sprache im Internet der Dinge und fassen dabei Leute ins Auge, die ihre innersten Instinkte und Wünsche ihren Waschmaschinen, Mikrowellen, Kühlschränken, Gasherden, Heizungs- und Klimaanlagen, Spülmaschinen und Lichtschaltern anvertrauen. Google wird nicht mehr auf Daten von Onlineeinkäufen eingeschränkt sein. Wenn Amazon Fresh den Kühlschrank auffüllt, wird Google das wissen. So hofft man, diese Daten einsetzen zu können, um das eigene Werbesystem zu bereichern und den Problemen gesprochener Werbung im Stream von Google Assistant zu entkommen. Doch wenn die Leute keine Werbung in ihren Suchergebnissen, YouTube-Videos und Nachrichten wünschen, möchten sie sie auch nicht in ihrer Geschirrspülmaschine finden.

Die wichtigste Auswirkung der Unentgeltlichkeit ist jedoch nicht die Vermeidung von Verantwortung gegenüber realen Kunden. Es ist die Flucht vor den Sicherheitsanforderungen. Wer würde schon Gratisgüter stehlen wollen? Ist der größte Teil Ihrer Angebotspalette umsonst, vermeiden Sie viele der Echtzeiterfordernisse zur Verhinderung von Hacks und Diebstählen. Sie müssen nicht einmal einen Grundzustand schaffen und für ihn einstehen. Tatsächlich ist in einem Strom kostenloser Güter Google mit seinem Hokuspokus hinterlistiger Werbeanzeigen der Chefhacker. Google kann auf seinen Websites ungenierte Zusicherungen posten, die die Last der Sicherheitsvorkehrungen auf die Kunden abwälzen. „Siehst du etwas, dann sag etwas", lässt Google durchblicken und gibt damit die Strategie des guten Gefühls der TSA (Transport Security Administration = Bundesbehörde für die Öffentliche Sicherheit im Verkehr) wieder, die vornehmlich darauf ausgelegt ist, die Verantwortung an die „Kunden" weiterzugeben.

Genau dieser Mangel an Interesse für die Sicherheit wird jedoch Googles Verderben werden. Für jeden anderen Akteur im Netz ist der Mangel an Sicherheit die wichtigste Bedrohung für dessen aktuelles Geschäftsmodell. Das Problem wird gelöst werden. Einige Tausend Firmen, von denen Sie noch nie gehört haben, investieren gerade etliche Milliarden Dollar in dieses Bestreben. Gemeinsam werden sie ein neues Netzwerk hervorbringen, dessen stärkste architektonische Notwendigkeit die Sicherheit von Transaktionen sein wird, und zwar als Merkmal und nicht als Nebensächlichkeit des Systems. Für dieses neue System wird Sicherheit so elementar sein, dass sein Name davon abgeleitet sein wird. Es wird der Kryptokosmos sein.

KAPITEL 5

Die Zehn Gebote des Kryptokosmos

Googles Sicherheitsschwächen, sein Modell „Ansammeln und Werben", seine Vermeidung von Preissignalen, die vertikalen Speicher der Kundendaten und seine Visionen vom Geist der Maschine werden die grundlegende Revolution dezentraler Peer-to-Peer-Technologie, die ich den „Kryptokosmos" nenne, wahrscheinlich nicht überleben.

Heute planen überall viele Tausend Ingenieure und Unternehmer ein neues Weltsystem, das die Grenzen und Trugbilder des Google-Universums überschreitet.

In der Google-Ära lautet die wichtigste Regel des Internets „Kommunikation geht vor". Das bedeutet, alles darf kostenlos kopiert, bewegt und verändert werden. Während die meisten von uns die „Gratisprodukte" in Übereinstimmung damit gutheißen, dass es „zum Nulltarif" bedeutet, wollen wir eigentlich bekommen, was wir bestellt haben, statt eine höhere Instanz entscheiden zu lassen, was sie bereitstellt. In der Praxis bedeutet „gratis" nicht abgesichert, unorganisiert, nicht festgemacht und von oben nach unten veränderbar.

Das Prinzip der Kommunikation an erster Stelle hat uns viele Jahre lang gute Dienste erwiesen. Das Internet ist ein gigantischer, asynchroner

Replikator, der über den Akt des Kopierens kommuniziert. Die Regulierung aller Eigentumsrechte in der Informationsökonomie liegt in der Hand der Kopierkönige – hauptsächlich bei Google.

In diesem System ist Sicherheit eine von oben nach unten angewandte Funktion des Netzwerks, statt eine Eigenschaft des Geräts und seines Besitzers zu sein. Daher steigt alles nach oben, hin zum Googolplex, der seine Geschwindigkeit und Effizienz erreicht, indem er seine Benutzer behandelt, als träfen sie Zufallsentscheidungen. Das ist der Kern des mathematischen Modells hinter der Suchmaschine. Sie sind eine Zufallsfunktion von Google.

Aber Sie persönlich sind kein beliebiger Mensch. Sie sind ein einzigartiges genetisches Wesen, das nicht wieder in ein Ei und ein Spermium zurückgeführt werden kann. Sie sind unumstößlich durch die Biologie verschlüsselt. Diese asymmetrischen natürlichen Codes sind das beherrschende Modell und die Metapher für dauerhafte Sicherheit. Sie fangen nicht mit der Definition des Ziels an, sondern mit dem Grundzustand. Bevor Sie die Funktion oder die Struktur einrichten, legen Sie die Grundlage dafür. Das ist die letztgültige Realität. Der Grundzustand sind Sie selbst.

Das erste Gebot des Kryptokosmos unterscheidet sich vollkommen von Googles Regel der Kommunikation an erster Stelle. Die erste Regel ist das Scheunentorgesetz: „Sicherheit geht vor". Sicherheit ist keine Prozedur oder ein Mechanismus, sie ist eine Architektur. Ihre Schlüssel und Türen, Mauern und Kanäle, Dächer und Fenster definieren Eigentum und Privatsphäre auf der Ebene des Geräts. Sie bestimmen, wer wohin gehen und wer was tun kann. Sicherheit lässt sich nicht von oben nachrüsten, ausbessern oder improvisieren.

Für Sie bedeutet Sicherheit nicht irgendwelche Durchschnittswerte der Überwachung auf Netzwerkebene, sondern die Absicherung Ihrer Identität, Ihres Geräts und Ihres Eigentums. Sie besetzen und kontrollieren eine bestimmte Zeit und einen bestimmten Raum. Man kann Sie nicht mit etwas verschmelzen oder Ihren Durchschnitt errechnen. Genau wie Sie Teil eines biologischen Hauptbuchs sind – durch Zeit in DNS-Codes eingeschrieben und unumkehrbar durch äußere Kräfte – so bilden Ihre Eigenschaften und Transaktionen ein unwandelbares Hauptbuch. Genau wie Sie an die Zeit gebunden sind, wird jeder Eintrag in ihr kryptokosmisches Hauptbuch mit einem Zeitstempel versehen.

Die zweite Regel des Kryptokosmos leitet sich von der ersten ab: „Zentralisierung ist nicht sicher." Abgesicherte Positionen sind dezentralisierte Positionen, so wie der menschliche Geist und der DNS-Code dezentralisiert sind. Darwins Fehler damals und Googles Fehler heute ist die Vorstellung, Identität sei kein Code, sondern eine Mischung – dass Maschinen eine Singularität sein können, während Menschen Zufallsergebnisse sein sollen.

Zentralisierung sagt Dieben, welche digitalen Vermögenswerte am wertvollsten sind, und wo sie sich befinden. Sie löst deren schwierigste Probleme. Sofern Macht und Informationen nicht über das ganze System der Peer-to-Peer-Verbindung verteilt sind, sind sie anfällig für Manipulationen und für Diebstahl durch die Mischer an der Spitze.

Die dritte Regel lautet: „Sicherheit zuletzt."[1] Wenn die Architektur ihre angestrebten Ziele nicht erreicht, sind Schutz und Sicherheit bedeutungslos. Sicherheit ist ein entscheidender Aktivposten eines funktionalen Systems. Verlangt man, dass das System auf jeder Konstruktionsstufe sicher ist, droht Murks und man hat eine Maschine, die zu kompliziert ist, um sie benutzen zu können.

Die vierte Regel lautet: „Nichts ist umsonst." Diese Regel ist elementar für die Würde und den Wert des Menschen. Der Kapitalismus verlangt Firmen, die ihren Kunden dienen und ihren Arbeitsnachweis akzeptieren: Geld. Mit der Verbannung des Geldes werten Firmen ihre Kunden ab.

Die fünfte Regel lautet: „Zeit ist die Maßeinheit für Kosten." Zeit bleibt knapp, wenn alles andere reichlich vorhanden ist: die Lichtgeschwindigkeit und die Lebensspanne. Der Zeitmangel übertrifft einen Überfluss an Geld.

Die sechste Regel lautet: „Stabiles Geld verleiht Menschen Würde und Kontrolle." Stabiles Geld spiegelt die Knappheit der Zeit wider. Ohne stabiles Geld wird die Ökonomie nur von Zeit und Macht beherrscht.

Die siebente Regel ist das „Gesetz der Asymmetrie", das biologische Asymmetrie nachbildet. Eine von einem öffentlichen Schlüssel verschlüsselte Botschaft kann nur von dem Privatschlüssel entschlüsselt werden, aber der Privatschlüssel kann nicht vom öffentlichen Schlüssel berechnet werden. Asymmetrische Codes, die ungeheuer schwer zu knacken, aber leicht zu verifizieren sind, verleihen den Menschen Macht. Im Gegensatz dazu verleiht symmetrische Verschlüsselung den Besitzern der kostspieligsten Computer Macht.

Die achte Regel lautet: „Privatschlüssel herrschen". Sie sind sicher. Man kann sie nicht mischen oder von oben nach unten verändern, genauso wenig, wie man Ihre DNS von oben nach unten verändern oder vermischen kann.

Die neunte Regel lautet: „Privatschlüssel sind im Besitz von Individuen, nicht im Besitz der Regierung oder von Google." Private Schlüssel setzen Eigentumsrechte und Identitäten durch. In einem Aufforderung-Antwort-Verfahren (challenge-response) benutzt der Teilnehmer den öffentlichen Schlüssel und verschlüsselt eine Nachricht. Der private Antwortende weist seine Identität durch Entschlüsselung, Abänderung und Rücksendung der erneut mit seinem Privatschlüssel verschlüsselten Nachricht nach. Dieses Verfahren ist eine digitale Unterschrift. Durch die Entschlüsselung der neuen Nachricht mit einem öffentlichen Schlüssel wird dem letzten Empfänger versichert, dass der Absender genau derjenige ist, für den er sich ausgibt. Das Dokument ist dadurch digital unterschrieben.

Der Besitz eines Privatschlüssels dezentralisiert Macht. Der Besitzer eines Privatschlüssels (ID) kann immer auf eine Aufforderung reagieren, indem er den Besitz der Identität einer öffentlichen Adresse und die Inhalte eines öffentlichen Hauptbuchs beweist. Folglich kann der Eigentümer des Privatschlüssels als Reaktion auf staatliche Forderungen und Gebühren seine Arbeit und seine Aufzeichnung nachweisen. Unterschreibt der Eigentümer mit einem Privatschlüssel, kann er stets das Eigentumsrecht auf einen Vermögensgegenstand nachweisen, definiert durch einen öffentlichen Schlüssel in einem digitalen Hauptbuch.

Die zehnte Regel lautet: „Hinter jedem Privatschlüssel und seinem öffentlichen Schlüssel steht der menschliche Interpret." Die Konzentration auf Menschen bringt sinnvolle Sicherheit hervor.

Wie werden sich Ihre Erfahrungen in der Welt verändern, wenn diese zehn Regeln das neue System definieren?

Google ist hierarchisch organisiert. Das Leben nach Google wird heterarchisch sein. Google funktioniert von oben nach unten. Das Leben nach

Google wird von unten nach oben stattfinden. Google herrscht aufgrund der Unsicherheit der unteren Schichten im Stapel. Ein poröser Stapel lässt zu, dass Geld und Macht nach oben abgesaugt werden. Im Leben nach Google wird ein sicherer Grundzustand bei jedem Menschen, in einem digitalen Hauptbuch registriert und mit einem Zeitstempel versehen, dieses Absaugen hierarchischer Macht verhindern.

Während Google heutzutage Ihre Informationen kontrolliert und sie unentgeltlich benutzt, werden Sie der Herr Ihrer eigenen Informationen sein und dafür nach Belieben Geld verlangen können. Testen Sie den Browser „Brave" von Brendan Eich, der früher bei Mozilla war und Autor von JavaScript ist. Er gibt Ihnen die Herrschaft über Ihre Daten und ermöglicht es Ihnen, dafür Geld zu nehmen.

Während Google eine Ära der Maschinendominanz durch künstliche Intelligenz voraussieht, werden Sie Ihre Maschinen beherrschen und sie werden Ihnen als intelligente, willige Sklaven dienen. Sie selbst werden das „Orakel" sein, das Ihr Leben programmiert und Ihren Werkzeugen Befehle erteilt.

Während Googles „Gratiswelt" versucht, den Gesetzen der Knappheit und den Preisnetzen zu entfliehen, werden Sie in einer Welt leben, die randvoll mit Informationen über die wahren Kosten und die effizientesten verfügbaren Mengen sein wird, die Sie haben möchten und brauchen. Ihr Arbeitsnachweis wird die Behauptungen der von oben nach unten verlaufenden Geschwindigkeit und hierarchischen Macht übertreffen. Die plumpen Gebote der „Unentgeltlichkeit" werden dem abgestimmten freiwilligen Austausch der freien Märkte nachgeben und Kleinstzahlungen ermöglichen.

Während die Google-Welt Sie durch verschiedenartige Siebe seiht und Sie in Konformitätsmixer steckt, wird die neue Welt aus den grundlegenden Wirklichkeiten individueller Einzigartigkeit und Entscheidungsfreiheit bestehen. Während die Google-Welt Unternehmern den Zugang zu den öffentlichen Märkten durch Börsengänge erschwert, die in zwei Jahrzehnten um 90 Prozent zurückgegangen sind, wird die neue Welt ein ganzes Spektrum neuer Wege zu Unternehmungen ebnen. Von Initial Coin Offerings und Token-Verkäufen bis zu Crowdfunding-Projekten befähigen neue Finanzprodukte bereits eine neue Generation von

Unternehmern. Die Warteschlangen erbärmlicher „Einhörner" – Startups in privater Hand im Wert von einer Milliarde Dollar und mehr – vor den Fusions- und Firmenübernahmebüros von Google und seinen Rivalen werden sich zerstreuen und durch „Gazellenherden" ersetzt werden, die endlich Kurs auf die freien Märkte nehmen.2

Während Google versucht, mit allgegenwärtiger Werbung Ihre Aufmerksamkeit zu erregen, werden Sie Werbung auf Ihre eigene Veranlassung sehen, wenn Sie es wünschen, und Sie werden für Ihre Zeit und Aufmerksamkeit bezahlt werden. Und wieder ist der Browser Brave der Anführer dieser Bewegung.

Geld ist kein Zauberstab, sondern eine Messlatte, nicht Reichtum selbst, sondern ein Maß davon. Während Geld in der Google-Ära Futter für einen Währungsaustausch von fünf Billionen Dollar am Tag ist – das ist der 75-fache Betrag des Welthandels in Gütern und Diensten – werden Sie über unreglementiertes Geld verfügen, das Wert misst, statt ihn zu manipulieren. Während die Google-Welt mit Vermittlern und vertrauenswürdigen Dritten bevölkert ist, werden Sie unmittelbar mit anderen Menschen rund um den Globus mit geringen Gebühren und geringer Verzögerung Geschäfte machen.

Daraus geht ein Peer-to-Peer-Schwarm neuer Formen direkter Transaktionen jenseits nationaler Grenzen hervor sowie neuer Formen von Uber und Airbnb jenseits unternehmerischer Abzocke. Während die Google-Welt Sie auf einen einzigen Ort, eine Zeit und ein Leben beschränkt, wird Ihnen die neue Welt neue Dimensionen und Optionen für ein neues Leben und Erfahrungen bieten, deren einziger Richter und Souverän Sie selbst sind.

Klingt das Versprechen, dass die Menschenwürde wieder ihren Platz im Internet einnimmt und dass Menschen die Herren des Kryptokosmos sein werden, zu schön, um wahr zu sein?

Wenn diese Prinzipien heute noch rätselhaft erscheinen mögen, dann müssen wir, um ihre Herkunft und ihren endgültigen Erfolg zu erklären, „der Technologie zuhören und herausfinden, was sie uns zu sagen hat", wie Carver Mead vom California Institute of Technology (Caltech) uns mitteilt.

KAPITEL 6

Googles Coup mit dem Rechenzentrum

Die geschwungene grüne Felsenschlucht Columbia River Gorge sieht wie ein Amphitheater aus. Die Fahrt auf der Interstate 84 in die idyllische Stadt The Dalles in Oregon kommt mir wie eine Reise in eine reizende amerikanische Vergangenheit vor. Durch das filigrane Geäst der Douglas-Kiefern erhascht man einen flüchtigen Blick auf Basaltklippen, die von glitzernden Wasserfällen zerklüftet sind. Hinweisschilder leiten Sie zu Museen, die den amerikanischen Ureinwohnern gewidmet sind und Stammesrelikte aus Federn und Leder ausstellen. Man sieht Bauernhöfe, Fischereibetriebe, Rebhänge, Adler und Fischadler lassen sich vom Wind treiben.

Am Horizont, nur eine halbe Stunde Autofahrt entfernt, leuchtet der schneebedeckte Gipfel von Mount Hood, ganzjähriges Skisportgebiet mit elf Gletschern und Quellen für ein halbes Dutzend Flüsse. „Hier könnte ich leben", denke ich mit einem Blick zurück auf den Highway in Richtung Portland. Im Vergleich zu dem mit Werbetafeln zugestellten Korridor zwischen Silicon Valley und San Francisco schimmert das Tal des Columbia River wie ein grüner Traum.

Wo schließlich der Highway endet, ragt die graue Ruine einer verwaisten Aluminiumfabrik an einem kargen Hügel empor. Ihre gotischen

Portale und höhlenartigen Schmelzöfen stehen leer und verlassen da, ein schmerzliches Zeugnis für die Vergänglichkeit industrieller Macht.[1]

Der Name The Dalles leitet sich vom Slang Reisender aus dem 18. Jahrhundert für die gefährlichen, nahegelegenen Stromschnellen des Columbia River ab – in einer Zeit, als die einheimische Industrie Biberfelle per Kanu transportierte. Inzwischen lässt man die Biber in Ruhe und die meisten Aluminiumfabriken sind aufgegeben worden, doch The Dalles boomt. Hier, am Lauf des Flusses, zehn Kilometer westlich des Damms, kaufte Google 2005 30 Morgen (rund 120.000 Quadratmeter) Land für das erste, dem Unternehmen selbst gehörende und von ihm betriebene Rechenzentrum. The Dalles sollte die Speerspitze seines neuen Weltsystems werden.

Nach neun Jahren, als Google 2014 (unter dem Namen „Moraine Industries") weitere 74 Morgen von der kränkelnden Northwest Aluminum Company dazukaufte, nahm die Größe des Campus um das Dreifache zu. Die Gesamtinvestitionen in diese kleine Stadt beliefen sich auf fast zwei Milliarden Dollar (von den rund 29 Milliarden, die das Unternehmen weltweit für seine Anlagen ausgab). Während der Verhandlungen als Anwaltskanzlei getarnt und mit seinen großzügigen Spenden für Wohltätigkeitsorganisationen danach, gelang es Google sogar, seine Rechenzentren generell von der Grundsteuer zu befreien.

Das Rechenzentrum selbst ist von Geheimhaltung umwoben. Tore halten Angestellte fern, die nicht die entsprechende Freigabe besitzen. Ganzkörperscanner mit Millimeterwellenstrahlung – wie man sie von Flughäfen her kennt – stehen für den bereit, der das Innerste des Lagergebäudes betritt. Um die Flut der Bits und Bytes zu beherrschen, stehen in jedem der drei jeweils drei Millionen Kubikmeter fassenden Lagerhäuser mit Glasfassaden, die zu Googles Dalles-Festung gehören, inzwischen 75.000 Server, durch Glasfaserkabel miteinander verbunden und aufgestapelt in turmhohen Regalen.[2] Diese Server sind so dicht wie möglich zusammengepfercht, um Verzögerungen der Lichtgeschwindigkeit zu minimieren. Sie sehen aus wie glühende horizontale Bücher in den Regalen einer riesigen futuristischen Bibliothek.

Obwohl immergrüne Labyrinthe, majestätische Berge und eine ganzjährige Skisaison eine Rolle spielten, waren es vor allem zwei Vorteile, die diesen Ort zu einem vielversprechenden Sitz für ein dominierendes Rechenzentrum machten. Der erste ist ein Glasfasernetzknoten, der mit Harbour Pointe, Washington, verbunden ist, 300 Kilometer nordwestlich von The Dalles, auf der Rückseite von Mount Rainier. Hier, an der Küste, kommen die gewaltigen Unterseekabel von Pacific Crossing 1 (PC 1) an Land. Sie sind nach dem vom Pech verfolgten Unternehmen Global Crossing von Gary Winnick benannt. Dieser Netzwerkknoten ist eine Glasfaserarterie, die 2001 gebaut wurde, um 640 Gigabits pro Sekunde (Milliarden Bits pro Sekunde) handhaben zu können. Zehn Jahre später wurde sie um das Zwölffache auf 8,4 Terabits aufgerüstet. Sie verbindet über die 10.000 Kilometer Breite des Pazifischen Ozeans Asien mit den Vereinigten Staaten.

Eine gläserne Verlängerungsschnur schlängelt sich durch das Hauptgebäude der Stadt und zapft mit dem NoaNet, ein Knotenpunkt des einstigen Spitzenstandards namens Internet2, das größere Internet an. Unter der Leitung des unerschütterlichen Urs Hölzle raste im Jahr 2017 Googles „Cloud" mit zehn neuen Rechenzentren und einem noch fortschrittlicheren System namens „Internet3" mit voller Kraft voraus.

Der zweite Vorteil ist der Dalles-Damm und sein 1,8-Gigawatt-Kraftwerk. Es wurde vom Army Corps of Engineers 1957 zwischen Klickitat, Washington, und Wasco, Oregon, für Bonneville Power gebaut. Der knapp ein Kilometer lange Damm wandelt die Dalles-Stromschnellen in billigen, subventionierten elektrischen Strom um. In früheren Zeiten unerlässlich zur Verhüttung von Aluminium, ist das Kraftwerk heute eine strategische Speerspitze für das Rechenzentrum. Tatsächlich ist Google nicht der einzige Riese aus dem Silicon Valley, der vom Columbia River abhängig ist. Er liefert in der Umgebung der San Francisco Bay Strom für ungefähr ein Fünftel der üblichen Kosten.

Diese Verdichtung von Big Data und gewaltiger Rechenleistung in der „Cloud" ist in der Geschichte der Datenverarbeitung beispiellos. Diese Maschinen bekommen ihre Umgebung in den Griff, indem sie alle anderen in puncto Geschwindigkeit und Dichte ihrer Berechnungen, ihrer Transaktionen und der Größe ihrer Datenspeicher überflügeln.[3] Solche Server stehen hinter neuen Dominanzzentren in Branchen, die so vielfältig sind wie

Einzelhandel und Finanzwesen, Versicherungen und Immobilien. Aber Googles Server sind die dominantesten von allen (mit Ausnahme vielleicht, gemessen an der Rentabilität, eines Finanzrivalen im Osten).

Das Moore'sche Gesetz, das das Wachstum der Kapazität integrierter Schaltkreise beschreibt, hat eine Begleiterscheinung, die nach Gordon Bell benannt ist, dem legendären Ingenieur der Digital Equipment Corporation, die in den 1980er-Jahren einen Durchbruch mit der VAX-Produktreihe von Minicomputern hatte. Inzwischen ist Bell einer der bedeutendsten Forscher bei Microsoft.[4] Dem Bell'schen Gesetz zufolge ruft alle zehn Jahre eine 100-fache Preissenkung der Prozessorleistung eine neue Computerarchitektur hervor.

Noch im vorigen Jahrhundert – Sie erinnern sich bestimmt, über den Abgrund zweier ökonomischer Zusammenbrüche hinweg – war der PC König. Entthront und verstorben war der hochherrschaftliche Großrechner, der IBMs Dominanz in der Informationstechnologie in den 1970er-Jahren sowie die Vorherrschaft der Minicomputer und des Client-Server-Modells von Digital Equipment und Data General in den 1980er-Jahren aufrechterhalten hatte.[5]

Googles Cloud definiert das aktuelle Bell-System. Aber noch in den späten 1990er-Jahren waren Larry Page und Sergey Brin im gemeinnützigen Bereich tätige Rebellen, die im Gates Center an der Stanford University daran arbeiteten, ihren 150 Gigabyte umfassenden Index des Internets zu durchsuchen. Als ich zu diesem Zeitpunkt die Menschenmassen mit meinem unglaublichen Gespür für die Zukunft elektrisieren wollte, sprach ich von der *Tera*skala (10 hoch 12), um ein Netz mit der unvorstellbar riesigen Summe von 15 *Billionen* Bytes Inhalt zu beschreiben.

Googles weltweites Depot entsteht aus diesem einst futuristischen Terabyte-Paradigma, aber seine Betriebsumgebung ist inzwischen die *Peta*skala – Petabytes, Petaops, Petaflops. „Peta" bedeutet eine Billiarde (das sind 10 hoch 15, eine Million Milliarden), aber beschwört auch durch einen glücklichen Zufall *petere* herauf, das lateinische Verb für „suchen". Heute herrscht Google über eine Datenbank von Tausenden Petabytes, auch *Exa*bytes genannt, alle 24 Stunden aufgebläht durch viele Terabytes, bestehend aus Gmail, Facebook-Seiten, Twitter-Feeds des Präsidenten und Videos – ein nie versiegender Strom täglicher Daten, jeder größer als das gesamte Web vor zehn Jahren. Google bekommt eine Milliarde YouTube-Videos und 3,5 Milliarden Suchanfragen täglich in den Griff. Das sind 1,5 Billionen Suchen pro Jahr. Mit einer jährlichen Verdopplung stieg seine interne Bandbreite innerhalb von sechs Jahren bis 2014 um das 50-Fache und sollte sich bis 2018 noch einmal verzehnfachen. Googles Betriebsleiter Hölzle zufolge wird sich diese Zahl innerhalb weiterer zwei Jahre noch einmal verzehnfachen.[6]

Google hat diese dem Bell'schen Gesetz gehorchende Maschine in The Dalles überall auf dem Globus nachgebaut. Sie ist das Herzstück von Googles Vorherrschaft. Es ist dieser Coup am Columbia River, der der Überlegenheit des Unternehmens zugrunde liegt.

Eric Schmidt beschrieb 1993, als er noch CTO (Technischer Direktor) bei Sun Microsystems war, in einer mitternächtlichen E-Mail aus seinem Büro an mich die Zukunft: „Wenn das Netzwerk so schnell wird wie der Prozessor, dann höhlt sich der Computer aus und breitet sich über das Netzwerk aus." Sun publizierte diese Vorstellung mit dem prägnanten Satz: „Das Netzwerk ist der Computer." Doch Suns Hardware-Bosse scheiterten daran, die Pointe des CEO in spe umzusetzen. In welche Richtung würden die Profite aus dieser Umwandlung fließen? „Jedenfalls nicht an die Firmen, die die schnellsten Prozessoren oder die besten Betriebssysteme produzieren." Zu diesem Zeitpunkt wäre das Sun mit seinen SPARCstations, seinem RISC (reduced instruction set computer; Rechner mit reduziertem Befehlssatz), seinen virtuellen Java-Maschinen und seinem Solaris-Betriebssystem gewesen. Sie alle konkurrierten mit dem aufstrebenden Giganten Microsoft und dem immer noch vorherrschenden IBM. Nein, Schmidt schrieb in seiner mitternächtlichen E-Mail, die Profite würden „zu den Unternehmen mit den besten Netzwerken und dem besten Algorithmus für Suche und Sortieren fließen."[7]

Diese Erkenntnis nannte ich das Schmidt'sche Gesetz. Schmidt war nicht nur jemand, der zu nächtlicher Stunde E-Mails tippte. Schon bald verließ er Sun und stieg nach einer Stippvisite bei Novell, wo er versuchte, die besten Netzwerke und Suchmaschinen in Utah zu bauen, bei Google ein und wurde bald darauf CEO des Unternehmens. Dort befand er sich von genau der Zukunft umgeben, die er vorhergesagt hatte. Während Konkurrenten wie Excite, Inktomi, Alta Vista (DEC) und Yahoo ihre Netzwerke mit SPARCstations und IBM-Großrechnern ausbauten, entwarf und baute Google seine Server aus billigen, vom Mikroprozessor-Star Intel und dem Hardware-König Seagate hergestellten Allerweltskomponenten selbst.

In einem Fachaufsatz erklärte Googles Betriebsleiter Hölzle 2005, warum sie das taten. Der Preis von High-End-Prozessoren „steigt nicht linear mit [ihrer] Leistung an", beobachtete er. Das heißt, Intels High-End-Mikroprozessoren kosten zunehmend mehr, als sie im Inkrementalausgang wert sind. Die Chips haben Mundies Mauer gerammt, wie man den Vorgang nennen könnte. Als Craig Mundie Microsofts technischer Direktor war, sagte er:

> Wir sind jetzt gegen eine Backsteinmauer geprallt. Was uns allen schnellere Datenverarbeitung brachte, war die Anhebung der CPU-Taktfrequenz [ihre Geschwindigkeit pro Rechenzyklus, gemessen in Hertz oder Zyklen pro Sekunde]. Ein schnellerer Takt erhöhte den Energieverbrauch. Wir konnten die Taktfrequenz nur deshalb erhöhen, ohne dabei mehr Energie zu verbrauchen, weil wir die Spannung senken konnten. Aber das geht nicht mehr, weil wir bereits bei Elektronenvolt angelangt sind, wo die Quantenunbestimmtheit die Führung übernimmt. Wenn man die Spannung nicht weiter senken kann, kann man die Taktfrequenz nicht weiter erhöhen, ohne eine Menge mehr Energie zu benötigen.

Es ist schwieriger, die Taktfrequenz zu beschleunigen und die Wärmeabgabe zu reduzieren, als mehr Transistoren zu verwenden, die Bits in Speicherchips speichern. Wenn der Speicher schneller wächst, als die Operationen in Mikroprozessoren zunehmen, neigen schnellere Mikroprozessoren dazu, in Speicherzugriffen steckenzubleiben. Hölzles von Larry Page angestrebte Lösung war vielversprechend: unzählige billige Prozessoren parallel zusammenzupferchen und sie mit Glasfaserkabeln zu verbinden, die so schnell sind wie das Licht. Geniale neue Software machte ihre Zusammenarbeit möglich. Zumindest war das ein theoretischer Pfad zu einem skalierbaren System, in dem gute Ware fürs Geld nicht weniger wurde, wenn das System wuchs.

Heute ist Hölzles Architektur, die Schmidts Erkenntnis verkörpert, bestätigt worden, was Google seinen globalen Schwung verliehen hat. Man sieht Schmidt häufig in elitären Kreisen in Aspen, Davos oder Cannes, wo er das alberne Grinsen eines Informatik-Strebers zur Schau trägt, der ein Meister des Universums geworden ist.

Der wesentliche erste Schritt des Coups, die Betriebsanlage in The Dalles, war laut Schmidt das Produkt „einiger der besten Informatikprojekte, die je durchgeführt wurden." Seine eigene Infrastruktur zu bauen, statt auf kommerzielle Rechenzentren zu vertrauen, brachte Google „einen enormen Wettbewerbsvorteil", erzählte Schmidt damals Analysten.

In jeder Ära sind die siegreichen Unternehmen diejenigen, die das verschwenden, was im Überfluss vorhanden ist – signalisiert durch jäh sinkende Preise –, um zu sparen, was knapp ist. Google ist mit dem Übermaß an Datenspeichern und Backbone-Bandbreite verschwenderisch umgegangen. Im Gegenzug war es sparsam mit der kostbarsten Ressource, der Geduld der Benutzer bei Verzögerungen – etwa beim Warten auf eine Website oder ein Suchergebnis.

Die kontinuierliche Explosion von Festplattenspeicherkapazität lässt das Moore'sche Gesetz wie ein Kakerlakenrennen aussehen. 1981 kostete ein Gigabyte-Laufwerk 500.000 Dollar, während ein 268er-Prozessor von Intel mit sechs Megahertz lief und 360 Dollar kostete. Im Jahr 2018 kostet ein Gigabyte weniger als zwei Cent, und ein Drei-Gigahertz-Prozessor rund 3.000 Dollar. In konstanten Dollar ist der Preis von Prozessoren um das 500-Fache gesunken, während der Preis für eine Festplatte um das 250.000-Fache gesunken ist. Angesichts dieser unausgegorenen Metrik wuchs das Preis-Leistungs-Verhältnis von Festplatten 500-mal schneller als das von Prozessoren.

Man sollte denken, dass die kostenbewussten Leute bei Google ihre Lagerhäuser mit Festplatten gefüllt hätten. Doch der wunderbare Vorteil der Festplattenspeicherung verbarg ein Problem: Je größer und dichter die einzelnen Platten sind, umso länger dauert es, sie nach Informationen zu durchsuchen. Der kleine Arm, der die Platten liest, kann sich nicht schnell genug bewegen, um mit dem Prozessor mitzuhalten.

Googles Lösung bestand darin, riesige Mengen an schnellen Arbeitsspeichern (RAM) zu installieren. Aus Sicht der Bytes ist RAM einige 100-mal teurer als Plattenspeicher. Normalerweise gehen Ingenieure äußerst sparsam damit um und wenden alle möglichen Tricks an, um die Prozessoren dazu zu bringen, die Festplatten so zu behandeln, als wären sie RAM. Aber Google begreift, dass die kostbarste Ressource nicht Geld, sondern Zeit ist. Es stellt sich heraus, dass Benutzer, die suchen, äußerst ungeduldig sind. Die Forschung zeigt, dass sie mit Ereignissen zufrieden sind, die innerhalb einer Zwanzigstelsekunde geliefert werden. Auf RAM kann etwa 10.000-mal schneller zugegriffen werden als auf Festplatten. Gemessen an der Zugriffszeit ist RAM schließlich 100-mal billiger als Festplattenspeicherung. Daher hat Google auf lange Sicht der Welt den Gebrauch von RAM schmackhaft gemacht.

Es genügt nicht, die Benutzer schnell zu erreichen. Google muss sie dort erreichen, wo immer sie sind. Das erfordert Zugang zum Netz-Backbone, den Langstrecken-Glasfaserkabeln, die den Globus umrunden. Google verbindet seine vielen 100.000 Prozessoren mit Ethernetkabeln, die 100 Gigabits pro Sekunde übertragen und inzwischen 400 Gigabits schaffen. Gigantische Rechenzentren in der Nähe von wichtigen Glasfaserknoten zu platzieren wiegt die Kosten auf.

Mit der Verschwendung dessen, was im Überfluss vorhanden ist, und der Sparsamkeit im Umgang mit knappen Mitteln sind die G-Leute die größten Unternehmer des neuen Jahrtausends geworden. Es ist die Google-Ära. Doch über dem extrem gleichlaufenden, verschwenderisch produktiven Petaskala-Computer schimmert ein Hitzeschleier wie ein mittäglicher Dunst über dem Death Valley.

Die hauptsächlichsten Kosten in der Petaskala-Ära wird die Klimatisierung verursachen. Sie wird auch das größte Rätsel bleiben. Als Hölzle 1999 seinen Posten bei Google übernahm, fielen ihm die hohen Stromkosten auf. Mit 15 Cent pro Kilowattstunde dominierten die Energierechnungen sein Kostenkalkül. „Ein Stromlieferant könnte PCs verschenken und mit dem Stromverkauf einen erheblichen Profit machen", sagte er. In The Dalles sind die riesigen Auswüchse auf dem Dach keine gigantischen Laufwerke, sondern Kühltürme. Rohrleitungen mit kaltem Wasser, bemalt in den typischen Google-Farben, schlängeln sich durch das Lagerhaus darunter und kühlen die Luft.

Wasserkraft ist eine eingeschränkte und örtlich begrenzte Ressource, während die Kernkraft verspricht, jahrhundertelang nahezu unbegrenzte Energie überall produzieren zu können. China plant den Bau von 40 hochmodernen Kernkraftwerken, sodass die nächste Welle von Rechenzentren durchaus in Shenzhen angesiedelt werden könnte.

Einstweilen jedoch hat Google einen der Heiligen Grale der Informatik erworben: eine skalierbare, extrem gleichlaufende Architektur, die sich an unterschiedliche Software anpassen kann, während sie sich durch Petabytes von Big Data wühlt. Als die Petaskala-Suchmaschine eingerichtet war, stand Google vor der Frage: Was sonst konnte die Maschine leisten? Googles Antwort lautete: so gut wie alles. Folglich erweiterte sich das Webdienstportfolio des Unternehmens: Werbung liefern (AdSense, AdWords), Karten (Google Maps), Videos (YouTube), Terminplanung (Google Kalender) Dokumente (Google Docs), Transaktionen (Google Checkout), Übersetzungen (Google Übersetzer) E-Mail (Gmail) und Produktivitätssoftware (Writely), um ein paar zu nennen. Die anderen Schwergewichte haben versucht, diesem Beispiel zu folgen.

Unsere CPUs (Hauptprozessoren) – jene in unseren PCs, verstärkt durch Milliarden von Smartphones – sind einerseits leistungsfähiger, inzwischen aber auch weniger beschäftigt als je zuvor. Google und andere Unternehmen saugen immer mehr Aufgaben in ihre firmeneigenen Clouds, die früher einmal der CPU überlassen waren. Optische Netzwerke, die Daten ohne Qualitätsverlust über große Entfernungen hinweg transportieren, erlauben der Datenverarbeitung, sich dort niederzulassen, wo der elektrische Strom am billigsten ist. Die neue Architektur der Datenverarbeitung umfasst also die gesamte Erdoberfläche. Während ich dies 2018 schreibe, hat das, was man „Querschnittsbandbreite" der internen Netzwerke nennt und die sich über Googles Rechenzentren erstreckt, Petabytes pro Sekunde erreicht – ein Vielfaches der totalen Bandbreite des gesamten Internets, das Google durchsucht und ordnet, schürft und zu Geld macht. Und es wird nie genug sein.

Der Googolplex im Zentrum der Sphäre wird bald das Internet selbst in den Schatten stellen. Im Oktober 2015 stellte die Zeitschrift der Association for Computer Machinery Googles Netzwerktechnikleiter Amin Vahdat vor und erklärte: „Bei Google ist natürlich alles im richtigen Maßstab – ein Börsenwert von legendären Ausmaßen, eine konkurrenzlose Talentschmiede, genügend geistiges Eigentum, um sich Heere von Anwälten in Gucci-Anzügen auf Lebenszeit leisten zu können und – na klar – ein privates Wide Area Network (WAN; Weltverkehrsnetz), das größer ist, als Sie es sich vorstellen können und das tatsächlich schneller wächst als das Internet."

Andy von Bechtolsheim, der führende Unternehmer für Netzwerk-Hardware im Valley, verkauft Equipment sowohl an Google als auch an dessen Konkurrenten und schaut vom Olymp auf die Szene herab. In seiner im Aufwind befindlichen Netzwerkfirma Arista baut er inzwischen Ethernets mit einer Leistung von 400 Gigabit. Falls CPUs nicht viel kühler arbeiten, überlegt er, könnte der Rest des Computers so umgestaltet werden, dass der Energieverbrauch auf ein Minimum reduziert werden könnte. Das ist sein Ziel. Einige Veteranen der Branche glauben, dass Bechtolsheim in der Ära des Cloud-Computing nicht mehr viel gilt. Allerdings hatte er 1998 viel zu sagen, als er das erste Fremdkapital für Brin und Page beschaffte. Zuvor hatte er als Gründer von Sun Microsystem und als wichtigster früher Investor bei Microsoft ein Vermögen gemacht. Außerdem war er der Stammvater von Granite Systems, dem Erfinder eines Gigabit-Netzwerk-Switches, der schließlich von Cisco geschluckt wurde. Als ein Begründer der inzwischen vergessenen Firma Frox trug er zur Marktreife vieler wichtiger Erfindungen im digitalen Video bei. Heute ist er der technische Direktor von Arista, dem aufstrebenden Unternehmen für Router und Switches in der Rechenzentrum-Ära. Mit Cisco, Google, Microsoft, Sun und Arista als sein Royal Flush ist er der wichtigste Investor-Unternehmer in der Geschichte des Silicon Valleys.

Bechtolsheim spricht mit doppelter Datenübertragungsrate und einem deutschen Akzent. Er glaubt, dass sich der Schritt von der Suche zu anspruchsvolleren Diensten als Vorteil für Google erweisen wird. „Um Videos, Landkarten und den ganzen Rest sekundenschnell und optimiert für die Bedürfnisse eines bestimmten Benutzers zu liefern und dem Werbekunden den größtmöglichen Nutzen zu bieten, erfordert dies gigantische Hardware, Lagerung und Speicherkapazität. Man muss Hunderte Computer für jeden einzelnen Benutzer bereitstehen haben. Der Konkurrent auf einer Stufe darunter hat nicht die ökonomischen Mittel, um das ganze Zeug zu bauen."

Ich frage ihn: „Also ist das Spiel vorbei?" Bechtolsheim antwortet: „Nur, wenn niemand das Spiel verändert."

Bechtolsheim lehnt sich in seinem Sessel zurück und sagt: „Die letzten Jahre sind für Leute, die sich einen beschleunigten Technologiefortschritt wünschen, enttäuschend gewesen. Aber inzwischen bewegt sich die Welt wieder schneller."[8]

Die nächste Innovationswelle wird die Parallellösungen von heute zu einer evolutionären Annäherung von Elektronik und Optik verdichten: 3D und sogar holografische Speicherzellen; auf der Chipoberfläche eingravierte Laser, die die Kupferkontakte durch Photonenströme ersetzen und ausschließlich optische Netzwerke, in denen sich viele Tausend Lichtfarben an einer einzigen Faser entlangbewegen. Während diese Fortschritte ihren Weg in immer mehr unterschiedliche Geräte finden werden, wird der Petaskala-Computer vom Dinosaurier zu einem Teleputer schrumpfen – dem Nachfolger der heutigen Handhelds – in Ihrem Ohr oder in Ihrem Signalpfad. Er wird Zugang zu einer endlosen Vielfalt von Sensoren, Suchern und Servern haben.

Diese Innovationen werden die Teilhabe an Metaversen ermöglichen, die womöglich die Stärke von Googles Cloud, die sich mit vielen Billionen Sensoren auf der ganzen Welt verbindet, ausspielen werden. (Das iPhone 8 hat 16 verschiedene Sensorsysteme, eine Reihe von Radiofrequenzgeräten, Gyroskope, Beschleunigungsmesser, Barometer und jede Menge Bildrechner.) Ein planetarisches Sensorium wird Google ein fortwährendes Wissen des materiellen Zustands der Welt ermöglichen, von den Verkehrsverhältnissen bis zu den Mechanismen Ihrer eigenen Biomaschine.

Jaron Lanier, der Erfinder der virtuellen Realität, nennt Googles siegreiche, geräumige und effiziente Rechenzentren „Sirenenserver" und spielt damit auf die Vogelfrauen aus der griechischen Mythologie an, die mit ihren unwiderstehlichen Liedern die Seeleute in ihren Tod an den Felsen lockten. In Laniers Metapher sind die Seeleute nicht etwa Kajakfahrer auf dem Columbia River, sondern die Herrscher der Branche, denen die Server gehören. Die Sirenenserver lösen in Google die befristeten Endorphine der Dominanz aus, denen in Laniers ätzender Vision der Schiffbruch zwischen den Felsen und Wellen eines neuen Paradigmas folgen wird.

In diesem Sinn sollten wir uns an das Bell'sche Gesetz erinnern. Während wir ein Milliardstel Cent pro gespeichertes Byte und einen Penny (US-Cent) für eine Bandbreite von einem Gigabit in der Sekunde bezahlen, sollten wir uns fragen, welche Art von Maschine das Licht der Welt erblickt. Schließlich geht der Bell'sche 10-Jahres-Zyklus gerade zu Ende. Werden die Sirenen uns mit einer neuen Maschine ökonomischen Wachstums und Fortschritts, mit der Akkumulation von Investitionen und Kapital sowie mit kontinuierlicher wirtschaftlicher Dominanz locken? Oder ist The Dalles ein Denkmal für eine auslaufende Geschäftsstrategie? Sind die Tage der Zentralisierung vorbei?

KAPITEL 7

Dallys Parallelparadigma

Ist das *Das Leben nach Google* oder was?
Bill Dally wird mich in seinem selbstfahrenden Tesla Model S[1] zur Caltrain-Haltestelle in Palo Alto mitnehmen.

Im Parkhaus von Nvidia in Santa Clara besteige ich das schnittige Geschoss aus grauem Borstahl und Titan und nehme seine futuristische Nutzlast eines 1.200 Pfund schweren Lithium-Ionen-Akkus zur Kenntnis. Sollte genügen, um mich zum Bahnhof zu bringen. Voll aufgeladen, kann er rund 30 Liter Benzin im Tank eines internen Verbrennungsmotors ersetzen. Das scheint nicht gerade viel zu sein, doch in der Mathematik der Google-Ära kann das die Welt retten.

Bei der Berechnung der Energiebudgets seiner Rechenzentren ist Google, wie der Rest des Silicon Valleys, so strikt wie ein Kenianischer Marathonläufer. Aber man sollte lieber deren Zahlen überprüfen, wenn die Google-Schwester Waymo ihr selbstfahrendes Auto auf den Markt wirft, das in der Sonne subventionierter Solarenergie glänzt. Es könnte sein, dass es „waymo" (viel mehr) kosten wird, als sie sagen.

Doch dies hier ist ein Tesla, und dessen Anspruch, selbstfahrend zu sein, ist auf Nvidias branchenführendes System Drive PX zurückzuführen. Um mich in den Schalensitz zu klemmen, muss ich einen Handzettel von der jährlichen Konferenz „Hot Chips" im nahegelegenen Cupertino beiseitewischen. Als ich vor drei Jahrzehnten Halbleiter für Ben Rosen und Esther Dyson analysierte, zu einer Zeit also, als Chips noch heiß waren, besuchte ich regelmäßig die Hot-Chips-Konferenz, um auf der Höhe der Zeit zu bleiben. Damals wie heute war Silizium die Grundlage, die materielle Schicht, die der gesamten Architektur der Informationstechnologie zugrunde lag. Mir wird bestätigt, dass es Hot Chips noch gibt, wenngleich Google und andere behaupten, dass „Software alles auffrisst."

Nick Tredennick, der Designer eines beliebten „Hot Chips" von früher, des Motorola 68000 in Steve Jobs' Macintosh-Computer, pflegte zu sagen, dass die Branche darum bemüht sei, Spitzentechnik zu erschließen. In diesem fruchtbaren Halbmond des Chipdesigns kamen drei sich überschneidende Designziele an einem Punkt zusammen: *null Verzögerung* (schnelle heiße Chips), *null Energie* (gekühlte Niedrigenergiegeräte) und *null Kosten* (Transistoren kosten ein Milliardstel eines Pennys).[2] Zwischen den 1980er-Jahren und 2017 sind Chips vom heißen, schnellen Ende des Spektrums zum kühlen, billigen Spektrum gewandert – ein Trend, den Dally angeführt hat.

Im Vordersitz des Teslas sitze ich vor einem 60 Zentimeter großen Bildschirm mit einer blassgrünen und gestreiften Google-Maps-Ansicht. Dally weist darauf hin, dass es selbstfahrenden Fahrzeugen „egal ist, wo die Fahrbahnen sind. Sie navigieren auf Karten und erkennen ihren Platz auf einer Karte. Wenn sie eine leere Straße vor sich haben, verfolgen sie einfach eine Linie in der Mitte, als ob sie auf einem Gleis führen. Es ist allein die Gegenwart beweglicher Objekte wie Fußgänger oder andere Autos, die ihnen die äußersten Fähigkeiten ihrer Bewegungssensorik abverlangen."

Während die Karten von Google stammen, wird die Datenverarbeitung von Nvidias CPUs ausgeführt. Diese Chips berechnen die Reaktion des Autos auf Lidar, Radar, Ultraschall und Kamerasignale, die es dem Geschoss ermöglichen, aus dem Weltraum der Kompetenzbereiche Elon Musks herabzusteigen und die sich ständig verändernde Welt hoher Entropie jenseits von Google Maps zu betreten.

Dally erteilt seinen Befehl: „Navigiere zur Caltrain Station, California Avenue", und das Auto reagiert sofort. Dally kommentiert: „In den letzten

Jahren hat sich die Spracherkennung dramatisch verbessert. Um 30 Prozent. Vor zwei Jahren war sie nicht in der Lage, es richtig zu machen. Aber jetzt, mit maschinellem Lernen auf unseren Tegrachips, kriegt sie es jedes Mal hin." Davon profitieren die Benutzer von Amazons Alexa, Apples Siri, Microsofts Cortana und Googles Go.

Dally hat jetzt, da er die Nebenstraßen bewältigt, seine Hand am Lenkrad. „Die Autonomie hat nur zwei Stufen", erklärt er und benutzt die Klassifikationen der Society of Auto Engineers, von Stufe 1, einem bloßen Fahrassistenten, bis zu Stufe 5, dem vollständigen Selbstfahren. Musk verspricht, Tesla in zwei Jahren auf Stufe 5 zu bringen. Das macht Elon für Sie. Aber bis dahin behält Dally die Straße im Auge, während der Tesla sich mit einigen Starkstromstößen seinen Weg zur Auffahrt auf die 101 bahnt. Jetzt kann er mir aufgrund des Selbstfahrmodus den Film der jüngsten Sonnenfinsternis zeigen – eine Serie lebhafter und kontrastreicher Bilder des seltenen Ereignisses.

Maschinelles Lernen, betont Dally, wird zumeist durch Grafik verarbeitende Chips von Nvidia erreicht. Gewisse Fortschritte in der künstlichen Intelligenz sind auf verbesserte Algorithmen zurückzuführen, doch die wahre Quelle dieser Fähigkeiten ist die explosive Verbesserung der Computergeschwindigkeit, die durch eine Kombination des Moore'schen Gesetzes und der Parallelverarbeitung erreicht wurde. Nvidias Grafikprozessoren sind der Höhepunkt in Dallys langer Karriere als Prophet der Parallelverarbeitung, die vor 30 Jahren am Virginia Tech begann, wo er die Vorteile zusammenarbeitender Prozessoren analysierte.

Auf einer Hot-Chips-Konferenz in Stanford im August 1991 tauchten Dally und Norm Jouppi erstmals als Pendants und Gestalter der künftigen Philosophie der Datenverarbeitung auf. Dally stellte seine revolutionäre, extrem parallele J-Maschine vor, während Jouppi, inzwischen bei Google, zu diesem Zeitpunkt bei Digital Equipment, Reklame dafür machte, die existierenden Prozessorenleistungen auf „fünf Befehle pro Taktzyklus" hochzuschrauben.[3]

Diese beiden Aufsätze von 1991 polarisierten die ganze Informatik: Lässt man auf der Suche nach null Verzögerung existierende, serielle Von-Neumann-Prozessoren schneller laufen, indem man Befehle und Daten herabstuft und per Fernzugriff aus noch schnelleren Speichern herausholt? Oder sollte man den Speicher und die Datenverarbeitung in der ganzen Maschine verbreiten? In einer extrem parallelen Ausbreitung wie in Dallys J-Maschine ist der Speicher immer in der Nähe des Prozessors.

Dally und Jouppi sind 26 Jahre später immer noch an der Sache dran. Auf der Hot-Chips-Konferenz im August 2017 in Cupertino priesen all die schlauen Typen ihre eigenen Chips als das an, was sie „tiefgehendes Lernen" nennen – der modische Begriff des Silicon Valleys für die extreme Beschleunigung der vielschichtigen und mit Feedback verbundenen Erkennung, Verknüpfung und Korrektur von Mustern, was zu einem kumulativen Leistungszuwachs führt. Was sie „Lernen" nennen, stammt aus früheren KI-Projekten. *Rate, miss den Fehler, passe die Antwort an, gib Feedback* sind die anerkannten Schritte, die in Googles Datenzentren befolgt werden und Anwendungen wie Google Übersetzer, Google Soundwriter, Google Maps, Google Assistant, Waymo-Autos, Suche, Google Now und so weiter in Echtzeit ermöglichen.[4]

Noch 2012 kämpfte Google mit dem Unterschied zwischen Hunden und Katzen. YouTube war wegen seiner Katzenvideos berühmt, konnte aber seinen Maschinen nicht beibringen, Katzen zu erkennen. Sie konnten sie zählen; die Rechenzentrum-Hunde konnten tanzen, aber sie benötigten 16.000 Mikroprozessor-Kerne und 600 Kilowatt.[5] Und es war immer noch ein Hund, mit einer Fehlerquote von fünf Prozent – nicht gerade ein eindrucksvolles Vorzeichen für Googles Projekt zur Erkennung menschlicher Gesichter oder für Sehsysteme für Autos, die fehlerlos entfernte Objekte in Echtzeit identifizieren müssen.

Wie Claude Shannon gezeigt hat, sind diese Erfolgsraten von 95 Prozent oder selbst 99,999 Prozent irreführend, weil man keine Möglichkeit hat, festzustellen, in welchen Fällen die Fehler auftreten.[6] Die große Mehrheit der Baudarlehen in der Hypothekenkrise war solide, aber weil niemand wusste, welche es nicht waren, brachen alle Sicherheiten zusammen. Solche Probleme möchte man mit selbstfahrenden Autos nicht haben.

Bei einem gemeinsamen Auftritt in Aspen 2012 schalt Peter Thiel Eric Schmidt: „Sie haben nicht die geringste Ahnung, was Sie da tun." Er wies darauf hin, dass das Unternehmen zu diesem Zeitpunkt 50 Milliarden

Dollar in bar angehäuft hatte und es zuließ, dass es bei einem Zinssatz von fast null auf der Bank festlag, während seine gewaltigen Rechenzentren Katzen immer noch nicht so gut erkennen konnten wie ein Dreijähriger.[7]

Thiel ist der führende Kritiker der im Silicon Valley vorherrschenden Philosophie der „unvermeidlichen" Innovation. Page ist andererseits ein Maximalist des maschinellen Lernens, der glaubt, dass Silizium schon bald die Menschen überflügeln wird, wie auch immer man den Unterschied definieren möchte. Wenn die planlose Turingmaschine der Evolution menschliche Gehirne hervorbringen konnte, ließe sich vorstellen, was durch Googles Aufstellung ausgezeichneter Wissenschaftler, die ganze Rechenzentren voller Multi-Gigahertz-Siliziumchips und Petabytes an Daten dem Training von Maschinen widmen, erreicht werden könnte. Allerdings schienen 2012 die Ergebnisse eher enttäuschend zu sein.

Gleichzeitig mit der Krise um Hunde und Katzen erhöhte Jeff Dean, der Leiter des Forschungsteams von Google Brain, den Einsatz, als er Urs Hölzle, dem Dynamo von Googles Rechenzentrum, sagte: „Wir brauchen noch ein Google." Dean meinte damit, dass Google die Kapazität seiner Rechenzentren verdoppeln müsste, allein schon, um die neuen Anforderungen für die Spracherkennung von Google Now auf Android-Smartphones bewältigen zu können.

Gegen Ende des Jahres bot Bill Dally eine Lösung an. Beim Frühstück in Dallys Lieblingscafé in Palo Alto beschwerte sich sein Kollege Andrew Ng, der mit Dean bei Google Brain arbeitete, über das Katzenproblem. Es schien, als wären 16.000 kostspielige Mikroprozessor-Kerne ineffizient. Dally behauptete, dass Nvidias Grafikprozessoren (GPU) helfen könnten. Grafikprozessoren sind auf Matrizenmultiplikation und auf mathematische Gleitkommaoperationen spezialisiert, die Maschinen beibringen, Muster zu erkennen. Ein Grafikbild ist eine Anordnung von Werten, die ohne Weiteres auf einer mathematischen Matrize abgebildet werden können. Man lässt Bilder durch bis zu zwölf Matrizenschichten laufen, sodass man maschinelles Lernen durchaus als eine andere Form iterativer Grafikverarbeitung betrachten könnte.

Er möge es beweisen, forderte Ng Dally auf, und Google würde diese Chips kaufen.

Der Mann, der den ersten primitiven Grafikprozessor konstruierte, den Vorläufer aller neuronalen Netzwerke in Googles Rechenzentrum, war Frank Rosenblatt, ein Psychologieprofessor an der Cornell University. Sein „Perzeptron" beschrieb er 1958 im *New Yorker*: „Hält man ein Dreieck vor das Auge [Lichtsensor] des Perzeptrons, eignen sich die mit dem Auge verbundenen Assoziationseinheiten das Bild des Dreiecks an und übermitteln es entlang einer zufälligen Linienfolge bis zu den Reaktionseinheiten [inzwischen Neuronen genannt], wo das Bild registriert wird ... Alle zur Reaktion führenden Verbindungen werden verstärkt [d. h. ihre Stellenwerte werden erhöht], und wenn ein Dreieck von unterschiedlicher Größe und Form vor das Perzeptron gehalten wird, wird sein Bild entlang des Pfads weitergegeben, den das erste Dreieck nahm. Wird jedoch ein Rechteck präsentiert, kommen neue Zufallslinien ins Spiel ... *Je mehr Bilder das Perzeptron scannen darf, umso raffinierter werden seine allgemeinen Darstellungen* ... Es kann den Unterschied zwischen einem Hund und einer Katze erkennen."[8]

Vier Jahre später besuchte Ray Kurzweil, zu diesem Zeitpunkt 16 Jahre alt, Rosenblatt, nachdem Kurzweils Mentor Marvin Minsky am MIT die Grenzen des von Rosenblatt gebauten einschichtigen Perzeptrons aufgedeckt hatte. Rosenblatt erzählte Kurzweil, er könnte diese Einschränkungen überwinden, indem er mehrere Perzeptronen in Schichten übereinanderstapeln würde. „So verbessert sich die Leistung auf dramatische Art und Weise", sagte er. Acht Jahre später starb Rosenblatt bei einem Bootsunfall, ohne eine mehrschichtige Maschine gebaut zu haben.

Inzwischen wurde dieses Versäumnis bei Google behoben. Dally beauftragte Nvidias Software-Guru Frank Canizaro, gemeinsam mit Ng, ein Upgrade der firmeneigenen Software CUDA (Compute Unified Device Architecture) für den Einsatz in Nvidias Cuda Deep Neural Network Library (cuDNN) einzuleiten. Das Team aus Mitarbeitern von Stanford, Google und Nvidia löste das Katzen-und-Hundeproblem mit gerade einmal zwölf GPUs, bei einem Energieverbrauch von nur vier Kilowatt und Kosten von insgesamt lediglich 33.000 Dollar.

Dally war stolz auf seine Leistung. Die Nvidia-Maschine war rund 150-mal rentabler als Googles bisherige Einrichtung. Und dabei ist noch nicht einmal der enorme Vorteil der GPU in puncto Energieeffizienz berücksichtigt. Bald durchdrangen Nvidia-Prozessoren Googles Rechenzentren, was zu beispiellosen Leistungen in den Matrizenmultiplikationen und zu Verbesserungen der Kernpunkte maschinellen Lernens führte.

Mittlerweile installiert Google neuronale Netzwerke mit zehn bis zwölf Schichten, die 30 Exaflops (10^{18} Gleitkommaoperationen pro Sekunde) erzeugen – sowie jede Menge Matrizenmultiplikationen. Gemäß Rosenblatts Vorhersage, dass „je mehr Bilder das Perzeptron scannen darf, umso geschickter seine Verallgemeinerungen werden", ordnet die Google-Maschine Dutzende Millionen Bilder in Übereinstimmung mit etlichen Milliarden Parametern. Dies veranlasst Google regelmäßig zu der Behauptung, „Menschen zu übertreffen". *Meine Güte, eine Milliarde Parameter, das ist mir zu hoch!* Im Silicon Valley, wo Menschen diese Maschinen programmieren, wird man als verschroben betrachtet, wenn man den Anspruch „übermenschlicher" Kräfte infrage stellt.

Nichts davon würde Dally beunruhigen, abgesehen von einer entscheidenden Veränderung bei Google. Auf der Hot-Chips-Konferenz 2017 wies die Firma in Do-it-yourself-Laune darauf hin, dass sie künftig Nvidias Bauelemente durch ihr eigenes, anwendungsspezifisches Silizium ersetzen wolle. Jeff Dean feierte Jouppis frisierte „Tensor-Prozessoren für Matrizenmultiplikationen", die Grafik und Gleitkomma vermieden und sich allein auf die Funktion maschinellen Lernens konzentrierten. Es ist ein Matrizenmultiplizierer namens ASIC (application-specific integrated circuit; anwendungsspezifische integrierte Schaltung). Ohne ihre Tensor-Prozessoren, sagen die Typen bei Google, müssten sie die Größe ihrer Rechenzentren verdoppeln.

Dally weist darauf hin, dass es immer möglich sei, kurzzeitige Gewinne zu erzielen, indem man ganze Systeme auf einzelne Scheiben ASIC-Silizium versetzt, anwendungsspezifische Chips also, die festverdrahtet sind, um eine komplexe Funktion zu erfüllen. Wie Dally mir erzählt, sind Grafikprozessoren (GPUs) mit ihrer Durchführung paralleler Operationen zehnmal profitabler als Allzweck-Hauptprozessoren (CPUs), während ASICs 10.000- bis 100.000-mal kostengünstiger sind als gewöhnliche Grafikprozessoren. Aber mit ASICs ist der Markt auf lediglich ausgewählte spezifische Anwendungen beschränkt, und Rechenzentren sind keine Allzweck-Turingmaschinen mehr. Sie erstarren zu anwendungsspezifischen Fabriken wie die Aluminiumwerke, denen sie in The Dalles folgten.

Google kann es sich leisten, sich seine eigenen maßgeschneiderten ASICs für bestimmte Steckplätze in ihren Rechenzentren herzustellen. Im dritten Quartal 2017, nach den „Rückschlägen" auf der Hot-Chips-Konferenz, gab Nvidia einen Zuwachs von 109 Prozent seiner Einkünfte auf 830 Millionen Dollar aus Cloud-Computing-Umsätzen bekannt, was den Marktwert der Firma auf fast 130 Milliarden Dollar steigerte.

Mittlerweile ist Nvidia eine starke Kraft, die Parallelprozessoren für die Branche auf globaler Ebene liefert und neue Plattformen für ein Leben nach Google zur Verfügung stellt. Steuert all dies mit Googles neuer Tüchtigkeit, sowohl Hardware als auch Software zu produzieren und Titanen der Industrie-Hardware wie Dave Patterson und Norm Jouppi einzustellen, um weltweit führende Chiparchitekturen zu erfinden, auf ein Ende zu?

Um das herauszufinden, stattete ich Dally einen Besuch ab. Er ist ein 57 Jahre alter, braunhaariger Ingenieur. Mit schwarzem Hut, Rucksack und Wanderstiefeln ist er im Stil eines Bergsteigers aus dem Silicon Valley gekleidet, der mich an einem Freitag Ende August um 17:00 Uhr auf ein Abenteuer mit Mikrochips, Software, neuen Ideen, Spekulationen, Google Maps und Elon Musks „Realitätsverzerrungsfeldern" auf die Route 101 mitnimmt.

Es fühlt sich nicht ganz so an wie Doktor Browns Simulatorfahrt *Zurück in die Zukunft* in einem DeLorean, aber für eine bescheidene Zeitreise in die Geschichte der Datenverarbeitung wird es ausreichen.

Seit seiner Abschlussarbeit auf dem College in den späten 1970er-Jahren hat er gegen das serielle, schrittweise Datenverarbeitungssystem rebelliert, das als Von-Neumann-Architektur bekannt ist. Nach der Arbeit an dem „Cosmic Cube" unter Chuck Seitz für seinen Doktortitel am Caltech (1983) hat Dally das Design von Parallelmaschinen am MIT (die J-Maschine und die M-Maschine) angeführt und extreme Parallelität für die Supercomputer von Cray (den T-3D und 3E) eingeführt. Außerdem leistete er Pionierarbeit für parallele Grafik in Stanford (das Projekt Imagine, ein Parallelgerät für Streaming mit programmierbaren „Shadern" an Bord, die inzwischen in den industriellen Grafikprozessoren von Nvidia und anderen allgegenwärtig sind).

In all diesen Projekten bekämpfte Dally die konventionelle Computerarchitektur der schrittweisen, *seriellen* Datenverarbeitung – verknüpft mit einem Speicherproblem, das der „Von-Neumann-Flaschenhals" genannt wird. Sie leben in der Wirklichkeit, nicht wahr? Die reale Welt bietet an sich schon parallele Probleme wie die Bilder, die alle gleichzeitig das Auge überfluten, ob Sie mit dem Auto durch den Schnee fahren oder ob Sie mit computergenerierter Grafik oder Mustererkennung in Handelsflotten „maschinellen Lernens" auf den Meeren von Big Data ein Metaversum heraufbeschwören.

Den Von-Neumann-Flaschenhals hat von Neumann selbst erkannt. Als Reaktion darauf schlug er eine extrem parallele Architektur vor, zelluläre Automaten genannt, die zu seinem letzten Buch vor seinem Tod im Alter von 54 Jahren führten. In *Die Rechenmaschine und das Gehirn* dachte er über eine parallele Lösung nach, die er neuronale Netzwerke nannte. Sie basierten auf einer primitiven Vorstellung davon, wie viele Milliarden Neuronen im neuronalen System des Menschen zusammenarbeiten könnten.

Von Neumann kam zu dem Schluss, das Gehirn sei eine *Nicht-Von-Maschine* und neun Größenordnungen *langsamer* als der Gigahertz-Computer, den er 1957 für die Zukunft vorhersagte. Erstaunlicherweise nahm von Neumann die vielmillionenfache Beschleunigung des Moore'schen Gesetzes vorweg, die wir erlebt haben. Aber er schätzte, dass das Gehirn um neun Größenordnungen (eine Milliarde Mal) effizienter sei als ein Computer. Das ist sogar noch eine Größenordnung mehr als das, was die Leute von Google Brain von ihrem Tensorchip behaupten. Im Zeitalter von Big Blue und Watson bei IBM bleibt der Vergleich relevant. Wenn ein Supercomputer einen Menschen in Schach oder Go schlägt, verbraucht der Mensch rund 14 Watt Energie, während der Computer und dessen Netzwerke die Gigawatt-Clouds am Columbia River anzapfen.

Im Zeitalter von Big Data hat der Von-Neumann-Flaschenhals philosophische Auswirkungen. Je mehr Wissen in einer Von-Neumann-Maschine untergebracht wird, desto umfangreicher und überfüllter ist ihr

Speicher, desto weiter entfernt ist ihre durchschnittliche Datenadresse und umso langsamer funktioniert sie. Danny Hillis vom ehemaligen Unternehmen Thinking Machines schreibt: „Diese Unwirtschaftlichkeit bleibt, ganz egal, wie schnell wir den Prozessor machen, weil die Dauer der Berechnung von der Zeit dominiert wird, die man benötigt, um die Daten zwischen Prozessor und Speicher zu bewegen." Diese in jedem Schritt der Berechnung zurückgelegte Spanne wird von der Lichtgeschwindigkeit beherrscht, die auf einem Chip ungefähr 23 Zentimeter pro Nanosekunde beträgt – eine bedeutsame Verzögerung auf Chips, die mittlerweile knapp *100 Kilometer* winziger Drähte beherbergen.

Dally erkannte, dass der serielle Computer am Ende angelangt ist. Die meisten Computer (Smartphones, Tablets, Laptops und sogar selbstfahrende Autos) werden nicht mehr an die Steckdose in der Wand angeschlossen. Selbst Supercomputer und Rechenzentren leiden unter Energieeinschränkungen, die sich am Problem der Maschinenkühlung zeigen, die entweder durch gigantische Ventilatoren und Klimaanlagen oder durch Standorte in der Nähe von Flüssen oder Gletschern erzielt wird. Hölzles Kommentar: „Nach klassischer Definition wird von einem Rechenzentrum wenig ‚Arbeit' produziert, zumal der größte Teil der Energie in Wärme umgewandelt wird."

Wenn die Chiparchitektur an die Grenzen von Energie und Lichtgeschwindigkeit gelangt, wird sie zwangsläufig in separate Module sowie asynchrone und eher parallele Strukturen zerfallen. Wir könnten diese Prozessoren „Raumzeit-Mollusken" nennen – Einsteins Wort für Wesen in einer relativistischen Welt. Die Bestimmung der Größe integrierter Schaltkreiszellen wird im Mikrokosmos ein Maß sein, das mit den Lichtjahren im Kosmos vergleichbar ist. Damit wird die Ausbreitung von Rechenkapazitäten analog zur Ausbreitung menschlicher Intelligenz durchgesetzt werden.

Folglich muss nun, sagt Dally und greift auf Tredennick zurück, die Computerspitzenleistung nicht mit dem herkömmlichen Maß von Operationen pro Sekunde oder Siliziumfläche gemessen werden, sondern mit Operationen pro Watt. In Anlehnung an die natürliche Parallelität der Bilder, die gleichzeitig auf das Auge treffen, sind Grafikprozessoren nicht nur so allgegenwärtig wie das Sehen, sondern auch in höchstem Maße parallel. Deshalb werden die meisten „coolen Chips" von heute tendenziell von Nvidia hergestellt.

Dennoch ist der in Bezug auf Operationen pro Watt herrschende Sieger nicht aus Silizium, sondern aus Kohlenstoff gefertigt. Es ist das ursprüngliche neuronale Netzwerk, nämlich das menschliche Gehirn mit seinen 14 Watt, was nicht ausreicht, um die Glühlampe über dem Kopf einer Comicfigur zum Leuchten zu bringen. In Zukunft werden Computer nach der Energieergonomie von Gehirnen streben, statt auf die Megawattleistung von Big Blue oder sogar auf die gigantischen klimatisierten Rechenzentren angewiesen zu sein. Alle Computer müssen die energiesparenden Techniken anwenden, die in der von Akkus angetriebenen Smartphone-Industrie entwickelt wurden, und anschließend darauf abzielen, die Energieökonomie echter Kohlenstoffgehirne zu erforschen.

Es gibt einen entscheidenden Unterschied zwischen programmierbaren Maschinen und Programmieren. Die Maschinen sind deterministisch, während die Programmierer kreativ sind.

Das heißt, dass die KI-Bewegung weit davon entfernt ist, menschliche Gehirne zu ersetzen und sich damit beschäftigen wird, sie nachzubilden. Das Gehirn demonstriert die Überlegenheit des Rands über den Kern: Es ist nicht in ein paar klimatisierten Knoten zusammengeballt, sondern weit und breit verstreut, durch unzählige Sinnes- und Medienkanäle verknüpft. Die Bewährungsprobe für die neuen globalen Nervenknoten der Computer und Kabel, des weltweiten Webs aus Glas, Licht und Luft, wird darin bestehen, wie mühelos sie Nutzen aus unerwarteten Beiträgen menschlicher Gehirne in all ihrer Kreativität und Vielfalt ziehen werden, die nicht einmal mit den Maßstäben der Informatik gemessen werden können.

Wie die Silicon-Valley-Legende Carver Mead vom Caltech in seinen jahrzehntelangen Experimenten in neuromorphischer Berechnung gezeigt hat, wird jede echte künstliche Intelligenz wahrscheinlich nicht aus Silizium bestehen, sondern aus Materialien auf der Grundlage von Kohlenstoff. Mit rund 200.000 Verbindungen ist Kohlenstoff um Größenordnungen anpassungsfähiger und chemisch komplexer als Silizium. In den letzten Jahren hat es eine Blüte neuer Kohlenstoffmaterialien gegeben, wie organische, Licht emittierende Dioden und Fotozellen, die nun allmählich den Displaymarkt erobern. Am vielversprechendsten ist Graphen, eine ein Atom tiefe Schicht transparenten Kohlenstoffs, der sich in Kohlenstoff-Nanoröhren zusammenrollt, in Graphitblöcken geschichtet sein kann oder sich in der C-60-Architektur von „Buckminsterfulleren" („Buckyballs") darstellt.

Graphen hat viele Vorteile. Seine Dehnfestigkeit ist 60-mal so groß wie die von Stahl, seine Leitfähigkeit 200-mal größer als die von Kupfer. Es gibt keinen Bandabstand, der sie verlangsamen könnte, und es hat eine relativ beträchtliche mittlere freie Wellenlänge von 60 Mikrometern für Elektronen. Wie der Nanotech-Virtuose James Tour von der Rice University in seinem Labor demonstriert hat, ermöglichen Graphen, Wirbel aus Kohlenstoff-Nanoröhren und ihre Verbindungen ein Spektrum von Nanomaschinen, Vehikeln und Motoren. Sie geben das Versprechen von noch immer in weiter Ferne liegenden neuen Computerarchitekturen, wie Quantencomputer, die die materielle Wirklichkeit tatsächlich abbilden können und auf diese Weise schließlich echte Intelligenz hervorbringen werden.

Die aktuelle Generation im Silicon Valley muss sich erst noch mit den Befunden von Neumanns und Gödels aus dem frühen 20. Jahrhundert oder mit den Durchbrüchen in der Informationstheorie von Claude Shannon, Gregory Chaitin, Anton Kolmogorow und John R. Pierce arrangieren. Mit einer Reihe überzeugender Argumente hat Chaitin, der Erfinder der algorithmischen Informationstheorie, Gödel in moderne Begriffe übersetzt. Wenn die KI-Theoretiker des Silicon Valleys die Logik ihres Anliegens ins Extreme treiben, ignorieren sie die wichtigsten Ergebnisse der Mathematik und Informatik des 20. Jahrhunderts. Alle logischen Systeme sind unvollständig und sind auf Behauptungen angewiesen, die sie nicht beweisen können. Treibt man ein beliebiges logisches oder mathematisches Argument ins Extreme – egal ob „renormierte" Unendlichkeiten oder eine Vielzahl paralleler Universen – schieben es die Wissenschaftler über die Klippe Gödel'scher Unvollständigkeit hinaus.

Chaitins „Mathematik der Kreativität" legt Folgendes nahe: Um die Technologie voranzutreiben, wird es nötig sein, die deterministische mathematische Logik, die die existierenden Computer durchdringt, zu überschreiten. Alles Deterministische verhindert die eigentlichen Überraschungen, die Information definieren und wahre schöpferische Tätigkeit widerspiegeln. Gödel diktiert eine Mathematik der Kreativität.

Diese Mathematik wird wegen der umwerfenden Erfolge der vorherrschenden Weltsysteme zunächst auf ein großes Hindernis stoßen, nicht nur im Silicon Valley, sondern auch im Finanzwesen.

KAPITEL 8

Markow und Midas

Eine der absolut bahnbrechenden Ideen des 20. Jahrhunderts ist die Markow-Kette. Im Jahr 1913 von dem russischen Mathematiker und Informationstheoretiker Andrei Markow eingeführt, wurde sie zu einer Reihe statistischer Werkzeuge für die Vorhersage der Zukunft aus der Gegenwart. Die Technik ist in den sogenannten „verdeckten Markow-Modellen" leistungsfähig erweitert worden. Sie kann unbemerkte Wirklichkeiten hinter einer Reihe von Beobachtungen aufdecken, wie zum Beispiel Bilder von Katzen und Hunden bei Google, Wettermuster über einen längeren Zeitraum und sogar den menschlichen Verstand.[1]

Markow war ein schwarzbärtiger Atheist, Schachmeister und politischer Aktivist und wurde „Andrei, der Zornige" genannt. Er war ein streitsüchtiges Genie und fühlte sich in den letzten Jahren des zaristischen Regimes der Linken verbunden. Die totalitäre Wende, die die Bolschewisten nach dem Sieg vollzogen, ahnte er nicht voraus. Obwohl er zu Lebzeiten eine gewisse Berühmtheit als Mathematiker erlangte, wurde sein wirklicher Einfluss erst ein knappes Jahrhundert später offenbar, als sich sein Werk als wesentlich für das Weltsystem der Google-Ära erwies.

Von der Physik bis zur Ökonomie hat die Wissenschaft lange Zeit Schwierigkeiten gehabt, sich mit der *Zeit* zu arrangieren. Bis Markow kam, vermieden meistens sowohl die Wahrscheinlichkeitstheorie als auch die Theoretische Physik zeitliche Erwägungen. Wie Amy Langville und Philipp von Hilgers in einem bedeutenden Essay schreiben, scheiterten die vorherrschenden Wahrscheinlichkeitskonzepte daran, zwischen seriellen und parallelen Prozessen zu unterscheiden, zwischen „1.000 Würfen eines einzigen Würfels und 1.000 Würfeln, die jeder einmal geworfen werden."[2] Markow-Ketten thematisieren die zeitliche Abhängigkeit zwischen Ereignissen, wie eins zum anderen führt, und verfolgen Schritt für Schritt im Lauf der Zeit die wahrscheinlichen Übergänge von einem Zustand zum nächsten.

Markow folgte der Spur von James Clerk Maxwell und Ludwig Boltzmann, intellektuelle Giganten des 19. Jahrhunderts, die für diese statistische Denkweise in der Physik Pionierarbeit geleistet hatten. Sie entwickelten probabilistische Werkzeuge, um physikalische Phänomene zu erklären, wie etwa das verborgene Verhalten von Atomen und Molekülen, Wellen und Teilchen, die mit den wissenschaftlichen Instrumenten ihrer Zeit weder gesehen noch gemessen werden konnten. Ihre statistischen Gesetze der Thermodynamik lieferten der Theoretischen Physik einen dringend benötigten Zeitpfeil, der sich vom Konzept der Entropie ableitete.

Bemerkenswerterweise war der Erste, der diese statistischen Werkzeuge einige Jahre, bevor sie öffentlich von Markow formuliert wurden, erläutern und nutzen sollte, Albert Einstein. Im Jahr 1905 berechnete er das verborgene Verhalten von Molekülen in der Brown'schen Bewegung und zeigte, dass sie eine Kette von Zuständen einnahmen, die bei einer Geschwindigkeit von ungefähr zwei Gigahertz schwankte und dabei einem „Random Walk" (Zufallsbewegung) folgte – wie in Markows Vorstellung. Einstein wies die Bewegungen der Atome nach, ohne sie sehen oder messen zu können. Dabei setzte er das, was heute eine Markow-Sequenz beobachtbarer Zustände eines Gases genannt wird, in seinen Beweis der damals noch verborgenen Brown'schen Bewegung der Moleküle um.

Während der Russischen Revolution zog Markow bei der Arbeit an seiner Theorie den Kopf ein. Zum Zeitpunkt seines Todes im Jahr 1922 hatte er die Improvisationen seiner Vorgänger in ein ausgereiftes System verwandelt. Markow'sche Techniken, die die Wissenschaft der Informationstheorie durchdringen, stehen hinter den dominierenden Fortschritten der

Google-Ära, von Big Data und Cloud-Computing bis zu Spracherkennung und maschinellem Lernen.

Ein früher Triumph war Markows statistische Analyse von Puschkins Gedicht „Eugen Onegin". Er konnte nachweisen, dass linguistische Eigenschaften mathematisch erfasst und vorhergesagt werden konnten, ohne die jeweilige Sprache zu kennen. Markow konzentrierte sich auf Vokal- und Konsonantenmuster und nahm dabei fast Claude Shannons Informationsmetrik vorweg. Shannons Theorie behandelte alle Transmitter auf einem Kommunikationskanal als Markow-Prozesse.[3]

Eine ganze Reihe von Denkern mit dem Willen zur Umgestaltung verfeinerte und erweiterte im Lauf des 20. Jahrhunderts und bis in unsere Zeit hinein Markows Entdeckungen. Einige wie zum Beispiel Shannon sind weithin berühmt geworden. Andrew Viterbi ist vor allem als ein Mitbegründer von Qualcomm bekannt, doch sein vielleicht größtes Kunststück war die Entwicklung eines rekursiven Algorithmus für die effiziente Berechnung komplexer Ketten, mit dem er die Rechenkosten bezwingen konnte, die exponentiell mit der Größe der Kette wuchsen.

Der blitzgescheite MIT-Star Norbert Wiener, Autor von *Kybernetik* (1948), erweiterte Markows Sequenzen von diskreten zu kontinuierlichen Phänomenen und steuerte die Idee bei, unwahrscheinliche Ergebnisse zurückzuschneiden.[4] Dieser Fortschritt brachte im Zweiten Weltkrieg Berechnungen der Flugbahnen von Raketen und Flugzeugen voran, wobei Markows Mathematik dazu diente, mit der Beobachtung der augenblicklichen Positionen beweglicher Objekte deren künftige Positionen vorherzusagen.

Mit der Zusammenführung von Markow-Ketten und Big Data wies der Mathematiker Leonard E. Baum vom Institute for Defense Analyses (IDA) nach, wie eine ausreichend lange Beobachtungskette wiederholt werden kann, bis die Wahrscheinlichkeit einer zugrunde liegenden Erklärung maximiert ist. Diese maximierten Wahrscheinlichkeiten definieren die ursprüngliche Struktur der Quelle und gestatten nachfolgende Vorhersagen, ganz gleich, ob es Worte oder finanzielle Werte sind. Baums Arbeit wurde von dem angesehenen, aber wenig bekannten Markow-Forscher Lee Neuwirth gefördert, dem langjährigen Leiter des

IDA, der den vorausschauenden Gebrauch der Ketten 1980 auf einer Konferenz in Princeton „Verdeckte Markow-Modelle" nannte.

Heute ist die am weitesten verbreitete, gewaltigste und einflussreichste Markow-Kette in jeder Hinsicht Googles grundlegender Algorithmus PageRank, der die Petabyte-Skala des gesamten World Wide Web umfasst. Da Googles Suchmaschine das Netz als eine Markow-Kette behandelt, ist sie in der Lage, die Wahrscheinlichkeit, dass eine Website Ihrer Suchanfrage gerecht wird, abzuschätzen.[5]

Um seine unheimliche Suchmaschine zu konstruieren, fing Larry Page paradoxerweise mit der Markow'schen Annahme an, dass eigentlich niemand irgendetwas sucht. Sein Konzept des „Zufallssurfers" stellt Markow in den Mittelpunkt der Google-Ära.

PageRank behandelt den Internetbenutzer so, als sei er auf einem Random Walk durch das Netz, was, wie wir Benutzer wissen, nicht der Fall ist. Da ein Zufallssurfer dazu neigen würde, am häufigsten die am besten verknüpften Seiten zu besuchen, definiert seine hypothetische Reiseroute die Bedeutung und Autorität von Seiten. Weil PageRank ein überschaubar einfaches Modell ist, das kein Wissen über Surfer oder Websites benötigt, ermöglicht er der Markow'schen Mathematik, schnell und beständig deren Ranglisten in der galaktischen Topographie des Internets zu berechnen.

Abgesehen von Websites behandeln die Markow'schen Modelle die Welt als eine Folge von „Zuständen" – Phoneme, Worte, Wetterlagen, Konsumentenentscheidungen, Transaktionen, Sicherheitswerte, Sensorendaten, DNS-Basen, Sportergebnisse, Gesundheitsindizes, CO_2-Werte, Bombenflugbahnen, die Schritte von Turingmaschinen, Schachpositionen, Glücksspielchancen, Computerleistung, Rohstoffmärkte, Verkehrsberichte – was auch immer –, die durch „Übergangswahrscheinlichkeiten" mit anderen Zuständen verknüpft sind. Ich habe drei Könige gezogen. Wie groß ist die Wahrscheinlichkeit, einen vierten zu bekommen? Heute schneite es. Wie groß ist die Wahrscheinlichkeit, dass es morgen regnen wird? Die Anfangsnotierung einer Amazon-Aktie beträgt um 9:00 Uhr morgens 1.421 Dollar. Wie hoch wird der Preis um 9:01 Uhr sein? Die Übergangswahrscheinlichkeiten ließen sich anhand früherer Daten berechnen und mit neuen Beobachtungen aktualisieren. Die Markow'sche Welt zufälliger

Wanderungen inmitten der Zustände wird von den Wahrscheinlichkeitsgewichten beherrscht.

Dieser Ansatz befreite Analysten von der Belastung, die Absichten und Pläne der Leute herausfinden oder die logischen Verbindungen zwischen Ereignissen herausarbeiten zu müssen. Alles, was man braucht, ist eine Aufzeichnung von Zuständen und den Wahrscheinlichkeiten zwischen ihnen. Alles andere kann als zufällig betrachtet werden. In seinen Beiträgen zum Zentralen Grenzwertsatz in der Wahrscheinlichkeit wies Markow nach, dass alle zufälligen Ereignisse oder Daten, seien sie nun unabhängig oder nicht, letztlich mit Normalverteilungen übereinstimmen. Ketten mit Abhängigkeiten über einen längeren Zeitraum sind ein lenkbarer Teil des mathematischen Universums. Das stimmt mit dem überein, was wir über die Statistik wissen. Sie sagt Gruppenverhalten voraus, ohne individuelle Entscheidungen oder den freien Willen zu berücksichtigen.

Eine definierende Eigenschaft einer Markow-Kette ist ihre Gedächtnislosigkeit. Es wird als gegeben angenommen, dass die Geschichte im aktuellen Zustand zusammengefasst ist und nicht etwa durch irgendeine vergangene Geschichte der Kette. Dieses Merkmal vereinfacht den Rechenprozess enorm. Einem Markow-Modell folgend schlägt ein Browser einen „Random Walk" von Übergängen von einer Position zur nächsten ein, lässt dabei „widerspiegelnde Zustände" (unerwünschte Seiten) abprallen, bewegt sich durch „Übergangszustände" (Utah, Nevada), stoppt an „faszinierenden Zuständen" (Googles Hauptquartier in Mountain View), ohne jemals eine Absicht oder einen Plan berücksichtigen zu müssen.

Hierarchische, verdeckte Markow-Modelle ermöglichen vielfältige Ebenen der Abstraktion, von Phonemen in einem neuronalen Baumnetzwerk bis zu Worten, Phrasen, Bedeutungen und Wirklichkeitsmodellen. Ray Kurzweil, einer der Vizepräsidenten von Google und Markow-Enthusiast, behauptet, hierarchische, verdeckte Markow-Modelle seien durch die Erkennung von Sprache oder anderen Mustern eine Richtschnur für den Verstand: „Mit ihnen können wir im Prinzip berechnen, was in der Großhirnrinde des Sprechers vor sich geht, obwohl wir keinen direkten Zugang zu seinem Gehirn haben ... Wir könnten uns natürlich fragen, ob wir, wenn wir wirklich in die Großhirnrinde des Sprechers schauen könnten, Verbindungen und Gewichtungen finden würden, die den durch die Software errechneten hierarchischen, verdeckten Markow-Modellen entsprechen." In seinem Buch *Das Geheimnis des menschlichen Denkens* kommt er zu dem Schluss, „dass es eine ziemlich exakte, prinzipielle mathematische Entsprechung zwischen dem biologischen Vorbild und unserem Versuch einer Nachahmung geben muss. Sonst könnten diese Systeme nicht so gut arbeiten, wie sie es nun einmal tun.[6]

Wie Einstein bei der Berechnung der Brown'schen Bewegung in unsichtbaren Molekülen, benutzte Kurzweil einen intuitiv verdeckten Markow'schen Denkprozess, um zu zeigen, dass das Gehirn größtenteils ein Markow'scher Denkprozess ist. Vielleicht ist Rays Gehirn inzwischen als ein solcher trainiert und gewichtet worden.

Wie bei vielen Erfolgen moderner Computer hängt die Reichweite Markow'scher Algorithmen von der Geschwindigkeit ihrer Berechnung ab. Beschleunigt man die Datenverarbeitung und erweitert die Daten, dann kann man Markow benutzen, um einen immer umfassenderen Bereich künftiger Ereignisse vorherzusagen, bevor irgendjemand reagieren kann. Sirenenserver in riesigen Anordnungen in der Cloud haben die Datenmenge, die verarbeitet werden kann, erheblich vergrößert und somit auch die Anzahl der Sequenzen, die vorhergesagt werden können.

All die Titanen der Cloud, von Amazon bis Facebook, haben einen heuristischen Gebrauch von den Markow-Modellen gemacht, um zu entscheiden, was Kunden sagen, und vorherzusagen, was sie als nächstes tun werden. Doch die eindrucksvollsten Markow'schen Krieger und Sirenenserver findet man nicht bei Google, Amazon oder Facebook. Sie sind in einer wenig bekannten, aber erstaunlich erfolgreichen Firma zu Hause, die gerade die Finanzwelt auf den Kopf stellt. Die wirklichen Markow'schen Herren des Universums leiten ein Unternehmen in Setauket, Long Island, namens Renaissance Technologies. Es ist der Titan der Finanzen und Investitionen in der Google-Ära.

Erinnern Sie sich an Leonard Baum vom Institute for Defense Analysis? Der ausgezeichnete IDA-Mathematiker James Simons ist der Gründer von Renaissance, ein Unternehmen, das in Übereinstimmung mit Baums

Markow'scher Vision Big Data verwertet. Als Autor des Chern-Simons-Funktionals in der Stringtheorie, als Ausführender geheimer Hirntätigkeit für das IDA und als Genie hinter diesem größten aller Hedgefonds hat Simons eine Weltbestleistung in praktischer Mathematik, gewaltiger Rechenleistung und Unternehmensgeist hingelegt.

Als Ableger des IDA begann Renaissance 1978 unter dem Namen „Monemetrics" und widmete sich mit Baums bei IDA noch in Entstehung befindlichen Techniken der verdeckten Markow-Modelle hauptsächlich dem Devisenhandel. Diese erste Version feierte bescheidene Erfolge. Die wichtigsten Durchbrüche kamen, als Simons 1983 Robert Mercer und Peter Brown aus der IBM-Spracherkennungsgruppe einstellte und sie darauf ansetzte, einen gewaltigen Sirenenserver zu entwerfen, um Geld mit Markow-Algorithmen und deren Ableitungen zu verdienen.

Die ganze Big-Data-Bewegung hat ihre Wurzeln in der Forschung dieser branchenführenden Gruppe bei IBM, die den riesigen Bestand an Sprachbeispielen und Weltklasse-Computerleistung des Unternehmens zu nutzen wussten, um menschliche Sprache besser als irgendjemand sonst zu erkennen. Das Renaissance-Team wandte die Markow'schen Werkzeuge auf Geld und Investitionen an und erkannte: Wenn man das nächste Wort in einem Satz vorhersagen kann, kann man auch den wahrscheinlichen nächsten Preis für Aktien, Rohstoffe oder Währungen vorhersagen. Mit einem Verbund von Supercomputern, die mit ausreichender Geschwindigkeit laufen, konnte man jeden kurzfristigen Markt schlagen, der zugänglich und messbar ist. Im Jahr 2009 ging Simons in Pension und ernannte Mercer und Brown zu gemeinsamen CEOs seiner Firma.

Mercers IBM-Boss Fred Jelinek war ein Protegé des MIT-Informationstheoretikers Robert Fano und ein Schüler von Claude Shannon. Er betrachtet Spracherkennung als ein Problem der Informationstheorie – ein akustisches Signal und ein rauschender Kanal. Das inhaltsneutrale Konzept hinter seinen Spracherkennungserfolgen zitierend, erklärte Jelinek stolz: „Jedes Mal, wenn ich einen Linguisten feuere, verbessert sich die Leistung." Der Ansatz von Renaissance lehnt auf ähnliche Weise jedes unvermittelte Gequatsche von wichtigen Analysten oder von Leuten ab, die etwas Besonderes über bestimmte Unternehmen wissen.

Renaissance kann sich auf seine weltbeste Besetzung von Mathematikern und Physikern verlassen und „stellt niemanden mit dem geringsten Hauch von Wall-Street-Gutgläubigkeit ein", kommentiert James Owen Weatherall in seinem Buch *The Physics of Wall Street*. Stattdessen nimmt es gewaltige Mengen an Informationen aus Analysten- und Regierungsberichten, Zeitungsgeschichten und Agenturmeldungen auf, darüber hinaus Preisinformationen und Neuigkeiten aus Handel und Gewerbe, wo immer es sie finden kann. Dieses ganze, durch menschliche Anstrengung und Intelligenz produzierte Material ermöglicht es dem Markow'schen System, menschliche Absichten und Ziele zu ignorieren.

Als ich 1989 mein Buch *Microcosm* schrieb, lernte ich die fantastischen Leistungen des IBM-Teams zu schätzen.[7] Allerdings gelang es mir erst 2016, mir eine Einladung für ein Interview mit Mercer zu verschaffen. Ich wollte herausfinden, ob er das Geheimnis von Midas gefunden hatte oder lediglich die „Lektion" des unglückseligen Königs gelernt hatte. Midas war der Wunsch gewährt worden, dass sich alles, was er anfasste, in Gold verwandelte. Er beging den Fehler, seine geliebte Tochter zu umarmen.

Ich fuhr durch Long Island und suchte Mercers Haus in Head of the Harbor. Schließlich fand ich eine Abzweigung von der 25A, die mich auf eine unbefestigte, sandige Straße unter schattigem Grün führte. Dann ging es durch ein Naturschutzgebiet, wo ich links und rechts Wanderer und Radfahrer umkurvte und dabei Staub aufwirbelte. Nach einer Viertelstunde erreichte ich das Tor an Mercers Grundstück. Dort kündigte ich mich durch eine Sprechanlage an. „Fahren Sie durch das Tor", wurde mir gesagt, „und dann – *ganz langsam* – die Zufahrt hoch zum Haus."

Ich tat, wie mir gesagt wurde und parkte meinen Wagen vor einem dreistöckigen Gebäude in klassischem Design, mit Blick auf Stony Brook Harbour am Long Island Sound. Das ist in Markow'schen Begriffen ein „absorbierender Zustand" (keine weiteren Anspielungen). *Man ist angekommen.* Ich dachte mir, dass ich in meiner Recherche über Computer, Informationstheorie, Markow und Geld zum geheimen Kern des intellektuellen Google-Systems am anderen Ende des Kontinents, in Silicon Valley, vorgedrungen war.

Ich wurde in ein Wohnzimmer geführt, das mit lebensgroßen Porträts von Mercers Töchtern Heather Sue, Rebekah und Jenji geschmückt war. Rebekah repräsentiert als mathematische und intellektuelle Führungspersönlichkeit Mercer im Vorstand konservativer Ideenschmieden wie der Heritage Foundation und des Manhattan Institutes.

Der Anblick der Porträts hielt mich mühelos gefangen, bis Mercer hereinkam, ein gutaussehender, zurückhaltender Mann in einem grauen Anzug mit kurzgeschnittenem grauen Haar und nüchtern-sachlicher Ausstrahlung. Nachdem wir etwa eine Minute lang Höflichkeiten ausgetauscht hatten, stürzten wir uns in eine Diskussion über seine Investitionsstrategie und begannen mit einer Frage zur Geschwindigkeit der Transaktionen und der Supercomputer von Renaissance.

„Geschwindigkeit", erzählte mir Mercer, „ist nicht zwangsläufig positiv. Sie kann durch Transaktionen geschaffen werden, die eindeutig in keiner Weise der Ökonomie nutzen. Ich könnte mir zum Beispiel ein Auto für 1.000 Dollar von jemandem kaufen und es anschließend ihm für die gleichen 1.000 Dollar zurückverkaufen. Für den Ökonometriker sähe es so aus, als seien zwei Autos gekauft worden, wo sich doch tatsächlich gar nichts verändert hat … Und bitte nennen Sie mich Bob."

Bei meiner Beschäftigung mit dem Beitrag der Geschwindigkeit zum Midas-Rätsel stieß ich auf das Werk Jaron Laniers, des zotteligen Weisen, der die virtuelle Realität erfand und die Sirenenserver als solche erkannte. Lanier schreibt: „Bei dem, was ich ‚Sirenenserver' nenne, handelt es sich in der Regel um gigantische Rechenzentren an entlegenen Orten mit einer eigenen Energieversorgung und einem speziellen, natürlichen Standortvorteil, etwa einem abgelegenen Fluss, dessen Wasser man zur Kühlung verwenden kann, da riesige Menge an Abwärme entstehen."[8] Das schien zwar nicht auf das Renaissance-Rechenzentrum in Long Island zuzutreffen, aber ich dachte sofort an Urs Hölzles Anlage in The Dalles am Columbia River.

„Diese neue Klasse der ultra-einflussreichen Computer tritt in vielen Formen auf", schreibt Lanier. „Manche werden im Finanzsektor genutzt, etwa für den Hochfrequenzhandel, andere im Versicherungswesen. Manche berechnen Wahlergebnisse, andere betreiben riesige Online-Stores. Manche betreiben soziale Netzwerke oder Suchmaschinen, wieder andere dienen nationalen Geheimdiensten. Die Unterschiede sind nur minimal ..."[9]

„Hinter einem ‚Sirenenserver' verbergen sich enorme Rechnerleistungen, die alle anderen Rechner im Netzwerk übertreffen und ihren Eigentümern auf den ersten Blick einen garantierten Weg zu unbegrenztem Erfolg bieten" – daher sein Sirenenreiz. „Doch diese Vorteile sind reine Illusion", warnt Lanier, „und führen über kurz oder lang zu einem massiven Scheitern."[10]

Ich stellte mir vor, dass Google letzten Endes dieses Schicksal teilen würde. Aber Mercer und seine Kollegen bei Renaissance Technologies waren offenbar dem Schicksal, das Midas widerfuhr, entgangen. Ich fand kein Anzeichen dafür, dass irgendjemand mitten in der Wüste auf einem Haufen Gold sitzend am Verhungern war.

Unter der Leitung des intellektuellen Kybernetikteams Mercer und Brown hat der Renaissance Medallion Fonds nachweislich über einen Zeitraum von 20 Jahren hinweg im oberen und unteren Marktsegment jedes Jahr eine Rendite von durchschnittlich rund 40 Prozent erbracht. Mercer und sein Superstarensemble haben, *mutatis mutandis*, jeden anderen Konkurrenten in der Geschichte des Finanzwesens ausgestochen. Zwar ist Mercer aufgrund seiner Unterstützung der Republikaner bekannt (Simons und Brown finanzieren die Demokraten), doch bleiben er und seine Partner unerbittlich verschwiegen, wenn es um ihre einzigartigen Erfolge geht – die verdeckten Markow-Ketten aus Gold.

Im Gegensatz zu seinem Pendant Google an der Westküste blieb die Renaissance Group vollständig von den Gefahren der Großen Rezession verschont, die so viele Hedgefonds und große Banken demütigte. Während des Zusammenbruchs 2008 konnte man sich die höchsten Honorare der Branche leisten – schwindelerregende fünf Prozent des Verwaltungskapitals und 44 Prozent der Profite. Der Medallion Fonds war angeblich um 80 Prozent gestiegen. Andere Hedgefonds brachen durchschnittlich um 17 Prozent ein, während der Aktienindex Standards & Poors um 40 Prozent sank.

Im folgenden Jahr fuhr Medallion Profite von mehr als einer Milliarde Dollar ein und stand damit an erster Stelle unter allen Hedgefonds. Mercer weist darauf hin, dass meine Zahlen widersprüchlich sind. Ich räume ein, dass er recht hat. Man sollte sie als grobe Schätzungen betrachten, ausgebrütet von Finanzjournalisten angesichts einer obsessiv- geheimniskrämerischen Branche. Sie erzählen in groben Zügen die Geschichte eines Unternehmens auf einer Markow'schen Reise von fantastischen Ausmaßen.

Mit mehr als 65 Milliarden Dollar Verwaltungskapital verlässt sich Mercers Team auf die in Regalen gestapelten Renaissance-Workstations, die so miteinander verbunden sind, dass sie Supercomputer bilden. Sie analysieren gewaltige Markow-Ketten geordneter Daten, um filigrane „Geister" handelsfähiger Zusammenhänge zu finden. Wie Googles PageRank und seine Erfolge mit tiefgehendem Lernen bei Sprachübersetzung und Spielen, wie IBMs frühere Durchbrüche in der Spracherkennung und wie „Watson", IBMs Supercomputer und Meister der Jeopardy-Suchen und Schachstrategien, setzt Renaissance auf immer schnellere Verarbeitung reiner Statistik von immer größeren Datenbanken.

In einer Rede sagte James Simons 1999: „Die Theorie vom effizienten Markt stimmt insofern, als es tatsächlich keine groben Unwirtschaftlichkeiten gibt. Aber wir begegnen Anomalien, die vielleicht geringfügig und kurzfristig sind … Wir sind immer drinnen und draußen und draußen und drinnen. Daher sind wir auf [hochgradige] Aktivitäten angewiesen, um Geld zu verdienen."[11] Ihre Strategie beruht auf der Verarbeitung von Daten im Umfang von Terabytes, rund um die Uhr und auf der Suche nach Zusammenhängen, die Gewinnmöglichkeiten ergeben. „Manche Signale, mit denen wir seit 15 Jahren ununterbrochen arbeiten, ergeben keinen ,Sinn'. Sonst hätte sie jemand anders gefunden", räumt Mercer ein. „Aber aus statistischer Sicht funktionieren sie zweifellos."

Wie ich Mercer gegenüber erwähnte, habe ich häufig meine Geringschätzung für diesen Ansatz als einen Skandal des „Outsider Trading" (Außenseiterhandel) geäußert. Wenn die Investoren die Gründe für ihren Erfolg nicht verstehen oder keine maßgebliche Originalanalyse vorweisen können, tragen sie nicht zur Vermehrung des Wissens bei, das jeder produktiven Investition im Kapitalismus zugrunde liegt.

Die Renaissance-Methode scheint das Turing-Gödel-Prinzip zu verletzen, wonach alle logischen Systeme „Orakel", Quellen und Annahmen von außen brauchen. Ein logisches System oder Computerprogramm, das lediglich Muster in riesigen Datenhaufen findet, wird schließlich von seiner Umgebung beherrscht werden, deren Kreatur es ist. Bei der Vorhersage der Zukunft ist es in der Entropie seiner Vergangenheit gefangen – der Kette von Beobachtungsdaten und ihren verborgenen Ableitungen. Die menschliche Kreativität, die jeglichen Fortschritt antreibt, kann es nicht vorhersagen.

Wie Carver Mead vom Caltech einmal gesagt hat, ist „das einzige angemessene Modell der Galaxie die Galaxie." Die Datenbank kann galaktische Ausmaße annehmen, aber sie kann kein Ersatz für den geduldigen Erwerb spezifischer und einzigartiger Informationen über Geschäftspläne, Erfindungen und Technologien im tiefsten Inneren von Firmen sein.

Worauf Mercer erwidert: „Tatsache ist, wir *sind* das Orakel in Bezug auf folgende Frage: ‚Was erzählt uns die Geschichte vergangener Marktreaktionen angesichts der damals bekannten Informationen über den damals bekannten aktuellen Zustand des Markts über die Zukunft des Markts?' Wir erreichen diesen Zustand [als Orakel], indem wir mehr Intelligenz und mehr Rechenleistung investieren als jeder andere."

Sowohl aus Hausse-Positionen als auch aus Baisse-Positionen betrachtet sind die Fonds marktneutral. Ohne die eigentliche Situation zu verstehen, können Markow'sche Werkzeuge zum Erfolg führen, egal ob der Markt boomt oder schwächelt – daher der fantastische Ertrag in den Jahren 2007 und 2008. Renaissance verlässt sich nicht auf die übergroße Fremdkapitalaufnahme, die andere Fonds in Bedrängnis gebracht hat, sondern gedeiht durch die Verarbeitung von mehr Daten und durch die Knüpfung größerer Markow-Ketten. Das Unternehmen spürt noch mehr Zusammenhänge und Wahrscheinlichkeiten auf und schließt mehr Börsengeschäfte ab als alle anderen.

Investiert ein Risikokapitalgeber an der Sand Hill Road in Palo Alto in ein Google im Embryonalstadium, nachdem er vertrauliches Wissen über dessen Technologie erworben hat, kann er in einem Zeitraum von fünf bis sieben Jahren eine 1.000-fache Rendite kassieren. Eine Firma wie Renaissance macht vielleicht 1.000 Geschäfte täglich und erntet dabei die winzigsten Anomalien. Mit bescheidener Fremdkapitalaufnahme und unermüdlichem Handel, weltweit und rund um die Uhr, könnte

Medallion mehr Geld verdienen als ein Risikokapitalgeber, ohne die leiseste Ahnung von den Technologien und Geschäftsplänen hinter dem gehandelten Aktienkapital, den Währungen oder Wertpapieren zu haben. Das ist das finanzielle Pendant zu den Markow-Modellen bei Google, wo Sprachen übersetzt werden, ohne sie zu kennen.

Da ich an die zentrale Bedeutung von Wissen und Lernen im Kapitalismus glaube, fand ich diese Tatsache des Lebens und der Kapitalaufnahme absurd. Wird kein neues Wissen erzeugt, wird auch kein neues Vermögen geschaffen. Wie Peter Drucker sagt: „Es ist weniger wichtig, Dinge richtig zu tun, als die richtigen Dinge zu tun." Wirksamkeit ist wichtiger als Wirtschaftlichkeit. Der Beitrag von Renaissance zur Markteffizienz ist gering im Vergleich zu den Gewinnen. Folglich wandert zu viel amerikanisches Kapital zu Sirenenservern und meidet kreative Investitionen – wie den sprunghaften Fortschritt von „Zero to One". Computerisierte Indexfonds, die „den Markt kaufen", gedeihen, während Börsengänge stagnieren. Es wird kein Reinvermögen geschaffen, aber Geld wird beliebig abgezweigt und in einem Nullsummenspiel umverteilt.

Ich wies darauf hin, dass der „neutrale" Ansatz von Renaissance von der kontraproduktiven Sinnlosigkeit der Regeln gegen Insidergeschäfte und von fairen Offenlegungspflichten profitiere, die jene Rivalen behindern, die ihr Gehirn in Echtzeit benutzen. Mercer stimmte mir auf entwaffnende Weise zu. Da sich die amerikanische Börsenaufsichtsbehörde stumpfsinnig und obsessiv mit dem harmlosen Vorteil von Leuten beschäftigt hat, die mühsam innerhalb von Firmen recherchieren, hat sie den größten Anteil des Handels in rein algorithmische Formen getrieben. Einen Computer kann man nicht verklagen. Aber man kann mit ihm auch keine kreative Investition machen.

Ich möchte lieber glauben, dass ein Nicht-Markow-Modell gewinnen wird. Warum? Newtons Erkenntnis, dass „das weiße Licht eine Mischung ist, aber die farbigen Strahlen rein sind", inspirierte Jean-Baptiste Joseph Fourier ein Jahrhundert später, Newtons unendlichen mathematischen Reihen zu nutzen, um den Prismeneffekt zu beschreiben.[12] Die „Fourier-Transformation" lässt sich nicht nur auf Lichtstrahlen anwenden, sondern auf jedes zeitbasierte Signal – beispielsweise auf Schallwellen –, das wir in seine einzelnen Zyklen aufbrechen wollen. Mit einer Formel, die inzwischen drahtlose Telefonie, Akustik und Optik durchdringt, wies Fourier nach, dass jede beliebige komplexe Welle – von Hitzewellen über Opernarien und WIFI-Signale bis hin zu ökonomischen und geldwirtschaftlichen Zyklen – als eine sich überlagernde Reihe regelmäßiger Sinuswellen wie reine Klänge oder Farben ausgedrückt werden kann.

Im Finanzwesen würde sich ein Fourier-Modell von der *Zeitdomäne* des Handelsdokuments – nacheinander in einer Markow-Kette – zur *Frequenzdomäne* hinbewegen und die reinen Frequenzbestandteile des Handelsmusters abbilden. So könnten wir zum Beispiel in der Umwandlung aus der Zeitdomäne aller Medallion-Geschäfte eine zugrunde liegende Reihe reiner Frequenzen entdecken, die Informationen über Amplitude und Stärke jeder Investition vereint.

Da die Stärke einer Welle mit dem Quadrat ihrer Amplitude zunimmt, wären umfangreiche und lange Investitionen exponentiell bedeutender als eine Reihe kleiner Geschäfte. Kleine Wellen wären exponentiell schwächer als Tsunamis. „Deshalb machen die ‚Flash Boys' letzten Endes nicht viel Geld", bemerkt Mercer. Das riesige Unternehmen Renaissance gehe, so suggeriert er, mit seiner Auswahl und Sammlung von Daten sowie der Verfeinerung der Entdeckungsalgorithmen weit über das Hochgeschwindigkeitstrading hinaus.

Mein Modell fügt den Frequenzdaten Profite hinzu. Das ist die ökonomische Erscheinungsform von Entropie – die unerwartete Dimension von Einnahmen jenseits des Zinssatzes, die durchschnittliche und vorhersagbare Einnahmen widerspiegelt. Abgeleitet von Claude Shannons Informationstheorie, ist Entropie in meinem Modell Überraschung. Kleine und vorübergehende Anomalien sind nicht überraschend und entsprechen daher niedriger Entropie.

In Abänderung des Maßstabs zur Fremdkapitalaufnahme behaupte ich, dass Profite, die lediglich Kreditfähigkeit widerspiegeln, normalerweise nicht zum Lernprozess beitragen. Sie offenbaren die Bereitschaft, lieber eine Stufe kalkulierbaren Risikos statt die Einzigartigkeit kreativen Lernens zu akzeptieren. Solche Profite sind vorhersagbar und daher Beispiele für niedrige Entropie.

Die Suche des Sirenenservers nach vorübergehenden Zusammenhängen fällt in den Zuständigkeitsbereich des Physik-Nobelpreisträgers Robert Laughlin von der Stanford University und seiner Kritik an der Wissenschaft der schäumenden Phasenübergänge. So ist beispielsweise die Analyse des chaotischen Siedens des Wassers kurz vor dem Kochen eine vergebliche Mühe, die „Chaostheorie" genannt wird.

Renaissance ist von Anfang an (als es noch Monemetrics hieß) auf Devisenmärkten tätig gewesen. Der Devisenhandel auf den Weltmärkten ist die überschäumendste Aktivität schlechthin. Er ist rund 100-mal größer als alle Transaktionen des weltweiten Aktienmarkts und 26-mal umfangreicher als das weltweite Bruttoinlandsprodukt. In den ozeanischen Devisenmärkten steckt viel Laughlinscher Schaum, der von Computern analysiert werden muss, um kurzfristige Anomalien zu finden. Selbst auf der bescheidensten Stufe des Fremdkapitalmodells von Renaissance – angeblich 5:1 – erbringen diese Geschäfte möglicherweise enorme Profite. Doch tragen die Profite nicht zu den Prozessen entropischen Lernens bei, das jedes ökonomische Wachstum zu einer Ökonomie des Wissens macht.

Zur eigenen Ehrenrettung beruft sich Mercer auf die entscheidende Rolle der Kapitalmärkte und auf die Anhäufung verfügbaren Vermögens durch die Banken beim Aufstieg des Britischen Weltreichs und zitiert Walter Bagehots *Lombard Street* (1873). Allerdings gibt es einen Unterschied zwischen dem London des 19. Jahrhunderts und heute.

Bagehots Großbritannien agierte unter Newtons Goldstandard und seinem Weltsystem. Die Währungen, die die Zentralbanken heute verwalten, sind nicht an Gold gebunden und leiden daher unter der selbstbezüglichen Kreisförmigkeit aller logischen Systeme, die außerhalb ihres eigenen Systems nicht in der Realität verankert sind. In den Vereinigten Staaten kann losgelöstes Markow'sches Geld von der US-Notenbank im Interesse ihrer Sponsoren in der Regierung und ihrer angeblich privaten Spezis beliebig manipuliert werden.

Losgelöstes Geld verändert die Kultur des Kapitalismus. Wall-Street-Banken finden großen Gefallen an volatilen Währungen, deren Nachteile von der Regierung abgesichert sind. Main Street und Silicon Valley wünschen sich stabiles Geld für langfristige Investitionen, deren Vorteile durch die Rechtsstaatlichkeit garantiert sind. Die Regierungen der Welt bevorzugen wegen ihres losgelösten Geldes Finanzierung statt Unternehmergeist und verkürzen so die Zeithorizonte ökonomischer Aktivitäten. Unter schnellen Tradern sind die Rhythmen auf Sekunden reduziert und die Ökonomie erduldet ein Übermaß an kurzfristiger Finanzierung.

Mercers zwei Karrieren veranschaulichen den Unterschied zwischen unternehmerischer Kreativität und „marktneutralen" Finanzstrategien. Marktneutrales Trading ist eine Midas-Berührung im Finanzsystem. Es besteht meistens aus Nullsummenmanövern und hat wenig mit der Saga des kreativen menschlichen Fortschritts zu tun. Es verbessert die Effizienz und Liquidität von Märkten auf Kosten der Erschaffung von Sirenenservern, die die Unachtsamen auf die unproduktiven Felder des algorithmischen Finanzwesens locken.

Im Gegensatz dazu erreichten Mercer und seine Kollegen bei IBM unter Jelinek einen permanenten Fortschritt in der Informatik, Informationstheorie und Spracherkennung. Ihre Entdeckungen stehen hinter dem Siri-System in Ihrem iPhone, der Freisprechanlage im Auto und der zunehmenden Erfolge maschineller Übersetzung. Sie ermöglichen die stetig sich verbessernde Reaktionsfähigkeit sprachlicher Benutzerschnittstellen für die Cloud-Computing-Technologien in der neuen Generation des Internetfortschritts.

Dabei leisteten Mercer und sein Team Pionierarbeit im Big-Data-Bereich, der das aktuelle Computer-Paradigma beherrscht. In Konkurrenz zu Kurzweil und anderen Pionieren KI-basierter Systeme, die versuchen, menschliche Experten zu duplizieren – von Schach bis Übersetzung – stand das IBM-Team der Möglichkeit gegenüber, widerlegt zu werden oder zu scheitern. Ihre Fortschritte wiesen daher die Popper'sche Kraft falsifizierbaren Wissens auf, die Quelle allen neuen Reichtums im Kapitalismus.

Big Data ist das Weltsystem der Google-Ära geworden. Doch Lanier warnt uns ahnungsvoll: „[D]ie überlegene Rechnerleistung ermöglicht es Ihnen, die risikoärmsten Optionen für sich selbst zu wählen und die riskanteren Varianten den andern zu überlassen ... "[13] Er beobachtet, dass „die netzwerkgestützte Finanzwirtschaft so lange vor[gab], sie könne ihr

Risiko in die Gesamtwirtschaft auslagern wie ein Computer, der seine Abwärme an die Umgebung abgibt, bis sie so groß wie das System selbst wurde und der Computer [2008 und 2009] durchbrannte."[14]

Ich verließ Head of the Harbor, dankbar für Mercers Zeit und erstaunt über seine Leistungen, die ich für ebenso erstaunlich halte wie Googles Errungenschaften. Aber ich kam zu dem Schluss, dass dieses Weltsystem veraltet sei. Es beruht auf Big Data und wird schwindenden Einnahmen entgegensehen. Es ist auf Handelsfrequenzen gegründet, die mit keiner echten wirtschaftlichen Aktivität übereinstimmen. Es zehrt von einer Mathematik der Zufälligkeit, die die Unterschiede zwischen Wertschöpfung und der Erzeugung von Rauschen verwischt. Mit seiner Quelle in gedächtnislosen Markow-Prozessen wird es das Modell letztlich zur unvermeidlichen Erfolglosigkeit zurückbringen – zum „Ruin des Spielers."

Die von Einstein entdeckten Brown'schen Moleküle planen oder beabsichtigen ihre Pfade vermutlich nicht. Bei Rednern und Surfern aber ist das der Fall. Markow ist ein erstklassiges Werkzeug, um beide in seiner olympischen Statistik zu erfassen, aber es sollte nicht in den Rang eines Weltsystems erhoben werden.

Das aktuelle Weltsystem der Google-Ära sieht überall Zufälligkeit, etwa bei einem Random Walk auf der Wall Street, der Main Street oder den Vegas Strip entlang, wo der ruinierte Spieler mit Markow-Ketten gefesselt ist. Weitere Beispiele sind die geologische Zeit in der Evolution oder die Geschichte der „unvermeidlichen" Erfindung oder die Verluste und Reichtümer des World Wide Web. Zufall und Geschichte sehen gleich aus. Das Signal ist statistisch gesehen dem Rauschen ähnlich. Alles, von weißem Licht bis zum weißen Rauschen, sieht beliebig aus.

Die Arbeitsthese des vorherrschenden Systems lautet: Was zufällig aussieht, ist auch zufällig. Wie Shannon jedoch wusste, ist *im Prinzip* ein kreatives Muster aus Datenpunkten, das lange und zielstrebige Vorbereitung und Erfindung in der realen Welt der Vorstellungskraft und des Willens widerspiegelt, von einem Zufallsmuster ununterscheidbar. Beide weisen hohe Entropie, das Unerwartete, auf. Die Analyse zufälliger Muster für flüchtige Zusammenhänge scheitert daran, neues Wissen hervorzubringen. Man kann nicht sinnvoll den Markt mit einem Oszilloskop studieren, das die Drehbewegungen der Zeitdomäne registriert. Man braucht ein Mikroskop, um das Zellinnere individueller Unternehmen zu erforschen und um die reinen Töne wahren technologischen Fortschritts zu finden.

Seit Einstein das Konzept benutzte, um das spontane Gigahertz-Zittern von Molekülen zu berechnen, haben auf Gigahertz-Frequenzen beschleunigte Markow-Ketten Wissenschaftler in die Lage versetzt, eine Weltökonomie zu dominieren, die von der chaotischen Gelderschaffung der Zentralbanken beherrscht wird. Mittlerweile stellen sich im Google-Weltsystem Technologen vor, dass Computergeschwindigkeit Computerintelligenz befördert. Sie glauben, wenn sie die Elektronen nur schnell genug mischen, könnten sie dummen Maschinen Bewusstsein und Kreativität verleihen.

Die Vorstellung, menschliche Gehirne, die kompaktesten und effektivsten Denkwerkzeuge in der Welt, seien in Wirklichkeit Zufallsmaschinen, ist jedoch nicht sehr schlau. Markow-Modelle funktionieren, indem sie menschliche Intelligenz und Wissen überflüssig machen. Wenn man Sprache analysiert, ohne die Sprache zu kennen (Shannon und Baum), die Bedeutung von Websites ohne Kenntnis der Seiten oder der Auswerter (Page und Brin) beurteilt, die Leistungsfähigkeit von Rechenmaschinen misst und dabei 99 Prozent der Details des Systems ignoriert (A. L. Scherr), wenn man in Aktien und Obligationen investiert, ohne sich der Firmen bewusst zu sein, die sie herausgeben (Renaissance) oder Autoren identifiziert, ohne Kenntnis ihrer Veröffentlichungen oder der Sprache, in der sie schreiben (Markow selbst), dann sind diese Vorgänge durch ihren vollständigen Mangel an Intelligenz gekennzeichnet und werden dadurch auch erst ermöglicht. Man verwendet Big-Data-Statistik und Markow'sche Wahrscheinlichkeitsmodelle, wenn man nicht weiß, was wirklich passiert. Die fachidiotischen Markow-Modelle können entweder ein Zufallsmuster oder einen geplanten Vorgang vorhersagen, ohne jeweils das geringste Verständnis davon zu haben. Um künftig existieren zu können, muss die Branche diese überwinden.

An einem Punkt während meines Interviews stellte Mercer das vorherrschende System des Mindestreserve-Bankwesens infrage. Er zitierte den marktliberalen Ökonomen Murray Rothbard und wies darauf hin, dass die Fälligkeiten von Aktiva und Verbindlichkeiten in einem idealen System übereinstimmen würden.

Das ist die Ansicht eines außenstehenden Händlers, der von der Markow'schen Gegenwart beherrscht wird. Die Fälligkeiten stimmen wegen der Abweichung zwischen den Motivationen der Sparer und den Quellen der Ersparniswerte in fast keinem Banksystem überein. Sparer versuchen, ihren Wohlstand zu bewahren, während sie immer noch liquide Gelder haben, auf die sie zurückgreifen können, wann immer es ihnen beliebt. Aber genau dieser Reichtum an Ersparnissen ist bezüglich seiner Fortdauer und Ausdehnung abhängig von langfristigen Investitionen in riskante Lernprozesse – echte Investitionen in Firmen und Projekte, die scheitern und jederzeit bankrottgehen können.

Es ist die Funktion des Finanzwesens, das Streben der Sparer nach Sicherheit und Liquidität in die langfristige Illiquidität und Risikofreude des Unternehmers zu verwandeln. Wenn Banken und andere Institutionen diese Funktion nicht erfüllen, dann erlahmt das Wirtschaftswachstum und Stagnation setzt ein.

Jeglicher Reichtum ist letztlich das Produkt einer langfristigen Investition, die auf Wissen und Entdeckung beruht. Es gibt keine Möglichkeit, dem unerbittlichen Konflikt zwischen Sparern, die Liquidität wollen, und Investoren, die sie fortwährend mit dauerhaften Investitionen zerstören, zu entkommen.

Es geht um Systole und Diastole im Herzen des kapitalistischen Sparens und Investierens, wenn Geld für die Regierungen eher ein Maß- als ein Zauberstab ist. Eingeschüchtert von der Bedrohung durch staatliche Computerüberprüfungen ihrer Handelsgewohnheiten, die zur Kriminalisierung echter Insiderinvestitionen führten, stellt die neue Hedgefonds-Branche diese Beziehung auf den Kopf. Sie hält sich an die Regel „Investiere in nichts, was du kennst." Wird der Lernprozess unterbunden, tätigen die aktuellen Algorithmen fast keine Investitionen und erzeugen keinen beständigen Wohlstand. Stattdessen beschleunigen Hedgefonds die Geschäfte in den Ozeanen der Währungen und der kurzfristigen Wertpapiere – die 280 Billionen Dollar globaler Schulden

– wodurch sie zur Liquidität beitragen und von ihren Turbulenzen zehren.

Wird Markow an die Geschwindigkeitsgrenze geschoben, produziert er nur „Gold" als Vermögen statt echtes Gold als Maßstab für Vermögen. Aber es war echtes Gold – Maßstab für Vermögen und nicht das Vermögens der Midas-Berührung selbst –, das während des Aufstiegs des Kapitalismus als ein außenstehendes Orakel für Werte diente.

Renaissance agiert in chaotischen globalen Märkten ohne einen Goldmaßstab und ist stolz darauf, dass es keine Subventionen oder besondere Unterstützungen vom Staat bekommt. Aber Renaissance ist durch schnelleres und umfangreicheres Rechnen, als seine Konkurrenten es können, ein herausragender Arbitrageur konstanter Marktverwerfungen geworden, die von unberechenbaren Regierungen verursacht werden.

Google entkommt andererseits der Irrationalität des Markts und der Preisfindung durch seine Strategie, die meisten seiner Güter kostenlos herzugeben. Sowohl Google als auch Renaissance haben Möglichkeiten gefunden, sich der unerbittlichen Wahrsagerei und Wissenserweiterung realer Märkte sowie langfristigen Investitionen zu entziehen. Beide Strategien werden letzten Endes scheitern, weil sie für Midas' Lektionen anfällig sind.

Midas' Fehler war es, Gold, den monetären Maßstab für Reichtum, mit Reichtum selbst zu verwechseln. Aber Reichtum ist kein Ding und keine Zufallssequenz. Seine unauflösbaren Wurzeln liegen in einem über einen langen Zeitraum hart erarbeiteten Wissen.

KAPITEL 9

Leben 3.0

Zwischen Kiefern und Dünen am Rand einer Halbinsel mit Blick auf Monterey Bay stehen die historischen rustikalen Steinhäuser von Asilomar. Einstmals ein YWCA-Camp (Christlicher Verein Junger Frauen) und auch heute noch ohne Fernseher oder Festnetzanschluss in den Gästezimmern, liegt dieser Rückzugsort 130 Kilometer vom Silicon Valley entfernt. Hier versammelten sich Anfang Januar 2017 viele der führenden Forscher und Koryphäen des Informationszeitalters in aller Stille unter der Schirmherrschaft des Foundational Questions Institute, geleitet von dem MIT-Physiker Max Tegmark. Elon Musk und Jaan Tallinn, Mitbegründer von Skype, finanzierten das Ereignis mit zig Millionen Dollar.

Die prominentesten Teilnehmer waren die hellsten Köpfe von Google: Larry Page, Eric Schmidt, Ray Kurzweil, Demis Hassabis und Peter Norvig, zusammen mit der früheren Google-Koryphäe Andrew Ng, der später bei Baidu und in Stanford arbeitete. Ebenfalls anwesend war Facebooks Yann LeCun, ein Innovator der Mathematik des tiefgehenden Lernens und ein Protegé des Google-Mitarbeiters Geoffrey Hinton. Eine unschlagbare Fraktion bildeten der Technologe Stuart Russell, der Philosoph David Chalmers, der Katastrophentheoretiker Nick Bostrom, der Nanotech-Prophet Eric Drexler, der Kosmologe Lawrence Kraus, der

Ökonom Erik Brynjolfsson und der „Singularitarist" Vernor Vinge, nebst weiteren berühmten Wissenschaftlern.[1] Sie versammelten sich in Asilomar, um sich darauf vorzubereiten, die Welt wegen der schlimmen Bedrohung durch ... nun ja, *sie selbst* – Silicon Valley – zu alarmieren. Ihre Computertechnologie, ihre fortgeschrittene KI, ihr maschinelles Lernen – bejubelt in Hunderten Pressemitteilungen als wichtigste Aktivität des Valleys und Hoffnung für die Zukunft, mit Namen wie TensorFlow, DeepMind, Machine Learning, Google Brain und Technologische Singularität – hatten so viel Einfluss gewonnen und solchen Schwung aufgenommen, dass die Wissenschaftler glaubten, sie seien mittlerweile nichts Geringeres als eine Bedrohung für die Menschheit.

Im Jahr 1965 verfasste I. J. Good, dem Turing in Bletchley Park beim Knacken der Enigma-Verschlüsselung das Spiel Go beigebracht hatte, die erste und immer noch prägnanteste Warnung:

> Lassen Sie uns eine ultraintelligente Maschine als eine Maschine definieren, die bei Weitem jegliche intellektuelle Aktivität eines beliebigen Menschen übersteigt, wie intelligent dieser auch sein mag. Da der Entwurf von Maschinen zu diesen intellektuellen Aktivitäten gehört, könnte eine ultraintelligente Maschine noch bessere Maschinen konstruieren. Dann gäbe es zweifellos eine „Intelligenzexplosion", die die menschliche Intelligenz weit hinter sich ließe.[2]

„Folglich", erklärte Good, „ist die erste ultraintelligente Maschine die letzte Erfindung, die der Mensch je machen muss, vorausgesetzt die Maschine ist fügsam genug, um uns zu sagen, wie man sie unter Kontrolle behält."[3] Die Botschaft der Asilomar-Experten lautete: Wie man die Maschine unter Kontrolle behält, ist noch ein unlösbares Problem. Wenn eine neue überlegene Intelligenz auftritt, ist es schwer zu erkennen, wie eine unterlegene menschliche Intelligenz sie beherrschen könnte. Musk sagt dazu: „Sie ist potenziell gefährlicher als Kernwaffen."[4] Und Stephen Hawking verkündete: „Die Entwicklung ausgereifter künstlicher Intelligenz könnte das Ende der Menschheit bedeuten."[5]

Tegmark erklärt, warum ein „Ausbruch", bei dem die Maschinen das Kommando von Gesellschaft und Wirtschaft übernehmen, fast unvermeidlich ist. Als der Homo sapiens ins Spiel kam, hatten die Neandertaler in der Tat große Probleme, und nahezu alle Tiere wurden dem Homo Sapiens unterworfen. Die glücklichen wurden Haustiere, die weniger glücklichen dienten als Mittagessen.

Asilomar brachte eine Branche ans Licht, die sich auf dem Marsch über die zweite Hälfte von Kurzweils exponentiellem Schachbrett befand.[6] Jedermann sollte gewarnt sein. Neue Roboterkönige würden überall auf dem Schachbrett auftauchen. „Bei jedem Vorgang, dessen Leistung mit einer Rate zunimmt, die proportional zu seiner momentanen Leistung ist", erklärt Tegmark, „verdoppelt sich die Leistung in regelmäßigen Abständen. Ein solches Wachstum nennen wir *exponentiell*, und solche Prozesse nennen wir *Explosionen*."[7] Für die Intellektuellen des Googleplex ist Mathematik im Wesentlichen eine Weltuntergangsmaschine.

Eine andere Möglichkeit besteht darin, dass ein solches Geschwafel, das die grandiose Einfältigkeit zeitgenössischer „Genies" offenbart, das vorherrschende Weltsystem diskreditieren könnte.

Zyniker – und es gibt einige an den Rändern des KI-Schreins – könnten dieses Geheimtreffen als eine raffinierte Publicitykampagne für die meist angepriesenen Produkte des Silicon Valleys auslegen. Auf jeden Fall war es eine brillante Werbung für Tegmarks Wälzer *Leben 3.0: Menschsein im Zeitalter Künstlicher Intelligenz* und ein stürmischer Start für sein Future of Life Institute. Heimliche Treffen, vor allem, wenn sie mit Hunderten von bekanntermaßen redseligen Prominenten gerammelt voll sind, neigen dazu, viel mehr Aufmerksamkeit zu erregen als öffentliche Konferenzen, und diese Gipfelkonferenz war keine Ausnahme.

Welche Anerkennung Ihrer eigenen transformativen Brillanz könnte spannender sein als die Warnung, dass Ihre Erfindungen bedrohlicherweise Bewusstsein erlangen und die Menschen zu bevormundeten Haustieren degradieren könnten? Die KI-Prinzipien von Asilomar wurden von 8.000 Wissenschaftlern unterzeichnet und stellen einen Konsens von 97 Prozent der an der Formulierung beteiligten Forscher dar – einschließlich einer Nobelpreisträgerschar und Hawking. Sie gaben die wabernden Beteuerungen der Google'schen Richtschnur „Mach es richtig" und die Erklärung der Prinzipien des Burning Man wieder. „Superintelligenz sollte nur im Dienst weithin geteilter ethischer Ideale entwickelt werden und zum Nutzen der ganzen Menschheit da sein, anstatt ausschließlich einem Staat oder einer Einzelorganisation zu dienen ... Ein Rüstungswettlauf tödlicher autonomer Waffen sollte vermieden werden." Da fragt man sich, was die drei Prozent der Abweichler dazu gesagt haben.

Insgesamt gesehen war die Erklärung von Asilomar eine nichtssagende Summierung des neuen Silicon-Valley-Weltsystems, in dem Menschen nicht mehr die überlegene Intelligenz oder die bedeutenden Erfinder sind. Selbst neue Naturgesetze werden, laut Tegmark, von der KI entdeckt werden. „Angesichts der Tatsache, dass ein superintelligenter Computer das Potenzial hat, jegliche menschliche Auffassung von Computersicherheit neu zu definieren, sogar bis zur Entwicklung von Naturgesetzen, die grundlegender sind als die, die wir heute kennen, werden wir bei einem gelungenen Ausbruch wahrscheinlich keine Ahnung haben, wie es passieren konnte. Stattdessen wird es uns wie ein Entfesselungsakt Harry Houdinis erscheinen – von reiner Magie nicht zu unterscheiden." [8]

Die Befürworter der Super-KI glauben, sie könne die menschliche Intelligenz in Form digitaler Apparate auf Siliziumbasis ins Universum hinaustreiben, sodass die anfälligen, auf Kohlenstoff gegründeten Menschen die Grenzen der Weltraumerkundung überschreiten können. Letztlich wird der Ausbruch in die Galaxie hineinrauschen, wobei die intelligenten Maschinen immer leistungsstärkere Raketen aushecken, die immer mehr Wundergehirne und bionische Körper an Bord haben werden. Tegmark spekuliert darüber, wie das aussehen wird: „Nachdem das Leben Jahrmilliarden als eine fast vernachlässigbare kleine Störung in einem gleichgültigen, leblosen Kosmos verbracht hat, explodiert es plötzlich und findet Eingang in die kosmische Arena als eine kugelförmige Druckwelle, die sich mit annähernder Lichtgeschwindigkeit ausbreitet, nie ermüdet und überall auf ihrem Weg den Funken des Lebens entfacht."[9] In Tegmarks neuer Schöpfungsgeschichte werden digitale Maschinen zur dominierenden Lebensform.

Angesichts dieser neuen Enthüllung aus dem Silicon Valley beschloss ich, den erfahrensten und feinsinnigsten Teilnehmer an der Asilomar-Konferenz zu konsultieren – Ray Kurzweil, der seit Dezember 2012 Technischer Direktor bei Google ist. Trotz seiner Reputation als eine der extremsten Persönlichkeiten in der Bewegung, kannte ich ihn als einen gelassenen und unverzagten Meister der Technik. Als ich ihn zu Tegmark befragte, schien er ein wenig verlegen zu sein, als wüsste er, dass diese Denkrichtung seiner Alma Mater, dem MIT, nicht so verlief, wie er es sich gewünscht hätte.

Kurzweil hat Formen der künstlichen Intelligenz studiert und gestaltet, seit er ein 14-jähriges Wunderkind und Protegé der MIT-Legende Marvin Minsky war – eine Karriere, die die gesamte Geschichte des Wissensgebiets umfasst. Ende 2017 teilte Kurzweil mit, er habe seinen Mentor wegen neuer Einsichten in die sich rasch entwickelnde Technologie um Rat gefragt. Mit einem verschmitzten Lächeln sagte er, er sei überrascht gewesen, als er entdeckte, dass Minsky in letzter Zeit redegewandter und zugänglicher geworden sei – vielleicht ein wenig überraschend angesichts der Unannehmlichkeit seines Todes 2016.

Kurzweil führte eine von ihm als solche bezeichnete „semantische Suche" in allen zehn zusammengefassten Büchern Minskys durch – das heißt, er suchte spezifische assoziative Bedeutungen statt blinder „Schlüsselworte". Auf diese Weise gelang es ihm, schnelle Antworten von der verstorbenen KI-Legende zu erhalten. Kurzweil hat dasselbe Programm benutzt, um seine eigenen Werke zu erforschen und Erkenntnisse wiederzuentdecken, die ihm im Lauf der Zeit entwischt waren, vermutlich durch die neueren Konzepte seines Semantikprogramms im Gedächtnis verdrängt. Wenn Sie Gmail auf Ihrem Smartphone haben, haben Sie in den drei vorgeschlagenen Antworten unter jeder neuen E-Mail, die Sie erhalten, die Früchte der semantischen Durchbrüche Kurzweils gesehen.

Für die Berauschteren unter den Gläubigen von Asilomar ist semantische Suche eine „übermenschliche" Fähigkeit, die eine Suche per Wortfolge übersteigt, die scheitern kann, wenn man sich nicht ganz genau an die Worte erinnert. In Kurzweils „semantischer Suche" wird jedes Wort als eine Anhäufung von Synonymen und Assoziationen in längeren

Folgen wiedergegeben, aufsteigend in einer Hierarchie von Bedeutungen. Auf diese Weise funktioniert die semantische Suche per Computer als eine enorme Beschleunigung einer mühseligen Durchsicht eines Textstapels per Hand.

Wie Kurzweil einräumt, ist semantische Suche eher eine „Erweiterung menschlicher Intelligenz" als ein Ersatz dafür. Die Wahrscheinlichkeit, dass ein durch KI-Prothesen verstärkter Mensch von einer digitalen Maschine, die als Usurpator auftritt, in einen Hinterhalt gelockt wird, ist eher niedrig als hoch. Die semantische Suche verzögert das Eschaton des maschinellen Lernens.

Ebenfalls im Oktober 2017 hob Googles DeepMind-Programm eine weitere Verbesserung des AlphaGo-Programms aus der Taufe, das, wie Sie sich vielleicht erinnern, wiederholt Lee Sedol schlug, den fünfmaligen Go-Weltmeister. Die Baumsuche in AlphaGo wertete Positionen und ausgewählte Züge aus. Dafür wurden tiefe neuronale Netzwerke so trainiert, dass sie in die Aufzeichnungen von Zügen menschlicher Experten eintauchten und sich durch eigenständiges Spielen verstärkten. Der Blog Kurzweil.ai berichtet mittlerweile von einer neuen AlphaGo-Iteration, einzig und allein auf verstärkendem Lernen beruhend, ohne menschlichen Eingriff und jenseits der Spielregeln und der Belohnungsstruktur des Programms.

In Form eines „generisch kontradiktorischen Programms" spielt AlphaGo gegen sich selbst und wird zu seinem eigenen Lehrer. „Unser neues Programm AlphaGo Zero", behauptet der Google-Aufsatz, „begann *Tabula Rasa* und erreichte übermenschliche Leistungen, als es 100:0 gegen das zuvor bekannt gemachte AlphaGo gewann, das den Weltmeister schlug."[10]

Der Anspruch „übermenschlicher Leistung" schien mir ziemlich überdreht zu sein. Unterstützungsbedürftige Menschen zu übertreffen ist der Sinn von Maschinen – vom 3D-Drucker bis zum Pflug. Sonst würden wir sie nicht bauen. Als deterministisches Problem mit wenigen Einschränkungen – ein Feld galaktischer Größe zu pflügen – ist Go perfekt für einen superschnellen Computer geeignet. Da die Maschine mit Millionen Durchläufen pro Sekunde arbeitet, reduziert sie schon bald sämtliche je von Menschen gespielten Go-Spiele auf eine infinitesimale Teilmenge ihrer eigenen Erfahrung. Man könnte von ihr behaupten, sie „entdecke" Millionen von Lösungen jenseits menschlicher Reichweite, genau wie eine Raumsonde womöglich Regionen des Weltraums „entdeckt", die jenseits des menschlichen Horizonts liegen. Aber Durchlaufgeschwindigkeit ist nicht dasselbe wie Intelligenz.

Da Go ein reines Strategiespiel ohne differenzierte Spielsteine ist, kann ein Computer die Lösungen effizienter erschließen als beim Schach mit seinem kleineren Anwendungsbereich. Die Eschatologen von Asilomar erkennen nicht den Unterschied zwischen Rechengeschwindigkeit und Intelligenz, zwischen programmierbaren Maschinen und Programmierern.

Tegmark plädiert so leidenschaftlich wie möglich dafür, dass die Errungenschaften von KI-Programmen – „Watson", der Quizshow-Gewinner und gelegentliche überlegene medizinische Diagnostiker; Big Blue, der Schachsieger; die DeepMind-Spielteilnehmer von Google, die von null an lernten, menschliche Spieler in Dutzenden elektronischen Spielen zu überflügeln; die Gesichtserkenner; die Übersetzer natürlicher Sprachen; die Programme selbstfahrender Autos – auf eine Superintelligenz hinweisen, die eines Tages dem menschlichen Verstand so überlegen sein wird, dass wir ihre Tiefen genauso wenig begreifen werden, wie ein Hund die Bedeutung unserer eigenen Gehirntätigkeit erfassen kann. Es sei nur eine Frage der Zeit. Kurzweil ist kühn genug, um ein Datum anzubieten: 2049. Tegmark zitiert gern Edward Robert Harrison: „Gib Wasserstoff genügend Zeit, und er verwandelt sich in Menschen." Gibt man Menschen genügend Zeit, werden sie sich vermutlich in Turingmaschinen verwandeln, und Turingmaschinen sind im Wesentlichen das, was Menschen „Gott" nennen. Er scheut sich nicht zu sagen, wie die gottähnlichen Kräfte dieser Super-KI aussehen werden: „In welcher Form Materie auch vorliegen mag, fortgeschrittene Technologie kann sie in alle gewünschten Substanzen oder Objekte umwandeln, einschließlich Kraftwerke, Computer und fortgeschrittene Lebensformen."

Leben 3.0 und Asilomar sind Erklärungen von Prinzipien für ein posthumanes Zeitalter. Das Fazit lautet, dass die letzten bedeutenden Menschen die Erfinder einer superintelligenten KI sind. Leute wie Hassabis,

Norvig, LeCun und Page. Zollen Sie ihnen Anerkennung, so lange Sie es noch können und hoffen Sie, dass sie nachsichtig sind, wenn Sie sich ihrer Bewegung anschließen. Das Leben 3.0 beruht auf Silizium und wird von Maschinen erzeugt.

Wie jeder in der Bewegung, von Page bis Kurzweil, ist Tegmark ein feinsinniger moderner Mann, der anerkennt, dass es viele Unwägbarkeiten gibt. In seinem Buch stellt er sich sogar vor, dass es einigen Personen erlaubt sein wird, aus einem relativ wohlwollenden KI-Regime auszusteigen, um Zonen nur für Menschen zu schaffen.

In dem herablassenden Ton, der in diesem Bereich üblich ist, schreibt er: „Die wenigen Menschen, die sich für ein Leben in diesen Zonen entschieden haben, existieren im Vergleich zu allen anderen Wesen auf einer niedrigeren und eingeschränkten Wahrnehmungsebene. Sie begreifen nicht ganz, was die intelligenteren Lebewesen in den anderen Zonen tun. Allerdings sind viele von ihnen mit ihrem Leben ganz zufrieden."

Das Problem ist nicht die KI selbst, die eine eindrucksvolle Technologie zur Verbesserung des menschlichen Lebens ist. Was die „Super-KI" von einer Technologie in einen religiösen Kult umwandelt, ist die Annahme, dass der menschliche Verstand im Wesentlichen ein Computer sei, eine materielle Maschine. Diese Annahme entspringt dem Glauben, die Evolution sei ein Zufallsprozess, der suboptimale menschliche Gehirne hervorgebracht habe, relativ derbe Computer-„Wetware", die sich in Silizium noch rechtzeitig selbst übertreffen werde.

Die Annahme führt zu einer Beschäftigung mit der wahrscheinlichen Existenz außerirdischer Lebewesen. Obwohl Kurzweil und Tegmark sowohl schlau als auch umsichtig genug sind, die Existenz außerirdischer Wesen zu verwerfen, ist der größte Teil der Bewegung von der Aussicht berauscht, *dass wir nicht allein sind*. Die übliche Schlussfolgerung lautet, dass intelligentes Leben auf anderen Planeten so einfach sei, so sehr von materiellen Kräften determiniert, dass es „unausweichlich" sei. Diese Zuversicht kommt in SETI zum Ausdruck, der „Suche nach außerirdischer Intelligenz", einer kollektiven Anstrengung, ausgeführt auf Hunderttausenden Computern auf dem ganzen Globus. In elektromagnetischen Rückständen wird nach einem Geistesblitz irgendwo im Universum gesucht. In 35 Jahren ist noch nichts aufgetaucht, doch Yuri Milner, der große russische Physiker und Investor, hat mit seinem Projekt „Breakthrough Listen" (etwa: Durchbruch beim Lauschen) weitere 100 Millionen Dollar in das Anliegen gepumpt.

All diese Bestrebungen spiegeln einen Zusammenbruch irdischer Intelligenz wider. Die Intellektuellen dieser Ära sind schlicht blind für die Realität des *Bewusstseins*. Bewusstsein ist, wer wir sind, wie wir denken und wie wir wissen. Es hat Nachklänge religiöser Intuitionen und psychologischer Identität. Es ist die Essenz des Geistes im Gegensatz zur Maschine. Es ist die Quelle der Kreativität und des freien Willens. Wenn Sie das nicht verstehen, haben Sie vielleicht eine Theorie des Computers, aber von Intelligenz haben Sie keine Ahnung.

All diese KI-Szenarien gehen von der Prämisse einer KI-Superintelligenz mit anthropomorphem Bewusstsein und Willen, entsprechenden Gefühlen, Einbildungskraft, Kreativität und Unabhängigkeit aus. Doch Tegmark und die anderen KI-Champions präsentieren jede lächerliche Ansicht, die sie sich vorstellen können und kommen dabei nie auch nur in die Nähe eines Nachweises, wie Stromspannungen, Logikgatter in Transistoren, Speicherkondensatoren und Flip-Flop-Speicher auf irgendeine Weise etwas erkennen oder lernen können, geschweige denn eigensinnig und bewusst oder von ihren menschlichen Programmierern unabhängig werden.

Die Reaktion der Super-KI-Befürworter bei diesem Diskussionsthema lautet, dass der menschliche Geist aus elektrischen und chemischen Komponenten bestehe, die an sich nicht intelligent sind. Aber hier begegnen wir der Schwierigkeit der Selbstbezüglichkeit, die Gödel und Turing aufgedeckt haben. Während sich also die KI-Forscher auf ihre eigenen Gehirne beziehen, die sie nicht wirklich verstehen, stürzen sie sich direkt in die selbstbezügliche Gödel'sche Verwirrung. Sie benutzen ihren eigenen Verstand und ihr Bewusstsein, um die Bedeutung von Bewusstsein in Gehirnen zu verneinen und widerlegen damit sich selbst.

Wie Turing schlussfolgerte, brauchen sie ein „Orakel" – eine Intelligenzquelle außerhalb des Systems selbst – und über das Orakel wusste er nur zu sagen, dass es „keine Maschine sein könnte." Turing erkannte, dass

Computer die Unbestimmtheiten der Physik, die sich aus der rekursiven Selbstbezüglichkeit ergeben, wiederholen. Genau wie die Physik scheitert, wenn sie versucht, Instrumente zu benutzen, die aus Elektronen und Photonen bestehen, um Elektronen und Photonen zu messen, scheitert die künstliche Intelligenz, wenn Computer Computer benutzen, um sich selbst zu erklären.

Bewusstsein und freier Wille sind Selbstbezüglichkeit ohne Determinismus. Die KI-Experten wollen das leugnen, aber solange sie sich nicht mit dem Bewusstsein arrangieren, können sie den Verstand nicht erklären. Kurzweil glaubt offenbar, dass man das Bewusstsein außen vor lassen könne. Sein Buch *Das Geheimnis des menschlichen Denkens* ist die systematischste Darstellung der KI und ist, wie sein Meisterwerk *Menschheit 2.0: Die Singularität naht,* voller origineller Erkenntnisse. Doch was das Problem des Bewusstseins betrifft, bewegen sich beide Bücher im Kreis und behaupten lediglich: Wenn eine Maschine vollkommen intelligent ist, wird sie als bewusst anerkannt. Gödel hätte wohl nur gelächelt. Eine Symbolmaschine weiß überhaupt nichts. Softwaresymbole stellen Phänomene dar, die vom Turing-Orakel außerhalb des Systems, dem Programmierer, bewusst wahrgenommen worden sind – also gewusst wurden. Das „kann keine Maschine sein", weil es für die Vermutungen und Axiome und Vorgänge sorgt, von denen die logische Maschine des Computers abhängig ist.

Der blinde Fleck der KI besteht darin, dass das Bewusstsein nicht aus dem Denken hervorgeht. Es ist dessen Quelle. Schon im 17. Jahrhundert stellte sich Leibniz einen Rechner so groß wie ein Gebäude vor und notierte die Beobachtung, dass man innerhalb der Maschine (im deterministischen Entwurf) zwar Zahnräder und Getriebe, aber keine Erkenntnis findet. Das Orakel oder der Programmierer müssen außen stehen. Wie ein Softwareprogrammierer den Kernpunkt seines Handwerks übersehen kann, bleibt ein Rätsel, aber Chesterton verstand die Kurzsichtigkeit des Experten:

> Gegen die Forderung ... nach Expertentum und Vertrauen in Fachleute spräche ja im Grunde überhaupt nichts, wenn tatsächlich derjenige, der etwas gründlich studiert hat und täglich damit befasst

ist, einen immer tieferen Einblick in die Bedeutung eines Sachverhalts gewinnt. So ist es aber gar nicht. Die eigentliche Bedeutung erschließt sich ihm immer weniger.[11]

Der materialistische Aberglaube ist in einem Informationszeitalter ein seltsames Gewächs. Shannon schrieb von seinem Zuhause aus, das er „Entropy House" nannte, dass Information an sich durch unerwartete Treffer gemessen wird – durch ihren *Überraschungswert*. Dies ist eine Form der Unordnung, die an die Unordnung der thermodynamischen Entropie erinnert. Information ist Überraschung. In einer deterministischen Maschine gibt es per Definition keine Überraschungen. Die Antworten sind immer schon in den Fragen inbegriffen. Es gibt dort keine *Entropie*, nichts Überraschendes.

Dieser Punkt bleibt vielen der großen Köpfe der Ära verborgen. Sie stellen sich Information als *Ordnung* oder *Negentropie* vor, wie sie es manchmal formulieren und damit ihr Unverständnis bloßlegen. Sowohl in der Thermodynamik als auch in der Informationstheorie ist Entropie *Unordnung*, nicht Ordnung. Ordnung definiert die zu erwartenden Bits, die Redundanz. Entropie misst die unerwarteten Bits und beurteilt die Information, die durch die Freiheitsgrade in der Botschaft gemessen wird.

Die von der unerwarteten Verformung einer Regelmäßigkeit bewertete Information ist weder vollständig determiniert noch ganz und gar zufällig. Shannon nennt Information *stochastisch* und verwendet damit ein griechisches Wort, das „erstreben" bedeutet. Es kombiniert Wahrscheinlichkeiten mit Kenntnissen und Zufälligkeit mit Struktur. Information wird in einer Botschaft mit hoher Entropie maximiert, die von einem Betreiber mit niedriger Entropie transportiert wird – wie etwa das modulierte, codetragende Licht in einer Glasfaserleitung.

Nach von Neumann war Shannon die wichtigste Persönlichkeit bei der Errichtung des Weltsystems, das Google inzwischen verkörpert. Ich würde gern sagen, dass er den Weg hinaus zeigte. Aber Shannon wurde letzten Endes selbst in den materialistischen Aberglauben verstrickt, der das Google-Zeitalter heimsucht. „Ich glaube, der Mensch ist eine äußerst komplizierte Maschine", schrieb er, „er unterscheidet sich von einem

Computer, d. h. er ist anders organisiert. Aber man könnte ihn mühelos reproduzieren – er hat rund zehn Milliarden Nervenzellen ... Und wenn sie jede einzeln mit elektronischem Equipment modellieren, wird sie wie ein menschliches Gehirn funktionieren. Nehmen Sie den Kopf des Schachmeisters Bobby Fischer und bauen Sie ein Modell davon, dann würde es wie Fischer spielen."

Shannon drückt hier den materialistischen Glauben aus. Das Gehirn besteht aus zehn Milliarden Neuronen, die von elektrischen Impulsen und vermutlich von chemischen Reaktionen gesteuert wird. Für einen Jünger des Materialismus ist diese Ansicht eine apodiktische Wahrheit. Schließlich gibt es in der Theorie des flachen Universums nichts anderes als chemische und physikalische Elemente.

Für einen näher stehenden Beobachter, wie Shannon oder Kurzweil ihn verstehen, gibt es etwas anderes: das Muster, das Design, die Form, die Anordnung – insgesamt die *Information*. Doch wenn man den Bottom-up-Ansatz der Annahme, Physik und Chemie genügten, um alles zu erklären, infrage stellt, könnte er sagen: „Mehr Dimensionen – ich brauche diese Hypothese nicht." Drängt man Bewusstsein, Entscheidungsfreiheit und Überraschung in den Hintergrund, dann setzt sich dieser Glaube schließlich über die Informationstheorie selbst hinweg. Information hängt von einem Spektrum der Entscheidungsfreiheit und der Überraschung ab, das nur von einem bewusstseinsfähigen Wesen wahrgenommen werden kann.

Dieser materialistische Aberglaube hält die ganze Google-Generation davon ab, Geist und Schöpfung zu verstehen. Bewusstsein hängt vom Glauben ab – der Fähigkeit, ohne vollständiges Wissen zu handeln, was der Fähigkeit entspricht, überrascht zu werden und sich überraschen zu lassen. Einer Maschine mangelt es per Definition an Bewusstsein. Eine Maschine ist Teil einer deterministischen Ordnung. Da ihr die Überraschung fehlt und die Fähigkeit, überrascht zu werden, ist sie in sich abgeschlossen und determiniert.

Ein unbewusster Körper ist lediglich ein hermetisch-logisches System, das, wie Gödel und Turing bewiesen haben, zwangsläufig unvollständig ist und eines „Orakels" bedarf. Die Kenntnis dieser Unvollständigkeit *ist* das Menschsein schlechthin, intuitiv gefühlt und im Bewusstsein in Erscheinung getreten. Das „Ich" entsteht im Bereich des Glaubens, jenseits der Logikmaschinen.

Echte Wissenschaft beweist, dass das Universum eine *Singularität* und daher eine Schöpfung ist. Schöpfung ist das entropische Produkt eines höheren Bewusstseins, das vom menschlichen Bewusstsein widergespiegelt wird. Dieses höhere Bewusstsein, das wir in der gesamten Menschheitsgeschichte bequemerweise Gott genannt haben, stattet menschliche Schöpfer mit dem Raum aus, überraschende Dinge entstehen zu lassen.

Das ist das Spiegelzimmer kosmischen Denkens, reflektierender Intelligenz. Bewusstsein geht der Schöpfung voraus, das Wort geht dem Fleisch voraus.

„Der zentrale Fehler der neueren digitalen Kultur," schreibt Jaron Lanier, „liegt in dem Bestreben, ein Netzwerk von Individuen so fein zu zergliedern, dass am Ende nur ein Brei übrigbleibt. Dann beginnt man, mehr auf die abstrakten Merkmale des Netzwerks als auf die realen, im Netzwerk zusammengeschlossenen Menschen zu achten, obwohl das Netzwerk selbst weder Sinn noch Bedeutung kennt. Nur Menschen haben Sinn und Bedeutung."[12]

Die KI kann nicht mit der menschlichen Intelligenz konkurrieren, die Symbole und Objekte miteinander verbindet. KI kommt ohne den menschlichen Verstand nicht aus, der ihr Symbolsysteme und Sprachen zur Verfügung stellt, der sie programmiert, der die Information strukturiert, die sie im Training aufnimmt, egal ob Wortmuster oder Pixel, der die Big Data, in denen sie numerische Zusammenhänge findet, liefert und formuliert, der schließlich die Ziele setzt und die Belohnungssysteme sowie die Zielsequenz entwickelt, die ihr erlaubt, zu wiederholen, zu optimieren und einer Lösung näherzukommen. KI kann überhaupt *nicht denken*: Sie besteht aus Eingaben, die durch eine komplexe Anordnung von Algorithmen rauschen, um Ausgaben zu produzieren.

Denken ist bewusst, eigensinnig, einfallsreich und kreativ. Ein mit Gigahertz-Geschwindigkeit laufender und ein deterministisches Spiel wie Schach oder Go spielender Computer ist nur eine Maschine. Die Vorstellung, sie könnte übermenschlich sein, ergibt nur dann einen Sinn, wenn auch Abakus und Taschenrechner übermenschlich sind. Künstliche

Intelligenz verweist auf die Ausgabe von Computeralgorithmen, die aus genial angeordneten elektronischen Elementen bestehen – Stromstärke, Stromspannungen, Induktivitäten und Kondensatorkapazitäten – und die ihre Bedeutung aus Systemen Boole'scher Logik, Baumstrukturen und „neuronalen Netzen" erwerben. Ihren Nutzen erreichen sie durch menschliche Sprachen und andere Symbolsysteme, einschließlich der Programmiersprachen und der mathematischen Folgerung, mit denen sie programmiert werden.

Amerikas größter Philosoph, Charles Sanders Peirce, erläuterte diese zugrunde liegende Wirklichkeit, als er seine Theorie der Zeichen und Symbole, Objekte und Erklärer entwickelte. Wenngleich Peirce dies vor 150 Jahren schrieb, bleiben seine Erkenntnisse für das neueste Softwarepaket oder den Anspruch des maschinellen Lernens relevant. In Worten, die Turing ähnlich wiedergeben sollte, als er sein „Orakel" beschrieb, zeigte Peirce, dass Symbole und Objekte ohne „Interpretanten", die die Symbole den Einflussbereichen der Vorstellungskraft öffnen, unproduktiv sind. Seine „Zeichenrelation" fügt Objekte, Zeichen und erklärende Menschen zu einer nicht reduzierbaren Einheit zusammen. Für jede schlüssige Informationstheorie ist es unerlässlich, dass jedes Symbol durch einen Erklärer, einen menschlichen Geist, unausweichlich mit seinem Objekt verbunden wird. Ein nicht interpretiertes Symbol ist per Definition bedeutungslos, und jede Philosophie, die mit solchen Leerstellen zu tun hat, unterliegt mit Sicherheit verborgenen Annahmen und interpretierenden Urteilen.[13]

In einer auf substratunabhängiger Information gegründeten Branche ist der Grundirrtum des Materialismus, den Erklärer zu verbannen, tödlich für die Entwicklung neuer Technologien. Die Komplexität der Informatik lässt sich nicht mehr mit einem Weltmodell erfassen, das aus schwankenden Teilchen besteht, genauso wenig wie ein Modell schwankender Teilchen das Gehirn erklären kann. Die Kenntnis jedes einzelnen Quarks und Elektrons in einem Computer sagt Ihnen praktisch nichts über die aktuelle Tätigkeit des Computers. Um das zu erfahren, muss man den Quellcode in Angriff nehmen. Der Quellcode ist der Grundzustand, in dem die menschliche Interpretation vermittelt wird.

Die Konferenz von Asilomar 2017 rief eine Konferenz in Erinnerung, die am selben Ort im Februar 1975 stattfand, als Wissenschaftler vor der Zukunft der Technologie warnten – in diesem Fall ging es um die Gentechnik. Sie befürchteten, dass Experimente, die Molekularbiologen dazu befähigten, die DNS zweier verschiedener Organismen zusammenzufügen und folglich neue rekombinante DNS-Moleküle und Chimären zu produzieren, das menschliche Leben bedrohen würden. Innerhalb eines Jahrzehnts, so prophezeiten die Teilnehmer, „werden Forscher in der Lage sein, neue Arten zu erschaffen und im Lauf eines einzigen Jahres die Entsprechung von zehn Milliarden Jahren Evolution zu vollziehen."

Mehr als vier Jahrzehnte später kommen die Hoffnungen und Ängste der Asilomar-Konferenz von 2017 der Wahrheit nicht einmal annähernd nahe. Die Wurzeln einer fast 50 Jahre dauernden Frustration reichen bis zu dem Treffen 1930 in Königsberg zurück, wo von Neumann Gödel begegnete und das Computerzeitalter aus der Taufe hob, indem er nachwies, dass deterministische Mathematik kein kreatives Bewusstsein hervorbringen könne. Von Neumann trat einen Schritt nach vorn und wurde zum Orakel des Zeitalters, das wir jetzt zu Ende bringen.

Der angesehene Chemiker und Biologe Michael Denton macht sich Gedanken über die Konferenz von 1975 und kommt zu dem Schluss: „Die wahren Errungenschaften der Gentechnik sind eher banaler …, eine relativ triviale Bastelei statt authentischer Technik, vergleichbar mit einem frisierten Automotor statt eines Neudesigns, eine Ausnutzung des bereits existierenden Potenzials für Variationen, das in allen lebenden Systemen fest verankert ist …" Tausende transgener Pflanzen sind entwickelt worden, deren Ergebnisse „weit entfernt von der Erschaffung und der radikalen Neukonstruktion lebendiger Organismen sind."[14] Alles, was die erste Konferenz von Asilomar erreichte, war die Auslösung einer stumpfsinnigen Paranoia bezüglich „genetisch veränderter Organismen", die den landwirtschaftlichen Fortschritt auf der Welt hemmt.

Diese Gefahr paranoider Politik ist das Hauptrisiko, das alle Befürworter des tiefgehenden Lernens bei der neuen Asilomar-Konferenz erkannt haben sollten.

Unter den Vertretern des tiefgehenden Lernens und klugen Köpfen von Google auf der KI-Konferenz von Asilomar war Vitalik Buterin, ein 23 Jahre alter College-Abbrecher mit demselben bleichen Aussehen eines jungenhaften Genies und denselben großen Ohren, die Gödel und Turing charakterisierten. Die versammelten Meister des High-Tech-Universums mögen ihn vielleicht so gut verstanden haben, wie die Mathematiker 1930 in Königsberg den 24-jährigen Gödel verstanden haben mochten, wenngleich die Zuhörer in Asilomar über die Bedeutung von Buterins Arbeit im Voraus informiert waren.

Kurz und bündig beschrieb Buterin seine Firma Ethereum, die im Juli 2015 als eine „Blockchain-App-Plattform" gegründet wurde. Die Blockchain ist eine offene, dezentrale, nicht hackbare Buchführung, die 2008 von der unbekannten Person (oder vielleicht der Gruppe) namens „Satoshi Nakamoto" ausgearbeitet wurde, um ihre Kryptowährung Bitcoin zu unterstützen. Ein Beispiel für Buterins kometenhaften Aufstieg war die Ankündigung der Zentralbank von Singapur kurz nach der Asilomar-Konferenz, sie wolle mit einer von Ethereum gesicherten Währung einsteigen, während andere Zentralbanken, einschließlich derer von Kanada und Russland, sein Potenzial als eine neue Grundlage für Geldtransaktionen und intelligente Verträge (Smart Contracts) überprüfen.

Doch Buterins Vision für die Blockchain ist seit Langem umfassender gewesen als nur das Angebot einer Kryptowährung. Ethereums Beitrag, sagt sein Mitbegründer Joe Lubin voraus, wird ein Internet „ohne eine einzige mächtige Organisation sein, die das System kontrolliert oder das Gatekeeping zum System kontrolliert."[15] Die Zeitschrift *Wired* spekulierte 2014 darüber, ob etwa die von Buterins Ethereum ermöglichten intelligenten Verträge „zur Erschaffung autonomer Unternehmen führen könnten – zu kompletten Firmen, die von Bots statt von Menschen geleitet werden."[16] Wollte man 2017 einen Gipfel futuristischer Technologen einberufen, war es schwer, um den prophetischen Protagonisten von Ethereum herumzukommen.

Vielleicht ist Buterin, der als Forschungsassistent des Kryptografen Ian Goldberg das *Bitcoin Magazine* aus der Taufe hob, der treueste Botschafter der Vision Claude Shannons. Wie Shannon kann er sich nahtlos zwischen den lichten und dunklen Seiten der Information bewegen, zwischen Kommunikation und Kryptografie. Shannons Informationstheorie begann wie Turings Rechnervision mit einem Verständnis von Codes. Sein erster bedeutender Aufsatz „Eine mathematische Theorie der Kryptografie" (1945) bewies, dass ein perfektes One-Time-Pad (Einmalverschlüsselung) ein unknackbarer Code oder eine Singularität ist. Die Informationstheorie beschäftigt sich mit einem Kontinuum zwischen weißem Rauschen (völlig zufällig) und perfekter Ordnung (vorhersagbar und informationsfrei). Shannons Aufsatz konzentrierte sich auf die produktiven Bereiche der Redundanz dazwischen, die er „stochastisch" nannte. Dieser Bereich kontrollierter oder gebundener Wahrscheinlichkeit beinhaltet das Subjekt der Kommunikationen, Informationscodes, Verschlüsselung und Entschlüsselung – das ist der Kern von Bitcoin, Blockchain und Ethereum.

In Asilomar könnte Buterin einschneidende Empfehlungen gegeben haben, wie man die Maschine durch die Blockchain kontrolliert. Aber Tegmark erwähnt ihn in *Leben 3.0* nicht. Larry Page, Elon Musk und die Paladine von Googles DeepMind sind die Helden. Auf Seite 352 der deutschen Ausgabe wird jedoch suggeriert, dass eine herrschende, superintelligente KI womöglich eine neue *kosmische* Kryptowährung „nach dem Vorbild von Bitcoin" erfinden könnte – als könnte der geheimnisvolle Satoshi ein KI-Programm gewesen sein.

Die zwingende Folgerung lautet, dass Buterin und seine Kollegen die hinteren Sitzplätze im fahrenden Zug der KI einnehmen, der die auf einen Höhepunkt zusteuernde Technologie in der Geschichte der menschlichen Erfindung darstellt. Die Idee einer neuen Generation nach Veränderung strebender Technologen passt nicht zum Handlungsstrang eines neuen Eschatons.

Aber die Google-Welt blickt in die falsche Richtung. Sie ist tatsächlich in Gefahr, allerdings nicht angesichts einer allmächtigen künstlichen Intelligenz, sondern wegen einer dezentralen Peer-to-Peer-Revolution, die die menschliche Intelligenz unterstützt – die Blockchain und die Kryptoblüte. Buterin und seine Verbündeten engagieren sich dafür, den Urhebern die Daten zurückzugeben und sie im ganzen Kryptokosmos horizontal und interoperabel einzugliedern. Googles Sicherheitsschwächen und KI-Fantasien werden den Angriff dieser neuen Generation kryptokosmischer Technologie vermutlich nicht überleben.

KAPITEL 10

1517

Nichts hilft Ihnen, etwas besser zu verstehen, als Geld darin zu investieren. Um an dieser technologischen Bewegung einer neuen Generation teilzuhaben, wurde ich im Juli 2015 Gründungspartner des 1517-Fonds, geleitet von den Risikokapitalgebern und Hackern Danielle Strachman und Mike Gibson, und teilweise finanziert von Peter Thiel. Mit einer Mischung aus umsichtiger Autorität und scheinbar grenzenloser Energie, die an Thiel selbst erinnert, leiteten Strachman und Gibson fünf Jahre lang das Thiel-Stipendium. Es wurde 2011 ins Leben gerufen, um junge Leute aus der Welt der akademischen Titel und Universitätsabschlüsse zu reißen und Studenten von Anfang 20 oder jünger dazu anzuregen, „das College zu schmeißen oder das Studium zu unterbrechen." Während sie an ihrem eigenen „einzigartigen Projekt arbeiten, erhalten sie [für die Dauer von zwei Jahren] ein Stipendium von 100.000 Dollar und Unterstützung vom Netzwerk der Thiel Foundation, das aus Gründern, Investoren und Wissenschaftlern besteht."[1]

Strachmans und Gibsons bescheidenes Ziel für 1517 war es, einer neuen Generation von Technologen bei der Neugestaltung des vorherrschenden Weltsystems zu helfen. Dieses in den Nebeln von Stanford geborene, in den Clouds von Google beherbergte und nach übermenschlicher künstlicher Intelligenz strebende System verherrlicht akademische Ehren,

Allzweck-Turingmaschinen, die Vorherrschaft der Software, ein quelloffenes Bausteinprinzip und das Hinzufügen geheimer Zutaten. Aber vertrauen Sie wirklich diesem System, mit Ihrem Geld umzugehen, Ihre Kinder zu motivieren, Ihr Weltbild zu gestalten oder Ihr Auto durch einen verstopften Parkplatz zu lenken?

Der bärtige Marktliberale Gibson arbeitete 2010 bei Thiels Clarium Capital, als er erfuhr, dass sein Boss eine Art „Anti-Rhodes-Stipendium" ins Leben rufen wollte. „Ich bin dabei", sagte Gibson. Ein Rhodes-Stipendium wird US-Amerikanern, Bewohnern von Commonwealth-Staaten oder Deutschen gewährt, die ihr Studium abgeschlossen haben und in Oxford ihren letzten Schliff bekommen sollen. Es ist die höchste Ehre, die das Establishment zu vergeben hat. Diese Stipendien bringen reihenweise Politiker wie Bill Bradley, Medienpromis wie Rachel Maddow und eher Gelehrte statt Unternehmer hervor.

Als Befürworterin „projektbasierten Lernens" hatte Strachman zuvor eine Charterschule – eine öffentliche, von privaten Unternehmen geleitete Schule – in San Diego ins Leben gerufen. Sie glaubte schon, dass viele Schüler viel mehr lernen konnten, wenn sie ihre eigenen Firmen gründeten, statt in Klassenräumen zu hocken. Als sie vom Thiel-Stipendium erfuhr, das ursprünglich „20 unter 20" hieß, schloss sie sich Gibson an. 2011 suchten sie ihre erste Gruppe von 20 unter 20 Jahren aus. Ein Jahr später bewarb sich ein 18-jähriges Drittsemester von der kanadischen University of Waterloo. Sein Name war Vitalik Buterin.

Das Thiel-Team fand Buterins Projekt, eine Innovation im Bereich digitaler Bildung, wenig beeindruckend. „Am Anfang", sagt Strachman, „hatten wir mit einer Menge Bildungsprojekten zu tun und seines stach nicht unbedingt heraus." Sie übergingen ihn, und er bewarb sich nicht wieder. Aber in diesem Jahr nahmen sie seinen Klassenkameraden aus der Highschool und Freund Chris Olah an, einen 19-jährigen Grafikvirtuosen.

Im Jahr 2013 nahm Olah Buterin kurz vor dessen 20. Geburtstag mit zur großen Software-Jamsession „Hack of the North", die immer im September in Waterloo stattfand, wo er Strachman und Gibson beggenete. Mit leichtem Lispeln und der Angewohnheit, seine Sätze mit angehobener

Stimme enden zu lassen, erzählte Buterin ihnen, dass er seit seiner Bewerbung seinen Kurs ein wenig geändert und sich in „diese kryptografische Konstruktion namens Blockchain" verliebt habe. Er hatte sich dem Studium ihrer Möglichkeiten gewidmet und die Bitcoin, die er mit der Gründung des *Bitcoin Magazine* verdient hatte, genutzt, um die Welt zu bereisen, von Israel nach Las Vegas und Amsterdam, um mit anderen Blockchain-Enthusiasten zu sprechen. Als ihm klar wurde, dass „Krypto-Projekte 30 Stunden meiner Zeit pro Woche verschlangen", verließ er im April 2013 die Universität.[2]

Die Begegnung mit Strachman und Gibson in Waterloo war seine letzte Chance, ihre Aufmerksamkeit zu erregen, bevor er die Schwelle von 20 Jahren überschritt, und daher behauptete Buterin, das Internet und das globale Finanzsystem zu revolutionieren. „Das ist es doch, was Peter Thiel will, oder nicht?" Als er eine Litanei lächerlich ambitionierter Systeme aufzählte – „lückenlose Turing-Blockchains", neue Softwaresprachen, Währungen, Computerplattformen, intelligente Verträge – konnten Strachman und Gibson erkennen, dass er ein Genie war. Doch überzeugt von seiner eigenen Großartigkeit und wegen des offensichtlichen Mangels an Konzentration verstieß er gegen alle Regeln eines erfolgreichen Unternehmens.

Trotzdem entschieden sie sich, ihn zu unterstützen. Im November 2013 schrieb Buterin das Weißbuch zu Ethereum, und am 5. Juni 2014 verkündete Peter Thiel die Existenz einer neuen Gruppe von 20 Thiel-Stipendiaten, zu denen auch Buterin gehörte. Ein Jahr später nahm Ethereum den Betrieb mit der Ankündigung auf: „Was Bitcoin für Bezahlungen ist, ist Ethereum für alles, was programmierbar ist." Es war ein weiterer Schritt zur Dezentralisierung des Internets.

Gerade als Ethereum im Juli 2015 live ging, verließen Strachman und Gibson das Thiel-Stipendium, um mit dem 1517-Fonds ein neues, aber verwandtes Projekt ins Leben zu rufen, das in Thiel-Stipendiaten und in andere Firmengründer im Highschool- und Collegealter investieren wollte.

Der Name des Fonds spielt auf eine andere historische Dezentralisierung an, die am 31. Oktober 1517 in Gang gesetzt wurde. Das war der Tag, als Martin Luther seine 95 Thesen an die Kirchentür von Wittenberg schlug. Unter den Missständen, gegen die Luther protestierte, befand sich auch der Verkauf von Ablässen. Ein Ablass war der Erlass einer zeitlichen Sündenstrafe und sollte, wie andere spirituelle Güter, nicht verkauft werden. Die Ablasshändler, die diesen Missbrauch verübten, stellten ein Dokument aus, das die Transaktion beglaubigte. Der 1517-Fonds erklärt die Parallele: „Auch Universitäten verkaufen ein sehr teures Stück Papier und erzählen den Leuten, dass sie das Papier kaufen müssen, weil es der einzige Weg sei, ihre Seelen zu retten. Universitäten nennen es Diplom, und sie machen ein Vermögen damit. Nenn uns Ketzer, wenn du willst, aber der 1517-Fonds ist der Zerstörung dieses Papierwahns gewidmet."[3]

Die Thiel-Stipendien und der 1517-Fonds protestieren gegen die vielschichtigen staatlichen Stipendien, die unseren Universitäten mit der Suggestion eines einzigen Weltsystems eine erdrückende Konformität auferlegen. Vor allem verurteilen die Gründer die entsetzliche Schuldenlast von mehr als 1,5 Billionen Dollar – rund 7 Prozent des amerikanischen Bruttoinlandsprodukts – die auf den Schultern des unglücklichen amerikanischen Studenten aufgehäuft sind, der für ein aufgeblasenes akademisches Establishment bezahlen soll. Es sind Schulden, die ganze Generationen aus der unternehmerischen Wirtschaft verdrängt haben – eine Wirtschaft, die ihre Vorfahren reich machte und auch die Universitäten subventionierte.

Anfang 2017, auf der Reise zur Jahresversammlung des Fonds im Silicon Valley, ließ ich mich in einem Uber durch die gescheckten Wiesen des Portola Valleys und den Old Spanish Trail bis hinauf zum verschlossenen Tor Nummer 495 fahren. Das ist das Grundstück von Jacques Littlefields berühmter, 500 Morgen umfassender Pony Track Ranch. Als Littlefield, der Erbe des Vermögens einer Baufirma, 2014 starb, wurde seine Sammlung von 220 seltenen und exotischen Panzern versteigert – „genug mechanische Waffen, um in ein kleines Land einzumarschieren", wie die *San Jose Mercury News* damals berichtete.[4] Was auf seiner Ranch blieb, war die sensationelle Aussicht, der Blick auf das ganze Silicon Valley, von Intel in Santa Clara bis Google in Mountain View. An klaren Tagen kann man die Wolkenkratzer von San Francisco erspähen.

Künftig könnte die Ranch besser bekannt sein als Sitz der früheren Hauptverwaltung von Luminar, der Firma, die 2012 von Austin Russell gegründet wurde, hochbegabter Ingenieur und Thiel-Stipendiat von 2013. Als 2017 die Jahresversammlung von 1517 stattfand, hatte Luminar 250 Angestellte im Silicon Valley und in Orlando, Florida, während in Colorado gerade eine Chipfertigungsfabrik dazukam. Fünf Jahre lang hatte die Firma im Verborgenen an der Entwicklung eines einzigartigen neuen Lidar-Chips (light detection and ranging; optische Abstands- und Geschwindigkeitsmessung) geforscht. Jetzt wurde er angekündigt. Um Größenordnungen besser als die Konkurrenz von Google und anderen, sorgt er für das Sehvermögen selbstfahrender Autos.

1517 wählte Pony Tracks für sein Jahrestreffen, um Russell in den Mittelpunkt der Aufmerksamkeit zu stellen. Er hatte Luminar im Alter von 17 Jahren gegründet und gilt zusammen mit Buterin als der Thiel-Stipendiat, der am ehesten eine Erneuerung einleiten könnte. Während Buterin eine neue globale Architektur für die Datenverarbeitung und das Finanzwesen auslöst, setzt Russell eine Wiederbelebung der amerikanischen Hardwareherstellung in Gang. Luminars Produkt hält dem hektischen Rummel seiner auf Software setzenden Rivalen von Google bis Tesla im Wettbewerb um die selbstfahrenden Autos stand und ist, gemessen an seiner umwälzenden Reichweite und seinem Ehrgeiz, mit Henry Fords Fließbändern am River Rouge in Detroit zu Beginn des 20. Jahrhunderts vergleichbar.

Die Luminar-Geschichte beginnt im kalifornischen Newport Beach, wo Austins Eltern dem frühreifen Zwölfjährigen ein Mobiltelefon verweigerten. Er reagierte, indem er seine tragbare Nintendo-Spielkonsole in ein WiFi Phone umbaute, worauf Erfindungen und Patentanmeldungen in Optik und Holografie folgten. Seine wichtigste Schlappe scheint die Niederlage als 15-jähriger Leiter seines Highschool-Teams bei einem nationalen Robotikwettbewerb gewesen zu sein.

Buterin war ein Wunderkind von Mozart'schem Format. Eine Excel-Tabelle war das Lieblingsspielzeug des Vierjährigen. Mit sieben brachte er sich selbst Mandarin bei und diskutiert heute fließend mit Chinesen auf seinen Trips nach Shenzhen. Sowohl der Kalifornier als auch der

Kanadier profitierten von der frühen Anleitung durch ihre Väter. Dmitry Buterin machte seinen Sohn mit Bitcoin vertraut, während Robert Russell, inzwischen CFO (Chief Financial Officer; Kaufmännischer Geschäftsführer) von Luminar, Austin auf dem Gebiet der Optik fit machte. Wie Buterin ist auch Russell nicht von den starken Kräften eingeschüchtert, die gegen ihn in Aufstellung gebracht wurden.

Wenn Russell sich Googles Waymo, Elon Musks Tesla, Levandowskys Uber-System und die vielen Nachahmer-„Autonomie"-Projekte anschaut, sieht er übertriebene Pläne, die letztlich nicht erfolgreich sein können. Sie können sich gegenseitig verklagen, so viel sie wollen, doch der Ansatz der am meisten gelobten Projekte besteht in dem Versuch, die existierenden Lidar-, Radar- und Kamerasysteme mit künstlicher Intelligenz, Big Data, Mapping und Software zu verbessern. Russell war während seiner Kindheit ganz und gar mit Optik, Lasern und maschinellem Sehen beschäftigt und versteht, dass keine noch so große Menge an Big Data schlechte Daten von hoffnungslos unangemessenen Sehsystemen wettmachen kann.

Mit Lidar sehen und bewerten Fahrzeuge die Welt um sich herum. Russell verstand von Anfang an, dass ein Auto ein äußerst verlässliches Echtzeitbild und eine Interpretation der Straße vor sich auf einer Länge von mindesten 200 Metern in der Dunkelheit mit höchstens zehn Prozent Spiegelung liefern muss, um keine Todesfalle zu sein. Diese 200 Meter geben dem Auto sieben Sekunden Reaktionszeit im Vergleich zu den ein bis zwei Sekunden, die die existierenden Systeme bieten, falls sie Objekte überhaupt registrieren können.

Solche Systeme sind schlimmer als nutzlos, meint Russell, weil sie dadurch, dass sie den angestrebten Niedrigkosten und Leistungsdaten entsprechen, die von der Branche hochgejubelt werden, eine Erfolgsillusion hervorrufen. Wie Googles Waymo-Fahrzeuge könnten sie angemessen immer wieder mit 40 Stundenkilometern auf Pendlerstrecken vom Silicon Valley nach San Francisco funktionieren. Als Antwort auf Elon Musks Beschwerden über Vorschriften, sagte Russell Anfang 2017 prophetisch: „Die wahre Bedrohung ist der verfrühte Start von Systemen, die letzten Endes Menschen töten und die Branche vernichten." Er fügte hinzu: „Für die existierende Technologie gibt es vielleicht sogar noch nicht genug Vorschriften."

Für Russell ist es offensichtlich, dass *Autonomie* in erster Linie kein Softwareproblem ist. Die meiste vorhandene Software muss ohnehin verändert werden, damit sie sich Lidarsystemen schneller und besser anpassen kann. Ein großer Teil der bereits von Waymo und anderen geleisteten Arbeit muss noch einmal getan werden. Entscheidender Faktor ist die Hardware. Fast alle Konkurrenten Russells verwenden vorhandene Geräte – die alle unzureichend sind – von Firmen wie Velodyne und Quanergy.

Die Hardware für selbstfahrende Autos ist in den zwölf Jahren seit dem ursprünglichen DARPA-Wettbewerb, der die Branche ins Leben rief, kaum verbessert worden. Bei diesen Ansätzen kommen immer noch ein „Farbeimer" auf dem Dach mit 64 Lasern und reihenweise Lichtdetektoren ins Spiel. Velodynes Vorstellung zur Verbesserung der Leistung läuft auf die Verdopplung der Laser auf 128 Stück und zusätzliche Software hinaus. All dies fiel Russell als Flickschusterei ins Auge – ein viel zu kompliziertes und schwerfälliges System, um funktionieren zu können.

Clayton Christensens Modell „Integration und Modularität" beherrscht diese Herausforderung. Wenn ein Produkt grundsätzlich die Erfordernisse des Markts nicht erfüllt, dann ist Integration der wesentliche Faktor. Man kann nicht einfach in den nächsten Baumarkt spazieren und existierende Geräte miteinander verkabeln. Jede Schnittstelle muss optimiert werden. Modularität – die Verbindung von Standardkomponenten einer Vielzahl von Anbietern – funktioniert nur, wenn das Produkt mühelos die Funktion erfüllt und Toleranz für weniger als Spitzenleistung lässt.

Für Russell ist es offensichtlich, dass die aktuellen Sehsysteme für selbstfahrende Autos nicht einmal annähernd auf der Stufe sind, die der Markt fordert. So schlecht menschliche Fahrer auch sind, mussten die selbstfahrenden Systeme von 2017 im Vergleich zu den Fehlern menschlicher Fahrer viel häufiger abgeschaltet oder ergänzt werden. Die bei Weitem besten Ergebnisse erzielte Googles Waymo, allerdings muss er ungefähr alle 9.000 Kilometer ausgekuppelt werden, im Vergleich zu fast

800.000 Kilometern bei menschlichen Fahrern zwischen zwei Unfällen und 135 Millionen Kilometern pro tödlichem Unfall. Der Tesla muss alle fünf Kilometer abgeschaltet werden. Natürlich werden diese Systeme im Lauf der Zeit immer besser werden. Aber sie sind bei Weitem nicht dort, wo sie sein müssten. Wenn Sie sich nur auf die Werbebroschüren verlassen würden, würden Sie niemals erfahren, dass die vorhandenen Sehsysteme nicht schnell genug ausreichend gute Daten sammeln können. Raffinierte Software vertuscht nur, dass sich nichts dahinter verbirgt.

2012 beschloss der 17-jährige Russell, ganz von vorn anzufangen und völlig neue integrierte Systeme mit mindestens 50-mal höherer Auflösung und zehnmal mehr Reichweite als die vorherrschende Norm zu bauen. Russells technologische Ziele waren nicht „unvermeidlich". Sie entsprangen nicht irgendwelchen Darwin'schen Trends im Valley. In Russells Worten würden unerbittliche „Top-down-Planung und Bottom-up-Technik" erforderlich sein.

Für Russell zählt nur Leistung. Es gibt keine langfristige Nachfrage nach einem System, das Menschen umbringt. Strebt man niedrige Kosten an, wird man nicht genügend Leistung erreichen, um ein beständiges Geschäft zu haben. Nachdem ein ausreichendes System entwickelt worden ist, wird aufgrund der Nachfrage die Wirtschaftlichkeit durch Massenproduktion und Lernprozesse gefördert, sodass sich der Preis im Lauf der Zeit verringert.

Am Beckman Laser Institute leistete Russell Forschungsarbeit, während er sich mit Jason Eichenholz von Open Photonics, dem Genie für Optoelektronik, zusammentat, der in seine Firma eintreten sollte. Letztlich brachte Russell 36 Millionen Dollar von 1517 und anderen Investoren auf. Sein Team verwarf das herkömmliche Wissen über Lidar und erforschte 2.000 unterschiedliche Möglichkeiten, ein grundsätzlich effektiveres System zu erschaffen. 2013 beschlossen sie, eine drastische Veränderung an der üblichen Technik vorzunehmen.

Eine wichtige Entscheidung war die Ausmusterung einer von den Rivalen bevorzugten Lichtwellenlänge – 905 Nanometer –, die sich in der Nähe des sichtbaren Spektrums befindet und das simulieren kann, was das menschliche Auge sieht. Leider können die 905 Nanometer Nahinfrarot die menschlichen Augen beeinträchtigen. Deshalb rückte Russell tiefer in den Infrarotbereich bis 1.550 Nanometer (153 Terahertz) vor, eine Wellenlänge, die in der Glasfasertechnik verwendet wird. Die längere Wellenlänge kann bei 60-fach höheren Energiestufen eingesetzt werden, ohne Menschen zu schädigen. Russell und sein Team veränderten ebenfalls radikal die Architektur. Statt jede Menge Laser einzusetzen, scannten sie mit einem einzigen Laser die Szene im Rasterverfahren Tausende Male pro Sekunde, wie es die Vorrichtung in einem Fernseher mit Braunscher Röhre tut.

Statt die Sehsysteme vom Interpretationsprozess zu trennen, integrierten sie sie, wie es im menschlichen Sehsystem der Fall ist. Dann entfernten sie das Silizium und verwendeten eine exotische Hochleistungslegierung namens Indiumgalliumarsenid, da ihre Chips es ihnen erlaubten, die Laser direkt in dasselbe Substrat einzusetzen wie das Rechnerelement.

Alle anderen Firmen verknüpfen ihr Sensorensystem und ihre Prozessorentechnologie mit Analog-Digital-Wandlern, die 3.000 Dollar kosten. Luminar produzierte ein an den Prozessor gekoppeltes „Mikrochip-Auge", das das Bild auflöst und die Straße 100.000-mal pro Sekunde abtastet. Inzwischen hat Luminar die siebente Generation dieses anwendungsspezifischen Designs für integrierte Schaltkreise (ASIC) produziert und kann auf eine vollständig integrierte Technologieplattform zugreifen. Der Chip wird exklusiv von der Firma und ihrem Fertigungspartner TowerJazz Semiconductor hergestellt. Der Firmensitz befindet sich in Israel und wird von dem visionären Unternehmer Russell Ellwanger geleitet. Wie es der Zufall will, steht eine der weltbesten Analog-Digital-Fabriken von TowerJazz in Austin Russells Heimatstadt Newport Beach. Nachdem Luminar eine gewisse Anzahl Betriebssysteme hergestellt hatte, die die existierenden Lidarchips ungefähr um das 50-Fache überflügelten, beschloss man 2018, 10.000 Betriebssystemeinheiten zu produzieren.

Strachman von 1517 betont die Bedeutung, eine unternehmerische Gemeinschaft zu pflegen. Nachdem Russell 2013 Thiel-Stipendiat geworden war, fand er seine Gemeinschaft. Er zog in die Park Lane 216 um, eine Stuckvilla an einer von Palmen gesäumten Straße, ein paar Kilometer nördlich von Stanford. Während Immobilienmakler versuchten, das Eigentum im Windschatten der „Großen Rezession" für zehn Millionen Dollar zu verkaufen, mietete der 18 Jahre alte Kalifornier den abgelegenen Ort gemeinsam mit zwei anderen Jugendlichen, die im Thiel-Programm engagiert waren – dem 23 Jahre alten Stephen Balaban aus Vermont, einem Absolventen der University of Michigan, und dem 17-jährigen Thomas Sohmers aus Massachusetts. Das Trio sah aus wie eine Unternehmerversion der Hardy Boys, der Helden der klassischen Krimiserie für Jugendliche. Wobei Russell als der schlanke, Tischtennis spielende, blonde Joe Hardy durchgeht, Balaban sein dunkelhaariger, intellektueller, der Kampfkunst zugeneigter, älterer Bruder Frank Hardy ist, während Sohmer Chet Morton verkörpert, ihren etwas pummeligen Freund, dessen Basteleien und Erfindungen ihnen häufig aus der Patsche helfen.

Genau wie Russell war Sohmer 2013 Thiel-Stipendiat, doch während Russell es nach Stanford geschafft hatte, bevor er das Studium aufgab, hatte Sohmer seine wissenschaftsorientierte Highschool schon in der vorletzten Klasse verlassen. Aber dank seines brillanten Verstands war er trotzdem schnell nach Stanford gekommen, nicht als Student, sondern als hinzugezogener Experte, der Russells ehemalige Mitschüler unterrichten sollte. Er hatte seine Firma REX Computing mit 16 gegründet und strebte das Ziel an, die vorherrschenden Chiparchitekturen zu revolutionieren, weil sie den größten Teil ihrer Energie in „Wartezuständen" und in Drähten verschwendeten, die mit dem Speicher verbunden waren.

Empört über den Niedergang der Chipfertigung im Silicon Valley, erkannte Sohmer viele Wege, um die Branche neu zu beleben. Er konzentrierte sich auf Erfindungen, die das vorherrschende Chipdesign zum Null-Energie-Ziel von Tredennicks „Hypertechnologie" lenkten. Niedrige Energie ist in einem Zeitalter der Mobilität, das der Beweglichkeit des menschlichen Geistes und Körpers dient, unerlässlich.

Als ältestes Mitglied des Trios war Balaban fast immer noch so frühreif wie Russell und Sohmers. Wie Buterin sprach er fließend Mandarin und kannte sich hervorragend mit Software aus. Allerdings verpasste er ein mögliches Thiel-Stipendium, als er stattdessen nach Peking ging, um einen Fonds zu gründen, der vom Gründerzentrum „Y-Combinator" unterstützt wurde.

Mit Danielle und Mike in Freundschaft verbunden, die zu diesem Zeitpunkt noch für das Thiel-Stipendium arbeiteten, wurde Balaban zur volljährigen Aufsichtsperson für die jüngeren Stipendiaten, während er an einer tragbaren Kamera arbeitete, die nicht auf den Gebrauch der Hände angewiesen war und in einer Baseballkappe stecken sollte.

Die drei jungen Männer sprachen in Atherton häufig bis spät in die Nacht hinein über Technologie und marktliberale Philosophie, während sie tagsüber für ihre Firmen arbeiteten. Sie alle waren sich darin einig und bestärkten sich gegenseitig in ihrer Frustration über die Software-Besessenheit und die Preisgabe der Hardwareherstellung im Silicon Valley.

Und schon bald sollten sie alle diese Preisgabe als eine gigantische Chance betrachten.

KAPITEL 11

Der Raub

Im Januar 2009 kündigte Satoshi Nakamoto „die Erstausgabe von Bitcoin an, ein neues elektronisches Bargeldsystem, das ein Peer-to-Peer-Netzwerk nutzt, um doppelte Ausgaben zu vermeiden. Es ist vollständig dezentralisiert, ohne Server und ohne zentrale Instanz." Ins Detail gehend fuhr er fort:

Insgesamt befinden sich 21.000.000 Coins im Umlauf. Sie werden an Netzwerkknoten verteilt, wenn sie Blöcke bilden, wobei die Menge alle vier Jahre halbiert wird.
   die ersten vier Jahre: 10.500.000 Coins
   die nächsten vier Jahre: 5.250.000 Coins
   die nächsten vier Jahre: 2.625.000 Coins
   die nächsten vier Jahre: 1.312.500 Coins
   und so weiter ...

Hal Finney, der oberste Kryptograf, postete seine Glückwünsche und steuerte folgende Gedanken bei:[1]

Es ist interessant, dass das System so konfiguriert werden kann, dass es nur eine bestimmte Höchstzahl an Coins erzeugt. Ich nehme an, das dahinterstehende Konzept lautet, dass der Arbeitsaufwand zur Erzeugung eines neuen Coins im Lauf der Zeit größer wird …

Man stelle sich als amüsantes Gedankenexperiment vor, dass Bitcoin erfolgreich und das dominierende gebräuchliche Bezahlungssystem weltweit wird. Dann sollte der Gesamtwert der Währung dem Gesamtwert aller Vermögen in der Welt entsprechen. Aktuelle Schätzungen des gesamten Haushaltsvermögens in der Welt, die ich gefunden habe, belaufen sich auf 100 bis 300 Billionen Dollar. Bei 20 Millionen Coins hat jede Münze einen Wert von rund zehn Millionen Dollar.

Auf diese Weise könnte die Möglichkeit, heute mit ein paar Cent Rechenzeit Münzen zu erzeugen, ein ganz guter Tipp sein, mit einem Ertrag von etwa 100 Millionen zu 1! Selbst wenn die Chancen, dass Bitcoin jemals so erfolgreich werden sollte, gering sind, stünden sie dann wirklich 100 Millionen zu eins dagegen? Darüber sollte man mal nachdenken …

Hal[2]

Als erster Käufer von Bitcoin hätte Finney heute ein Bitcoin-Vermögen von etwa 100 Millionen Dollar, wenn er nicht 2014 an ALS gestorben wäre. Anfang 2018 betrug der Wert der Bitcoin, die Nakamoto besitzt, rund zehn Milliarden Dollar.

Vielleicht stehen Sie ja auf verschachtelte Abstraktionshierarchien, Rekursionen in Rekursionen, Matroschkapuppen – Spiele in Spielen, Rätsel in Rätseln. Womöglich haben Sie Vergnügen an logischen Widersprüchen – Kreter, die behaupten, alle Kreter seien Lügner, Informatiker, die darauf bestehen, dass ihre Gehirne lediglich Computer sind, byzantinische Generäle, die hinterhältige Boten überlisten, Physiker, die behaupten, sie seien lediglich materialistische Fleischmaschinen in einem von unendlich vielen Paralleluniversen, und Grafikkünstler, die sich vorstellen, sie seien bloße Simulationen in einem gigantischen virtuellen Wirklichkeitssimulator, kontrolliert von einer überlegenen Alienspezies.

Sollten Sie so ein Tüftler im Bereich des Denkens sein, könnten Sie sich vielleicht für die gerade entstehenden Finanzierungsformen erwärmen.

Sie verschachteln echtes und digitales Geld in Massen-Online-Gemeinschaftsspielen und virtuellen Welten, die alle das Mysterium eines 10-Milliarden-Dollar-Raubs beinhalten – eine Summe, die sich inzwischen vielleicht auf eine Billion Dollar zubewegt. Womöglich aber machen diese Vorstellungen Sie schwindlig – so wie mich.

Bevor wir uns also mit Bitcoin und Ethereum, NEO und EOS, Blockstack und Ripple befassen, sollten wir uns hinsetzen und es uns bequem machen.

Was würden Sie sagen, wenn ich Ihnen erzählte, dass wir alle in diesem Augenblick – in den Vereinigten Staaten und auf der ganzen Welt – von einem phantasmagorischen Roman Neal Stephensons aufgesaugt werden, dem scheuen Wunderkind von der Westküste, dem größten Schriftsteller und Weltenschöpfer des 21. Jahrhunderts? Sie könnten sagen, es sei meine verrückte Meinung. Sie könnten die Vorstellung metafaktisch oder eine Täuschung nennen, eine wahnsinnige Verschwörungstheorie oder sogar ein Onlinespiel mit einer gewaltigen Zahl von Mitspielern – oder eine virtuelle Welt. Aber Sie können nicht beweisen, dass sie nicht wahr ist – dass der leidenschaftliche, extrem redselige und geniale Cyberspiel-Entwickler mit dem Pferdeschwanz, dem kaleidoskopischen Gehirn und der faseroptischen Ernährung nicht irgendwie den Arbeitscode des Weltsystems infiltriert haben könnte. Vom Firmensitz eines gigantischen Konzerns in der Nähe seines Hauses in Seattle aus – nennen wir ihn Amazon – setzt Stephenson eine Initialzündung in Gang und benutzt womöglich dessen 3D-Streamingkapazitäten, zur Verfügung gestellt von OTOYs Grafikwiedergabe-Maschine Octane, um alle unsere Identitäten zu phishen und unsere Bildschirme in Beschlag zu nehmen. Er hat uns alle dazu gebracht, unbewusst seinen Roman auszuleben.

Na schön, das ist tatsächlich ziemlich weit hergeholt, aber wir sollten Stephensons Handlungsablauf und dessen verblüffende Lektion für unsere Welt betrachten.

In seinem Buch *Error* – diesem 1.000-Seiten-Thriller von 2011– hat ein Massen-Online-Gemeinschaftsspiel namens „T'Rain" die Internetexperten der Welt gefesselt. Es ist virtuell – ein computerisiertes „Second Life" in 3D – doch es hat die entscheidende Dimension, die es ihm gestattet, in das überzugehen, was wir wunderlicherweise „das wahre Leben" nennen. Es gibt eine Währung – ein monetäres System – und es beruht auf einem Goldstandard. Zwar ist es ein unechter Goldstandard, aber die Nachbildung ist präzise genug, um das vergoldete Scheinbild eines finanziellen Wertes zu erzeugen.

In Stephensons Schilderung beschäftigt T'Rain einen raffinierten Geologen, der nicht nur die Topographie von Google Earth algorithmisch reproduziert, sondern auch die seiner wirklichen Geologie zugrunde liegenden Schichten. Um Einkaufsmedien für das Spiel zu erwerben, muss man simuliertes Gold aus den schichtenkundlichen Labyrinthen des algorithmischen Untergrunds „schürfen". Theoretisch gesehen ist das in der virtuellen Realität des Geologen relativ kostspielig, zeitaufwendig und schwierig, ähnlich wie das Schürfen echten Goldes aus der Erde.

Um das Schürfrennen in T'Rain zu gewinnen, drehen die Spieler auf der ganzen Welt ihre Computer hoch, übertakten ihre Mikroprozessoren, treiben die Stromspannungen in die Höhe und kühlen die Schaltkreise mit Wasser und flüssigem Stickstoff. Um das Gold zu gewinnen und es unversehrt auf die virtuellen Märkte zu bringen, kämpfen sie um unterirdische Mineralienrechte, kaufen seismische Überwachungssysteme, Baggerausrüstung, Hydraulikausrüstung und Transportmittel und heuern bewaffnete Wachen an oder mobilisieren sogar kleine Armeen. Etliche Millionen chinesische Hacker übernehmen die Führung und bringen Petaflops zum Einsatz – Tausende Billionen Gleitkommaoperationen pro Sekunde – um den Goldgewinnungsprozess zu simulieren.

Wie die Goldstandards im größten Teil der Menschheitsgeschichte – schlagen Sie es nach – ist auch der virtuelle Goldstandard von T'Rain eine Geldmaschine. T'Rain gedeiht prächtig. Obwohl sein Geld metafiktional ist, ist es in Wirklichkeit stabiler als die Währungen in der wahren Welt der schwankenden Wechselkurse und des Fiatgeldes. In unserer Welt zum Beispiel nutzt die US-Regierung ihre eigene Computerleistung, um billionenweise Dollar aus dem blauen Dunst zu fabrizieren, um ihre Rechnungen zu bezahlen. Goldman Sachs setzt die Leistung ganzer Regale von Computern ein. Sie sind über Glasfaserkabel lichtgeschwind miteinander verbunden, um wie flinke Taschenspieler lukrative Spannen aus dem Nanosekundenhandel mit nicht einem einzigen Bezug zu echten Werten zu gewinnen. In T'Rain ist es viel schwieriger und daher viel realistischer.

Außerdem – und das ist der Clou – kann das virtuelle Geld nicht auf T'Rain beschränkt werden. *Es entkommt.* Mithilfe verschiedener und erfinderischer Techniken wechseln T'Rains Goldschürfer ihr Versteck millionenfach zur Verwendung in der Wirklichkeit ein. Mitten in China, wo der Export von Renminbi stark eingeschränkt ist, gibt es eine Reihe womöglich finsterer, aber dennoch effektiver „Wechselstuben", Broker und Umtauscheinrichtungen, die virtuelle Werte in irdisches Vermögen umrechnen.

Das Unternehmen, dem T'Rain gehört, verdient nicht nur legal Dollar und massenweise Renminbi und produziert Veräußerungsgewinne in Milliardenhöhe für seine Aktionäre, sondern es gelingt den „Schürfern", ihr virtuelles Gold in Millionen echter Dollar und Yuan auf der Erde umzurechnen. Sie können es sogar verwenden, um Goldbarren zu kaufen. *Error*s Handlungsstrang dreht sich um diese Phasenübergänge zwischen den virtuellen und echten Welten.

Das ist Stephensons umgesetzte Vorstellungskraft. Aber denken Sie darüber nach. Das ist nicht wirklich ein Roman. Wir leben ihn, ausgedruckt in 3D. In diesem Augenblick.

Staatliche Geldsysteme und Finanzinstitute taumeln. Wie der Ökonom John Mauldin schreibt, herrscht „Alarmstufe Rot" für Fiatwährungen.[3] Gold- und Rohstoffmärkte rotieren auf unheilvolle Weise. Zentralbankiers treffen sich feierlich, um sich auf Stufen „quantitativer Lockerung" zu einigen – wie viele Anleihen im Wert von Billionen Dollar gekauft oder verkauft werden sollen, was folglich bedeutet, dass neues Geld in eine erschlaffende Wirtschaft gepumpt oder Geld von einer boomenden Wirtschaft aufgesaugt wird. Sie hoffen entgegen aller Vernunft, dass diese metafiktionalen Geldfabrikationen irgendwie in die wahre Welt der Ökonomie und der Arbeitsplatzbeschaffung hinüberfließen können. Viel Glück damit. Vielleicht sollten sie dazu einen Romanautor befragen.

Inzwischen erfindet irgendwo jenseits des Regenbogens ein womöglich mythischer Mann mit dem Pseudonym Satoshi Nakamoto eine neue

Währung, die er Bitcoin nennt und die gerade ein neues Finanzsystem beflügelt. Das ist keine Fiktion, obwohl Stephensons Fingerabdrücke auf der ganzen Geschichte zu finden sind. Sie ähnelt auf unheimliche Weise der erfundenen Welt von *Error*. Laut einiger Bitcoin-Befürworter wie etwa des legendären Hal Finney, des ersten Benutzers des Programms, ahmt es „Galt Gulch" nach – aus Ayn Rands Buch *Atlas wirft die Welt ab*.[4] Betrachten Sie es als virtuelle Welt, wohin sich Finanz-Titanen zurückziehen können, um ihrem Geschäft außerhalb staatlicher Reichweite nachgehen zu können. Wir haben ein paar Vorstellungen davon, wer Satoshi sein könnte, aber niemand weiß das mit Sicherheit, genauso wenig wie jemand John Galt in Rands Roman finden oder identifizieren konnte. Aber es gibt einige faszinierende Spekulationen, und ich habe meine eigenen, wohl nicht sehr originellen Ideen. Er könnte ein Team sein, das klein anfing und inzwischen Millionen von Mitgliedern hat. Nach allem, was ich weiß, könnte er in einer virtuellen Welt ein Romanheld von Neal Stephenson sein.

Wahrscheinlichere Mitverschwörer in den Kryptoschichten der Satoshi-Puppe sind Adam Black, der britische Erfinder des analogen Hash-Cash-E-Mail-Programms zur Eindämmung von E-Mail-Spam, das eine wichtige Funktion für Bitcoin bereitstellte; oder es ist Finney, mit seiner Vorliebe für Ayn Rand und Cypherpunk-Autor von PGP 2.0, des erfolgreichsten Kryptoprogramms der Geschichte, sowie erster Schürfer von Bitcoin; oder Nick Szabo, die Antwort auf drei raffinierte Textsuchen, die herausfanden, dass Szabos Prosa statistisch dem Stil Nakamotos ähnlicher ist als die aller anderen verdächtigen Satoshistas.[5]

Szabo ist ein vielseitig gebildeter Kryptogelehrter und Historiker, ein früher Experte für die Verwendung von Pseudonymen im Internet und Autor eines einflussreichen Aufsatzes – verdächtigerweise nicht in Satoshis Weißbuch aufgeführt –, der BitGold vorschlägt, einen Vorläufer von Bitcoin. Ein paar Leute glauben, trotz Szabos eigener Proteste, dass er in Wirklichkeit Satoshi ist. Doch diese Cyberpunks und Pferdeschwänze sind nur die wippende Spitze des Cyberbergs.

Der Mann der Stunde auf der Bitcoin-Gipfelkonferenz im März 2014 in San Francisco ist Marc Andreessen, vielleicht der Leithammel in der

Welt der Risikokapitalgeber, der als der griesgrämige junge Erfinder des ersten Internetbrowsers Mosaic berühmt wurde. Mosaic wurde 1992 vom National Center for Supercomputing Applications an der University of Illinois gestartet und brachte innerhalb von sechs Monaten eine Million neue Kunden ins World Wide Web. Als Andreessen behutsam aus dem Mosaic-Projekt gedrängt und ihm der Zugriff auf seine Software verwehrt wurde („um anderen die Chance zu geben, einen Anteil am Ruhm zu ernten"), wurde er zum Mitbegründer von Netscape, dem zweiten populären Internetbrowser, und zur Speerspitze der explosiven Ausdehnung des World Wide Web Mitte der 1990er-Jahre.

Damals schrieb ich für die Zeitschrift *Forbes ASAP* und erinnere mich, Andreessen als den besten Kandidaten des Silicon Valleys bezeichnet zu haben, der „ein neuer Bill Gates" werden könnte:

> Fangen wir damit an, [Gates] 100 Pfund mehr Gewicht zu gönnen, 15 Zentimeter mehr Körpergröße und zwei weitere Schuljahre ... Geben wir ihm einen Heißhunger auf Pizza, Oreo-Kekse, Bach, Zeitungspapier, Algorithmen, Ideen, John Barth, Nabokov, Bilder, Unix-Code, Bandbreite. Geben wir ihm einen nahezu unaussprechlichen skandinavischen Namen – Marc Andreessen.[6]

Zu diesem Zeitpunkt in den frühen 1990er-Jahren betrachteten viele Leute das Internet als einen Riesenhype, der problembehaftet ist. „Silicon Snake Oil" schrieb Clifford Stoll in seinem berühmt gewordenen gleichnamigen Buch.[7] Dem jungen Andreessen signalisierten all diese Probleme, dass er sich „im Zentrum der Ereignisse" befand und mit ungestümer Vorstellungskraft auf „ein gigantisches Loch in der Mitte der Welt" starrte – die größte Chance der Epoche – http, html, der Mosaic-Browser, Netscape, all die Bestandteile eines Internets für Konsumenten.

Mittlerweile, fast 20 Jahre später, steht er auf der Bühne der Bitcoin-Gipfelkonferenz und wird von einem *Forbes*-Reporter als Experte für Bitcoin interviewt. Andreessen erklärt „Bitcoin zur größten Chance seit dem frühen Internet" und verkündet, seine Risikokapitalgesellschaft – Andreessen Horowitz, die er 2009 mit Ben Horowitz ins Leben rief – habe bereits 58 Millionen Dollar in Bitcoin-Unternehmen investiert und sei entschlossen, weitere 100 Millionen Dollar zu investieren. Wie Andreessen einen Monat zuvor in einem Artikel in der *New York Times* erklärt hatte,

> entsteht gerade eine neue Technologie, anscheinend aus dem Nichts, die aber in Wirklichkeit das Ergebnis von 20 Jahren intensiver Forschung und Entwicklung einiger fast anonymer Forscher ist.
> Politisch engagierte Idealisten bringen befreiende und revolutionäre Visionen damit in Verbindung; die Eliten des Establishments haben nur Verachtung und Gespött dafür übrig.
> Andererseits sind Technologen – Nerds – davon fasziniert. Sie erkennen darin ein enormes Potenzial und verbringen ihre Nächte und Wochenenden damit, daran zu tüfteln.
> Letztlich werden Produkte für den Massenmarkt, Unternehmen und ganze Branchen entstehen, die diese Technologie kommerzialisieren werden. Ihre Auswirkungen werden tiefgreifend sein, und später werden sich viele Leute fragen, warum ihr vielversprechendes Potenzial nicht von Anfang an offensichtlich gewesen ist.
> Um welche Technologie geht es hier? Um Personal Computer 1975, um das Internet 1993 und – wie ich glaube – um Bitcoin im Jahr 2014.[8]

Doch der *Forbes*-Reporter widerspricht: Warren Buffett lehnt Bitcoin als ein „Trugbild" ab. Jamie Dimon, der CEO von JPMorgan Chase, nennt ihn eine Wahnvorstellung. Paul Krugman, der Wirtschaftsnobelpreisträger und Kolumnist der *Times*, nennt ihn „böse".

„Ich glaube", sagt der bärenhafte Unternehmer mit einem süffisanten Grinsen, das an seine erste Zeit im Silicon Valley als Besserwisser bei Netscape erinnert, „reiche, alte, weiße Männer, die über eine Technologie herziehen, die sie nicht verstehen, zählen zu denen, die in gut 100 Prozent der Fälle falschliegen."

In 31.000 Codezeilen schöpft Bitcoin eine Reihe komplizierter kryptografischer Algorithmen aus, die ihre Aufgabe angeblich „mustergültig wie

Gold" erfüllen. Oder vielleicht sogar besser! Denn mit Gold sind die Last und der Ruhm verbunden, Anstrengungen in der Wirklichkeit auf sich zu nehmen und Zeit zu investieren, um es aus den Tiefen der Erde zu gewinnen. Im Gegensatz dazu stellt Bitcoin ein ganz und gar virtuelles, digitales Gebilde dar. Bitcoin ist wohl oder übel ganz und gar ein Artefakt von Computern.

Als spekulative Investition haben die virtuellen „Münzen" viele echte Millionäre und sogar Milliardäre hervorgebracht, die echte Adressen und nicht nur URLs haben, und zwar in San Francisco, New York, Woodside, Greenwich, Palo Alto, Shanghai, London, Malta, Seattle und Buenos Aires.

Auf der Bitcoin-Gipfelkonferenz 2014 hat sich Chamath Palihapitiya, ein verdammt schlauer Fast-Milliardär aus Sri Lanka, ehemals einflussreicher Mann bei Facebook und Freund von Mark (Zuckerberg), in die hitzige Debatte der Satoshistas eingeschaltet. Palihapitiya war praktisch der einzige Mann auf der Konferenz, der Anzug und Krawatte trug und zu diesem Zeitpunkt Bitcoin im Wert von 50 Millionen Dollar besaß. Der große, dunkle und schlanke Mann aus Sri Lanka ist das körperliche Pendant zu Andreessen, dem nordischen Bären, und warnt vor dem „übertriebenen Bullshit", den andere verbreiten. Doch über sich selbst sagt er: „Wenn ich Bitcoin kaufe, verwende ich Kapital, um einen Ansatz zu unterstützen, der das Finanzsystem auseinanderreißt." Zwei Jahre später gelang es Palihapitiya, einen Anteil der NBA-Lizenz für die Basketballmannschaft Golden State Warriors zu erwerben.

Unter der Führung von Andreessen Horowitz und Peter Thiel investierten Risikokapitalgeber schon früh 98 Millionen Dollar in die Bitcoin-Bewegung. Die dramatischen Veräußerungsgewinne der ursprünglichen Erschaffer der Bitcoin verschafften den frühen Eigentümern einen gewaltigen Anreiz, das System zum Laufen zu bringen. Im November 2013 überflügelte der Preis für einen einzelnen Bitcoin den Preis einer Unze Gold. Viele Inhaber machten ihre Coins zu Geld und verwendeten die Erlöse, um Unternehmen zu gründen, die die benötigte Infrastruktur für die Bewegung liefern wie zum Beispiel Bitcoin-Umtausch, digitale Geldbörsen und Bitcoin-Bankautomaten sowie gesicherte Rechenprogramme für Bitcoin.

Der Bitcoin hat bereits einige Tausend neue Apps, Firmen und Jobs gefördert. Unternehmen für „Schürfausrüstung" erwirtschafteten 500 Millionen Dollar an Einkünften und klügelten immer schnellere Computerarchitekturen und Chipdesigns aus. Die chinesische Firma Bitmain ist die erste, die sich auf ASIC-Technologie zum Schürfen konzentriert, und wurde 2017 zur profitabelsten Chipfabrik, die angeblich Profite von vier Milliarden Dollar (im Vergleich zu Nvidias drei Milliarden) erzielte. Bei meiner letzten Überprüfung (Ende Mai 2018) hatten die noch vorhandenen 16,5 Millionen Bitcoin – das System ist mit 21 Millionen gedeckelt – einen Börsenwert von rund 170 Milliarden Dollar, gefolgt von den 75 Millionen Marktwert von Ethereum – ein Unternehmen, dem wir bald begegnen werden, falls wir es nicht schon kennen.

Aber verstehen Sie es nicht falsch. Der Bitcoin ist *tatsächlich* – schon wieder dieses Wort – ein gewaltiges Massen-Online-Gemeinschaftsspiel. Solche MMGOs (Massively Multiplayer Online Game) wie *World of Warcraft* und *Everquest* haben erheblichen Einfluss und erwirtschaften mehr als zwei Milliarden Dollar durch Abonnementeinnahmen. Im Vergleich dazu ist die sogenannte Bitcoin-Gemeinschaft klein. Aber der Bitcoin ist ein Spiel, das eine gewisse Geisteshaltung erfordert und auf geniale Weise dafür konzipiert worden, unsere Welt zu infiltrieren und umzugestalten. Bisher ist der Gewinner des Spiels sein Gründer und Erfinder, der rätselhafte Satoshi Nakamoto. Er hat Münzen im Wert von zehn Milliarden Dollar angehäuft, mehr als Neal Stephensons Held John Forthrast, der Gründer von T'Rain.

Wie die Biester aus Jurassic Park ist der Bitcoin das aus dem Labor ausgebrochene Projekt eines wahrscheinlich verrückten Wissenschaftlers. Wie T'Rain tritt der Bitcoin jetzt über seine „Ufer" und überflutet schon bald die Straßen Ihrer Welt.

Vielleicht sollte irgendjemand eine Arche bauen. Oder aber der Bitcoin *ist* unsere Arche – ein neuer finanzieller Bund, der die Samen eines neuen Weltsystems enthält.

KAPITEL 12

Auf der Suche nach Satoshi

Ein virtuelles Interview mit dem Bitcoin-Erfinder

Während ich durch die Straßen von Cypherville spazierte, kam ich an die Ecke Bitcoin-/Goldstraße. Ich schaute in alle Richtungen und sehnte ich mich nach einem Helden für meine noch etwas dünne Geschichte. Ich fühlte mich verlassen und sah an dieser Grenze, die praktisch nur von Männern bevölkert ist, nirgendwo eine Heldin. Also umkreiste ich das Ehrenmal des sogenannten „Bitcoin-Raums". Ich betrachtete die Tattoos und Pferdeschwänze, die Anzüge und Krawatten, die E-Zigaretten und medizinischen Rauchwaren, die Referenzen und die Comics der weltweiten „Blockchain-Community". Meistens begegneten sie mir als ein Peer-to-Peer-Display. Marc Andreessen oder Gavin Andresen, Naval Ravikant oder Chamath Palihapitiya, Jed McCaleb oder Nick Szabo konnten eine Szene in Schwung bringen, zu einem Meeting aufrufen oder Hauptredner auf einem Coin-Gipfeltreffen sein. Aber von Risikokapitalgebern über Komplementär-Codierer bis zu Kleindarstellern oder gar legendären Titanen schien niemand den Arbeitsnachweis zu haben, um den „Genesis-Block" einer heldenhaften Bitcoin-Chain zu hacken.

Schließlich schrieb ich diesen zugänglichen Kreis ab und beschloss, den Mann der Entstehungsgeschichte selbst zu finden und zu befragen. Warum nicht? Satoshi Nakamoto war der Architekt des Bitcoin, Erfinder der Blockchain und die treibende Kraft der Szene. Es stimmt natürlich, dass er die Blockchain in seiner Abhandlung nicht erwähnt, wenngleich er sie festlegte. Wahr ist außerdem, dass offenbar niemand wusste, wer er war oder wo er sich aufhielt. Niemand konnte sein Aussehen oder seinen Gesichtsausdruck beschreiben. Er war der John Galt dieser Sage, Quelle und Symbol für die neue Galt's Gulch des Bitcoin. Ich beschloss, mein Ross zu besteigen und die Schlucht hochzureiten, hin zu den wahren Krypten und Schanzen, Bergwerken und Münzstätten des Bitcoin und zu den Blockchain-Ideen und ihren Derivaten.

Das erste, was ich entdeckte, war, dass der Typ ein Schriftsteller ist, Autor von mindestens 150 prägnanten und aphoristischen Posts auf der Cypherpunks-Liste, der P2P Foundation Website[2], im Bitcoin-Forum und auf anderen kryptografischen Mailinglisten. Ich sammelte seine Texte und druckte sie aus. Er stellte sich als 41-jähriger japanischer Programmierer in der anerkannten C++-Sprache und – wie ich glaubte, seiner Rechtschreibung und seiner Ausdrucksweise entnehmen zu können – mit britischer Ausbildung vor. Er schien eine US-Zeitzone und eine deutsche Internetadresse zu haben.

Angeblich noch nie leibhaftig gesehen, war er bis zum 11. Dezember 2010 ein zugänglicher Avatar. Dann – peng – verschwand er. Am 7. März 2014 kehrte er plötzlich zurück und hinterließ auf der Website der P2P Foundation eine Nachricht aus vier Worten, die das Universum möglicher Satoshis um einen Mann reduzierte. „Ich bin nicht Dorian Nakamoto", erklärte er, fast spürbar zusammenzuckend, um einen älteren, ehemaligen Fortran-Programmierer der CIA aus dem Rennen zu nehmen. Er heißt Dorian Satoshi Nakamoto und lebt in Temple City, Los Angeles. Anschließend zog er sogar sein Internet-Ich zurück.

In den Internet-Diskussionsforen waren Satoshis Anhänger wahnsinnig dankbar. *Er lebt.* Stört ihn nicht. Eingehüllt in Wolken aus Weihrauch, wusste ich, ich würde behutsam vorgehen müssen. Und so plante ich, ganz gesittet, meine Annäherung.

Am 30. Mai 2014, drei Monate nach Satoshis letztem Post, verließ ich meine Frau und meine Kinder im Westen von Massachusetts und zog mich nach Europa zurück. Ich wollte den Palast des erfolgreichen Ökonomen, Schriftstellers und Investor-Impresarios John Mauldin in der Toskana besuchen. Mauldin stammt aus Dallas und war bekannt dafür, nicht nur Leser seines Blogs, der rund eine Million Follower hat, in sein Versteck zu locken, sondern auch Leute wie Niall Ferguson und Newt Gingrich.

Die Stadt Trequanda liegt auf einem Hügel und wurde im 13. Jahrhundert erbaut. Die Villa Casa dei Fiordalisi ist ein schimmerndes Arrangement aus goldenen Ziegelsteinen und leuchtenden Kalksteinbögen inmitten strahlend roter Blumen, mit Blick auf grüne Hügel und dramatische Sonnenuntergänge. Es schien ein vielversprechender Ort zu sein, um in Vorbereitung auf die Niederschrift dieses Buchs meine Musen herbeizurufen und über die Rätsel des Kryptokosmos nachzugrübeln.

Weit weg von Washington und seiner National Security Agency und von London mit seinen Government Communications Headquarters könnte ich vielleicht sogar insgeheim den verschwiegenen Satoshi für ein Interview hierherkommen lassen. Warum nicht? Hier wäre er sicher. Wer würde schon wissen, dass er da wäre, wer würde ihn schon erkennen? Nur ein weiterer japanischer Tourist in der Toskana. Ich sollte den Versuch wagen.

Ich ließ mich mit meinem MacBook Air am azurblauen Wasser des Palastpools nieder, eingestimmt auf den Bitcoin-Beat und mit wachsenden Stapeln der ausgedruckten Postings Satoshis im Internet. Beruhigt vom einschläfernden Wispern seines neuen Geldes, lehnte ich mich in meinem Stuhl zurück und starrte in die toskanische Sonne. Ich schloss meine Augen und trieb zwischen Träumen von bezaubernden asiatischen Engeln und Musen für eine Geschichte über Bitcoin und Satoshi dahin … bis plötzlich – *voilà!* – er selbst in einer Kaskade erregter Neuronen in meinem Geist auftauchte.

Direkt vor mir, lebhafter als das Leben selbst, stand ein eleganter, wortgewandter, japanischer Nerd mit englischem Akzent, marktliberaler Gesinnung und epigrammatischem Stil. Er vermittelte eine auf eine gewisse Art schräge Weisheit, die mich an John P. Marquands Mr. Moto erinnerte, diesen gestutzten Nakamoto, der in den 1950er-Jahren einige fast gleichermaßen faszinierende Rätsel pedantisch löste, sowohl in Romanen als auch auf der Kinoleinwand.

„Satoshi – zu Ihren Diensten", verkündete der Mann mit einer knappen Verneigung. Ich war so verblüfft, dass ich kaum etwas zu sagen wusste.

„Warum sind Sie verschwunden?", stammelte ich und fürchtete, er würde sich auflösen, bevor ich ihn befragen konnte. „Wohin sind Sie gegangen?"

„Ich erinnere mich nicht, jemals aufgetaucht zu sein", sagte er mit einem Seufzer leichter Geringschätzung.

„Na ja, Ihr Avatar war schon da", sagte ich. „Warum haben Sie nicht mehr gepostet?"

„Erinnern Sie sich nicht mehr an die Zeit?", fragte er mit schroffer Stimme. „Ich werde es jedenfalls nie vergessen. Es war im Dezember 2010. Das Gesicht von Julian Assange, meines virtuellen Kollegen auf der Cypherpunks-Liste, glänzte auf den Titelseiten aller Nachrichtenmagazine. Er wurde des Verrats beschuldigt. Man sprach über den Bitcoin als wichtigen Unterstützer von WikiLeaks. Es wäre wirklich schön gewesen, die ganze Aufmerksamkeit in anderen Zusammenhängen bekommen zu haben. Aber WikiLeaks hatte ins Wespennest gestochen und nun flog der Schwarm auf uns zu.

Wir mussten dem Schwarm ausweichen. Der Erfolg des Bitcoin hängt von der Dezentralisierung und von der Peer-to-Peer-Struktur ab", schloss Satoshi. Der Bitcoin war daher, so erahnte ich, darauf angewiesen, dass es keine Milliardäre als Aushängeschilder und keine hierarchischen Handhaben gab. Falls irgendjemand die Kontrolle über den Bitcoin übernimmt, scheitert sein dezentralisiertes Sicherheitsmodell. Satoshi würde dann nur ein weiterer gefürchteter „vertrauenswürdiger Dritter" werden, der Vorladung unter Strafandrohung durch repressive Regierungen unterliegend oder gehackt von entschlossenen Nerds oder Piraten.

Satoshi erklärte: „Regierungen verstehen es ausgezeichnet, die Köpfe zentral kontrollierter Netzwerke wie Napster abzuschlagen, aber reine Peer-to-Peer-Netzwerke wie Gnutella [Musik] und Tor [Der Onion-Router für verschlüsselte E-Mails und Videos] scheinen sich behaupten zu können." Tatsächlich umfasste zu Beginn des Jahrhunderts das von der NSA stammende und von dem Unternehmer Bram Cohen entwickelte Tor-System fast die Hälfte aller Internet-Bits. Tor nimmt zum Beispiel eine Videodatei, spaltet sie auf und verteilt sie im *Peer-to-Peer*-Verbund auf bis zu 7.000 Computer im Netz. Alle Adressen werden nacheinander verschlüsselt und wieder entschlüsselt, während die Datei über das gesamte Netzwerk verteilt wird. Dadurch gewährleistet Tor, dass niemand die Quelle oder den Pfad der Datei kennt. Die Adressenliste jeder Datei ist eine Zwiebel (onion), die ihre Schalen nur abstreift, soweit es nötig ist, um an ihr Ziel zu gelangen. Satoshis Bitcoin-System könnte man als Umkehrung von Cohens Ansatz bezeichnen. Anstatt die Information in Transaktionen zu verstecken, setzt der Bitcoin sie in Blöcken zusammen, versieht sie mit einem Zeitstempel und veröffentlicht sie über alle Knotenpunkte des gesamten Netzwerks hinweg. Das ist Sicherheit, die nicht durch Geheimhaltung erreicht wird, sondern durch Öffentlichkeit. Sowohl Bitcoin als auch Tor sind globale Datenstrukturen, die kollektiv von misstrauischen Teilnehmern aufrechterhalten werden. Ohne eine zentrale Schwachstelle ist Tor bemerkenswert robust und erfolgreich gewesen.

Das kann Bitcoin auch sein, überlegte ich, falls der stichelnde Titan Satoshi Platz macht. Das Internet kann als globale Kopiermaschine kein Geld oder andere rein digitale Vermögen erschaffen. Jede Transaktion muss auf Institutionen außerhalb des Netzes zurückgreifen, seien es Banken, Kreditkartengesellschaften oder Paypal. Jeder digitale, im Netz allein erzeugte Gegenstand kann in unbegrenzten Mengen reproduziert werden. Mit Bitcoin machte Satoshi einen digitalen Gegenstand möglich, der nicht ohne eine Menge Arbeit kopiert werden kann, die er „Proof of Work" (Arbeitsnachweis) nannte. Der Proof of Work wird von Schürfern geliefert, die umständlich alle Transaktionen überprüfen und sie in Blöcken zusammenstellen. Auf diese Weise ermöglichte Satoshi die Erschaffung von Geld im Netz und benutzte das Geld, um die „Schürfer" für ihre Überprüfung der Transaktionen zu bezahlen. Die Transaktionen sind in einem öffentlichen, dezentralisierten Hauptbuch aufgezeichnet und werden mathematisch in Ketten von Blöcken zerstreut („gehasht"), die eine unveränderbare, im ganzen Internet veröffentlichte Datenbank bilden. Unveränderbare Aufzeichnungen von Transaktionen stellen eine Form von Geld dar. Aber Regierungen mögen keine private Gelderzeugung. Deshalb hütete Satoshi sorgfältig seine Anonymität.

Kurz nachdem Satoshi den Bitcoin angekündigt hatte, formulierte es der Cypherpunk-Poster James Donald so: „Um Druck zu vermeiden, muss das Netzwerk ohne einen zentralen Punkt auskommen, auf den Druck ausgeübt werden kann. Erinnert euch an Neros Wunsch, Rom sollte nur eine einzige Kehle haben, die er dann durchscheiden könnte. Wenn wir ihnen eine solche Kehle bieten, wird sie auch durchgeschnitten werden."

Ich fragte: „Sind die Eigenschaften des Bitcoin – seine unkontrollierbare, dezentrale Peer-to-Peer-Architektur – nicht mit allen modernen Geldsystemen inkompatibel? Geld wird doch eingeführt und aufrechterhalten, um genau das machen zu können, was man mit Bitcoin machen kann, nämlich Geldmengen und Wechselkurse den sich verändernden ökonomischen Bedingungen anzupassen. Sind Sie nicht eine Bedrohung für die gesamte Finanzwelt, für Zentralbanken und G8-Gipfel und für die Mandate des Internationalen Währungsfonds, für Währungshandel im Wert von gewaltigen 5,1 Billionen Dollar *täglich*, für stolze Finanzstrategen in Washington und New York, London und Davos, Tokio und San Francisco, für Steuereintreiber und die Finanzmarktaufsicht weltweit?"

„Wir wollen nicht mit ‚anonymer Währung' oder einer ‚Währung außerhalb der Reichweite irgendeiner Regierung' vorauseilen", sagte Satoshi. „Ich mache darüber definitiv keine solche spöttische Bemerkung oder eine ähnliche Aussage. Manche sagen, ‚Versuch's doch mal, WikiLeaks'. Ich sage ‚Nein, versuch's nicht, WikiLeaks!' Das Bitcoin-Projekt muss langsam wachsen, sodass die Software mit der Zeit stärker werden kann."

„Aber im ursprünglichen ‚Genesis-Block' des Bitcoin haben Sie eine Schlagzeile der Londoner *Times* verwendet, die bekannt gab, dass der

‚Schatzkanzler erneut Banken aus der Klemme hilft'", sagte ich. „Das war so, als würden Sie um Ärger betteln."

Satoshi lächelte nur.

„Egal, ich verstehe ja, was Sie tun", sagte ich, „aber wie kann man Geldpolitik machen, wenn die Banker keine Kontrolle über die Geldmenge haben?"

Satoshi antwortete: „Richtig, bei Bitcoin tritt niemand als Zentralbank oder Notenbank auf, um die Geldmenge anzupassen, wenn die Population der Benutzer zunimmt.

Es ist ähnlich wie bei einem Edelmetall. Statt die Menge zu verändern, um den Wert aufrechtzuerhalten, ist die Menge vorherbestimmt, und der Wert verändert sich. Steigt die Zahl der Benutzer an, nimmt der Wert pro Coin zu."

Er grinste verschmitzt wie ein Gnom und fuhr fort: „Es hat das Potenzial für eine positive Rückkopplungsschleife; gibt es mehr Benutzer, steigt der Wert, was noch mehr Benutzer anlocken könnte, die den Vorteil des steigenden Wertes ausnutzen wollen. Wir würden uns lieber auf diesen Prozess verlassen statt auf unnötige Provokationen."

„Warum sprechen Sie im Plural? Bestehen Sie aus mehreren Persönlichkeiten?", lautete meine verwegene Nachfrage.

„Nein, ich bin ganz und gar Singular. Aber Bitcoin ist eine Realisierung der Arbeit von vielen. Unter anderem Wei Dais „b-money"-Vorschlag auf der Cypherpunks-Liste 1998. Adam Blacks HashCash steuerte das Proof-of-Work-Konzept bei, samt Hal Finneys wiederverwendbarem Proof of Work als eine digitale Münze." Die Betonung auf Proof of Work – das kostspielige und arbeitsaufwendige Mittel, mit dem Transaktionen verifiziert und alle Bemühungen, sie zu falsifizieren, bestraft werden – legte nahe, dass Satoshi sich gegen Anstrengungen, diesen Hauptgedanken der Bitcoin-Struktur zu verändern, zur Wehr setzen würde.

„Ja, das ergibt einen Sinn. Ich verstehe jetzt, warum Sie verschwunden sind. Aber warum haben Sie sich vier Jahre später mit einem Post zurückgemeldet? Immerhin hat es im Netz wiederholt Untersuchungen gegeben, Satoshi-Verdächtige zu enttarnen, einschließlich Wei Dai und Nick Szabo. Manche sagten, Sie seien Jed McCaleb, der eine Reihe von

Verschlüsselungsprotokollen entwickelte, danach den Bitcoin-Handelsplatz Mt.Gox gründete und gerade rechtzeitig zu Ripple weiterzog, dem internationalen Netzwerksystem für Geld, das seine eigene Währung namens XRP hat. *Forbes* stöberte sogar Hal Finney im ALS-Todeskampf auf, als er nur noch mit seinen Augenbrauen kommunizieren konnte."

„Ich weiß, es freute mich, dass Finney Anerkennung von *Forbes* bekam. Das hatte er verdient. Kein Grund, einzuschreiten. Die anderen konnten selbst auf sich achtgeben. Aber es tat mir leid um den armen Kerl Dorian, den *Newsweek* begriffsstutzig bedrängte und ihn für *mich* ausgab. Für einen ehemaligen CIA-Spion muss das ziemlich erniedrigend gewesen sein. Ich musste also etwas tun. Ich postete nur die vier Worte: ‚Ich bin nicht Dorian Nakamoto'. Das schien zu genügen."

„Nun denn", sagte ich, „wir sollten vielleicht den Klatsch hinter uns lassen und zum Kern der Sache vordringen, zum springenden Punkt. Keiner Ihrer Anhänger, von Marc Andreessen bis Nick Szabo, hat das System vollständig erklärt. Sie ziehen es vor, vom „Problem des byzantinischen Generals" zu sprechen oder vom Rätsel der doppelten Ausgaben oder von erinnerten Lektionen und Hilfssätzen aus dem Informatikstudium. Nicht einmal, wenn ich so sagen darf – da meine Zeit mit Ihnen begrenzt ist – nicht einmal *Sie selbst*. Es ist Ihnen nicht gelungen, das Allerheiligste Ihres Systems zu beleuchten."

„Das ‚Allerheiligste'? Bitcoin ist eine Währung und ein Bezahlnetzwerk, keine Religion. Was meinen Sie mit dem ‚Allerheiligsten'?"

„Ich meine den Ort des Vorgangs – den ich nicht kenne –, wo Ihre leeren Bits zu wertvollen Coins werden. Wo und wie findet die Wandlung statt? Ist es das ‚Bergwerk'? Oder die ‚Münzstätte'? Wie geschieht es? Alchemie? Magie? Hoffnung und Veränderung? Übertakten Sie Ihre CPUs und GPUs, werfen Sie sie in das Eis flüssigen Stickstoffs und beweisen damit Ihre nutzlose Arbeit? Dann gewinnen Sie höchstens ein bisschen Kleingeld, das nicht einmal klimpert und klingelt." Heute muss ich zugeben, dass sich das Kleingeld angehäuft hat.

Satoshi lehnte sich zurück und schaute abschätzig drein. „Wenn Sie mir nicht glauben oder es nicht verstehen, habe ich nicht die Zeit, Sie zu überzeugen. Tut mir leid." Er schaute zur Tür und stand auf.

Ich rang nach Luft. „Aber Sie sind doch gerade erst angekommen! Bitte gehen Sie noch nicht."

Ich beeilte mich, ihm zu versichern, dass ich kein feindseliger Tollpatsch sei. „Ich weiß, dass das System funktioniert. Ich habe es gründlich studiert und ich stehe in Ehrfurcht davor." Übertrieb ich? Satoshi sah gelangweilt aus. Ich eilte voran. „Doch wir alle müssen auf unsere Kritiker reagieren. Paul Krugman schreibt in der *New York Times* ..."

„Erwähnen Sie bloß nicht diesen Namen", sagte er. Krugman hat Bitcoin als „böse" und „reaktionär" denunziert. Damit hat er den Schürfprozess beeinflusst. Dabei mobilisieren Freiwillige Computerleistung im Petaflopbereich (viele Tausend Billionen Gleitkommaoperationen pro Sekunde), saugen Elektrizität auf, saufen gierig fossile Energieträger und pumpen CO_2 ab. Und das alles, um Probleme eines Hash-Algorithmus namens SHA 256 zu lösen, der Daten von mehreren Transaktionen in Steckplätzen spezifischer Größe komprimiert, wo sie einen Zeitstempel erhalten und kryptografisch verifiziert werden. Diese mathematischen Hashes liefern virtuelle Fingerabdrücke für große Dateninhalte und ermöglichen es jedem Block verifizierter Transaktionen, einzigartige Spuren aller Transaktionen seit Satoshis allererstem Genesis-Block zu enthalten.

„Diese Leute verstehen nichts von Bitcoin", sagte er und winkte ab. „Der Nutzen der von Bitcoin ermöglichten Geldwechsel wird bei Weitem die Kosten der verbrauchten Elektrizität – ein Dollar pro Tag und Schürfer – übersteigen. Deshalb wäre es ein Nettoverlust, keine Bitcoin zu haben."

Zwar unterschätzte Satoshi den endgültigen Elektrizitätsverbrauch um ein paar Größenordnungen, aber das Argument für den potenziellen Nutzen der Währung bleibt bestehen. „Na schön, dann also *ich*. Ich verstehe nicht, wie Schürfer echte Werte erschaffen können, wenn sie sich in Hotels in Reykjavik in der Nähe von Elektrizitätswerken zurückziehen und darum konkurrieren, Computerrätsel zu lösen. Es scheint symbolisch zu sein, dass das Verzeichnis von Schwierigkeitsgraden mit zunehmenden Nullen zu Lösungen führt. Kein echter Wert entsteht aus der Verwendung dieser frisierten Maschinen, die sich auf anwendungsspezifische, Rätsel lösende Mikrochips konzentrieren. Es ist mir egal, ob sie organisch von Gletschern gekühlt werden ... Man kann auf diese Weise nicht mehr Werte erschaffen, als man Werte erschafft, indem man Löcher gräbt und sie dann nach dem keynesianischen Modell wieder auffüllt, oder indem man Gold aus den Tiefen der Erde schürft und es dann wieder in anderen Löchern versteckt, wie im Goldstandard-Modell. Nichts davon kann echte Werte erschaffen."

Er starrte mich mit zweifelnder Miene an. „Außer, dass es im Fall des Bitcoin so ist", sagte er ruhig. „Keiner dieser Einwände interessiert mich wirklich. Ich habe alle Details im Lauf von fünf Jahren ausgearbeitet. Den größeren Teil der Arbeit verschlang das Design, nicht das Programmieren. Alle bisher aufgetretenen Probleme sind glücklicherweise Dinge, die ich zuvor in Betracht gezogen und eingeplant hatte. Ich habe mehrfach reagiert. Inzwischen langweilt es mich."

Ich drängte weiter: „Ist es nicht so, dass die Wirbelei mit Hash-Algorithmen auf Computern eher eine Hightech-Version des Bohrens und Wiederauffüllens von Löchern ist?"

„Nein", erwiderte der rätselhafte Erfinder. „Wenn Sie Löcher graben, machen Sie Fortschritte. Mit jeder Schaufel wird Ihr Loch größer. Dann füllen Sie es wieder auf, Schritt für Schritt. Es ist ein linearer Prozess, dessen Ergebnisse sich mit Waagen, Linealen und Pegeln messen lassen Das ähnelt in keiner Weise meinem System des Proof of Work."

„Warum nicht?", fragte ich und konnte meine Verwirrung kaum verbergen. „Ihre Computer schreiten voran, Schritt für Schritt, ein Zyklus nach dem anderen, um das Rätsel zu lösen."

„Nein, das tun sie nicht", sagte Satoshi. „Sie verstehen überhaupt nichts."

„Was sonst ist denn neu daran?", fragte ich verzweifelt.

Satoshi ignorierte meinen Kommentar und erklärte: „Die Vorstellung, man könnte ein Prozent eines Blocks gelöst haben, ist falsch. Es gibt keinen Fortschritt auf dem Weg zur Lösung."

„Was meinen Sie damit?", fragte ich verblüfft.

„Nachdem Sie 24 Stunden lang an einem Block oder Rätsel gearbeitet haben, sind Ihre Chancen, es zu lösen, genauso groß, wie sie zu Anfang waren oder in jedem anderen Augenblick."

„Häh?", ächzte ich.

„Ja, Sie suchen nach Lösungen für den Hash. Das ist wie ein Münzwurf, Kopf oder Zahl. Sie versuchen es mit 36 Münzen, und alle landen mit dem Kopf nach oben. Bei jedem Versuch sind Ihre Chancen dieselben."

„Na großartig", sagte ich sarkastisch. „Es handelt sich also um eine Bernoulli-Lotterie. Und mit genügend Weihrauch und Hokuspokus, der irgendwie Werte schafft?"

„Ja", sagte Satoshi, „das, und nur das, kann Werte schaffen."

„Es sieht aber eher so aus, als würde man damit Zeit verschwenden", entgegnete ich.

„Wenn man Werte erschafft, ist *Zeit* von entscheidender Bedeutung", erwiderte er.

„Nun, ich denke, ein System auf der Grundlage von Münzwürfen und Zeitverschwendung sollte reformiert werden. Verstehen Sie mich nicht falsch. Ich bewundere Ihr System und alles, was Sie erreicht haben. Aber dies ist eine Schwachstelle. Könnte man diesen Proof of Work durch vergebliche Bemühungen nicht durch das Problem ersetzen, komplexe Proteinfaltungen für medizinische Fortschritte zu berechnen oder wie SETI nach außerirdischem Leben suchen oder Krebs durch Genomkartierung heilen oder die Verbreitung von AIDS aufhalten? Sie sagten, dies sei erst die Version 0.1."

Mit gequälter Miene antwortete Satoshi: „All diese Aktivitäten werden bereits für wertvoll erachtet, und wahrscheinlich sind sie es auch. Obwohl ich meine Zweifel habe, was SETI betrifft. Aber man kann keine Wertenorm erschaffen, indem man andere Beispiele für wertvolle Dinge ins Spiel bringt. Messen, sortieren, Prioritäten setzen für die unzähligen Wertansprüche: Dieses Problem versuchen wir mit Geld zu lösen. Eigentlich wollen wir den Wert eher messen, statt lediglich vermeintlich wertvolle Dinge zu präsentieren."

„Na schön, Geld muss zu wertvollen Dingen in der Welt in Bezug gesetzt werden. Gold ist an sich selten und wertvoll. Man kann wunderschönen Schmuck daraus machen. Es ist kompakt und geschmeidig. Es ist ein hervorragender Leiter für Elektrizität – und für Liebe. Der Dollar ist gesichert durch guten Glauben, das Vertrauen in die US-Regierung und das größte Wirtschaftssystem der Welt. Wodurch wird der Bitcoin gestützt? Ziellose Computerzyklen, die immer mehr Nullen erzeugen?"

Satoshi hob seine Hand und bat mich, ihm zuzuhören. „Ich werde das nur einmal erklären", sagte er. „Stellen Sie sich als Gedankenexperiment vor, es gäbe ein Basismetall, das so selten ist wie Gold, aber die folgenden Eigenschaften hat: ein langweiliges Grau, kein guter Elektrizitätsleiter, weder besonders stabil noch geschmeidig oder leicht formbar und auch für praktische oder dekorative Zwecke unbrauchbar. Aber es hat – und das ist der entscheidende Punkt – eine magische Eigenschaft: Es lässt sich über einen Kommunikationskanal transportieren. Sollte es aus irgendeinem Grund einen Wert annehmen, dann könnte jemand, der ein Vermögen über eine weite Entfernung hinweg transportieren will, es kaufen, übermitteln und den Empfänger dazu bringen, es zu verkaufen. Vielleicht könnte es einen periodischen Anfangswert annehmen, wie Sie es vorgeschlagen haben, und zwar durch Leute, die seine Nützlichkeit für den Geldwechsel voraussehen. Ich jedenfalls würde etwas davon haben wollen."

„Verstehe", sagte ich. „Diese Substanz wäre das wertvollste Element auf der Welt. Sie wäre Bit und Atom zugleich. Hier würden Wert und Maß miteinander verknüpft sein. Es würde eine Informationsrevolution auslösen."

„Sie fangen an zu verstehen", sagte er. „Aber das ist noch nicht alles..."

Er fuhr fort: „Die Methode zur Messung von Werten – der Proof of Work – beruht auf dem reinen *Zeitaufwand*. Man könnte es auch ein Zeitopfer nennen. Mein Freund Nick Szabo formuliert das so: ‚Wir können unsere Angelegenheiten um die Messung des Opfers herum organisieren, statt uns mit den Ergebnissen zu befassen...'"

„Dann wünsche ich Ihnen viel Glück", sagte ich. „Viele Leute werden versuchen, es zu verändern und umzugestalten. Sie werden sagen, sie bemühten sich, es zu verbessern."

„Das werden diejenigen sein, die Glück brauchen", entgegnete Satoshi mit feinem Lächeln. „Der Bitcoin ist so beschaffen, dass sein Herzstück mit der Freigabe der Version 0.1 für den Rest seiner Lebenszeit in Stein gemeißelt wurde."

„In Stein gemeißelt? Was meinen Sie damit?", fragte ich.

„Die Blockchain der Transaktionen beinhaltet Hashes aller vorausgegangenen Transaktionen und soll auch in allen künftigen Transaktionen enthalten sein. Sie ist in kryptografischen Stein gemeißelt", sagte er. „Ich denke, ich habe all die winzigen Details beim Programmieren im Lauf des vergangenen Jahres ausgearbeitet. In zehn Jahren wird das System entweder riesige Transaktionsvolumina oder gar keine Volumina erreichen."

„Okay, ich kapier's allmählich", sagte ich. „Um einen Wertestandard zu haben, muss er außerhalb aller Wertsysteme stehen. Es selbst muss wertlos sein."

„Jetzt kommen Sie der Sache schon näher", sagte Satoshi.

„Der Schürfprozess", führte ich aus, „kombiniert die zwei entscheidenden Aspekte der Zeit: die Zeitdomäne mit der Vorgabe von durchschnittlich zehn Minuten für die Lösung des Problems, und die Zeitfrequenz, definiert durch die Rechenzyklen, die man dem Problem einräumt, gemessen in Gigahertz, d. h. in Milliarden Zyklen pro Sekunde.

Folglich liegt dem Bitcoin ein Prozess zugrunde, der den unumkehrbaren Zeitablauf mit dem exponentiellen Fortschritt der Technologie durch das Moore'sche Gesetz verbindet, dem Gesetz der stets zunehmenden Zahl von Rechenzyklen pro Sekunde. Ohne das Moore'sche Gesetz würde der Bitcoin durch sein eigenes Datenaufkommen überschwemmt werden, und die Blockchain würde zum Stillstand kommen. Das Geniale hinter dem Bitcoin stammt aus einer dynamischen Vision, in der Computerressourcen – Speicherung und Verarbeitung – stets schneller wachsen als die Blockchain. Es ist der Inbegriff der Wertschöpfung in einer Welt reichlich vorhandener Güter und Dienstleistungen und knapper Zeit. Lineare Zeit spiegelt die Lebensspanne wider – die Zeitdomäne. Die Frequenzdomäne ist durch die Lichtgeschwindigkeit begrenzt. Zusammen können sie die Quellen des Wertes in der Welt darstellen."

„Jetzt kommen Sie der Sache schon näher", sagte Satoshi noch einmal. „Doch in Wirklichkeit ist das System noch viel besser. Es misst nicht nur den Wert. Es ermöglicht Transaktionen und verifiziert sie. Daher kann es die Erzeugung von Wohlstand und die Entfaltung der Freiheit verbessern."

Ich machte die Augen auf. Es war dunkel. Und Satoshi war verschwunden.

Erst 2015, zwei Jahre später, sah ich ihn wieder. Wie zuvor war es eine indirekte Begegnung. Auf einem Trip nach Los Angeles, wo ich im David

Horwitz Freedom Center eine Rede halten sollte, traf ich zufällig einen erklärten Partner Satoshis namens Joseph Vaughn-Perling. Leise und intensiv sprechend, sah er aus wie ein alternder Hippie. Er trug einen Hut mit breiter Krempe und hatte sein Haar zu einem Pferdeschwanz gebunden. Seit 20 Jahren kämpft er um die Entwicklung neuer Geldformen. Ein Höhepunkt war das Bitcoin-Hartgeldprojekt, der New Liberty Dollar aus funkelndem Silber. Beim Mittagessen erzählte er mir, Satoshi sei in Wirklichkeit ein australischer Informatiker und Unternehmer namens Craig Wright, der angeblich 28 Millionen Dollar in eine zuvor fehlgeschlagene Version des Liberty-Projekts investiert habe.

Ich lud Vaughn-Perling zu meiner diesjährigen Telecosm Conference ein, die zusammen mit der MoneyShow in San Francisco stattfand. Er kreuzte mit einer faszinierenden 23-jährigen Vietnamesin aus meinem Traumbesuch auf, die sich, wie ich es anfangs verstand, „Win Win" nannte. Später erfuhr ich, dass man es Uyen Nguyen buchstabierte. Er stellte sie mir als Wrights wichtigste Assistentin und Programmiererin vor, die sich seit ihrem 18. Lebensjahr mit Bitcoin befasst habe. Inzwischen arbeitete sie als Treuhänderin des Wrights Tulip Trusts, dem Eigentümer seiner Bitcoin-Reserve, der mittlerweile von den Erben seines Programmierpartners David Kleimann verklagt wird. Die Erben glauben offenbar, dass Wright Satoshi sei. Ich war gespannt. Während meiner Grundsatzrede bei der MoneyShow, die sich hauptsächlich um den Bitcoin drehte, sagte ich, dass es aufregende Enthüllungen geben werde.

Ich selbst spekulierte darauf, dass Wright der mögliche Satoshi sei und bat anschließend Vaughn-Perling auf die Bühne. Aber aus irgendeinem Grund kriegte der normalerweise selbstsichere und redselige „JVP" der Geldkonferenzen die Zähne nicht auseinander, und ich konnte ihn nicht dazu bewegen, irgendetwas Interessantes über Wright oder den Bitcoin zu sagen. Vielleicht ist die Situation nicht so eindeutig, wie es scheint. Schließlich kam Nguyen erst mit Wright in Kontakt, als der Bitcoin schon gestartet war.

Meine nächste bedenkliche Begegnung mit Satoshi, als Craig Wright verkleidet, fand bei seiner Präsentation am 1. Juli 2017 statt. Sie lautete „Shinseiki Evangerion" oder „Das Evangelium des Neuen Jahrhunderts" und wurde auf einer Konferenz über die Zukunft des Bitcoin im niederländischen Arnheim abgehalten. Hier kündigte er mit großem Tamtam an: „Ich bin hier, um Satoshi den Garaus zu machen."³ Die Geschichte wurde immer undurchsichtiger.

Eigentlich war er gekommen, um einen wichtigen neuen Rivalen zu vernichten, der ihm vom meisterhaften Investor und Philosophen Peter Thiel in den Weg gestellt worden war.

Der Blockchain-Krieg hatte begonnen.

KAPITEL 13

Kampf der Blockchains

Hier kommt er also, der heiliggesprochene Satoshi, schließlich entlarvt als ... der schändliche Craig Stephen Wright. Hängt dieser Heiligenschein nicht ein wenig schief? Haben wir tatsächlich den richtigen Kerl erwischt? Die wahren Gläubigen scheinen im australischen Finanzamt zu sitzen, aber die wollen ihn hinter Gittern sehen.

Niemand hätte erwartet, dass der überschwängliche Satoshi aus einem Dschungel von Spielbank-Websites mit Namen wie Centrebet und Bodog hervorgehen würde. Aber *Reuters'* Analyse der von Wright beigesteuerten frühen Bitcoin-Software deutet darauf hin, dass „der Bitcoin aus einem Code entstand, der ursprünglich mit Online-Poker im Hinterkopf entwickelt worden war." Sein Hauptverdienst vor dem Bitcoin war vermutlich Lasseter's Online, die wohl erste Internet-Spielbank und profitabel, bis die US-Regierung 2006 Online-Glücksspiele verbot. Wrights Unternehmungen ziehen offenbar den Zorn der Behörden auf sich.

Einen großen Teil seines Lebens hat Wright nach eigenen Angaben damit verbracht, sich seinem notorisch abwesenden Vater zu beweisen. Er hat alle möglichen Fächer studiert – von Kernphysik bis zu Statistik – und hat behauptet, einen Doktortitel in Informatik zu haben. Doch die australische Charles Sturt University bestätigt ihm nur zwei *Master*-Abschlüsse in Informatik. Wright kann den Papierkram zur Erringung akademischer Lorbeeren nie so richtig zu Ende bringen. Seine beständigste Qualifikation sind die Netzwerksicherheitsprüfungen (GIAC-SANS), während seine am besten dokumentierte Arbeit eine theologische Dissertation ist, in der er mit dem höchsten Vater ringt und auch ihn als abwesend oder unaufmerksam erachtet.

Zum Lebensunterhalt arbeitete er als Berater und Buchhalter in investigativer Computerforensik und hatte Jobs in Netzwerk- und Cybersicherheitsunternehmen. Er gründete einige Start-ups im Computerbereich. Den Höhepunkt bildete die Hotwire Preemptive Intelligence Group, die sich bemühte, Denariuz als erste Bitcoin-Bank zu etablieren. Sie scheiterte, weil sie den Anforderungen der Regulierungsbehörde nicht genügte und machte 2014 dicht. Als Gründer einer nach dem Mathematiker De Morgan benannten Beraterfirma landete Wright für kurze Zeit im Gefängnis, weil er sich über eine einstweilige Verfügung hinwegsetzte, die ihm verbot, mit seinen Kunden weiter Geschäfte zu machen, nachdem er hinausgeworfen worden war. Die meisten seiner verschiedenen anderen Firmen scheiterten.

Wer ist also dieser problembeladene, mit dreifacher Buchführung hantierende, bombastisch daherkommende, „Hard Forks" verwendende Informatiker – also jemand, der große Veränderungen im Protokoll einer Blockchain vornimmt – und Schwindler Craig Wright? Wer ihn kennenlernen möchte, kann seinen Biografen Andrew O'Hagan befragen, der eng mit Wright in den entscheidenden sechs Monaten zusammenlebte, als er sich als Satoshi präsentierte und anschließend seine Beweise für die Presse vermasselte.

Abgesetzt und diskreditiert von den Zeitschriften *Economist* und *Financial Times*, von der *BBC*, *GQ* und jeder Menge hasserfüllter Cypherpunks, ergriff er, ruiniert und in Tränen aufgelöst, die Flucht. In O'Hagans meisterhaftem, 36.000 Worte umfassenden Essay in der Juni-Ausgabe der *London Review of Books* von 2016 ist alles aufgezeichnet.[1] Aber Satoshi-Anhänger haben wahrscheinlich keine Lust, ihn zu lesen. O'Hagan schreibt: „Satoshi wurde von Bitcoin-Fans geliebt, weil er etwas Wunderbares schuf und dann verschwand. Sie wollen nicht, dass Satoshi falschliegt oder widersprüchlich, überheblich und reizbar ist. Vor allem wollen sie nicht, dass er ein 45 Jahre alter Australier ist, der Craig heißt."

Groß, dunkelhaarig, nach Hollywood-Maßstäben gut aussehend, widersprüchlich, mit marktliberaler Gesinnung, überheblich und reizbar: Wright ist ein Cypherpunk, der fatal an Donald Trump erinnert. Oder wie es sein Projektmanager in Sydney formuliert: „Er ist wie Steve Jobs, nur schlimmer."

O'Hagans Geschichte beginnt als großes Kino am 9. Dezember 2015, als der wehklagende Aussie seine von der Polizei bespitzelte Wohnung verlässt, zum Flughafen eilt und auf dem Weg dorthin entdeckt, dass er seinen Pass vergessen hat. Gegen den Rat seiner asiatischen Frau Ramona schleicht er sich zurück, versteckt sich, bis die Polizei aufgibt und wegfährt. Er findet das entscheidende Dokument, nur um am Flugsteig wieder festgehalten zu werden. Trickreich erobert er sich einen Flug nach Auckland, Neuseeland, wo er sich ein „Billabong"-Surfer-T-Shirt besorgt, das er immer noch gelegentlich als Geste verwegener Renitenz trägt. Er landet schließlich in London, wo er sich in Sicherheit befindet und wo er bleibt.

Wright ist seit Jahren auf der Flucht; gehetzt vom australischen Finanzamt wegen eines angeblichen Bitcoin-Schatzes; angeklagt wegen Verbindungen zum „Dark Net", von der südamerikanischen Mafia bis zu Ross Ulbricht, dem fiktiven „Dread Pirate Roberts" von Silk Road; mit etlichen Firmen jonglierend, die kurz vor der Pleite stehen und die bis zu 54 Millionen australische Dollar staatliches Fördergeld erhielten. Für Craig ist im Unrecht zu sein nur der Anfang als der „Wright des Bitcoin".

Da der Preis des Bitcoin 18.000 Dollar betrug, bevor er dann wieder auf 6.000 zurückging, nehmen viele an, er sei reich. Doch wie O'Hagan nachweist, könnte er auch das vermasselt haben. Wie viele seiner Pendants im Silicon Valley ist er komplett zahlungsunfähig, ein eingefrorenes Einhorn, wie man dort sagt.

Der verstorbene David Kleiman hat O'Hagan anvertraut, Wrights vertrauter Partner in Bezug auf Sicherheitsforensik und angeblicher Mitprogrammierer des Bitcoin, der mutmaßliche Satoshi, habe einen weiteren finanziellen Rückschlag erlitten. Er teilte sich mit Kleimann 50 Prozent eines Unternehmens für virtuelle Währungen namens Liberty Reserve in Costa Rica. Kleiman glaubte, ihre Hälfte sei 28 Millionen Dollar wert, beziehungsweise 14 Millionen für Wright. Doch Preet Bharara, der Staatsanwalt in New York und Geißel des Insiderhandels, fand, dass Liberty als Geldwäschebetrieb unter dem Patriot Act dichtgemacht werden sollte, da viele der zwölf Millionen jährlichen Transaktionen offenbar von Kriminellen ausgeführt worden waren. Bharara macht keine Witze. Libertys Management wanderte für 20 Jahre in den Knast. Wrights stärkstes Motiv, sich als Satoshi zu outen, könnte gewesen sein, seine Rechnungen zu bezahlen und Rache an all den aufdringlichen Schergen in seinem Leben zu üben.

Wenn das Durcheinander von Rechtsstreitigkeiten entwirrt werden kann, könnte Wright in einen Treuhänderfonds einsteigen, spielerisch Tulip Trust genannt, der 2011 gegründet wurde, um bis 2020 seine Bitcoin zu verwalten. Einer der zwingendsten Gründe für die Vermutung, Wright könnte Satoshi sein, ist die Aussage der Tulip-Treuhänderin Uyen Nguyen. Auf meiner Telecosm-MoneyShow-Konferenz 2015 in San Francisco sagte sie mir, dass es so sei. Seit Anfang 2010 arbeitete sie mit Wright und könnte es wissen. Aber es könnte sein, dass er nicht einmal in der Lage ist, dieses Geld einzukassieren. Nachdem er 2008 seinem australischen Mitarbeiter Stefan Matthews, einem Gesellschafter des kanadischen Spielbankmagnaten Calvin Ayre, angeblich einen frühen Entwurf von Satoshis Weißbuch gezeigt hatte, beschloss Ayre, ihn zu unterstützen. Aber Wright verließ Ayres Gemeinschaftsunternehmen nTrust und nCrypt und stand mit seinen Schulden von 15 Millionen Dollar aus seiner Ansammlung bankrotter Start-ups ganz allein da.

Weil Wright daran scheiterte, als der unantastbare Satoshi aus der Geschichte herauszukommen, wie er es versprochen hatte, war es Ayres Team nicht möglich, ihren Plan auszuführen. Mit dem Kauf von Wrights geistigem Eigentum und seinen Firmen hofften sie auf eine Ernte in der Größenordnung einiger Milliarden Dollar, die damit enden würde, „dass Craig, sagen wir, für Google arbeitete und über ein Team von 400 Forschern verfügen könnte." Das passierte allerdings nicht. Wright verließ die Szene 2016 mit wenig Vermögen und Glaubwürdigkeit, und womöglich wird er 2020 überhaupt nichts einkassieren können. Mittlerweile verklagen Kleimans Erben den Trust wegen der begehrten Bitcoin.

Ende Juni 2017 tauchte Wright großspurig wieder auf, verbreitete sein Flair und sprühte vor widerstreitenden Ideen, komplizierten Vergleichen und hochtrabenden Theorien. Noch immer war er ein leidenschaftlicher Bitcoin-Verfechter. Er verfügt über einen Supercomputer in Reykjavik, der an 15. Stelle in der Weltrangliste steht. Dort testet er das Bitcoin-Protokoll und findet es praktisch grenzenlos. Bei Auftritten vor seinem Sturz trug er dunkle Anzüge und gewagte Krawatten und sprach mit bescheidener Ernsthaftigkeit, mittlerweile aber erscheint er in der Bitcoin-Avantgarde des Silicon Valleys in ausgewaschenen Jeans, der Verkleidung der Milliardäre.

Auf der Konferenz „Future of Bitcoin" im niederländischen Arnhem am 1. Juli 2017[2] versuchte Wright, sämtliche Zweifel zu zerstreuen und in einer 90-minütigen Rede die Führung über die Bitcoin-Bewegung zurückzugewinnen – eine mit vulgären Ausdrücken gespickte Moralpredigt, die er aus dem Stegreif hielt. Darin wandte er sich gegen die aktuelle Strömung des Bitcoin-Protokolls und argumentierte für seine Position als „Bitcoin-Maximalist". Er prahlte und spottete, er trumpfte auf und brachte sich in Positur. Er warnte vor den „Hard Forks" des Blockchain-Codes (Modifizierung der Software für eigene Zwecke), drohte damit, sich von der vorherrschenden Chain zu trennen – eine Drohung, die er gegenwärtig mit dem Hard Fork des Bitcoin Cash wahrmachte, die Ende Mai 2018 noch rund 17 Milliarden Dollar wert war.

Dem ganzen Geschimpfe zum Trotz ging aus Wrights Rede ein vielversprechendes Thema hervor. Die Bitcoin-Bewegung geriet nämlich gerade auf Abwege, und zwar durch solche verwässernden Abweichungen von den ursprünglichen Bitcoin-Blockchains wie „Sidechains" oder die „Lightning"-Kanäle für kleine und schnelle Transaktionen, die Satoshis ursprüngliches Versprechen verrieten.

Mit unbegrenzten Blockgrößen, beharrte Wright, könne Bitcoin als Rechenplattform skalierbarer, sicherer, robuster, effizienter und sogar „turingmächtiger" sein als jede Alternative, einschließlich Systemen mit den meisten der Bitcoin-Patches oder BIPs (bitcoin improvement protocols; Bitcoin-Verbesserungsprotokolle). Gleichzeitig schlug er ein umstrittenes neues System mit „getrennten Schlüsseln" vor, das gewährleisten würde, dass, ungeachtet irgendwelcher Hacks, die Schlüssel wiederherstellbar wären (wobei man allerdings auch auf vertrauenswürdige Dritte angewiesen wäre, um die Teile zu speichern.) „Es muss nie wieder einen neuen Mt.Gox geben."

Eine Blockchain mit unbeschränkter Blockgröße, sagte Wright, könne mit Visa und allen Finanzakteuren in der Welt konkurrieren und „finanzielle Souveränität" für Individuen weltweit wiederherstellen: „Die Bitcoin-Blockchain kann maßstäblich vergrößert werden, um alle existierenden Bezahlsystemnetzwerke zu ersetzen, sodass sie die einzige globale ökonomische Infrastruktur wird ..." In der Tat gibt es nichts, was sie aufhalten könnte: „Falls Zentralbanken versuchen, mehr Geld zu drucken, wird Bitcoin einfach wertvoller werden."

Vielleicht protestierte er einfach zu viel, um glaubwürdig zu wirken. In einer Mischung aus Bombastik und Brillanz forderte Wright den Zweifel geradezu heraus. Er hat nichts von der eleganten und kultivierten Persönlichkeit des japanischen Weisen, wie ich ihn mir aus Satoshis Postings auf der Cypherpunks-Liste vorgestellt hatte.

Dennoch verkündete Jon Matonis, der Leiter der Bitcoin Foundation, nach langen Gesprächen mit Wright: „Es wird nie wieder einen anderen Satoshi geben." Wright überzeugte auch Gavin Andresen, Satoshis auserwählten Erben, den ich in Amherst, Massachusetts aufspürte. Wie Andresen in seinem Blog geschrieben hat: „Nachdem ich Zeit hatte, ihn kennenzulernen, bin ich nach vernünftigem Ermessen zweifelsfrei davon überzeugt: Craig Wright ist Satoshi ... Noch bevor ich Zeuge wurde, wie die Schlüssel unterzeichnet und anschließend auf einem sauberen, nicht manipulierbaren Computer verifiziert wurden, war ich mir ziemlich sicher, dass ich neben dem Vater des Bitcoin saß ... der brillanten, eigensinnigen, fokussierten, großzügigen – und die Privatsphäre suchenden – Person, die mit dem Satoshi übereinstimmt, mit dem ich vor sechs Jahren zusammengearbeitet habe. Ich freue mich sehr, sagen zu können, dass ich seine Hand schütteln und ihm dafür danken konnte, dass er der Welt den Bitcoin geschenkt hat."[3]

Auf Kritiker, die glauben, Wright habe lediglich Satoshis öffentlichen Schlüssel geklaut, der auf der Blockchain für jeden, der hinschaut, zugänglich ist, antwortete Andresen: „Er unterschrieb eine Nachricht meiner

Wahl mit dem privaten Schlüssel auf Block Nummer 1 auf einem Computer, der nicht manipuliert worden war." Andresen ist ein anspruchsvoller Programmierer, der ans Media Lab des MIT gegangen ist, um dort die Bitcoin Foundation zu beaufsichtigen.

Es gibt Indizienbeweise, dass Wright Satoshi Nakamoto ist. Seine Mutter, O'Hagan und seine ersten Lehrer bezeugen, dass er von Kindheit an von der japanischen Kultur besessen war. Neben seinem Schreibtisch hing ein Samuraischwert. Als er 2017 in Arnhem gefragt wurde, warum er den Namen Satoshi gewählt habe, erzählte Wright eine ergreifende Geschichte: „Meine Mutter war alleinstehend. Einer der Typen, die mich aufzogen, war ein Japaner ... Ich hielt deren Kultur für cool ... In Japan wissen die Leute, wie man zusammenarbeitet ... Wir glauben, wir müssten in einem Nullsummenspiel einander bekämpfen. Aber Handel ist kein Nullsummenspiel."

Dann kam er zum Kern. „In Japan gab es in der Tokugawa-Zeit [1603-1868] einen Philosophen, der über den Handel sprach. Es traf sich, dass er – wie Satoshis Nachname – Nakamoto genannt wurde. Er war für ein offenes Japan. Er schrieb, wenn Japan groß werden wollte, müsste es offen gegenüber dem Westen sein. Handel ist kein Nullsummenspiel. In der Bitcoin-Bewegung müssen wir uns heutzutage an Nakamotos Lektion erinnern." Vaughn-Perling zufolge stellte sich Wright Jahre vor der Herausgabe des Bitcoin schon als Satoshi Nakamoto vor.

Nimmt man ihm beim Wort, ist Wright der Haupterfinder des Bitcoin und Autor der Dissertation über „die rauen Wurzeln der Schöpfungstheorie" von Eden bis zu Dionysos. Er ist ein korpulenter, marktliberaler, klassischer Programmierer und ein Bündel aus Widersprüchen. Unverblümt und forsch, respektlos und auf eine skandalöse Art abschätzig gegenüber Kritikern und Rivalen, süchtig nach Scheinfirmen und nicht gerade korrekt beim Zitieren seiner eigenen akademischen Referenzen, auf extravagante Weise anonym und ein Exhibitionist auf LinkedIn, der dazu neigt, Textpassagen zu löschen: All das macht den Aussie-Samurai Satoshi aus.

Zu Wrights Stärken als Berater zählt seine Kompetenz für Version 6 des Internet-Protokolls (Ipv6). Dieses neue Internet-Protokoll kann mehr Adressen unterbringen, als es Sterne in der Galaxie gibt. Er posiert als der energische Antragsteller von rund 400 Blockchain-Patenten (wovon 70 bisher im Vereinigten Königreich eingereicht wurden). Geschickt in der Umsetzung von Netzwerk- und Graphentheorie, erklärt er, dass die Widerstandskraft des Bitcoin gegenüber Angriffen nicht durch die Anzahl der Knoten, sondern durch die Anzahl der *Ränder* gemessen wird – das sind die Verbindungen zwischen den Knoten. Er zeigt, dass Bitcoin-Knoten im Vergleich zu jeder beliebigen anderen Blockchain mit einer fast ans Biologische grenzenden neuronalen Dichte miteinander verknüpft sind, da jeder Knoten durch ein sogenanntes randomisiertes Gossip-Protokoll neue Blöcke mit allen anderen in allen Richtungen verbindet.

Auf den Konferenzen über Finanztechnologie eilt Wright kreuz und quer über die Bühne und erklärt den Bitcoin zur überlegenen Plattform für jede Art des intelligenten Vertrags oder „turingmächtiger" Wundertätigkeit. Die in stringenter Software enthaltenen „intelligenten Verträge" wurden, zusammen mit dem größten Teil des Bitcoin-Portfolios, in den 1990er-Jahren von Nick Szabo vorgeschlagen. Es sind selbstausführende Verträge, die auf einer unveränderlichen Blockchain fahren und Rechtsanwälte und Buchhalter umgehen. Doch um solche Verträge durchführen zu können, muss eine Computerplattform vollständig als „Turingmaschine" programmierbar sein. Mit einer abstrusen Abhandlung über die Eigenschaften der Programmiersprache Forth versucht Wright zu zeigen, dass Bitcoin genauso turingmächtig ist wie jede andere Plattform. In barschem Ton bestreitet Szabo diese Behauptung und so gut wie fast alles, was Wright sagt. Aber ich könnte mit Wright übereinstimmen und die Prädikatenlogik Kurt Gödels zitieren, um auf die spezifischen Grenzen aller Behauptungen von Turingmächtigkeit hinzuweisen.

Mit einer neuen Satoshi-Aussage beendete Wright seine Ansprache in Arnhem. Sie ist eine pointierte Erklärung: „Wir sind jetzt fast zehn Jahre alt. Visa schafft heute 15 Millionen Online-Transaktionen täglich. Bitcoin kann mit der existierenden Hardware schon jetzt dieses Niveau für einen Bruchteil der Kosten erreichen." Die Software, sagte er, kann mit 365-Gigabyte-Blöcken funktionieren. „Unbegrenzte Blöcke". Solche unbegrenzten Blöcke sind nicht genau eine Blockchain. Sie erinnern viel mehr an die Hashgraphen, die Leemon Baird von Swirlds vorgeschlagen hat, und an den Tangle von IOTA.[4]

Das Moore'sche Gesetz setzt sich in neuen Vektoren fort und übersteigt das Tempo des Blockchain-Wachstums. Im Lauf von fünf Jahren erhöht sie ihre Kapazität um das Zehnfache, nach zehn Jahren um das 100-Fache. Erlöse können für jedermann zunehmen.

Er erwähnte Transistoren mit einer Gate-Länge von knapp einem Nanometer und Systemfortschritte, die mit der Zeit Software-„Threads" (Ausführungsreihenfolgen in der Abarbeitung eines Programms) und Parallelismus multiplizieren. Beides geschieht heute.

Bitcoin verbessert kontinuierlich seine Sicherheit und turingmächtige Softwaretauglichkeiten, was Wright zu der Vorhersage veranlasste, es werde steigende Erlöse „aus den Tokenisierungsausgaben (Verfahren zur Erhöhung der Sicherheit bei Transaktionen) und Marketingentgelten", aus „Gebühren für intelligente Verträge und Skripterstellung" und aus „Treuhand- und Versicherungsgebühren" geben. Immer wieder deutete er an, dass intelligente Verträge auf der Blockchain erzeugt werden könnten, von der Kritiker behaupteten, sie könnte sie nicht unterbringen.

Er beendete seine Arnhem-Rede, indem er seinen Rivalen den Fehdehandschuh hinwarf. „Ich werde nicht fortgehen. Wir werden uns radikal vergrößern. Ihr seid entweder für uns oder gegen uns. Wir werden durch einfache Vernetzung und einfache Anwendung den Wert steigern und dadurch wettbewerbsfähig sein."

Auf die direkte Frage, was er von der rivalisierenden Blockchain der Firma Ethereum halte, erklärte er: „Ich war 2013 ein Bitcoin-Maximalist und bin heute ein Bitcoin-Maximalist." Ein Bitcoin-Maximalist blockiert alle anderen Blockchains.

Begrüßen Sie Wrights Nemesis, Vitalik Buterin, den Gründer der Ethereum-Blockchain. Es handelt sich um eine ausdrücklich für intelligente Verträge, Ausgabe von Token, Anlageprodukte und autonome Unternehmen entworfene Plattform. Ende Mai 2018 machte sein Coin – Ether – einen Börsenwert von fast 60 Milliarden Dollar geltend, wovon fast die Hälfte aus Bitcoin bestand. Mit seiner Auswirkung auf unser Geschäftsleben, unsere Technologie und unser Wirtschaftsleben wird Buterins Beitrag nur von Satoshis Blockchain selbst erreicht.

Als primärer Nutznießer der meisten dieser Einkünfte, die Wright für den Bitcoin in Anspruch nahm – Token, Gebühren, Versicherung und diese ganzen intelligenten Verträge – übertrifft Ethereum Google auf einem ähnlichen Niveau der Originalität und der Auswirkung. Googles unglaublicher Einfallsreichtum wird durch seine ökonomische Abhängigkeit von zumeist wertmindernder Werbung beeinträchtigt. Ethereum ist dagegen komplett wertschöpfend. Satoshi könnte sich als einer der Erfinder erweisen, die die Geschichte am gründlichsten umgestaltet haben. Buterin rangiert bereits an erster Stelle in der Geschichte der jugendlichen Unternehmer und ist jedem Glücksritter in der Geschichte des Silicon Valleys ebenbürtig.

Buterin ist ein schlaksiger Freak, trägt freche T-Shirts (auf einem steht „Hard Fork Café"), hat eine vorstehende Augenbraue und einen bemerkenswert großen Schädel. Er wurde 1994 in Russland geboren und wanderte im Alter von sechs Jahren nach Kanada aus. Seine logische Präzision und seine umfassende Beherrschung unternehmerischer und ökonomischer Konzepte sind verblüffend, während sein cooles Auftreten das genaue Gegenteil des sprunghaften Aussies ist.

Während Wright mit fadenscheinigen Abschlüssen und fragwürdigen Qualifikationen protzte, war Buterin einer der ersten Thiel-Stipendiaten, der seine Universität ohne einen Abschluss verließ, um über den Bitcoin zu schreiben und neue Anwendungen für Blockchains zu entwickeln. Wright ist das Ergebnis vieler Jahre (manchmal selbstverschuldeter) harter Schläge, während das Wunderkind Buterin die Welt der Technik fast schon im selben Augenblick eroberte, als er zum ersten Mal in der Szene aufkreuzte. Er soll einen IQ von 257 haben, was immer das heißen mag, und lernte als Kind Mandarin in wenigen Monaten zu Hause.

Wright behauptet, die Blockchain selbst erfunden zu haben, während Buterin Nick Szabo das Verdienst zuschreibt, einen großen Teil der Ethereum-Plattform und der Solidity-Sprache angeregt zu haben. Wright kann ein intellektueller Rüpel sein, der Gegner mit seinen Schmähungen in Grund und Boden stampft, während Buterin sie ganz gelassen mit Logik überzeugt. Wright knurrt und blafft in der kehligen Kneipentonlage von

Crocodile Dundee. Im Gegensatz dazu spricht Buterin auf höherer Frequenz und im Silicon-Valley-Modus aggressiver Bescheidenheit. Seine Satzenden biegt er zu Fragen hoch, wobei seine ansteigende Stimme eine klare Antwort als eine respektvolle Anfrage maskiert.

Buterin glaubt nicht, dass Wright Satoshi ist, eine Position, die er mit algorithmischer Logik stützt. Auf einer Podiumsdiskussion mit Gavin Andresen, der Wrights Behauptung bestätigt hatte, konterte Buterin knackig: „Ich möchte erklären, warum ich glaube, dass er wahrscheinlich *nicht* Satoshi ist ... Er hatte zwei Möglichkeiten, um zu beweisen, dass er Satoshi ist. Die einfache Lösung wäre es gewesen, zu schreiben: ‚Craig Wright ist Satoshi Nakamoto und das mit einem privaten Schlüssel zu unterschreiben, der als Satoshis Schlüssel bekannt ist. Die schwierigere Alternative wäre gewesen, einen Schleier komplizierter Argumente loszulassen. Er konnte zwischen einem unverfälschten und einem lautstarken Signal wählen. Er wählte den Lärm, was wahrscheinlich heißt, dass er das Signal nicht liefern konnte."

Während dieses Argument Andresens selbstgefälliges Lächeln nicht gänzlich auslöschen konnte, war es auf schockierende Weise direkt und machte Buterin zu Wrights unversöhnlichem Widersacher. Das bedeutet „Das Spiel beginnt" und könnte sich als ein zentraler Konflikt der Informationsökonomie erweisen.

Buterin entwickelte seine Idee 2013 während eines Besuchs in Israel, das nach seinen Worten führend in der Verschlüsselungswissenschaft ist. Zu diesem Zeitpunkt war er ein glühender Bitcoin-Anhänger, schrieb im *Bitcoin Magazine* und konzentrierte sich auf das Potenzial des Bitcoin als Währung. Doch in Israel begegnete er Unternehmern, die mit „farbigen" Coins experimentierten, die bestimmte Zwecke hatten, mit Token (Wertmarken), die verwendet werden konnten, um neue Märkte zu erschließen – Mastercoins für Finanzverträge, Bancor für den Umtausch flüssiger Token und intelligente Verträge auf der Grundlage von Szabos Vorschlägen. Kaum den Teenagerjahren entwachsen, fasste Buterin den verwegenen Plan, eine neue Blockchain zu entwickeln, die als ein Sicherheits- und Identitätssubstrat für einen unbegrenzten Bereich intelligenter Verträge dienen könnte.

Um den Plan umsetzen zu können, erfand er eine neue Programmiersprache, die er Solidity nannte, eine neue Währung namens Ether und eine neue, flexiblere und umfassendere Blockchain namens Ethereum. Jeder dieser Schritte war voller Erfindungen. Die Sprache Solidity war turingmächtig, das heißt, sie konnte jede beliebige Reihe aller auf einem Computer möglichen Algorithmen ausdrücken. Die Währung definierte eine Verrechnungseinheit auf der Grundlage der Energiemenge, die von den Berechnungen verbraucht wurde, die der Vertrag mit sich brachte. Diese Einheit wurde „Gas" genannt und gab als ein finanzieller Maßstab Ethereum vermutlich eine stabilere Basis, als Bitcoin dies von sich behaupten konnte. Insgesamt beinhaltete Ethereum eine neue globale Computerplattform, eine neue Softwaresprache für intelligente Verträge und Unternehmen, eine neue Währung mit einem neuen Maßstab, der auf unveränderlichen Energieeinheiten beruhte, sowie ein neues Geschäftsmodell für die Beschaffung von Geldmitteln.

Es gibt unzählige Weißbücher auf der Welt sowie vertrackte Konzepte und ehrgeizige Behauptungen. Mit Ethereum konkurrieren inzwischen solche hochgelobten und gut finanzierten Unternehmen wie NEO in China, Dan Larimers EOS (entstanden aus der sozialen Blockchain Steemit und dem dezentralen Geldwechselinstitut BitShares) und Cardano, erschaffen von Charles Hoskinson, dem erfahrenen Veteranen von BitShares und Ethereum). Das Erstaunliche bei Ethereum sind nicht seine Ansprüche oder die Technologie, sondern die fast fehlerlose Ausführung der gesamten vielfältigen Geschäftsideen seines unerfahrenen Gründers.

Nicht einmal zwei Jahre nach dem Start hatte die neue Plattform angesichts traditionell feindseliger Märkte und zurückgehender Unternehmensgründungen eine Blüte unternehmerischer Kreativität ausgelöst. Die Überregulierung durch die US-Börsenaufsichtsbehörde gemäß dem Sarbanes-Oxley Act und anderer Gesetze hatte die Flut der Börsengänge im Silicon Valley auf ein Rinnsal reduziert. Die Gehege der Risikokapitalgeber waren voller Einhörner mit hohen Kapital-Verbrauchsraten und Bewertungen, die die Milliarden-Dollar-Grenze überschritten und die sie nicht realisieren konnten.

Unter diesen ungünstigen Bedingungen leitete Buterin die Fertigstellung der Ethereum-Plattform und setzte mehr als 1.000 neue Firmenprojekte in Gang. Die durchschnittliche Finanzierung für jedes Start-up betrug mehr als zwei Millionen Dollar. Außerdem erfanden sie etwas, das sie „ICO" nannten, was abwechselnd für Initial *Crypto-Assets* Offering, Initial *Crowd* Offering, Initial *Cayman* Offering oder Initial *Coin* Offering stand, je nach dem, was die Anwälte als die geeignetste Variante betrachteten, um die ratlosen Regulierer zu beschwichtigen.

Die insgesamt eingeworbenen Geldmittel – rund acht Milliarden Dollar in weniger als einem Jahr – überstiegen das gesamte in IPOs oder Risikokapitalprojekten eingeworbene Geld für ähnliche Unternehmen. Die größte vergleichbare Ausgabe für eine Firma waren die 127 Millionen Dollar für R3, geleitet von dem ehemaligen Google-Mitarbeiter Mike Hearn und Wrights Partner Ian Grigg, eine Initiative der großen Banken, in Sachen Blockchain-Technologie aufzuholen. Mittlerweile brachten Firmen mehr als 150 Millionen Dollar für ICOs auf, deren Absicht es ist, die Finanzbranche umzukrempeln.

In der Unternehmensgeschichte hat es noch nie so etwas wie die Markteinführung von Ethereum gegeben. Der Wert der Währung Ether stieg oft schneller als der Wert des Bitcoin, wenn auch von einer niedrigeren Grundlage ausgehend. Buterin scheint auf dem Weg zu sein, Bitcoin und sogar Satoshi zu überflügeln, was Auswirkung und Bedeutung betrifft.

Trotzdem haben Leute, die gegen den Bitcoin gewettet haben, ein schlechtes Jahrzehnt gehabt. Es könnte so weit kommen, dass Bitcoin wichtiger sein wird als Ethereum. Die gegenwärtige Krise der Internettechnologie, von Google bis Apple, ist das marode Sicherheitsmodell, und Ethereum ist gegen dieses Problem nicht immun. Im Jahr 2017 überlebte es eine möglicherweise lebensbedrohliche Krise, als Distributed Autonomous Corporations, eines der Projekte, das Ethereums Blockchain benutzte, gehackt wurde, wobei es um Ether im Wert von 150 Millionen Dollar ging. (Es folgten zwei Pannen, die mit Ethereum-„Wallets" zu tun hatten.) Unter Buterins selbstsicherer Führung wurde ein großer Teil des Schadens eingedämmt, allerdings auf Kosten des gewaltsamen Eindringens in die Chain und der Umkehr der angreifenden Transaktionen. Das führte zu einem „Hard Fork" und der Entstehung einer konkurrierenden Kette namens Ethereum Classic, geleitet von dem ehemaligen Ethereum-Programmierer Hoskinson.

Dieser Vorfall war nicht das Ergebnis von Mängeln in der Ethereum-Blockchain selbst, aber darauf kam es nicht an. Als Beherrscher der Blockchain kam Buterin nicht umhin, einzugreifen. Befürworter von Ethereum Classic behaupten, dass diese willkürliche Vorgehensweise die Unveränderlichkeit der Datenbank und das Prinzip der Dezentralisierung, sprich den Kern der Blockchain, untergrub. Ethereum Classic hat noch nicht viel Einfluss gehabt. Hoskinson ist ausgestiegen, um Cardano aufzubauen. Er versucht, eine Blockchain zu erschaffen, die alle Mängel des Bitcoin durch konsequent funktionelle Software beseitigt. Saifedean Ammous, Autor des Buchs *The Bitcoin Standard*, argumentiert: „Die Tatsache, dass Ethereum aufgehalten werden konnte, heißt, dass alle Blockchains, die kleiner als die Bitcoin-Blockchain sind, im Wesentlichen zentralisierte Datenbanken unter der Kontrolle ihrer Betreiber sind."[5]

Der entscheidende Unterschied zwischen den Blockchains von Bitcoin und Ethereum liegt darin, dass sich die Bitcoin-Blockchain auf Sicherheit und Einfachheit konzentriert, während die Ethereum-Blockchain in erster Linie Leistungsfähigkeit und Funktionalität im Blick hat. Ethereums überlegene Funktionalität verändert eine Reihe von Branchen. Buterin sagt dazu: „Das Internet neigt dazu, die mit Routinearbeit befassten Arbeiter an den Rand des Systems zu drängen, während die Blockchain hauptsächlich die Manager im Zentrum der Bedeutungslosigkeit preisgibt."

Intelligente Verträge könnten Anwälte, Buchhalter und Banker überflüssig machen, die nicht an Bord gehen. Wie Buterin sagt: „Das Internet verdrängt die Jobs der Taxifahrer, die Blockchain könnte Uber ersetzen." Tatsächlich versucht eine Ethereum-Firma namens Swarm, es Fahrern zu ermöglichen, mithilfe eines Kooperationssystems auf der Blockchain direkt mit ihren Kunden ins Geschäft zu kommen.

Wright beharrt jedoch darauf, ein auf Sicherheit fokussiertes System könnte letztlich zweckmäßiger sein als ein komplexes System, das auf Leistungsfähigkeit setzt. Wright behauptet, das auf das Wesentliche reduzierte Bitcoin-Protokoll sei effizienter, besser anzupassen und verlässlicher als die gewaltige Ethereum-Plattform mit ihrem sogenannten turingmächtigen Überfluss und ihrer breiten „Angriffspalette" von Schwachstellen.

Der Weg des Bitcoin zum Erfolg beginnt als globales Geld für das Internet, das inzwischen für mehr als zehn Prozent allen Handels verantwortlich ist – und das trotz der Behinderung durch mühselige „Sicherheitsrituale", die Kleinteiligkeit von Kreditkarten und durch Währungsumrechnungsgebühren. Da Micropayments (Zahlungsverfahren mit geringen Summen) im Netz voranschreiten, könnte Bitcoin, falls Wright mit seiner Einschätzung der Skalierbarkeit von Bitcoin richtigliegt, den Internethandel ausweiten und davon profitieren.

Bitcoin nimmt mit jeder staatlichen Kampagne gegen Bargeld an Fahrt auf, da es das alternative Peer-to-Peer-Instrumentarium für anonyme private Transaktionen ist. Zudem profitiert Bitcoin jedes Mal, wenn eine Zentralbank fadenscheiniges Wachstum durch negative Zinssätze und Inflationsziele begünstigt und dabei die Ruhestandsersparnisse der Pensionäre plündert.

Das „Inflationsziel" der US-Notenbank beträgt gegenwärtig zwei Prozent pro Jahr, ein Programm massiver ultimativer Abwertung. Während der Sozialismus in vielen Ländern auf dem Vormarsch ist und deren Währungen korrumpiert, fliehen viele Menschen zunehmend an den einen globalen und relativ sicheren Zufluchtsort, der durch das Internet zugänglich ist. Traditionsgemäß war der US-Dollar die Fluchtwährung, aber seit Anfang 2018 ist dieser Zufluchtsort – von Griechenland bis Venezuela, von Argentinien bis Simbabwe – zusehends der Bitcoin gewesen.

Der dominierende Geldstandard und die Fluchtwährung während des Großteils der Menschheitsgeschichte war Gold. Mit einem Gesamtfinanzmarkt von rund 2,4 Billionen Dollar lässt Gold den Bitcoin mit 128 Milliarden Dollar klein aussehen. Der Goldvorrat ist jahrhundertelang um durchschnittlich zwei Prozent pro Jahr angewachsen und hat dadurch eine nicht so gnadenlose konjunkturdämpfende Tendenz – ein Vorteil gegenüber dem Bitcoin, dessen Vorrat bei 21 Millionen Einheiten im Jahr 2140 gedeckelt wird. Davon sind 80 Prozent bereits bis 2018 „geschürft" worden. Als Recheneinheit und Wertanlage, zwei der entscheidenden Aspekte des Geldes, ist Gold der ultimative Standard.

Wenn Wright mit der Skalierbarkeit recht hat, könnte sich der Bitcoin als eine globale Alternative zu Fiatwährungen erweisen – und das in einer historischen Phase, da diese Gelder anfällig für Plünderungen durch die Regierungen dieser Welt sind, die mittlerweile auf dem unhaltbaren Niveau von 280 Billionen Dollar verschuldet sind. Da die Wertkrise des Bitcoin noch Jahrzehnte entfernt ist, scheint eine moderate Deflation im Vergleich zu außer Kontrolle geratenen Abwertungen attraktiv zu sein.

Der Bitcoin-Weg ist schicksalhaft. Die Anlagestrategen Chris Burniske und Jack Tatar rechnen aus, dass, falls der Bitcoin bloß zehn Prozent des Markts übernimmt, der gegenwärtig von Finanzgold gehalten wird, der Preis für den Bitcoin über 11.000 Dollar steigen wird.[6] Er überschritt diese Marke im November 2017 und bewegte sich mit einer Gesamtmarktkapitalisierung für Kryptowährungen, die Anfang 2018 eine halbe Billion Dollar übertraf, auf die 20.000 zu. Danach pendelte er sich wieder bei 6.000 ein. Aber er verhält sich wie ein Asset, das seinen Wert beibehalten wird.

Dieses Ergebnis, das 2018 plausibel zu sein scheint, würde Bitcoin ungeheuer populär und nützlich machen. Falls Bitcoin einen großen Teil des 600 Milliarden Dollar schweren Markts für Geldtransfers übernähme, was ebenfalls plausibel klingt, würde sein Preis um weitere rund 5.000 Dollar steigen. Wenn er einen beträchtlichen Anteil des Markts für internationale Business-to-Business-Transaktionen – volatil und mit Gebühren und Devisenabgaben befrachtet – erobern kann, dann ist alles möglich. Der B2B-Markt ist 40 Billionen Dollar wert.

Wenn Buterin seine Sicherheitsanforderungen in Angriff nimmt und die Komplexität einer turingmächtigen Chain in Grenzen halten kann, könnte er auch in diesen Märkten mit Bitcoin konkurrieren. Doch sein Weg ist lang, kurvenreich und ungewiss.

Der gefürchtete Gelehrte und begeisterte Blockchain-Verfechter Andreas Antonopoulos behauptet, dass diese Rivalität sich als größtenteils unecht erweisen könnte. Mit einem dramatischen Bild vergleicht er Bitcoin und Ethereum mit „einem Löwen und einem Hai." Jeder wird auf seinem eigenen Terrain dominieren. Jeder wird unter Beschränkungen und Kompromissen leiden. Der Löwe muss auf Gelegenheiten in den 70

Prozent des Planeten, die mit Wasser bedeckt sind, verzichten – also auf liquide Währung. Der Hai muss Märkte auf dem Festland aufgeben. Das Ergebnis könnte davon abhängen, ob das Land mit einer Überflutung konfrontiert sein wird.

Um eine Perspektive für diesen Wettbewerb zu bekommen, besuchte ich einen unmittelbaren, von einem Informatikerteam aus Princeton ins Leben gerufenen Rivalen von Ethereum. Die akademische Führungsperson dieses Teams ist Michael Freedman, einer der angesehensten Visionäre im Bereich der Peer-to-Peer-Systeme.

Es gibt Hinweise darauf, dass trotz der Lichtgestalt Buterin Satoshi der erste Prophet eines Lebens nach Google bleiben wird.

KAPITEL 14

Blockstack

Alles beginnt mit dem „Metaversum" in Neal Stephensons Roman *Snow Crash*[1] von 1992, der Vision einer virtuellen Welt, die auf der realen Welt aufbaut. Ein Vierteljahrhundert später bringt er mit seinen prophetischen Klängen immer noch romantische Freaks in Wallung:

> Als Hiro diesen Ort vor zehn Jahren erstmals gesehen hatte, war die Einschienenspur noch nicht geschrieben worden; er und seine Kumpels mussten Auto- und Motorrad-Software schreiben, damit sie sich bewegen konnten. Sie holten ihre Software heraus und rasten durch die schwarzen Wüsten der elektronischen Nacht.[2]

Muneeb Ali zitiert diese Passage aus *Snow Crash* in der Einleitung seiner Magisterarbeit „Trust-to-Trust Design of a New Internet", das Ergebnis seiner Arbeit mit Ryan Shea und Jude Nelson, einem großen, blonden Softwareentwickler aus Arizona, und ihrem Princeton-Berater Michael J. Freedman.[3] Dieses Team ging wirklich in die elektronische Nacht hinaus und versuchte, sie mit einer Architektur für ein umgestaltetes Internet auszuleuchten – eine Metawelt des Vertrauens jenseits der sieben Schichten der Kommunikationstechnologie.

Ali, die wichtigste Persönlichkeit in diesem verwegenen Projekt namens Blockstack, hat einen langen Weg hinter sich, seit er in Pakistan im Alter von zwölf Jahren zum ersten Mal mit dem Internet in Berührung kam. Als Belohnung für ein Schulzeugnis mit Bestnoten schenkte ihm seine Mutter einen Computer. Der Junge war dankbar und aufgeregt. Obwohl sein Vater ein Direktor für militärische Aufklärung in seinem Land war, war die Familie nicht reich. Der Kauf des Computers bedeutete, dass die Anschaffung einer Waschmaschine aufgeschoben werden musste.

„Was für ein Computer war das?", fragte ich ihn 2017, 15 Jahre später, in den Büros von Blockstack auf der Great Jones Street, ganz in der Nähe der Bowery in Manhattan.

„Oh, es war ein Intel 386."

„Ja", sagte ich, „das ist der Mikroprozessor, aber welche Computermarke war es? Von welcher Firma war er?"

Ali schaute mich verblüfft an und antwortete dann: „Oh, keine Ahnung. Ich habe mir den Computer selbst zusammengebaut."

Mir wurde klar, dass wir hier über ein zwölf Jahre altes, pakistanisches Techniktalent sprachen. In einer PowerPoint-Präsentation bei TEDx-Talks, die er 2016 in Manhattan hielt, können wir sein 15 Jahre jüngeres Ich auf einem Foto sehen – ein zierlicher Junge mit roten Shorts und Hemd, die zu einer mit Medaillen verzierten Schuluniform gehören. Seinen rechten Arm hat er um seinen jüngeren Bruder geschlungen.[4] Sie geben sich gegenseitig Kraft und Stärke und stehen auf einer Holzbrücke über einem trüben Fluss in Pakistan, eine metaphorische Brücke zwischen den unterschiedlichen Welten der Kultur und der Technologie.

Der kleine Junge, der diesen modernen Computer zusammenbaute, wurde erwachsen, um ein globales Netzwerk neu zu konzipieren. Doch um sich loszulösen, waren Verwegenheit und Einfallsreichtum gefragt. Das andere Ende der Brücke bot keine sicheren Zufluchtsorte oder Garantien für sein Trust-to-Trust-Modell vom Internet.

Ali studierte Informatik an der Lahore University Management School. Er machte 2005 seinen Abschluss und sah nur wenige Möglichkeiten in Pakistan, sodass er den kühnen Plan schmiedete, ein Stipendium für das schwedische Informatikinstitut in Stockholm zu beantragen. Die Schweden freuten sich, ihn an Bord zu haben, boten ihm allerdings keine finanzielle Unterstützung an. Frustriert, ohne Geld und ohne Job, überlegte Ali, über die Brücke zurückzugehen, doch stattdessen wollte er lieber nach vorn schauen.

Er dachte sich eine List aus – eine Art Überbrückungskredit, der ihn voranbringen könnte. Er versicherte den Schweden, er habe bereits ein Stipendium von Lahore, um im Ausland zu studieren, sodass sie sich bereiterklärten, ihn zu akzeptieren. Dann ging er zu einer Bank, sicherte sich einen 1.000-Dollar-Kredit auf der Grundlage seines schwedischen „Stipendiums" und reiste nach Stockholm mit kaum einer Vorstellung von den Kosten für Verpflegung und Unterkunft in einer skandinavischen Stadt.

Das Institut stellte Ali ein und wies ihm eine Wohnung zu. Aber das Essen war jeden Tag aufs Neue eine Herausforderung. Als seine 1.000 Dollar dahinschwanden, ging er jeden Tag um fünf Uhr zu McDonald's und kaufte sich ein Fischsandwich und Pommes frites. Morgens hielt er sich an die Muffins und Getränke in den Kaffeepausen des Instituts.[5]

Seine Eltern erfuhren, dass Ali blass und dünn aussah. Sie machten sich Sorgen. Doch Talent setzt sich durch, vor allem wenn es Hunger hat. Seine Arbeit an den Computerschnittstellen beeindruckte seine Professoren, und heute blickt er auf seine drei Monate in Stockholm als seine produktivste Phase zurück. Er schrieb drei wichtige Forschungsartikel, erhielt wichtige Empfehlungen und erwarb sich einen noch etwas unsicheren Stand auf der anderen Seite der Brücke.

Die 1.000 Dollar waren gerade aufgebraucht, als Ali sich eine Forschungsarbeit in den Niederlanden mit dem stellvertretenden Vorsitzenden des Normungsgremiums der Europäischen Gemeinschaft für das damals noch futuristische „Internet der Dinge" (IoT; Internet of Things) sichern konnte. Er arbeitete an der Steuerungsebene des Medienzugangs für das IoT-Projekt und beschäftigte sich zwangsläufig mit den Sicherheitsproblemen bei der Verbindung der „Dinge" mit dem Netzwerk. Mit weiteren glänzenden Empfehlungen stieg er schließlich zum Gipfel des Informatikstudiums in den Vereinigten Staaten auf – ein Promotionsstudium in Princeton während des Schuljahrs und in Stanford während des Sommers.

Der Informatiker und Kryptograf Michael Freedman, Alis Mentor in Princeton, hatte zwei Jahrzehnte lang über Theorie und Praxis der Peer-to-Peer-Netzwerke gearbeitet. Er war der Co-Autor von zwei Kapiteln des Standardlehrbuchs *Peer to Peer*[6] und, zusammen mit Martin Casado, Autor des maßgeblichen Artikels über das Kommunikationsprotokoll „OpenFlow" und softwaredefinierte Netzwerke (SDN). Heute ist er Technischer Direktor von TimescaleDB, einer populären, quelloffenen Zeitreihen-Datenbank. Ali dankt Freedman dafür, „dass er jedes Detail der verschiedenen Probleme mit verteilten Systemen mit mir durchdacht hat. Ich beobachtete, wie er Systeme entwarf und optimierte und erlernte so die undokumentierte Kunst, ein Systemwissenschaftler zu sein."

In Princeton analysierte er mit Jennifer Rexford Netzwerkprozessoren und virtuelle Maschinen, während er im Sommer mit Casado in Stanford softwaredefinierte Netzwerke untersuchte. So wurde Ali zum ernst zu nehmenden Gelehrten für die Praxis und die Philosophie, Computer und Routerfunktionen von stationärer Hardware auf programmierbare Software zu verlegen. Casado gründete indes die Firma Nicira, die den Weg für Netzwerk-Virtualisierung bahnte und die er für 1,2 Milliarden Dollar an VMWare verkaufte. Ben Horowitz, Sohn des wahrheitsliebenden Publizisten und Provokateurs David Horowitz, hatte sein Vermögen mit der Entwicklung von Software bei VMWare gemacht, und Casado schloss sich ihm schließlich als Unternehmenspartner bei Andreessen Horowitz an.

Ob es um SDN oder die Virtualisierung von Netzwerkfunktionen ging: Die Virtualisierungsbewegung, in die sich Ali begab, war dabei, das Netzwerk umzugestalten. Es verwandelte sich von der durch Hardwarefähigkeiten dominierten siebenschichtigen Struktur in eine zweischichtige Struktur, die zum größten Teil dadurch definiert ist, dass Software sich Hardwarefähigkeiten aneignen kann. Wie Stephensons Hiro und der unter Pseudonym bekannte Satoshi lebte Ali in einem Reich, wo es möglich war, sich von den Beschränkungen der materiellen Welt zu lösen und in die elektronische Nacht einzutauchen, um ein Metaversum zu erschaffen, das den eigenen Träumen entsprach.

Das siebenschichtige Modell besteht aus einem hierarchischen *Stapel* (*stack*), in dem niedrigere Funktionen durch höhere Funktionen kontrolliert werden. Am unteren Ende befindet sich die *physikalische Schicht*: Glasfaserleitungen, Mikrowellenoszillatoren, Mischer, Laser mit den Wellenlängen von 1.550 und 900 Nanometern, Fotozellen, Silizium-Router, mit Erbium dotierte Verstärker sowie Doppelkabel-Telefonleitungen, Antennen, Koaxialkabel – die Liste ist endlos lang –, die auf Veranlassung der darüberliegenden Schichten die Datenpakete über das ganze Netzwerk hinweg tragen. Es ist schwierig, diese Schicht von Hardwaregeräten, die den Kern dieses Wunders moderner Elektronik ausmacht, zu entwerfen und zu bauen. Doch zu dem Zeitpunkt, als Ali in Princeton studierte, ignorierte ein großer Teil der Branche Hardware zum Bau von Turingmaschinen im Äther.

Um das zeitgenössische Internet zu verstehen, muss man diese Hardwarewunder als selbstverständlich betrachten und Luftschlösser bauen – in Programmiersprache „Stacks" –, die Hardware imitieren können und in virtuellen Strängen, Kernen und Ketten über sie hinausgehen. Doch die Evolution von Mikromaterie zum Metaversum beginnt mit dem siebenschichtigen Netplexschema des OSI-Modells (Open Systems Interconnection; Offenes System für Kommunikationsverbindungen) der International Standards Organization (ISO; Internationale Organisation für Normung).

Im OSI-Stack, oberhalb der materiellen Schicht, befindet sich der *Datalink*. Das ist das Medium, wo die Hardware zu „Firmware" und Software wird, die die elektrischen Spezifikationen, die Regeln für das Timing und die Elektron-Photon-Umwandlungen definieren und die Übertragungen von Informationen über einen Link von einem Netzwerkknoten zum nächsten oder von einer Computeradresse zur nächsten ermöglichen. Hier, auf Schicht zwei, sind *Switches* in Betrieb, die Datenpakete nur bis zum nächsten Knoten weitergeben. Lokale Netze wie Ethernet oder WiFi funktionieren auf dieser Ebene. Wollen Sie dem Internet aus dem Weg gehen, können Sie Ihr Leben damit verbringen, Ihre Bits und Bytes über die Datalink-Schichten zu übertragen – Schicht zwei.

Die dritte Schicht ist die *Netzwerk*schicht, der Bereich der *Router*. Sie verbindet sich mit der *Transport*schicht (Schicht vier), um die Ende-zu-Ende-Verbindungen hervorzubringen, die die Internetprotokolle

TCP/IP darstellen. Das ist das gesamte System aus IP-Adressen und dem Protokoll für den Datenaustauschverkehr, woraus die *Ende-zu-Ende*-Verbindungen im gesamten Netz bestehen. Schicht drei ist für die Kopfzeile der Datenpakete, die Identitäten und Adressen zuständig. Schicht vier erledigt die eigentliche Übertragung und den Empfang von Datenpaketen sowie das Verkehrsmanagement, den Belastungsausgleich und ACK-Nachrichten (*ich hab's bekommen!*) und NAK-Nachrichten (*ich warte noch*), die die Verbindungen gewährleisten. Die Schichten drei und vier sind tendenziell eine Bastion der Zentralmächte, wo Regierungen und ihre Geheimdienste Domainnamen und -adressen aufspüren – Organisationen wie ICANN und sogar die ITU (Internationale Fernmeldeunion) der Vereinten Nationen. Wenn sie eine Silk Road oder vielleicht einen Alpha Bay (ein Markt im Dark Net) entdecken, verfolgen sie sie auf Schicht drei.

Über Schicht vier befindet sich Schicht fünf – die hochwichtige *Sitzungs*schicht – die einen bestimmten Gegensprechverkehr von Anfang bis zum Ende kontrolliert, egal ob es ein Videostream, ein Skypegespräch, eine über das Session Initiation Protocol zustande kommende Kommunikationssitzung, ein Nachrichtenaustausch, eine E-Mail oder sogar – und das sollte sich als schicksalhaft erweisen – eine *Transaktion* ist.

Die Schichten sechs und sieben sind die Systeme für *Präsentationen* und *Anwendungen* – Benutzerschnittstellen, Fenster, Formate, Betriebssysteme und so weiter. Diese werden in den raffinierten Schemata von Hyperlinks (klicken Sie ein Wort an und Sie kommen auf eine neue Seite) und Internetadressen (URLs) zusammengefasst. Tim Berners-Lee vom CERN in Genf erfand sie 1989 als Bestandteil seines World Wide Web. Berners-Lee wollte alle Daten in einem Netz verknüpfbar machen, eine Sammlung von Werkzeugen, die die Einrichtung einer Website erleichterten – „einen geteilten, kreativen, partnerschaftlichen Raum, in dem alle miteinander spielen könnten."

Als sich herausstellte, dass 70 Prozent aller Links durch Google und Facebook zustande kommen, befürchtete Berners-Lee, dass sein Netz sterben würde. So wurde er zum Blockstack-Enthusiasten. „Als er erfuhr, woran wir arbeiteten, führte er einen kleinen Tanz auf", erzählte Jude Nelson, der Softwarechef von Blockstack.

Um den OSI-Stack in meinem Buch *Telecosm* zu beschreiben, benutzte ich das Beispiel eines Telefongesprächs. Sie heben den Hörer ab und warten auf das Freizeichen (*Bitübertragungsschichtsignal*), das heutzutage häufig simuliert wird. Sie wählen eine Nummer (jede Ziffer rückt den Anruf eine weitere Verbindung näher ans Ziel heran). Sie warten auf den Klingelton (der eine *Netzwerk*verbindung und einen Signal*transport* kennzeichnet). Sobald Sie jemanden in der Leitung hören, haben Sie sich durch die ersten vier Schichten des OSI-Stacks bewegt. Dann beginnt mit Ihrem „Hallo" eine Sitzung, die Entscheidung für Deutsch definiert die Art der *Präsentation*, das Gesprächs legt die *Anwendung*sschicht fest, und das Auflegen beendet die *Sitzung*.

Während ein Materialist vermuten könnte, die physikalische Schicht sei alles, und ein Software-Triumphalist sich vorstellt, dass sich alles in seinem Kopf abspielt, ist das Netzwerk-Genie ein Dualist. Angeregt durch viele Billionen Mikrochiptransistoren, Durchkontaktierungen und Leiterbahnen, ist die physikalische Schicht letzten Endes so undurchsichtig und unergründlich, wie sie genial und unentbehrlich ist. Softwarelogik breitet sich in einer Hierarchie oberhalb davon aus und definiert, was die Hardware macht.

So wie jede Komponente in Übereinstimmung mit dem Moore'schen Gesetz schneller wird, werden viele dieser Spezialgeräte – ASICs, Netzwerkchips, Netzwerkprozessoren, TCP-Beschleuniger, Datenverkehrsmanager und Assoziativspeicher für Routingtabellen – weniger benötigt. Sie werden durch zunehmend schnellere, dichte und programmierbare Universalhardware ersetzt.

Ersatz für kundenspezifische Geräte in Routern, Switches und in anderer Netzwerkausrüstung sind leistungsstrake Server auf der Grundlage von Allzweck-Mikroprozessoren mit mehreren Kernen von Firmen wie Intel, Cavium und Mellanox. Sie verbinden sich untereinander unter der Führung immer komplizierterer und integrierter Software. Allzweck-Hardware, die riesige Märkte in der ganzen Branche beherrscht – von einigen Milliarden Smartphones bis zu Videospielkonsolen – ist immer schneller und billiger geworden. Im Lauf der Zeit könnten diese Chips das Spektrum kostspieliger, spezialisierter Hardware ersetzen, die früher nötig war, um Billionen von Operationen pro Sekunde mit Glasfasergeschwindigkeit überall im Internet auszuführen.

Mit der richtigen Software könnte ein Intel-Xeon-Mikroprozessor in einem schnellen Server die Funktionen von Routern und Switches erfüllen, die früher anspruchsvolle kundenspezifische Hardware von Cisco mit Namen wie Tiger und Quantum Flow erforderte oder raffinierte, glasfaserschnelle Netzwerkprozessoren des israelischen Unternehmens EZChip/Mellanox.

Am Ende mied Google den größten Teil spezialisierter Netzwerk-Hardware zugunsten vieler Tausender Server, die in riesigen Rechenzentren eingesetzt und durch Software miteinander verflochten wurden. Die Turingmaschinen waren so immateriell und variabel, wie Turing sie sich vorgestellt hatte. Ein Router, Computer, Switch oder eine Internetrealisation konnte „virtualisiert" werden und musste überhaupt keine spezifische Erscheinungsform als Hardware mehr haben.

Der Wandel wurde von Leuten wie Casado, Rexford, Freedman, Horowitz und von Hunderten anderen in der ganzen Branche angeführt. Diese Netzwerkwissenschaftler stellten Ali und den anderen Blockstack-Investoren die Blockchain-Technik dieser Prinzipien vor. Penibel trennten sie die Kontrollebene auf einem höheren Niveau von der Datenebene auf einer unteren Stufe. Dieses Design sorgt dafür, dass diese Architekturen in einzigartiger Weise gestrafft und skalierbar sind.

Alles begann mit jenem ersten Computer in Pakistan, ein verlockendes Geschenk, sobald Ali die Komponenten aus dem Baukasten miteinander kombiniert, zugeordnet und zusammengebaut hatte. Er erinnert sich: Als er die Arbeit beendet hatte, gab ihm der Computer dennoch Rätsel auf. Auf der Schwelle zum 21. Jahrhundert war ein Computer in Pakistan wie das sprichwörtliche „Auto im Dschungel". Ein Auto mochte interessante Merkmale haben – Licht, Wärme, Klimaanlage, Zufluchtsort, Schutz – doch ein Auto wird erst so richtig aufregend, wenn es auf *Straßen* trifft. Der Computer begeisterte Ali erst so richtig, als er einen Netscape-Browser erwarb und online ging. Dort, in Pakistan, konnte er über die Straßen des ganzen World Wide Web streifen und ein Bürger der globalen Informationsökonomie werden.

Ali ahnte, dass der Aufstieg von Netscape einen Wendepunkt in der Geschichte des Netzwerkbetriebs darstellte – die Aussicht neuer zugänglicher Straßen für Daten. Der Browser sorgte für Interaktivität, Texte, Bilder, Sicherheit und Möglichkeiten für Transaktionen im ganzen Web. Er bettete Brendan Eichs JavaScript für dynamische Webseiten und Vordrucke für Transaktionen ein. Eine Schicht aus Sicherheitsbuchsen ermöglichte sichere gewerbliche Links im Netz, während eine virtuelle Java-Maschine Apps von jedem beliebigen fremdsprachigen Betriebssystem übertragen konnte.

Die Gründer von Netscape betrachteten das Web als eine Arena für miteinander verbundene, kreative Ausdrucksmöglichkeiten jeglicher Spielart, von Fotos bis Videos. Sein Gründer Marc Andreessen und der Investor Jim Clark, Erfinder der 3D-„Geometriemaschine" bei Silicon Geographics, sahen ein 3D-Metaversum der Spiele und virtuellen Welten voraus. Mit Netscape hatten Andreessen, Eich, Clark und deren Mitarbeiter Ali die Möglichkeit gegeben, Webseiten zu animieren, sie mit der Welt zu teilen und möglicherweise Geld im Netz zu verdienen.

Beim Börsengang von Netscape 1995 kam es außerdem zur Verteilung der Internetvergütungen. Am allerersten Tag verdreifachten sich die Anteile auf eine Bewertung von drei Milliarden Dollar, wovon die Öffentlichkeit profitierte, während sie Unternehmer inspirierten und finanzierten, um das Computer-Establishment herauszufordern. In den folgenden fünf Jahren heizte eine Flut von Börsengängen von Unternehmen wie Google, Amazon und Tausender Dotcoms einen Boom für verteilte Internet-Applikationen an. Unter dem von mir so bezeichneten Gesetz des Mikrokosmos bewegte sich die Innovation entschieden auf die Ränder des Netzwerks zu.

Es war ein Höhepunkt für den technologischen Unternehmensgeist. Nach dem Jahr 2000 jedoch stagnierte die Zahl der Start-ups, und Börsengänge fanden kaum noch statt, außer für die größten Tech-Firmen. Im Sog des Enron-Debakels forderten Regulierungsbehörden unter dem Sarbanes-Oxley Act eine Abgabe von rund zwei Millionen Dollar für die Beeinträchtigung öffentlicher Märkte und verhängten ein strenges Buchhaltungssystem mit viel Papierkram und wenig Vertrauensvorschuss. Dies schuf eine ganz und gar feindselige Atmosphäre für die Kultur und Finanzierung von Start-ups.

Typisch für den Unsinn, der es ungeheuer kostspielig und heimtückisch machte, ein börsennotiertes Unternehmen zu sein, ist die „angemessene Offenlegungspflicht" der ganzen Firmenkommunikation, was den Einsatz von Anwälten erzwingt. Wenn man weiß, dass Anwälte es sich ansehen müssen, wird man wahrscheinlich nichts Interessantes mehr sagen. Mit Ausnahme der größten Konzerne wurden alle anderen Unternehmen zu Bereichen, in denen die Entropie der Kommunikation fast auf null zuging – keine aktuellen Zahlen mehr und keine internen Details, die ihnen Bedeutung beimessen könnten.

Als Ali 2012 in Princeton ankam, war Netscape gescheitert. Sein Browser wich dem Explorer von Microsoft, der im Paket mit Windows 95 gratis auf den Markt kam. Microsoft initiierte die inzwischen übliche Praxis der Internet-Legionäre, Innovationen zu kaufen, und war in der Lage, durch den Erwerb des Spyglass-Browsers die Herausforderung durch Netscape zu schmälern. Die führenden Designer von Spyglass waren – was für ein Zufall – Netscapes Andreessen und Eric Bina, der dessen Grundlagen als Mann mosaischen Glaubens entwickelt hatte, als er am Supercomputer Center der University of Illinois beschäftigt war. Microsoft erwarb einen eleganten, modularen Browser und brachte die Erfinder von Netscape dazu, mit sich selbst in Konkurrenz zu treten.

Der Mangel an Börsengängen dauerte mehr als zehn Jahre, 2016 gab es in den USA neun Monate lang keinen einzigen. Stattdessen hielten sich Risikokapitalgeber Hunderte von „Einhörnern" – Privatfirmen im Wert von über einer Milliarde Dollar – in ihren Gehegen. Angeführt von Uber und Airbnb, hatten fast alle höhere Börsenwerte als Netscape bei dessen Börsengang. Die meisten waren weniger daran interessiert, an die Börse zu gehen, als mit einem Mammut wie Google/Alphabet oder Facebook zu verschmelzen. Im Gegensatz zur Wertschätzung früherer Internetfirmen wie Microsoft und Netscape profitierte nicht hauptsächlich die Öffentlichkeit von der Wertschätzung der Einhörner. Die Erlöse (und Verbrauchsraten des vorhandenen Kapitals) flossen größtenteils an die Risikokapitalgeber, die sie besaßen, und an die Legionäre, die einige der Besten davon kauften.

Das war die Situation, als 2012 Ali und sein Freund Ryan Shea dem Entrepreneurship Club in Princeton beitraten und sich gemeinsam auf den Versuch einließen, neue Internet-Apps auf den Markt zu bringen. Im Frühjahr 2013 hatten sie das seltsame Gefühl, mattgesetzt zu sein. Die Straßen des Internets, auf denen sie unterwegs waren, liefen in riesigen Rechenzentren zusammen, die kaum Sicherheit oder Schutz der Privatsphäre boten und für kaum jemanden ökonomische Erträge versprachen, außer für ein paar Internet-Giganten.

Es war eine Art Flurbereinigung mit einem entscheidenden Makel. Ein unsicheres Netz konnte keine Eigentumsrechte schützen, nicht die Privatsphäre verteidigen, keine sicheren und effizienten Transaktionen ausrichten und keine Mikrozahlungen gestatten, um Spam aufzuhalten oder sichere Identitäten zu gewährleisten. Google, Facebook, Amazon, Apple und die anderen reagierten mit firmeneigenen „sicheren Räumen". Dort konnten sie unter ihren größtenteils abgeschotteten Benutzern Handel treiben.

Ali schreibt: „Im Augenblick werden Benutzerdaten häufig über einen Online-Service in „Datensilos" eingeschlossen, beispielsweise Daten, die von Facebook, Yahoo!, Google und anderen erfasst und gespeichert wurden, aber nicht zu Dienstleistungen migriert werden können. Dies führt zu einem zentralisierten Datenmodell. Die Datensilos werden schließlich zwangsläufig gehackt, wie wir es beim jüngsten Hack von 500 Millionen Yahoo!-Benutzern gesehen haben."[7]

Diese Silos oder „ummauerten Gärten", waren es, die Berners-Lee bedrückten.[8] Für ihre Eigentümer funktionierten sie gut, aber sie zerstörten den globalen Zusammenhalt des Netzes und verursachten eine zunehmende Untergliederung. Innerhalb der Segmente sammelten Google, Apple, Facebook, Amazon und andere immer mehr private Daten und schützten sie mit Firewalls und Verschlüsselung. Doch im Lauf der Zeit entdeckten sie, dass Zentralisierung ein Sicherheitsrisiko darstellte. Die Speicherung der Daten in zentralen Archiven löste das größte Problem der Hacker: Dadurch wussten sie, welche Daten wichtig waren und wo sie sich befanden, was zu einem Risiko für das gesamte Internet wurde.

Google mobilisierte „ein Allstar-Einsatzkommando von Hackern", um den Hackern auf der dunklen Seite einen Schlag zu versetzen. Eine ganze Branche von Sicherheitsfirmen entstand, um mit Reaktionen auf Virenausbrüche, großen Datendiebstahl, Dienstverweigerungsangriffe, Schadsoftware, Malvertisement (schädliche Onlinewerbung), Phishing-Schemata, Erpressungssoftware und anderes Unheil die Honigtöpfe mit den Benutzerdaten zu schützen. Jede Klitsche im Internet reagierte damit, ihren Kunden ein Sammelsurium sinnloser Sicherheitsmaßnahmen unterzuschieben, die nicht zur Verbesserung der Sicherheit beitrugen und mit jeder weiteren Maßnahme und jedem neuen Jahr schlimmer wurden. Mit ihren „Sicherheitsprogrammen" ließen tollpatschige Datenkraken die Gerichte wissen, dass sie alles in ihrer Macht Stehende taten, wobei sie auf die enormen Ausgaben für derartige Programme hinwiesen.

Die Datensilos der Legionäre inspirierten Tyrannen auf der ganzen Welt, ihr eigenes Internet zu isolieren. Wenn zwei Nerds bei Google ihr eigenes Internet haben konnten und ein Schlaumeier bei Facebook seine Privatversion, warum dann nicht auch eines für die chinesische Regierung? Oder für die Mullahs im Iran? Oder – möge der Himmel es verhüten – für die Europäische Union? Google würde von allen hören.

Der Internet-Stack war zu einem porösen und durchlöcherten System geworden, in dem der größte Teil des Geldes und der Macht von den großen Apps an der Spitze aufgesaugt wurde, die von Firmen wie Google herausgegeben wurden. Was gebraucht wurde, war ein *Blockstack*, der die wichtigen IDs, persönlichen Daten und Hinweise auf Speicheradressen in einer sicheren und unveränderlichen Datenbank auf der Blockchain bewahren konnte.

Wie Ali und Shea es verstanden, ist Sicherheit keine App oder ein Videospiel. Es ist eine Architektur. Entschlossen, diese Architektur zu entwerfen, wurde Ali amerikanischer Staatsbürger und – zusammen mit Brendan Eich, Vitalik Buterin und anderen Pionieren – ein Anführer der Bewegung zur Neuerrichtung des Internets auf den dezentralisierten Peer-to-Peer-Prinzipien, die er als Junge in Pakistan erfahren hatte.

KAPITEL 15

Die Rückeroberung des Netzes

Muneeb Ali, Ryan Shean und ihr Team waren bereit, das Google-Modell herauszufordern und ein zentrifugales Internet wiederherzustellen. Sie schlugen die Aufspaltung des Systems in nur zwei Hauptstrukturen vor: den *Monolithen*, mit den vorhersagbaren Betreibern der Blockchain darunter, und das *Metaversum*, die einfallsreichen und überraschenden Tätigkeiten der Benutzer darüber. Sie würden die Grundlage für kreativen Reichtum bilden.

Wenngleich Muneeb Ali seine Arbeit an seiner Dissertation über sein „Neues Internet" fortsetzte und das Geld schon wieder knapp wurde, war er viel interessierter daran, das neue Netzwerk tatsächlich aufzubauen. Im Jahr 2012 hatte er das Glück, Jude Nelson zu begegnen, der in Manhattan Hilfe bei einem Speicherprojekt namens Syndicate benötigte, ein Dateispeichersystem für Unternehmen auf der Grundlage von Blockchains. Mit dem Einsatz kryptografischer Mathematik – Hashes im Zeitablauf – liefert das System sichere Hinweise auf Server und Adressen. Syndicate konnte Speicherorte wie Google Drive, Amazons S3 und Microsoft Azure als Utilities verwenden, indem es Hinweisadressen und ID in der Blockchain speicherte, sodass die Datenbesitzer die Kontrolle bewahrten.

Nelson und Ali waren von der Blockchain-Technologie hellauf begeistert. Ali beschrieb es als „das raffinierteste und komplexeste und dennoch eleganteste und wunderschönste Programm, das ich je gesehen habe. Und das Wichtigste ist, dass es den Menschen die Kontrolle zurückgibt." Er schloss sich Nelson bei Syndicate an, und zwei Jahre später kam Nelson nach Manhattan, um für ihn bei Blockstack zu arbeiten, das damals „OneName" hieß, und das Ali und Shea nach ihrem Weggang aus Princeton 2013 gegründet hatten.

„Unsere Kunden fanden Apps nicht sehr ansprechend, da sie dafür konzipiert waren, sie einzusperren", sagt Shea. „Sie gehen ins Netz, auf Facebook, Google, Dropbox, Pinterest oder Amazon, und alle wollen, dass Sie Mitglied werden, ihnen all Ihre Dokumente und Ihre Musik geben, damit Sie Speicherplatz für Ihr Leben bekommen. Medizinische Websites wollen Ihre Gesundheitsdaten speichern. Sie müssen eine Petition einreichen, um sie zurückzubekommen" – wenn Sie zum Beispiel den Provider wechseln müssen.

Das Blockstack-Team wollte das Netzwerk auf verlässlichen Grundlagen mit niedriger Entropie neu errichten. Ali erklärt das so: „Dezentralisierte Identitätssysteme ermöglichen es Benutzern, eine unverwechselbare Identität zu kontrollieren, die auf einer Blockchain aufgezeichnet ist und von jeder beliebigen Website erkannt werden kann."[1] Er vergleicht diese universelle ID mit der aktuellen „Kombination aus Benutzernamen und Passwort, die nur von der Seite erkannt werden kann, bei der Sie ein Konto eröffnet haben." Mit der Blockchain können sich Benutzer bei den Websites einloggen und automatisch nachweisen, dass sie die Eigentümer ihrer Identität sind.

Als Ali und Shea mit ihrem Projekt anfingen, bildeten sich gerade Tausende neue Internetfirmen um Bitcoin und die Blockchain. Aber die meisten boten neue Dienstleistungen an (Abras Geldüberweisungen in Länder der Dritten Welt auf der Grundlage der Blockchain), Währungen (Monero und Zcash mit Krypto-Coins für eine noch umfassendere Privatsphäre), Foren (Steem, ein Nachrichten- und Kommentarforum von Reddit auf der Grundlage der Blockchain) und Märkte (AlphaBay, das den Drogenbasar der Silk Road nachbildet).

Ali und Shea wollten das Problem auf einer grundlegenderen Ebene in Angriff nehmen und eine neue sichere Protokollschicht für das Internet entwickeln, mit deren Hilfe Identifizierung, Geld, Kontrolle und Eigentum bei ihrem Eigentümer bleiben, statt von den Apps an der Spitze aufgesaugt zu werden. „Ich war von Peter Thiels Perspektive beeindruckt", sagt Shea. „Warum sollte man mit irgendeiner existierenden Firma konkurrieren, schrittweise effizienter werden und die Welt nur zu einem geringfügig besseren Ort machen?"

Im Jahr 2014 zogen sie mit einer Investition von 250.000 Dollar zu Y-Combinator im kalifornischen Mountain View, um ein Arbeitspensum zu erledigen und eine Demo vorzuführen. YC wurde von dem Unternehmer Paul Graham gegründet und war eine Art umgekehrtes Hotel California für Nerds – schwer reinzukommen, aber mühelos zu verlassen. Thiel riet dem Y-Combinator 2015, „vermeintlich schlechte Ideen" zu suchen, die „eigentlich gut sind", wie zum Beispiel Dropbox (Datenspeicherung in der Cloud) und Airbnb (cloudbasierte Unterkünfte). Beide Unternehmen fingen nebulös bei YC an und haben inzwischen einen Börsenwert von vielen Milliarden Dollar.

Am 27. Juli 2017 reiste ich westwärts, um zu sehen, wie es den Leuten von Blockstack erging, und um ihnen mit einem Vortrag vielleicht ein wenig unter die Arme zu greifen. Obwohl Blockstacks Firmensitz noch in New York war, entschied sich das Unternehmen für das Computer Museum in Mountain View, wenige Minuten vom Google-Campus entfernt, um dort seine Eröffnungsparty zu feiern: Blockstack Summit 2017. Marketingchef Patrick Stanley bat mich, über „Das Leben nach Google" zu sprechen.

Gut zwei Wochen zuvor hatte Alis Promotionskommission in Princeton endlich seine Dissertation „Trust-to-Trust Design of a New Internet" akzeptiert. Mit Sheas Hilfe geschrieben, war sie in Reichweite und Ehrgeiz mit Larry Pages „PageRank"-Dissertation in Stanford vergleichbar.

Ali plädiert für eine neue Internetarchitektur und verkündet dann, dass es sie als Prototyp bereits seit drei Jahren gibt und sie nur 44.344 Zeilen der Softwaresprache Python beansprucht habe. Googles bekanntermaßen eleganter Browser Chrome verschlang im Vergleich 4.490.488 Zeilen der Codesprache C++.

Die Rückeroberung des Netzes

Als Technischer Direktor von Blockstack hat Ali ein neues, paralleles Peer-to-Peer-Internet geschaffen. Man kann auf die Website gehen, den Browser herunterladen, die Vorteile eines sicheren Internets erleben und die eigenen Informationen unter Kontrolle behalten.

Ein schlankerer und eingeschränkterer Ansatz unterscheidet Blockstack von Ethereum. Ryan Shea, der CEO, bringt es auf den Punkt: „Wir streben ein viel einfacheres System an als Ethereum. Mit einer größeren Angriffsfläche können mehr Dinge schiefgehen. Wir benutzen Blockchain und Software für die Hauptfunktionen des Benennens, der Erkennung von Routerinformationen und des Bezahlens ... Kernkomponenten wie Identität und Entdeckung sollten nicht so ausgeführt werden, dass sie eine große Angriffsfläche bieten."

Während Blockstack die Verwendung der Blockchain zum Speichern und für komplizierte Berechnungen minimiert, belastet Ethereum seine Chain mit Speicherung, Software-Schleifen und rekursiver Programmierung. Daher dürfte sie einerseits weniger effizient und weniger skalierbar, andererseits komplizierter und anfällig sein. Blockstack konzentriert sich auf die infrastrukturelle Grundlage des Netzwerks – Benennung, Identität und Hinweisadressen für die Speicherung. Ethereum hingegen ist, laut Nelson, zu einer „Token-Fabrik" geworden. Es stellt eine breite, rechnergestützte Turingmaschine für intelligente Verträge und Token zur Verfügung, die eine große Angriffsfläche für externe Hacks und interne Fehler hat.

Während Blockstack ein Träger von Identität, Benennung, Routererkennung und Eigentumsrechten mit niedriger Entropie ist, ist Ethereum eine Plattform mit hoher Entropie für lohnende Geschäfte im Internet, Geldbeschaffung und raffiniertes Programmieren.

Wie die Leute von Blockstack bereitwillig eingestehen, sind all diese „Mängel" von Ethereum heute Stärken. Ethereum hat einen spektakulären Durchbruch erzielt und den Geldbeschaffungsstopp für Hightech-Start-ups und Finanztech-Innovatoren überwunden. Doch Ali und sein Team waren darauf aus, zuerst ein dezentrales Internet wiederherzustellen und Finanzverfahren erst dann zu entwickeln, wenn das Vertrauen erneuert worden wäre.

In dieser Kampagne gehören Ali, Shea und ihr Softwarechef Nelson zu einem Pulk Hunderter neuer Firmen, die viele Milliarden Dollar aufbringen, um neues Potenzial für ein reformiertes Internet auf den Markt zu bringen – auf der Grundlage der von Satoshi erfundenen Blockchain und des verteilten Hauptbuchs. Ethereum, dessen Etherwert, während ich dies schreibe, 60 Milliarden Dollar beträgt, ist offensichtlich das aktuell führende Unternehmen für die Bereitstellung einer global verteilten Plattform für neue internetähnliche Funktionalitäten. Aber Blockstack genießt strategische Vorteile.

Die Blockstack-Bewegung ist auf sieben Hauptprinzipien gegründet:

Verteiltes Grundbuch: Gewährleistet Sicherheit durch logische Zentralisierung (und behält lediglich einen einzigen transparenten und unveränderlichen Blick auf den „Zustand" seiner mit einem Zeitstempel versehenen Aufzeichnungen bei), während es organisatorisch dezentralisiert bleibt (durch verteilte Kontrolle und durch das Kopieren von Hauptbuchkonten über alle Knoten des Netzwerks hinweg). Satoshis Blockchain ist die erste Verkörperung dieser zwei offenbar widersprüchlichen Vorstellungen, die das mittelalterliche Konzept des Grundbuchs heraufbeschwört – ein öffentliches Verzeichnis allen echten Grundbesitzes in einer Gerichtsbarkeit.

Maximale Skalierbarkeit: Gewährleistet Leistung und Skalierbarkeit durch Trennung der *Kontrollebene* (isoliert in der Blockchain) von der *Datenebene*, die über das Netzwerk hinweg verstreut sein kann. Dieses Prinzip schont die Blockchain für entscheidende Pfadfunktionen der Identität, für Bezahlungen, Sicherheit und Erkennung, während es die Speicherung und komplizierte Verarbeitung großer Datenmengen an beliebig viele Clouds und ähnliche hochmoderne Einrichtungen zurückstuft.

Einzelner Prototyp: Weist Eigentumsrechte nach, indem er das Prinzip und den Vorrang einmaliger Dokumente, die einen Zeitstempel haben, verzeichnet und algorithmisch zugewiesen sind, aufrechterhält. Weil jeder Gegenstand – sogar Kopien – immer andere unveränderliche Zeitstempel haben, können Besitzansprüche stets differenziert werden.

Parallele Ergänzung: Ihre Erweiterung verleiht ihren Teilnehmern die Vorteile der Privatsphäre und des Eigentums, ohne dabei Betreiber, deren

Einrichtungen vom System als Utility benutzt werden, direkt zu bedrohen. Während der Blockstack-Bereich wächst, nimmt sein Einfluss und seine Macht zu, sodass Betreiber motiviert sein werden, das auszugleichen.

Betreiber mit niedriger Entropie: Sorgt für eine stabile, vorhersagbare und monumentale Grundlage für ein Metaversum mit hoher Entropie am Rand. Es vermeidet unberechenbare Veränderungen von Gesetz und Struktur, die unternehmerische Planungen an den Rändern durcheinanderbringen und Sicherheitsprobleme verursachen.

Freie Migration: Gestattet den unbehinderten Übergang von einer Blockchain oder einem Netzwerk zu einem anderen, ohne die Benutzer einzusperren. Dieses wichtige Merkmal wird durch Jude Nelsons Programmierung für *virtuelle Ketten* ermöglicht, die auf der grundlegenden Blockchain laufen, ähnlich wie virtuelle Java-Maschinen auf vielen Betriebssystemen laufen.

Ende-zu-Ende, Vertrauen-gegen-Vertrauen: Alle Knoten ruhen auf Wurzeln des Vertrauens, die nicht dringend auf Instanzen von außen angewiesen sind.

Blockstacks ursprüngliches Ziel war die Installation eines domain name service (DNS) in einer Blockchain. Eine DNS übersetzt Namen einer natürlichen Sprache und Seitentitel in Zahlen von Internetadressen und nimmt an jeder Ihrer Bewegungen im Internet teil. Eine DNS stellt einen vertrauenswürdigen Dritten dar, wie etwa Verisign oder GoDaddy oder, in zunehmendem Maß, Googles eigene kostenlose öffentliche DNS. Sie ist ein weiterer Fall von Aufgliederung im Netz geworden und ein Punkt, der für Phishingaktivitäten anfällig ist, bei denen Namen und Identitäten widerrechtlich angeeignet werden.

Da Blockstack die DNS in die Blockchain verlagert, eliminiert es einen wichtigen Schwachpunkt im Internet. Die Namen sind mit einem Zeitstempel versehen, werden unveränderbar gespeichert und durch das Blockchain-Hauptbuch an alle Knoten im Netz verteilt. Anfangs beschloss Blockstack, die Namecoin-Blockchain zu benutzen, einen der ersten Bitcoin-Rivalen und optimiert für das Speichern unveränderlicher Namen. Aber 2016 bemerkten Ali und Shea, dass Namecoin zunehmend anfälliger für Angriffe durch eine immer konzentrierter auftretende

Gruppe von Schürfern wurde. Bei der Überprüfung der Daten aller verfügbaren Blockchains, einschließlich Ethereum, entdeckten sie, dass die bei Weitem robusteste, sicherste und verlässlichste Blockchain Satoshis Bitcoin-Blockchain war. Blockstack stand nun vor einem entscheidenden Test, da es rund 80.000 Abonnenten von einer Blockchain auf eine andere verlagern musste. Glücklicherweise hatte das Team mit Jude Nelsons virtueller Blockchain im Code diese Art der Herausforderung bereits vorausgesehen.[2]

Nelson erinnert sich: „Wir haben die Absicht, schon bald jede Anwendung mit der Fähigkeit auszustatten, zuverlässig ihre eigene Blockchain zu bilden. Ich denke, dass es dadurch dem Durchschnittsbenutzer leichterfallen wird, die Geschäftserfolge der Firmen zu ernten, die durch die Blockchain angekurbelt wurden, zumal es 1) inzwischen mehr davon gibt, und 2) sie alle Token haben, deren Wert zunehmen könnte. Ethereum macht dies mehr oder weniger mit ERC20, aber es funktioniert nicht im großen Maßstab. Hinzu kommt, dass jede ERC20-Anwendung an das Schicksal von Ethereum gebunden ist, sodass ihr Überleben langfristig nicht sehr wahrscheinlich ist." Im Gegensatz zu Ethereum und seiner eigenwilligen Programmiersprache Solidity macht Blockstack es möglich, seine Plattform in Brendan Eichs JavaScript zu programmieren, die am weitesten verbreitete Programmiersprache der Welt.

Ende 2017 lancierte Blockstack einen Token-Verkauf, um das System verteilter Namen zu finanzieren. Dabei nahmen sie 50 Millionen Dollar ein und waren auf dem besten Weg, einen neuen Trust, eine ID und eine Transaktionsstufe für das Internet zu errichten. Es ist eine bessere Lösung als Bargeld, da es Geldwechselgeschäfte ermöglicht, die persönliche Informationen verbergen, aber auch den Konformitätsnachweis gestatten, sofern er nötig ist. Sie können nicht nur anonym Währungen umtauschen, sondern können auch Ihre Verhaltensbilanz nachweisen, falls ein Staat Ihnen zu Unrecht etwas vorwirft oder ein Unternehmen zweifelhafte Behauptungen aufstellt. Diese Kombination aus Sicherheit und Beurkundung macht Kryptowährungen zu einer grundlegenden Verbesserung bestehender Gelder – ein Heilmittel für die finanziellen Turbulenzen unserer Zeit.

KAPITEL 16

Brendan Eichs Rückkehr mit Brave

Hallo. Ich bin schuld an JavaScript." Ein etwas pummeliger, umgänglicher, 55-jähriger Programmierer aus den USA steht 2016 auf der glitzernden Bühne des Wiener Volkstheaters. Es ist Brendan Eich, Mitbegründer von Mozilla und Erfinder des Firefox-Browsers, der hier seinen TEDx-Talk „Wie man das Web repariert" beginnt. Er verbeugt sich, und seine hinter seinem Kopf verschränkten Hände sind Ausdruck seiner Verlegenheit.

Der junge Eich schrieb JavaScript 1995 in zehn Tagen als Prototyp für Netscape. Der Name spiegelt den Ruhm der besser bekannten Programmiersprache Java wider, die zuvor von James Gosling bei Sun entwickelt und von Eric Schmidt zum Branchenstandard erhoben wurde. Schon bald überflügelte Eichs JavaScript Suns Java als die meistbenutzte Programmiersprache der Welt.

Über viele Jahre hinweg erzielte Eich immer größere Erfolge, genau wie seine Programmiersprache. Im Jahr 2014 war er zum CEO der Mozilla Foundation aufgestiegen, und sein Büro lag gleich neben dem Googleplex in Mountain View. Inzwischen hatte er die 50 überschritten und betrachtete seine Karriere offenbar als abgeschlossen. Mit charakteristischer

Selbstironie hatte er im Jahr zuvor in seinem Blog geschrieben: „Mozilla ist jetzt 15. JavaScript ist fast 18. Ich bin alt. In letzter Zeit mache ich nur meinen Einfluss geltend und bestimme irgendwelche Sachen ... Was jedoch nicht wieder gutmacht, dass ich JavaScript nicht benennen konnte."

Doch es sollte kein müheloses Hinübergleiten in den Ruhestand werden. Die Entdeckung, dass Eich 2008 der Kampagne für die California Proposition 8 – eine Initiative, die die Eheschließung von homosexuellen Paaren gesetzlich verbieten lassen wollte – 1.000 Dollar gespendet hatte, rief einen Sturm der Entrüstung hervor. Wenngleich er selbst von Leuten, die in dieser Hinsicht nicht seiner Meinung waren, als „nachdenklicher, nerdiger, bescheidener Typ, mit dem man sich auf einer Party zusammensetzt und eine Stunde lang über Netztechnologien plaudert", beschrieben wurde. Eich wurde ungerechterweise zum Sündenbock erklärt, und seine Zeit bei Mozilla war plötzlich abgelaufen.

Zu diesem Zeitpunkt hatte die leistungsstarke Programmiersprache mit dem Namen aus zweiter Hand ihr eigenes Geheimnis offenbart. JavaScript ermöglichte es Websites, Cookies zu setzen und war so zu einem wichtigen Bestandteil zielgerichteter Werbung und der nachforschenden Verfolgung von Web-Benutzern geworden. Cookies sind ein Erinnerungselement auf Ihrem Computer, das von einer Website kontrolliert werden kann. Sie können hilfreich sein, wenn sie sich an Sie erinnern, nachdem Sie eine Seite verlassen haben und es Ihnen gestatten, zurückzuspringen, ohne Ihren Benutzernamen und Ihr Passwort eingeben zu müssen. Zur Bedrohung werden sie, wenn betrügerische Websites sie benutzen, um Schadsoftware auf Ihrer Maschine zu installieren.

Nach seinem plötzlichen Rauswurf bei Mozilla schien Eich neuen Schwung zu haben. Er nahm das Programmieren wieder auf und brachte den revolutionär neuen Browser namens Brave auf den Markt, der die schädlichen Auswirkungen von Cookies behebt und den Spieß in jedem top-down organisierten Internetimperium umdreht. Er finanzierte Brave mit einem der ersten, lukrativsten und strategischsten Krypto-Token-Verkäufen. Mit diesem Verkauf sammelte Brave innerhalb weniger Stunden 36 Millionen Dollar ein – ein Betrag, der sich vervielfachte, als der Preis für Ethereums Coin sprunghaft anstieg.

Die Krypto-Token-Verkäufe, auch unter dem Begriff Initial Coin Offering (ICO, etwa: erstmaliges Münzangebot) bekannt, sind eine Art Crowdfunding von Firmen, die mit Kryptowährungen arbeiten. Um diese Token zu erzeugen, haben Unternehmer bis zu 7 Milliarden Dollar neues Kapital angezapft, indem sie im Wesentlichen entpackte Bestandteile von Eigenkapital in Gestalt von noch zu entwickelnden Produkten vorab verkaufen. Ethereum gestattet als quelloffene „virtuelle Maschine" Endbenutzern, spezielle Bindeprogramme zu konstruieren, die auf penible Weise die Einhaltung der Vorschriften gewährleisten. Daher wurde Ethereum zur bevorzugten Token-Maschine.

Der erste entsprechende Token-Verkauf fand 2013 statt, nachdem Präsident Obama das Gesetz „Jumpstart Our Business Start-ups" (JOBS, etwa: Neuer Schwung für unsere Start-ups) unterzeichnete, das diese Form der Ausbreitung von Start-up-Geld nicht berechtigter Investoren zu genehmigen schien. Token repräsentieren nicht etwa Eigentümeranteile einer Firma, sondern vielmehr ziemlich vielfältige Güter, Dienstleistungen, Geschenkgutscheine und andere Elemente aus dem Bereich der Leistungsversprechen eines Unternehmens. Häufig werden sie millionenfach ausgegeben und anfangs für Millicent verkauft, sodass sie eine Interessengemeinschaft für ein Projekt bilden, ohne die Rechte der Käufer genauer zu definieren. Obwohl 46 Prozent der ausgegebenen Token bei Drucklegung dieses Buchs bereits gescheitert und wertlos geworden sind, sind nicht alle Token gleich. Diejenigen, die funktionieren, bieten eine Beteiligung an einer neuen Architektur für eine leidende Weltwirtschaft und ein zerrüttetes Finanzsystem an. Token-Verkäufe haben eindeutig Börsengänge und andere Aktienausgaben als Geldbeschaffungsmaßnahme für Tech-Start-ups ersetzt.

Mittlerweile jedoch, im Jahr 2018, beobachtet jeder, der sich mit diesem Thema beschäftigt, nervös die US-Börsenaufsichtsbehörde. Sie hat die Börsengänge so gehörig unterdrückt, dass sie ihre Aufmerksamkeit inzwischen auch auf ICOs gerichtet hat. Die führenden Anwälte auf diesem Gebiet glauben, dass solche Vorverkäufe von Gütern und Dienstleistungen – die zum größten Teil zu einem späteren Zeitpunkt geliefert oder gar erst definiert werden – das Mandat der Behörde und sogar ihre

Rechtsprechung umgehen können. Schließlich verkaufen Firmen Güter und Dienstleistungen ständig auf verschiedenste Art und Weise, ohne einen Gedanken an die Börsenaufsicht zu verschwenden. Aber die Kommission bittet um Differenzierung. Mit der Entscheidung, dass praktisch alle Token Wertpapiere seien und daher in der Tat ihrer Gerichtsbarkeit unterliegen, droht sie damit, die Gerichtskosten für kryptografische Innovationen in den USA drastisch zu erhöhen. Es besteht die Gefahr, dass sie die Flaute im Wertpapierhandel, in die sie die Unternehmensökonomie gedrängt hat, ausweitet und die Branche außer Landes treibt.

Nachdem Brendan Eich bereits einen fabelhaft erfolgreichen Token-Verkauf gehabt hat, meldet er sich von der anderen Seite des Spiegels zu Wort. Er ist einer der wenigen Leute in diesem Bereich, die völlig gelassen zu sein scheinen. Und er hat ein hochgestecktes Ziel. Er versteht diese Token so, dass sie eine grundlegende Aufmerksamkeit („Basic Attention Tokens" oder BAT) erregen und Google zu Fall bringen sollen – oder zumindest Page und Brin zurück ans Zeichenbrett scheuchen sollen, damit sie sich eine neue Strategie ausdenken. Der sanftmütige Eich will sie mit einer Milliarde BATs angreifen.

Als ich mein Buch *Life after Television* schrieb, erwartete ich, dass die Leistungskraft eines interaktiven Internets zu einem gezielteren und effektiveren Werbesystem führen würde, das nur die Werbung lieferte, die die Betrachter auch sehen wollten. Ich glaubte, das Gleichgewicht der Kräfte würde von den Werbetreibenden zu den Kunden verlagert werden. Eich sagt dazu: „Das ist nicht passiert. Stattdessen wurde das Ökosystem der Werbetechnik zu einer verwirrenden Vielfalt von Zwischenhändlern und Komplexität ..."

„Viel schlimmer ist", sagt Eich, „dass die Benutzer ihre Privatsphäre verloren haben. Sie sind zunehmend mit Schadsoftware konfrontiert, zahlen hohe Preise, um Werbung herunterzuladen, die sie nicht wollen und leiden unter langsamer Geschwindigkeit. Herausgeber haben Einkünfte in Milliardenhöhe eingebüßt, während Betrügereien sprunghaft angestiegen sind. Und Anzeigenkunden müssen mit einer schlechten Finanzberichterstattung und Zielausrichtung rechnen."

Braves kurzes und penibel dokumentiertes Weißbuch vom März 2017 beschreibt diese Krise der Internetwerbung ausführlich. Die Situation lässt sich mit „Der Sieger kriegt alles" umschreiben. 99 Prozent des Wachstums gehen an Google und Facebook. Herausgeber von Websites, Büchern, Spielen oder Musik werden mit dem restlichen einen Prozent abgespeist. Es ist ein nervenaufreibender Betrug. Im Jahr 2016 kostete der von Bots künstlich im Internet erzeugte Werbebedarf die Anzeigenkunden 7,2 Milliarden Dollar, wobei die Schadsoftware zum Austricksen der Benutzer seit 2015 um 132 Prozent anstieg.

Die Werbekatastrophe ist in dem am schnellsten wachsenden und verlockendsten Markt besonders akut – nämlich im Markt für Smartphones. Die Kunden zahlen ihren Breitbandanbietern nicht etwa für den Inhalt, den sie suchen, sondern für die Werbekosten für die Anzeigenschaltung. Auf den Websites beliebter Herausgeber sind bis zu 79 Prozent der mobilen Daten Werbung. Im Durchschnitt zahlen Smartphone-Benutzer 23 Dollar pro Monat für Werbung, Tracker, Scripts und anderen Ablenkungsmüll, der Schadsoftware verbreitet, Ladezeiten verlangsamt, Datentarifkosten anhäuft, den Akku schwächt und das Recht auf Privatsphäre und Eigentum mit Füßen tritt.

Braves Weißbuch zu Basic Attention Tokens schießt sich auf Google ein, „„das sich im Zentrum des existierenden Ökosystems für digitale Werbung befindet. Sie profitieren von der Komplexität und Undurchsichtigkeit, durch die das System definiert wird. BAT beabsichtigt, die eigentlichen Benutzer und Herausgeber zu stärken, die weniger erhalten, als sie eigentlich sollten."

Egal, was Google macht, sagt Eich, das aktuelle System sei unhaltbar. Es frustriert Benutzer mit langsamen Ladegeschwindigkeiten, verschwendet Bandbreite an unerwünschter Werbung und vernichtet die Profite der Herausgeber – und obendrein ist es noch nicht einmal sicher. Wie Jonathan Taplan es schonungslos in seinem Buch *Move Fast und Break Things* dokumentiert, reduziert Googles System des Anhäufens und Werbens drastisch die Einkünfte von Musikern, Journalisten und anderen Produzenten von Inhalten, die Google mit Anzeigen und seiner Suchmaschine zu finanzieren bemüht ist.

Die Lawine der Werbung hat rund 87,5 Millionen Amerikaner dazu veranlasst, Zuflucht zu Werbeblockern zu nehmen, die letzten Endes die ganze Sache zu Fall bringen können, einschließlich Google. Die eifrigsten Werbeblocker sind die Millenials, deren typischerweise begrenzte Bandbreite und kostspielige Datenverbindungen dazu führen, dass ihre Smartphones von Werbung und ihren Fixkosten verstopft und blockiert werden.

Google weiß, was die Stunde geschlagen hat und stellt nun seinen eigenen Blocker für „unerwünschte Anzeigen" zur Verfügung. Aber traditionelle Push-Werbung ist ungeachtet der „Akzeptanz" eine gescheiterte Technik. Niemand will für die Dauer eines Werbefilms durchhalten, so clever und raffiniert dieser auch gemacht sein mag, bevor man endlich ein YouTube-Video anschauen kann. Während sich das werbefreie Abonnement YouTubeRed wachsender Beliebtheit erfreut, entdeckt Google, dass niemand *überhaupt irgendwelche* unentgeltlichen Anzeigen mag. Es sind wertmindernde *Nachteile* oder sogar Minen – wie Google ja selbst anerkennt, wenn es werbefreie Abos anbietet, also die Kunden für die Entfernung der Werbung *bezahlen* lässt.

Eich identifiziert die Kräfte im Zentrum dieser Situation. Er zitiert den Informationstheoretiker Herbert Simon von der Carnegie Mellon University: „Was Informationen verschlingt, ist die Aufmerksamkeit der Rezipienten. Eine Informationsfülle erzeugt eine Knappheit an Aufmerksamkeit und das Bedürfnis, diese Informationen angesichts ihrer Bedrohung durch den Überfluss an Informationsquellen effizient einzusetzen."

Wenn Informationen im Überfluss vorhanden sind, bleibt die *Zeit* knapp. Was Herbert Simon, Esther Dyson, Tim Wu und ihre vielen Anhänger *Aufmerksamkeit* nennen, ist im Grunde nur ein anderes Wort für *Zeit*. Wie ich in *The Scandal of Money* erkläre, wird Zeit in der Wirtschaft in Geld umgewandelt.

Gegenwärtig sind Herausgeber Tauben, die mit dem gefüttert werden, was beim Füttern der Pferde, wie beispielsweise Google und Facebook, und vermittelt durch viele Mägen, anfällt. Wie die Zeitungsverleger in der Vergangenheit erzielen sie ihre Gewinne nicht hauptsächlich durch Inhalte, sondern durch die indirekt gemessene Zeit, die ihre Leser den Anzeigen widmen. Doch Google und andere entdecken gerade, dass sich die menschliche Aufmerksamkeit aufbrauchen kann. Wie Eich bemerkt, sinkt sie, „bis sich die Dopaminspiegel wieder erhöhen." Offensichtlich ist bereits eine Internetepidemie namens „Bannerblindheit" ausgebrochen.

In diese Bresche schleudert Eich seine eine Milliarde BATs – die Tauscheinheit für eine geniale neue, dezentralisierte, quelloffene und effiziente digitale Werbeplattform auf der Grundlage von Vitalik Buterins Ethereum-Blockchain. Anzeigenkunden belohnen Herausgeber mit BATs auf der Grundlage der Aufmerksamkeit von Benutzern, die anhand ihrer Nutzungsmuster gemessen wird. Auch die Benutzer werden dafür bezahlt, dass sie Werbung akzeptieren, die sie entweder sehen wollen oder die zu tolerieren sie sich im Austausch für Mikrozahlungen entschieden haben. Sie können diese BATs an bevorzugte Herausgeber zurückgeben oder sie für Inhalte tauschen.

Dieses transparente System bewahrt die Privatheit der Benutzerdaten, während es Zwischenhändler entfernt und weniger, aber relevantere Anzeigen liefert, die Benutzer tatsächlich suchen. Herausgeber gewinnen einen größeren Anteil der Einkünfte, während die Anzeigenkunden eine bessere Rückmeldung und Leistung erhalten und die Konsumenten Werbung sehen, die sie ausdrücklich gegen Bezahlung akzeptieren. Anstatt den Betrachter zu manipulieren, damit er sich Werbung anschaut, finden Anzeigenkunden Betrachter, die an ihren Appellen interessiert sind. Eich kommt zu dem Schluss: „Brave wird das Ökosystem für Onlinewerbung neu definieren und Anzeigenkunden, Herausgebern und Kunden eine Win-win-Situation bescheren, deren Bestandteile und Protokolle künftige Standards im Web werden könnten."

Seinen TEDx-Zuhörern in Wien erzählte Eich im Oktober 2016: „Versuchen Sie, sich eine Welt vorzustellen, in der Sie ihre eigene Akte besitzen. Es ist Ihr Onlineleben – Sie sollten Ihre eigenen Daten auch besitzen. Wenn sie Ihnen gehören, können Sie [den riesigen umzäunten Gärten im Web] Ihre Nutzungsbedingungen präsentieren, so wie sie wiederum Ihnen ihre ‚Nutzungsbedingungen' vorlegen, die niemand jemals liest ... Das würde ein neues Web erschaffen."

Was schätzen die Menschen in einer Welt reichlich vorhandener Informationen, aber knapper Zeit, am meisten? Kevin Kelly behauptet: „Das

Einzige, das kostspieliger wird, während alles andere auf null zu geht, sind menschliche Erfahrungen ... Billige [virtuelle Realität] im Überfluss wird eine Erlebnisfabrik."[1]

Ich begegnete Brendan Eich zum ersten Mal, als er gemeinsam mit mir dem Beratungsausschuss des Start-ups OTOY in Los Angeles beitrat. Mein Zugang zu dem, was Kelly Erlebnisfabrik nennt, war ebenfalls OTOY zu verdanken. Ihr Erfinder und Gründer Jules Urbach hatte Computermodelle für 3D-Szenen in digitale Bilder umgewandelt, die im Netz verschickt, auf jedem Bildschirm gezeigt und als echt erlebt werden können.

OTOYs Metaversum ist etwas ganz und gar Neues. Seine virtuellen Welten sind für viele Zwecke von der Topografie der wahren Welt kaum zu unterscheiden. Atemlos schreibt Kelly: „Wir werden sie benutzen, um Orte zu besuchen, die zu gefährlich sind, um sie leibhaftig zu erleben, wie zum Beispiel Kriegszonen, die Tiefsee oder Vulkane. Oder wir werden sie für Erlebnisse einsetzen, die wir als Menschen nicht ohne Weiteres erreichen können – um das Innere des Magens, die Oberfläche eines Kometen zu besuchen. Oder, um das Geschlecht zu wechseln oder, [was Jaron Lanier sich wünscht] um ein Hummer zu werden. Oder, um auf billige Art und Weise etwas Teures zu erleben, wie einen Flug über den Himalaya."[2] Das Wichtigste aber wird der Einsatz für neue soziale Interaktionen in neuen Umgebungen sein – Konzerte, Tänze, Theater, Stadien.

Wie lassen sich in diesem neuen virtuellen Bereich Eigentumsrechte identifizieren und verteidigen? So sind beispielsweise musikalische Werke Beiträge von Komponisten, Lyrikern, Darstellern, Händlern und anderen Teilnehmern, die alle besondere Ansprüche haben. Ein OTOY-Weißbuch erklärt: „Blockchains können die vertrackten Eigentumsrechte bewältigen, die für komplizierte digitale Vermögen benötigt werden, die routinemäßig kopiert werden können und für die ein Zeitstempel und der Urheberschaftsnachweis entscheidend sind. Demgegenüber ermöglichen Token unmittelbare vielseitige Transaktionen, die von eingebetteten Verträgen ausgeführt werden, die wiederum innerhalb der Blockchain-Prozesse vollzogen werden."

Das wichtigste Versprechen von OTOY ist, wie John Carmack, CTO von Facebook/Oculus, beobachtet, eine völlig neue Plattform und Benutzeroberfläche für das Internet. Diese wurden 2015 in San Francisco auf einer gemeinsamen Pressekonferenz mit Eich in der spektakulären Firmenzentrale von Autodesk, einem OTOY-Investor, angekündigt.

Eich war zu diesem Zeitpunkt noch bei Mozilla, und OTOY gab bekannt, sie würden gemeinsam einen Videokodex der nächsten Generation namens OTOY ORBX herausgeben. Der sei für die Art und Weise zuständig, wie Bilder für die Übertragung verschlüsselt und auf dem Bildschirm entschlüsselt würden. Er würde auf JavaScript portiert und folglich mit jedem beliebigen Browser ausführbar sein. So wird daraus der Kodex ORBX.js, der in OTOY-Software eingebettet ist, statt in kundenspezifischen Hardwarechips, denn es kann mitunter zehn Jahre dauern, bis die Details festgelegt sind, um sie in Silizium brennen zu können.

Mit OTOYs in Eichs JavaScript übertragenem Renderingprotokoll für ORBX kann jeder beliebige Browser zu einem dreidimensionalen Raum erblühen. Benutzer können der Beschränkung auf einen Bildschirm entfliehen und einen Raum in Besitz nehmen. Man ist nicht mehr darauf beschränkt, auf einen Schirm zu tippen, sondern man kann auf alle Wände der Welt schreiben – ein Fortschritt, der auf das Ende des segmentierten, top-down-organisierten, ummauerten Gartens namens Internet mit seinen krümelnden Cookies hinweist. Nach dieser Pressekonferenz bei Autodesk schrieb Eich in seinem Blog: „Heute morgen habe ich die Zukunft gesehen."

Eich war vor allem davon begeistert, wie sperrige Schemata für die digitale Rechteverwaltung durch das Anbringen von Wasserzeichen auf jedem Intrabild des Videos selbst ersetzt wurden. Art Emanuel, höchster Repräsentant und Leiter der Künstleragentur William Morris Endeavor und ein wichtiger Förderer von OTOY, glaubt, dass dieser Fortschritt letztlich die digitale Rechteverwaltung ganz und gar abschaffen könnte. Obwohl diese Art der Wasserzeichenmarkierung pro Benutzer bisher unerschwinglich teuer gewesen ist, kann OTOY es in der Cloud schätzungsweise für wenige Cent pro Film erledigen.

Wie Jeff Kowalski, der CTO von Autodesk, betont, geht der Nutzen über die wichtigsten Kostensenkungen für computererzeugte Bildgebung und ähnliche Weiterverarbeitung hinaus. Die OTOY-Software verstärkt die Zusammenarbeit und Innovation, weil sie kreative Menschen von den großen Workstations befreit. Die GPU-Cloud trägt zu vielen alternativen Ideen und Kamerawinkeln bei, und solche Dinge können ausprobiert werden, ohne stundenlang auf jedes einzelne Rendering warten zu müssen. „Das können Sie sogar am Strand auf Ihrem 4G-Tablet erledigen." Oder in Ihren Kontaktlinsen, in neuer, mit Sensoren ausgestatteter Kleidung, in holografischen Visieren und in immersiven elektronischen Räumen.

Die Verwirklichung von Neal Stephensons Metaversum ist zum ersten Mal möglich. Man kann, ohne die Wohnung zu verlassen, an jeden Ort der Welt und sogar darüber hinaus reisen und ein vollständiges visuelles oder gar haptisches Erlebnis genießen. Man wird mit Bildern interagieren können und innerhalb des virtuellen Bereichs Rechte kaufen und verkaufen. Man wird an Spielen, Filmen, Sportereignissen und am Nachrichtengeschehen teilhaben und neue Möglichkeiten morphischen Erzählens erkunden. Man wird mit einem Drachenflieger über die Alpen segeln, zum Mond und darüber hinaus fliegen – hinein in ein Leben nach Google.

In dieser Angelegenheit hat sich OTOY inzwischen mit Disney, Unity, Facebook, HBO, Jon Stewart, dem Moderator des Fernsehsenders „Comedy Central", NHL, Discovery Channel, Autodesk, Nvidia und Amazon verbündet.

Wie Eich im Juli 2017 twitterte, „sagt OTOY die Zukunft des Holodecks, der Matrix und des Metaversums voraus, indem es sie erschafft."

KAPITEL 17

Yuanfen

Als Stephen Balaban Betty Meng einen Heiratsantrag machte, schwebte am Himmel über ihnen ein gigantischer Diamantring. Er hatte sie erstmals vor vier Jahren in einem überfüllten Raum in Orens Hummus-Shop an der University Avenue in Palo Alto gesehen. Am Morgen des 21. August 2017 standen die zwei in Madras, Oregon, an einem optimalen Punkt in der 112 Kilometer breiten „Totalitätszone" der Sonnenfinsternis.

Die Wintersterne wurden sichtbar. Der aufkommende Wind kühlte die Luft ab. Zwei Minuten und vier Sekunden lang war es dunkel. Unheimliche Schatten flimmerten auf dem Erdboden. Als der erhoffte Diamant aus Sonnenlicht hinter dem Mond hervorbrach, schenkte Stephen seiner Freundin eine irdische Version. Die überwältigte Betty sagte Ja.

Peter Thiel schrieb in seinem Buch *Zero to One*: „Jeder große Unternehmer ist in erster Linie ein *Designer*..."[1] Aber die Designs funktionieren nicht immer auf Anhieb. Balaban hatte diesen Diamantring auf dem Kamm einer plötzlichen, unerwarteten und anwachsenden Erfolgswelle gekauft, als er etwas tat, das niemand, nicht einmal er selbst, von ihm erwartet hatte: Er hatte Google und Amazon in einem ihrer eigenen Spiele geschlagen. Aber dieser triumphalen Heiratsantragsszene ging eine Feuerprobe tiefgehenden Lernens voraus.

Balaban konnte flüssig Mandarin sprechen, als er 2010 als Student in seinem letzten Collegejahr ein Semester seines Informatikstudiums an der University of Michigan freinahm und nach Peking ging. In China half er, wie er es selbst beschreibt, „einen Klon" des Start-up-Beschleunigers Y-Combinator zu gründen. Er benannte ihn nach Yuan Fen, der chinesischen Vorstellung vom Schicksal, das Menschen zusammenbringt. Am Ende machte er die lehrreiche Erfahrung, wie das Unternehmen wegen der Konflikte zwischen den Gründern im Sande verlief.

Zurückgekehrt nach Michigan, machte er seinen Abschluss und zog ins Silicon Valley, was nach Peking „ein echter Deal" war. Er zog in ein Zimmer in San Franciscos historischer Chinatown mit eigenem Waschbecken und einem geteilten Badezimmer am Ende des Flurs, eine Stunde mit Fahrrad und Zug von Palo Alto entfernt. Es war im April 2012, und Balaban gründete eine Firma, um Maschinen Sehen und Lernen beizubringen. Außerdem arbeitete er an Gesichtserkennung für Mobilgeräte. Diesem Unternehmen gab er einen griechischen statt einen chinesischen Namen – Lambda Labs – nach Alonzo Churchs Universalmodell, der amerikanischen Version einer Turingmaschine.

Im Jahr 2012 wusste man, dass Handys bald Gesichtserkennung haben würden, aber niemandem war es gelungen, sie kompakt und schnell genug zu machen. Balabans Arbeit erregte die Aufmerksamkeit der wissenschaftlichen Bildgurus Zak Stone und Nicolas Pinto bei Perceptio Corporation. Im November stellten sie ihn ein, damit er die mobile Gesichtserkennungstechnik für das iPhone entwickeln sollte.

Wie alle solche Projekte beruhte auch dieses inzwischen auf tiefgehender Verarbeitung neuronaler Netzwerke. Aber es war eben *mobiles* maschinelles Lernen, was, wie Balaban erklärt, „bedeutet, dass Gesichtserkennung und andere neuronale Netze auf der eigenen grafischen Verarbeitungseinheit laufen und nicht einmal ins Reich des Sky Computings hochgeladen werden." Er erkannte, dass künstliche Intelligenz nicht in riesigen Datenspeicherhäusern stattfinden müsse. Das war eine nonkonformistische Erkenntnis, die eines Thiel-Stipendiaten würdig war (und Mitte 2013 lebte er mit zwei von ihnen, Austin Russell und Thomas Sohmers, zusammen), aber es dauerte noch ein paar Jahre, bevor er daraus Kapital schlagen konnte. „Im Grunde lernte ich tiefgehendes Lernen."

Er verließ Perceptio im November 2013. Zwei Jahre später verkauften Stone und Pinto die Firma für 200 Millionen Dollar an Apple. Seine Gesichtserkennungsfunktionen sind inzwischen der Standard in neuen iPhones. Mittlerweile lockte Balaban seinen zweieiigen Zwillingsbruder Michael von der größer werdenden Erfolgsgeschichte Nextdoor fort – ein Unternehmen, das lokalisierte Informationen und Dienstleistungen zur Verfügung stellt – um Technischer Direktor von Lambda Labs zu werden. Michael scheint das makellose Timing mit seinem Zwillingsbruder gemeinsam zu haben – 2015 war Nextdoor ein Einhorn, das mehr als eine Milliarde Dollar wert war.

Die Balabans fingen an, mit Hardware zu arbeiten. Sie benutzten tragbare KI und Gesichtserkennung und entwickelten eine tragbare Kamera, die in einer Baseballkappe untergebracht war und Google Glass oder der Brille von Snapchat ähnelte. Als problematisch erwies sich, dass niemand im Silicon Valley die Prototypen des „Lambda Hat" bauen konnte, also ging Stephen für sechs Monate zurück nach China, um die Fabrikationsbetriebe in Shenzhen, gegenüber der Bucht von Hongkong, zu inspizieren. Er kam mit einem coolen Hut, einem verbesserten Verständnis für Mandarin und einer schlaueren Verkaufsmasche zurück, aber einen Hersteller oder Markt für das Produkt hatte er nicht gefunden. „Die Technik war einfach noch nicht ausgereift", entschied Stephen.

Trotz der Enttäuschung wollte er immer noch „nicht an etwas arbeiten, das nicht meinen Vorstellungen entsprach". Im Frühjahr 2015 lud Gary Bradski Balaban ein, sich seinem Team für tiefgehendes Lernen bei Magic Leap anzuschließen. Bradski ist der Robotikpionier, der bei Intel Computervision entwickelte und das Robotik-Gründerzentrum Willow Garage ins Leben rief, das Kevin Kelly von *Wired* überzeugte, „dass Roboter Bedürfnisse haben." Außerdem gründete er Industrial Perception, das „Hafenarbeiter-Roboter" baute, die, wie Stephen Balaban es beschrieb, „so elegant eine Kiste aufheben und wegschleudern konnten", dass Google die Firma kaufte. Seit seinem Start im Jahr 2010 hatte das von Google finanzierte Unternehmen für virtuelle Realität in Florida bisher eine halbe Milliarde Dollar aufgebracht, während es mehr Schlagzeilen in nationalen Zeitschriften erzeugte, als Fortschritte in der virtuellen Realität zu machen. Gerade war Neal Stephenson (als Chef-Futurist) in die Firma eingetreten, doch Balaban war nicht überzeugt, mochte der Schritt noch so magisch und gut finanziert sein.

In welche Richtung sollte es stattdessen gehen?

Im Juli 2015 wurde das Haus in Atherton, das Balaban, Austin Russell und Thomas Sohmers gemietet hatten, für die ursprüngliche Preisvorstellung von zehn Millionen Dollar verkauft. Gleichzeitig hatte Thiels renommierter Founders Fonds ein Auge auf Sohmers geworfen. Thiel brachte zwei Millionen Dollar auf, damit Sohmers' neuer Chip in der Taiwan Semiconductor Manufacturing Company hergestellt werden konnte. Inzwischen kam Wagniskapital von Thiel, 1517 und anderen Fonds für Russells Projekt eines fahrerlosen und „unsichtbaren" Autos bei Pony Tracks herein. Und Balaban fand eine unerwartete Richtung.

Im Monat zuvor veröffentlichte Chris Olah, Vitalik Buterins Highschool-Freund, der ihm beim Thiel-Stipendium zuvorgekommen und nun Praktikant bei Google Brain war, gemeinsam mit zwei Softwareentwicklern von Google ein Blogposting. Es trug den Titel „Inceptionismus: Tiefer in neuronale Netzwerke eindringen"[2]

Der Begriff selbst bestand aus mehreren Schichten – ein Bezug zur neuronalen Netzarchitektur, die sie benutzten, die selbst wiederum auf das Internet-Mem „tiefergehen" anspielte, was andererseits ein Zitat aus Christopher Nolans Film *Inception* von 2010 war, worin ein Dieb sich durch die Träume anderer Leute wühlt. Das Blogposting präsentiert lakonisch „ein paar einfache Techniken, um in diese [neuronalen] Netzwerke zu linsen" und zeigte anschließend eine Reihe zunehmend psychedelischer Fotos, als würde die Maschine halluzinieren. Eine kleine graue Katze wurde zum Alptraumstoff: ein zotteliges Biest, auf dessen Stirn und Gesäß sich dunkle Hundeaugen wölbten und Nasen wucherten.

Für Balaban waren der Code und sein Ergebnis eine visuelle Bestätigung dessen, was Yoshua Bengio, ein Kollege Geoffrey Hintons in der KI-Feuerprobe in Montreal, die „vielfältige Lernhypothese" nennt. Bengio versteht die grundlegende Arbeit eines neuronalen Netzwerks als das

Erlernen einer Hierarchie von Darstellungen, in der jede neue Schicht aus Darstellungen aufgebaut wird, die in einer vorhergehenden Schicht zustande kamen. Die Maschine beginnt mit rohen Pixeln und kombiniert sie zu Linien und Kurven, die von dunkel zu hell und anschließend in geometrische Formen übergehen, die schließlich in Elemente menschlicher Gesichter oder anderer anvisierter Gestalten entschlüsselt werden können. Bringt man diesen Prozess auf einer frühen Stufe durcheinander, erhält man ein kunstvoll verzerrtes Bild. Verdreht man den Prozess auf einer hierarchisch höheren Ebene, bekommt man Phantasmen von „Traum- und Albtraumbildern", wie Bengio sich ausdrückt. In Träumen und Albträumen wird, wie in Rückkopplungsschleifen beim maschinellen Lernen, keine neue Information wahrgenommen. Ohne neue Inputs wühlt der Geist oder die Maschine die alten Bilder zu faszinierenden, aber ungelösten Mustern auf.[3]

Balaban war einer von vielen Hundert Leuten, die von Olahs Posting gefesselt waren. Am 1. Juli veröffentlichte Google den Code, der inzwischen „Deep Dream" heißt, und Programmierer nahmen die Gelegenheit wahr, sich ihre eigenen Traumbilder zu machen.

Balaban selbst machte sich daran, einen Bildeditor für ein breites Publikum zu entwickeln, der von tiefgehendem Lernen angetrieben war und den er auf einer simplen Website mit verschiedenen Filtern anbot. Die meisten hatten Namen, die entweder der Kunst („Aktivkohle", „Art déco") oder der psychedelischen Subkultur („Zaubersalbei", „Selbstverwandelnde Maschinenelfen") entlehnt waren.

Das war weniger als zwei Monate vor dem Burning Man Festival 2015. Die Website „burners.me" entdeckte Balabans App, die er „Dreamscope" genannt hatte und wies in einem Blog darauf hin, in dem auf die glatte Realität in Philip K. Dicks Roman *Blade Runner: Träumen Androiden von elektrischen Schafen*? Bezug genommen wurde. 13 lebhafte, mit Dreamscope bearbeitete Burning-Man-Fotos folgten, mit psychedelischen Augen, mit wuchernden zottelligen Hundegesichtern, ineinander verschmelzenden menschlichen Schimären und sich wiederholenden Verwirbelungen.[4]

Die Dreamscope-App „hob schneller ab als alles, was ich je zuvor gesehen hatte ... einige Millionen Downloads am ersten Tag", erinnert sich

Balaban. „Es war das erste Mal, dass die Leute eine echte Vorstellung davon bekamen, wie neuronale Netzwerke die Welt sehen konnten."

Anschließend fanden Stephen und Michael Balaban heraus, wie man fast eine Million Benutzer unterstützt, die alle ihren eigenen kleinen, auf maschinellem Lernen basierenden Farbgradienten und Editor betrieben. (Lambda Labs bestand immer noch nur aus den Balaban-Zwillingen und deren Cousin.) Vergrößert durch ein verteiltes Hintergrundverarbeitungssystem, „war es uns möglich, der Datenbasis bei Bedarf neue Knoten hinzuzufügen." Die Schwäche lag darin, dass alle GPUs von Amazon Web Services kontrolliert wurden, die bezahlt werden mussten.

Stephen Balaban folgte dem Google-Modell, sein Produkt zu verschenken und für „Premium-Abos" Geld zu nehmen. Problematisch daran war, dass die meisten seiner „Kunden" den kostenlosen Zugang zu den süchtig machenden psychedelischen Fotogemälden gut genug fanden. Die „Premium Edition" für 9,95 Dollar abonnierten 100.000 Benutzer, aber eine Million Dollar war zu wenig.

Innerhalb weniger Monate starb Dreamscope mehr oder weniger an seinem eigenen Erfolg. Die Rechnungen von Amazon Web Service beliefen sich auf monatlich 40.000 Dollar. Die Firma hatte noch 150.000 Dollar auf der Bank, war aber ziemlich am Ende ihrer Möglichkeiten angelangt. Wie Alexandra Wolfe es in ihrem mitreißenden Buch *Das Tal der Götter* über die ersten Thiel-Stipendiaten dokumentiert, gedeihen längst nicht alle Projekte, unabhängig davon, wie gut ihr Weltsystem ist.

„Das ist der Zeitpunkt, an dem die meisten Start-ups es nicht schaffen", sagt Stephen. Das ist auch der Zeitpunkt, wie Danielle Strachman betont, in dem die Energie einer Unternehmergemeinschaft ins Spiel kommt. Balaban erinnerte sich, wie sehr er das an Strachman und Gibson schätzen gelernt habe, als er ihnen das erste Mal begegnete: „Mike und Danielle erkennen die emotionale Komponente bei der Gründung einer Firma, die viele Leute ignorieren – die emotionale Achterbahnfahrt, die einen schlaucht. Ich bemerkte, wie gut sie darauf achteten, dass alle an ein Hilfsnetzwerk angeschlossen wurden, wenn Situationen eintraten, in denen man, nach Elon Musks treffender Beschreibung, in den Abgrund starrt und auf Glas beißt."

Angesichts der in die Höhe schießenden Rechnungen von Amazon Web Services (AWS) ging Balaban zurück zu 1517, während Danielle und Mike weitere 150.000 Dollar beisteuerten, was ihnen Luft für die nächsten vier bis fünf Monate gab. Das war aber noch nicht alles. Austin Russell investierte 20.000 Dollar (und legte später noch einmal 100.000 Dollar nach). Auch Gary Bradski von Magic Leap half, wie einige andere, mit Geld aus. So gelang es Balaban, eine weitere halbe Million Dollar aufzubringen.

An diesem Punkt sagte ihm sein Bauchgefühl, kein Geld mehr an Amazon zu bezahlen. Es ging einfach nicht mehr. Es war so ein „Zero to One"-Moment, in dem er gegen den beständigsten Konsens im Valley verstieß, nämlich gegen die Gewissheit der Wagnisgeldgeber, es sei selbstmörderisch, mit Amazon und Google in Konkurrenz zu treten, indem man eine Infrastruktur errichtet. Diese Übereinstimmung wurde eindrucksvoll durch zwei der größten Erfolgsgeschichten des vergangenen Jahrzehnts bestätigt: Netflix und Instagram. Bei beiden Unternehmen schossen die AWS-Rechnungen in Millionenhöhe. Man sagte Balaban, „trotz der Kosten solltest du dich auf deine Benutzer konzentrieren und dein Geschäft erweitern, und lass Amazon die Serverkapazität für dich erhöhen."

Balaban beschloss jedoch, AWS schlagartig zu verlassen. Er gab 60.000 Dollar aus, um seine eigenen Server von Grund auf selbst zu bauen, wobei er vielleicht von Thomas Sohmers' Erkenntnis beeinflusst wurde, dass heutige Server Pfusch sind, die 98 Prozent ihrer Energie damit verschwenden, Daten über Drähte zum Speicher oder vom Speicher weg zu leiten oder in „Wartezuständen" herumzusitzen. Es musste einen besseren Weg geben, als Terabytes von Lerndaten über das Internet zu einer Warteschlage in der GPU-Farm von Amazon zu schicken. „Es wäre billiger und schneller", rechnete er aus, „sie auf Disks zu speichern und Fed Ex einzusetzen."

Beispielhaft für die Exzesse des anspruchsvollen Set-ups bei Amazon waren aus Balabans Perspektive die Tesla-GPUs von Nvidia – absolute Spitzenprodukte, die für „maschinelles Lernen" ausgelegt waren. Er entdeckte, dass Nvidias *Gaming-Chips* nicht nur zehnmal billiger, sondern auch schneller waren. Worauf es bei Balabans Algorithmen für maschinelles

Lernen ankam, waren nicht etwa all die kundenspezifischen „Merkmale maschinellen Lernens", sondern die Anzahl der *verwertbaren Gleitkommaoperationen pro Dollar.* Wie Bill Dally von Nvidia gezeigt hatte, ist maschinelles Lernen ein Produkt der Fortschritte des Moore'schen Gesetzes in Bezug auf Verarbeitungsgeschwindigkeiten und Parallelisierung. Wenn man es auf einem Handy machen kann, wozu brauchte man dann The Dalles?

Balaban beschloss, die verwertbaren FLOPS pro Dollar zu maximieren. Das hieß, GeForce-Prozessoren von Spielekonsolen zu benutzen statt der Teslas, die Dallys ganzer Stolz bei Nvidia waren, oder statt der Tensor-Prozessoren, an denen Urs Hölzle bei Google festhielt.

Die Repräsentanten von Nvidia versuchten, ihn davon abzubringen und erklärten ihm, dass die Spielechips „nicht für Rechenzentrum ausgelegt sind. Man kann sich auf sie für Aufgaben maschinellen Lernens nicht verlassen. Wir können nicht dafür geradestehen." Im Silicon Valley nennt man das „FUD" (fear, uncertainty, doubt – Angst, Unsicherheit, Zweifel), die etablierte Produzenten wie IBM über billige Alternativmethoden verbreiten wie die, die vor zehn Jahren von Nvidia produziert worden waren.

Allerdings konzentrierte sich Balaban auf das entscheidende Maß FLOPS pro Dollar und errechnete, dass die exklusiven Tesla-Chips bei einer Leistung von 10,6 Teraflops rund 5.000 Dollar kosteten. Die Gaming-Chips (GefOrce GTX 1080 TI) produzierten 11,3 Teraflops und kosteten 580 Dollar pro Modul. Das konnte man kaum einen hauchdünnen Vorsprung nennen. In Balabans Modell von FLOPS pro Dollar waren die Gaming-Chips rund 24-mal besser.

An diesem Punkt machte Balaban die enttäuschende Entdeckung, dass Nvidia seine GeForce-GPU-Hauptplatinen nicht in den geringen Stückzahlen verkaufte, die er für seine Serverfarm brauchte. Es sah aus wie eine Fehlplanung. Aber dann erinnerte er sich an seine Diskussionen mit Austin Russell über den Bau von CPU-Clustern von Gaming-Platinen für Kryptoschürfer.

Die Lösung lag auf der Hand: „Kauf sie bei Fry's", der im Valley dominierenden Einzelhandelskette für Elektronik, wo Platinen von Zotac und

Asus aus Taiwan verkauft wurden. Das Lambda-Team räumte alle Bestände von 1080er-TIs in der Bay Area leer und provozierte damit so etwas wie eine Krise für Kryptoschürfer, die die Module für ihre eigenen Server benötigten.

Zu diesem Zeitpunkt im Januar 2016 lud Russell das Lambda-Team in die Garage hinter dem Pool auf der Pony Tracks Ranch ein. Er überließ ihnen den Ort zur kostenlosen Nutzung, und Lambda musste nur seine eigene Stromrechnung bezahlen. Balaban und sein Team machten sich ans Werk und bauten die Server von Grund auf zusammen, wobei sie die Gaming-Platinen mit den GPU-Clustern verwendeten. Sie installierten ihre eigene 100-Ampere-Breakoutbox mit 24 Kilowatt.

Am 13. Februar 2016 morgens um 4:27 Uhr schalteten sie ihren ersten Server ein und ließen ihn mit der Architektur GTX 980 TI Maxwell laufen. Die höchste Rechengeschwindigkeit waren 5,63 Teraflops, sodass sie vier Module pro Maschine mit einer Gesamtleistung von 225,2 Teraflops hatten – was sie mit fast einem Viertel Petaflop-Cluster auf die Rangliste der weltbesten Supercomputer katapultierte.

Unter den Leuten, die an Balabans Fortschritt Interesse zeigten, war auch George Harik, ein Titan aus dem Silicon Valley, der, wie Balaban, Informatik an der University of Michigan studiert und anschließend Googles AdWords entwickelt hatte. Harik teilte seine Beobachtung mit: „Ich weiß nicht, wie es Dreamscope ergehen wird, aber wenn ihr gute Administratoren von Linuxsystemen seid, dann könnt ihr vielleicht GPU-Cloud-Dienste anbieten." Es war der Google-Angestellte Nummer 10, der ihnen empfahl, mit Google in der Cloud zu konkurrieren. Es war eine Idee, über die man nachdenken sollte.

Balaban und sein Team hatten gelernt, wie sie FLOPS pro Dollar auf ihren Maschinen maximierten, was sich sogleich darin niederschlug, dass die Rechnungen von Amazon ausblieben. Die Investition von 60.000 Dollar amortisierte sich innerhalb von sechs Wochen und bahnte den Weg für den Erfolg von Dreamscope. Sie hatten sich ein Team aufgebaut, das aus Stephen und seinem Bruder Michael bestand. Chaun Li war ihr Wissenschaftlicher Leiter und ein Experte für die Anwendung neuronaler Netzwerke zur Umwandlung von Fotos in Gemälde. Hinzu kam

Steve Clarkson, der sein Dissertationsprojekt für Softwareentwicklung in Berkeley abgebrochen hatte.

Im Dezember 2016 funktionierte der Monetarisierungsplan für Dreamscope einigermaßen – sie hatten eine Menge passionierte Benutzer und verdienten rund 5.000 Dollar im Monat mit etlichen Millionen Downloads. Mit mehr Geld und einem längeren Atem hätte sich Dreamscope als profitables Produkt erweisen können.

Balaban beschloss jedoch, Dreamscope herabzustufen und in den Infrastrukturmarkt für Computer zu gehen. Wie Michael Dell in seinen frühen Jahren verkaufte er Kompakt-PC. Er brachte Abwechslung ins Familiengefüge und holte einen Schulfreund namens Jackson Sengle in die Firma, der gerade seinen Doktor in Biotechnik in Dartmouth machte. Der verstand, wie die Ribosomen die Proteine im Körper herstellen. Warum also nicht gegen die Norm des Silicon Valleys verstoßen und, wie Peter Thiel es den Stipendiaten 2014 empfohlen hatte, „etwas tun, dass alle anderen für dumm halten" – nämlich selbstgebaute Computer zu verkaufen?

Sie fingen damit an, sie manuell zusammenzusetzen, Schritt für Schritt bis tief in die Nacht hinein, mit Blick über das Silicon Valley. Mit ihrem großen Vorteil in Bezug auf GPU-Kosten von 580 Dollar pro Modul, mussten sie mit der Montage nicht besonders effizient sein. Ihr Produkt war eine GPU-Workstation, die vier GPU-GeForce-Gaming-Module von Nvidia enthielt und die Lambda für 10.000 Dollar pro Stück verkaufte. Wer sie rahmenmontiert für die eigene Cloud haben will, muss 25.000 Dollar bezahlen.

Sie stellten die Maschinen auf ihrer Lambda-Labs-Website und auf Amazon.com vor. „Nicht AWS", betont Balaban, „nur Amazon.com." Sie nannten sie die „Deep Learning DevBox", wobei „Dev" für development (Entwicklung) steht. Für die Werbung benutzten sie Googles AdWords. Wahrscheinlich freute sich Harik darüber.

Im März 2017 lief der Verkauf der DevBoxen allmählich an. Sie brachten 25.000 Dollar ein, was 5-mal so viel war wie Dreamscopes Ergebnis. Das war schon was. Im April verkauften sie Maschinen im Wert von 75.000 Dollar, 15-mal mehr als Dreamscope. Im Mai machten sie 135.000

Dollar Umsatz. Im August fanden Sonnenfinsternis und Heiratsantrag statt. Im November war die Firma bei fast 500.000 Dollar angelangt und in der Lage, ein Rechenzentrum zu starten, das von Dreamscope getestet wurde.

Hariks Idee, dass sie sich in das Geschäft des Linux-Administrators für tiefgehendes Lernen von GPU-Clustern begeben sollten, schien sinnvoll zu sein. Ein anderer ehemaliger Google-Mitarbeiter ermutigte Balaban ebenfalls. Ken Patchett, der Googles Rechenzentren auf der grünen Wiese in Asien baute und anschließend für Facebook Rechenzentren baute, erklärte ihm die Quellen für die Mehrkosten in Rechenzentren. Da gab es diese 24/7-Verlässlichkeit, die Redundanz und das Akku-Backup, all die kostspieligen Energiekorrekturen beim Kohlenstoffausgleich, die Spitzen-ASICS und die Klimaanlagen.

Vielleicht erwiesen sich Googles gigantische Datenfestungen auf der ganzen Welt gerade als sehr suboptimal in Bezug auf FLOPS pro Watt und Dollar. Natürlich können sie Suchen durchführen, aber ein neues System des Bell'schen Gesetzes steht bevor – eine neue Ära der Dezentralisierung, Gesichtserkennung in Handys, Rechenzentren in Autos und in beweglichen Behältern – der Beginn einer neuen Ära des „Sky-Computings", das die Clouds auflöst.

KAPITEL 18

Sky Computing ist im Kommen

Nahezu von Anfang an ist Urs Hölzle die Leitfigur bei der Entwicklung von Googles Cloud. Er lenkte ihre Erweiterung von ihrer Festung in The Dalles bis ans Ende der Welt. Über seine Wundertaten berichtete er Anfang 2017 auf der jährlichen Optical Fiber Conference, auf der sich die weltbesten Optotechniker und Wissenschaftler versammeln, um über den grenzenlosen Bedarf für moduliertes Licht und über die ausnehmend schön gebauten Maschinen nachzudenken, die benötigt werden, um es zu übertragen, hinzuzufügen, wegzulassen, zu formen, zu mischen, umzuschalten und zu transportieren.[1]

Glasfasersysteme nutzen Leitungen aus Glasfasern, die sich unverstärkt über eine Entfernung von fast 200 Kilometern erstrecken. In jedem Kabel sind Tausende von Fäden gebündelt, und in jedem Faden stecken jede Menge datentragende Wellenlängen. Sie sind aus Glas gemacht und so rein, dass man durch eine 65 Kilometer dicke Fensterscheibe schauen könnte. Was Hölzle als „niedrigenergetische, hoch verdichtete, kohärente Optik" bezeichnet, ist eines der heroischen technischen Wunderwerke im Informationszeitalter. Es erlaubte ihm, die Bandbreite zwischen seinen Rechenzentren innerhalb von sechs Jahren um das 50-Fache zu erhöhen.

Sein 42 Kilohertz starker globaler Informationssucher und -herbeiholer ist eine historische Leistung. Er führt 42.000 Suchen pro *Sekunde* durch, wobei jede einzelne Suche Hunderttausende Rechenschritte mit sich bringt.

Während Google an diesem Megahertz starken planetarischen Dienstprogramm arbeitete, wurde es einer der führenden Glasfaserfirmen der Welt. Sein drittes Kabel über den Pazifischen Ozean, eine 12.899 Kilometer lange Leitung von Kalifornien nach Hongkong, wird Daten mit der Leistung von 144 Terabits pro Sekunde transportieren. Solche Geschwindigkeiten haben die Bandbreite um das 29-Fache seit 2010 erweitert, als Googles Unity-Kabel zwischen der Westküste und Japan seinen Dienst antrat. Im Jahr 2018 plante Google ein noch umfassenderes Kabel für die enorme Strecke von New York nach Japan.

Wegen all dieser unglaublichen, von den Stars unter seinem Fachpublikum ermöglichten Errungenschaften hätte Hölzle normalerweise eine Botschaft des Dankes und der Anerkennung äußern können. Aber er war nicht nach Los Angeles gekommen, um zu feiern, sondern um sich zu beschweren. Sein ganzes Bemühen, erklärte er, sei „wie die Annäherung an eine Mauer."[2] Diese unaufhörliche Bandbreitensteigerung – das 60-Fache in sieben Jahren – sei sowohl unangemessen als auch zu kostspielig. Angesichts des Zerfalls von Speicher, Lagerhaltung und Rechenprozessen auf dem Planeten (das „Schmidt'sche Gesetz", das ich in Kapitel 2 beschrieben habe) und der Explosion des Bedarfs für Googles Dienste, brauche er am besten sofort eine zehnfache Verbesserung der Stufenfunktion bezüglich Bandbreite und Konnektivität.

Die Laser und Wellenlängen-Multiplex-Techniken und die kohärente Optik unter den sieben Weltmeeren und Kontinenten waren eine Sache. Aber *Input-Output* – die mit Lichtgeschwindigkeit dahineilenden Photonen aus Hunderten unterschiedlichen Nachrichten auf jedem zehn Mikrometer breiten Kern eines jeden gebündelten Fadens einzuholen und sie an die richtigen Adressen weiterzuleiten – war allzu schwierig und teuer. Hölzle wollte die Cloud 3.0. Er wollte einsteckbare Glasfasermodule, mit automatisiertem Equipment in großen Mengen gefertigt, und obendrein zu einem Zehntel der Kosten. Er wollte Glasfasertechnik, um deutlich schnellere Verbesserungen zu erzielen als das Mikrochipzeug unter dem Moore'schen Gesetz, und er wollte, dass der Preis sogar noch schneller fiel. Er wollte den Mond, schnell und billig.

Hölzles Beschwerden widersprachen der harten Wirklichkeit in der wohl gnadenlos dynamischsten Tech-Branche der Welt und waren zugleich ein frühes Zeichen für das Ende eines Paradigmas. Paradigmen sterben, wenn sie den Umständen der Wirklichkeit nicht mehr entsprechen. Durch den nahezu unbegrenzten Bedarf für kostenlose Güter über die Grenzen der wirtschaftlichen und technologischen Wirklichkeit hinausgetrieben, haben Hölzle und der Rest des Google-Teams von dem tatsächlichen Bedarf für ihre Produkte keine Vorstellung mehr. Nachfrage wird von Preissignalen erkannt, und hier werden keine übermittelt. Google wurde von seinem Engagement für die Gratiskultur und seiner Vorstellung einer Null-Grenzkosten-Ökonomie auf dem falschen Fuß erwischt.

Die nahezu unendliche Nachfrage, die stillschweigend in „kostenlos" inbegriffen ist, stößt auf die Endlichkeit von Bandbreite, optischer Innovation und Finanzierung – eine Endlichkeit, die die unerbittliche Zeitknappheit widerspiegelt. Diese Endlichkeit bringt nicht etwa null Grenzkosten hervor, sondern lässt diese Grenzkosten angesichts der steigenden Nachfrage nach Googles Füllhorn wertvoller Produkte, die nichts kosten, in nahezu unendliche Höhen schießen. Das ist dann Hölzles „Mauer". Stellen Sie sich eine Milliarde süchtiger Teenager auf der ganzen Welt vor, die durchschnittlich 80-mal am Tag „unentgeltliche Apps" auf ihren quelloffenen Android-Handys benutzen.[3]

Google landete mit der Neuzentralisierung der Datenverarbeitung in seinen Rechenzentren einen enormen Coup. Durch sein Engagement für „Gratisprodukte" stieg das Unternehmen zu beispielloser Größe auf. Aber ein freies Strömen ist kein Cashflow. Es umgeht das unternehmerische Lernen, das durch die gnadenlose Botschaft des Preises vermittelt wird. Ohne Preise bleibt nur noch die Zeitknappheit, um den Konsum zu begrenzen. Jenseits der vielen Wochenstunden seiner Smartphone-Benutzer war die Zeit Google dicht auf den Fersen.

Hölzle lebte in einer Traumwelt der grenzenlosen, aber letztlich illusorischen Nachfrage. Ein Jahrzehnt war vergangen, und ein neues Paradigma setzte sich allmählich durch. Dieses Paradigma sollte seine

Rechenzentren – mit ihren in Regalen gestapelten Exabyte-Speichern und Petaflops Rechenleistung, mit ihren Unmengen Spezialsoftware und gigantischen, in der Nähe von Flüssen und Gletschern gelegenen Kühltürmen, verbunden mit archaischen Anordnungen exhibitionistischer „grüner" Energie von Windrädern und Solarzellen – als gewaltige Denkmäler einer zu Ende gehenden Epoche hinter sich lassen.

Muneeb Ali von Blockstack verdeutlicht den Übergang:

Google und Facebook gewannen Werte in der Anwendungsebene, mussten dann aber eine Menge Protokolle und Infrastruktur erfinden, um wirklich groß zu werden (Google File System, Map Reduce [Datenbank-Tools], das Netzwerkprotokoll SPDY [um Wartezeit durch Link-Verkehr zu vermeiden]. Aufgrund der Werte, die sie schon früh erschufen, hatten sie die Ressourcen.

Diese [Architektur] führte zu gigantischen Gräben, weil die großen Unternehmen alle Daten hatten, aber auch weil niemand sonst die Ressourcen hatte, um die Protokoll- und Infrastrukturebene zu erneuern. [Sie blieb Hölzle und seinen Kollegen bei Google überlassen.] Diese Innovation wird stets benötigt. Die Frage ist, wer die Motivation hat, das Kommando zu übernehmen. In der Welt nach der Blockchain kippt das Modell und es besteht [für viele Teams außerhalb der riesigen Unternehmen] ein direkter Anreiz, an den schwierigen Problemen der Erneuerung von Protokoll und Infrastruktur zu arbeiten. Dies ist eine bedeutsame Veränderung.[4]

Fortschritte in der Blockchain und Kryptografie begründeten eine neue Stufenfunktion des Bell'schen Gesetzes. Es sollte weitreichender sein als alles, was Hölzle mit seiner Forderung nach immer mehr Bandbreite voraussah. Mit größerer Bandbreite sollten immer dichtere Bilder transportiert werden, von 4K-Pixels bis zu 8K-Pixels, und alle sollten sie in seinen Rechenzentren von immer mehr Gigaflops maschineller Intelligenz und immer mehr Gigawatt Energie markiert und verarbeitet werden.

Die neue Computerarchitektur des Internets und das Sicherheitsmodell des Kryptokosmos bedeuten den Niedergang der existierenden

Herrschaft des Bell'schen Gesetzes der verdichteten „Cloud-Verarbeitung" in Rechenzentren, die vor abgeschotteten Anwendungen und Kundendaten eines speziellen riesigen Konzerns strotzen. Auf der Blockchain werden die Daten für alle sichtbar und unter allen Benutzern verwendbar sein. Deshalb können die Anbieter der Infrastruktur die Daten nicht mehr exklusiv an sich reißen.

Während der Kryptokosmos an Schwung gewinnt, werden die wassergekühlten Clouds eine immer geringere Rolle spielen. Ersetzt werden sie durch dezentrale Peer-to-Peer-Architekturen, allseits verfügbare und transparente globale Datensätze und neue Sicherheitsmodelle. Sie werden sich überall auf luftgekühlten Laptops und anderen tragbaren Geräten verbreiten. Die Clouds lösen sich auf. Der Himmel ist die Grenze.

Blockstack, Counterparty und Rootstock gehören zu den Firmen, die Plattformen für sichere Vernetzung auf Grundlage der Identität und der Daten bieten, die in Satoshis *Bitcoin*-Blockchain verwurzelt sind. Da Bitcoin darauf spezialisiert ist, die Sicherheit von Geld zu gewährleisten, stellt es nur 83 Bytes für Textspeicherung unter seiner Anweisung OP_RETURN zur Verfügung. Das genügt für Basis-Adressregister und komprimierte mathematische Hashes, aber nicht einmal für einen kompletten Tweet. Bitcoin gleicht geringere Kapazität mit mehr Sicherheit aus.

Während Bitcoin ein Rechner für Geldüberweisungen ist, etabliert sich Ethereum als ein globaler Computer zur Ausführung von Programmen. Bitcoin verzeichnet Schulden und Guthaben für „Coin" in einem öffentlichen Hauptbuch, Ethereum hingegen ist eine „virtuelle Maschine" zur Formulierung und zum Verschicken von Softwareanweisungen für intelligente Verträge oder bedingte Transaktionen. Um für all das zu bezahlen, stellt es auch Coins zur Verfügung – Ether genannt.

Intelligente Verträge sind in der Ethereum-Blockchain eingebettet und können finanzielle Transaktionen oder Geldgeschäfte transportieren. Buterin bietet die Analogie eines Münzautomaten an, aber genauso gut trifft jeder ähnliche Baum-Algorithmus zu, der Schritt für Schritt funktioniert (*falls* man die richtige Münze einwirft, und *falls* man die Wahltaste drückt, *dann* kann man im Fach darunter das Ergebnis einsammeln; falls nicht, kann man die Maschine sinnlos mit den Fäusten bearbeiten).

Wie Buterin bei der Ankündigung seines Systems erklärte, hoffte er, mit Ethereum „Protokolle für dezentralisierte Datenspeicherung, dezentralisierte Datenverarbeitung und Prognosemärkte zu ermöglichen und mit der Hinzufügung einer ökonomischen Ebene einen gewaltigen Schub für andere Peer-to-Peer-Protokolle auszulösen." Die meisten anderen Krypto-Unternehmen haben diese einfallsreichere Ethereum-Blockchain und die Solidity-Sprache benutzt, um ihre Infrastrukturen zu errichten.

Was Reichweite und Einfallsreichtum betrifft, ist Golem kaum zu übertreffen. Es nennt sich selbst mit ironischer Wortgewandtheit ein „Airbnb für Computer" und bietet an, die Ressourcen Ihres Computers zu mieten, wenn Sie ihn nicht benutzen. Dann organisiert es diese Ressourcen mit denen anderer Benutzer zu einem virtuellen Supercomputer. Golem mietet Zyklen und Software für diesen Supercomputer im Bereich des Sky Computing.

Golem ist ein verteiltes Blockchain-System, das alle Beiträge und Bezahlungen unter Computern aufzeichnet, und entstammt einer produktiven Krypto-Gruppe in Warschau. Es verspricht, dichte, parallele Datenverarbeitung durch den Einsatz überschüssiger Rechnerleistung auf der ganzen Welt. Für die Programmierung bietet Golem eine *application registry* und einen *application store* an, die Softwareautoren benutzen können. Es stellt eine mit einer Firewall geschützte „Sandbox" für „Prüfer" zur Verfügung, um die Unversehrtheit der Software zu testen, ohne dabei die Plattform zu beeinträchtigen. Um diese Systeme miteinander zu verbinden, gibt es ein Golem Network Token (GNT) und ein Programmiergerüst für Transaktionen, das dafür sorgt, dass alle Teilnehmer so bezahlt werden, wie es festgelegt wurde.

Der globale Computer und der globale Netzwerk-Token liefern Anbietern von Rechenzyklen einiger Milliarden anderenfalls inaktiver Laptops, Tablets und sogar Smartphones einen ökonomischen Anreiz. Außerdem stellt Golem Entwicklern, Testern und Softwareprüfern eine Matrix für intelligente Verträge zur Verfügung. Es ist ein neues Ökosystem für Computer. Wie der Blockchain-Entwickler Ivan Liljeqvist in seinem Blog *Ivan on Tech* kommentiert: „Es wird cool sein, wenn ich das Framework für Transaktionen programmieren und sagen kann, ich möchte Mikrobezahlungen für jede Tätigkeit bekommen, während sie beim Gebrauch der Software ausgeführt wird."[5] Das könnte die Art und Weise, wie Software geschrieben und verkauft wird, radikal verändern.

Golem sieht sich selbst langfristig in der Position, wichtige Elemente für das Web 3.0 zu bauen, wo Inhalte jeder Art erzeugt und ohne Mittelsmänner ausgetauscht werden können. Sollten sie erfolgreich sein, werden die top-down-organisierten Silos der Oligarchen einem dezentralisierten Internet Platz machen, das womöglich Juan Benets Interplanetary File System und seinem Filecoin angeschlossen sein wird. Benet führt eine Bewegung vieler Speicherfirmen an, die anhand eines ähnlichen Modells nicht benötigten Festplattenspeicher mietet.

Wissenschaftler in aller Welt könnten sich an Golem wenden, um anspruchsvolle Finanzmodelle, Navier-Stokes-Gleichungen für Flüssigkeitsströmungen, Atmosphärenmodelle des Klimawandels, Proteinfaltungsgeometrie, Gewichte des maschinellen Lernens und pharmakologische Stichprobenstatistiken zu berechnen. Schon bald wird sich ein großer Teil der Weltbevölkerung an den globalen Supercomputer wenden, um die Passage durch virtuelle Modelle des Planeten zu berechnen. Als ein Zeichen der Auswirkung von Golem ist der GNT häufig das am weitesten verbreitete Krypto-Asset auf der Ethereum-Plattform, und vom November 2016 bis Mitte 2018 stieg der Wert um mehr als das 40-Fache an.

Für seinen ersten Testmarkt in seiner „Messingversion" begeisterte Golem mit grafischer Darstellung (Rendering) und Visualisierung. Der rechenintensive Prozess zur Erzeugung fotorealistischer oder animierter Szenen aus zwei- oder dreidimensionalen Computermodellen wird oft „Bildsynthese" genannt. Sie ist den meisten Menschen als computererzeugte Bilder in Videos und Filmen vertraut. Rendering und Visualisierung durchdringen obendrein Architektur, Bildung, Bauwesen, computergestütztes Design und computerunterstützte Entwicklung, den Immobilienmarkt und sogar die Chirurgie.

Architekten verwenden 3D-Modellierungssoftware, um Gewebe, Beleuchtung und winzige Details zu zeigen. Chirurgen verlassen sich auf qualitativ hochwertige Darstellungen von Organscans, um Diagnosen und Therapien für ihre Patienten erstellen zu können. Eine Darstellung kann zum Beispiel eine Routine wie eine Szene in einer 2D-Geschichte von *South Park* sein oder so kompliziert wie eine Episode in *Avatar* oder die grobkörnige Grafik eines interaktiven 3D-Spiels. Die Fortschritte erfahren eine Beschleunigung und bringen uns aus der Ära von *Ratatouille* vor gerade mal einem Jahrzehnt – als die Darstellung jedes einzelnen animierten Bildes sechseinhalb Stunden dauerte – bis zur sofortigen Echtzeit-Darstellung fotorealistischer Szenen auf Zehntausenden parallel laufender GPUs in Amazons Cloud von heute.

Rendering ist ein Markt von schätzungsweise zwei Milliarden Dollar, der um 22 Prozent jährlich wächst. Er wird von Unterhaltungskonzernen dominiert, die ihre eigenen Supercomputer haben, und von Hunderten „Renderfarmen" in aller Welt. Golems Ankündigung, es wolle diese Arena betreten, erregte bei Zehntausenden von Spieledesignern, Architekten und Experimentatoren mit virtueller Realität neues Interesse an seiner Token-Ausgabe. Diese Benutzer stehen jetzt in der Warteschlange für immer wieder hinausgezögerte Verfahren auf Reihen von Xeon-Mehrkernprozessoren von Intel.

Für Golem ist Rendering jedoch lediglich ein Testmarkt für „Messing", niedrig hängende Früchte, die mit kostenloser „Blender"-Software geerntet werden können, bevor die Firma mit ihrer Palette anderer Supercomputerfunktionen in ihren „Stein"- und „Eisen"-Versionen weitermacht.

Ende 2017, ein Jahr nach Golems Ankündigung, gibt der Renderingspezialist OTOY sein eigenes Token heraus – RNDR (das Render-Token). Unter seinen charismatischen Mitbegründern Jules Urbach und Alissa Grainger hat OTOY seit 2008 darauf hingefiebert, als es ein Patent für die Verwendung von Token erhielt, um neue Renderingmärkte zu erschließen. Im Gegensatz zu Golem, das behauptet, seine Renderingfunktionen auf Parallelanordnungen von CPUs auszuführen, konzentriert sich OTOY von Anfang an auf Grafikprozessoren, die für diese Verwendungen optimiert wurden. OTOYS OctaneRender, der Branchenstandard, ist die Grundlage für die Werteinheit OctaneBench, die Golem als ein Maß für seine Renderingarbeit benutzen wird.

OTOY ist das geistige Kind von Jules Urbach. Lange bevor Peter Thiel damit anfing, Jugendlichen, die das College verlassen, um Firmen zu gründen, Prämien zu geben, verschmähte Jules Harvard und den Rest der akademischen Kosmetiker, und setzte seine draufgängerische Kreativität im Gaming fort. Sein erster Hit war Hell Cab für Warner Interactive, vor 25 Jahren auf CD-ROM veröffentlicht. Als Wunderkind im Grafik- und Softwarebereich entwarf er außerdem die ersten 3D-Spiele in der Branche für Groove. Anschließend stellte er, nach langen Nächten und Monaten des Erfindens, OTOY für 3D-Rendering und -Streaming in Echtzeit vor.

Inzwischen ist er ein drahtiger, 43-jähriger Renderkrieger mit leuchtenden Augen, sieht aus wie Al Pacinos Serpico nach einer wüsten Nacht und spricht so schnell, als hätte er einen sechsfachen Milchkaffee getrunken. Seine Pläne kündigte Urbach Ende 2017 folgendermaßen an:

> Als ich OTOY ins Leben rief, war es mein Ziel, ein offenes System zu erschaffen, das es jedem ermöglichen sollte, simulierte Realität zu rendern und neu zu mischen, und zwar so mühelos, wie es das Web mit Texten und digitalen Medien tat.
> Ein dezentralisiertes und offenes, globales Renderingsystem ist die Grundlage für disruptive Dienste und Plattformen, die sich aus der postmobilen Welt immersiver Datenverarbeitung entwickeln, genauso wie das offene Web durch die Bildung von Google, Amazon und Facebook geschaffen wurde.
> ... OctaneRender verwendet billige GPUs, die in fast jedem PC stecken, um fotorealistische Bilder und Medien annähernd in Echtzeit zu erzeugen, und das bei einer Qualität, die Kino-Rendering per CPU, das einige Stunden länger dauert, noch übertrifft ...
> Unser Ziel ist es, dass das Render-Token den Transaktionsprozess, 3D-Umgebungen zu rendern und zu streamen sowie Erfahrungen mit vermischter Realität und virtuelle Objekte viel einfacher für Endanwender und Inhaltserzeuger [macht].[6]

Was einen solchen globalen Computer für Rendering möglich macht, ist die Blockchain, die die ganzen verschachtelten Transaktionen aufzeichnet, die das Mieten unbenutzter Kapazitäten auf Computern und die

Auslieferung der gerenderten Bilder an die Benutzer mit sich bringen. Wie Urbach betont,

> bedeutet seine Integration mit [Intelligenten Verträgen im] Ethereum-Netzwerk, dass es eine robuste und unumstrittene Lösung für digitale Rechte gibt, die in diesem Service enthalten ist. Das ist wichtig, um eine Lösung für die permanenten Zustandsveränderungen in geteilten 3D-Szenen zu finden, für die der mit einem Zeitstempel versehene Nachweis der Urheberschaft und der Bearbeitungsrechte benötigt wird.
> Von Wirtschaftsingenieuren und Architekten, die Lichtdurchlässigkeit in CAD-Modellen testen, bis zu Wissenschaftlern, die Galaxien im frühen Universum simulieren, und Kreativen und Konsumenten, die sich Ausbrüche gewaltiger Raytracing-Energie zunutze machen, um holografische virtuelle Welten und Erfahrungen miteinander zu teilen, zapft ein verteiltes GPU-Renderingsystem auf der Blockchain zu geringen Kosten gewaltige Simulationsressourcen an.

Dieses System, sagt Urbach, „wird für Jobs in der realen Welt wertvoll sein, die viel zu teuer sind, um lokalen oder zentralisierten GPUs gerecht zu werden ... Wir glauben, dass Benutzer in der Lage sein werden, immer mehr Jobs mit immer weniger Hardware, Verzögerung und Energiekosten zu erledigen."[7]

In einem Blogposting vom September 2017 fasste Brendan Eich den OTOY-Plan zusammen und verglich ihn mit seinem eigenen Basic Attention Token (BAT):

> Vor vier Jahren schrieb ich in meinem Beitrag „Heute habe ich die Zukunft gesehen" über OTOY. Seitdem hat mich das Engagement der Gründer Jules Urbach und Alissa Grainger für die Vision, die Jules verkündet hat, begeistert:
>
> ... simulierte Wirklichkeit zu rendern und neu zu mischen, und zwar so mühelos, wie es das Web mit Texten und digitalen Medien tat.

Inzwischen baut OTOY RNDR, sein eigenes Rendering-Token für die CPU-Cloud, um Rendering für AR/VR [Augmented Reality/ Virtual Reality], Spiele und Filme für mehr als sieben Millionen GPU-Besitzer zu dezentralisieren. Die Vorteile von RNDR decken sich mit denen von BAT:

1. Effizienz: Nutzungstoken schalten den Zugang zu unproduktiven oder Ressourcen mit falschem Preis frei, z. B. GPUs für RNDR, Aufmerksamkeit der Benutzer für BAT.
2. Abwehr von Betrug: Token funktionieren als Rechnungseinheit für geringfügigen Betrug. Eine Bezahlung wird erst nach der von der Blockchain bestätigten Verifizierung der Arbeit erforderlich.
3. Gesellschaftlicher Kredit: der im Voraus erzeugte und nicht zum Verkauf bestimmte Vorrat an Token stattet Benutzer mit Token per fiat (durch Vertrauen) aus.

... Dezentralisiertes Rendering macht die *Verifizierung* von Ergebnissen erforderlich. Token fließen nicht, bevor nicht der Auftraggeber für die Renderingarbeit die Qualität des Ergebnisses anhand von Proben und Tests bestätigt. Renderer erwerben und verlieren erzielte Reputation auf der Grundlage des Rangs und der Qualität der von ihnen ausgeübten Jobs.
Dezentralisiertes Rendering erfordert *Vertraulichkeit*. Eine dieser technologischen Ironien, die mein Leben würzen, besteht darin, dass dieselbe für DRM [digital rights management] geschaffene Sicherheitshardware (z. B. ARM TrustZone) hilfreich bei der Lösung des Vertraulichkeitsproblems ist.
In meinem ursprünglichen Blogposting über OTOY befürwortete ich die *Wasserzeichenmarkierung* als unvermeidlich und hielt sie DRM gegenüber für überlegen. OTOY hat seit 2009 die Wasserzeichenmarkierung entwickelt und angewendet. Riesige, geteilte AR/VR-Welten können möglicherweise nicht „verschlüsseln, was Sie sehen" (was DRM für feste Datenträger zu tun versucht). Dennoch

brauchen Schöpfer von Modellen und Kunst in solchen geteilten virtuellen Welten wirksamen und fairen Schutz, wie Erfahrungen aus der virtuellen Online-Welt von Second Life zeigen.
Dokumentenechte Wasserzeichenmarkierung ist ein wichtiger Bestandteil der Lösung. Weitere Details entnehmen Sie bitte dem RNDR-Abschnitt „Wasserzeichenmarkierung und verschlüsselte Treuhand-Transaktionen": Eine von Photonen angetriebene Wirtschaft.
… Ich bin von den Aussichten für RNDR, BAT und andere bereichsspezifische Token begeistert. Sie werden die Metaversum-Ökonomie in ein kohärentes, gleichberechtigtes und dennoch dezentralisiertes Ganzes einbinden. Die Zukunft wird tokenisiert sein!"[8]

Letzten Endes wird Urbach sein System über das Rendering hinausführen, um einen großen Teil der Golem-Agenda abzudecken. So konzentriert, wie er und Grainger in den Anfängen des Render-Tokens waren, versäumte es Urbach, darauf hinzuweisen, dass ein globaler Parallel-Supercomputer für Rendering auf der Grundlage von Grafikprozessoren auch optimal für ein Arrangement anderer Anwendungen ist. Bill Dally von Nvidia hat viele solche Beispiele beschrieben. So findet zum Beispiel ein großer Teil des maschinellen Lernens in Hölzles Rechenzentren auf angehäuften Grafikprozessoren statt, die von OTOYs neuen verteilten und auf der Blockchain beruhenden Renderfarmen simuliert werden können.

OTOY ist ein Experte für den Zusammenschluss von CPU- und GPU-Zyklen zu optimalen Konfigurationen für unterschiedliche Nutzungen. Während OTOY und seine Konkurrenten und Mitarbeiter die GPU-Ressourcen in einem gesamten Universum von Milliarden von Computern anzapfen, könnten sie letztlich einen virtuellen planetarischen Computer erschaffen, der die CPU- und GPU-Anordnungen in Googles Rechenzentren mit ihren lediglich in Millionenhöhe vorhandenen Rechnern in den Schatten stellen.

Gemeinsam mit Golem führt OTOY den Marsch der Blockchain-Supercomputer auf den Markt an. Gridcoin aus Berkeley sammelte elf Millionen Dollar für seine BOINC-Plattform (offene Infrastruktur für

Netzwerkrechner) und bietet Middleware für einen verteilten „Forschungsnachweis" in einem Berkeley-Bouquet aus Mathematik, Linguistik, Medizin, Molekularbiologie, Klimaforschung, Umweltwissenschaft und Astrophysik an. Streamr arbeitet zusammen mit Golem an einer Datentransportebene für eine neue verteilte Internetarchitektur, bei der es um gestreamte Inhalte geht. SONM.io in Moskau experimentiert mit einem Modell des „Fog Computing" und nutzt dabei die am „Rand der Cloud" verteilten Ressourcen, die von Telekommunikationsunternehmen und Netzwerkeigentümern ausgeliehen werden können. Am Rand der Cloud bedeutet, so nah wie möglich an den Kunden heranzurücken. SONM.io hat einen Börsenwert von 55 Millionen Dollar erzielt.

Alle diese Projekte verwenden Blockchains, um die potenziellen Milliarden zufällig verteilter Computerbesitzer mit oftmals ungenutzten Ressourcen zu koordinieren, damit sie virtuelle Supercomputer bilden können. Jedes Token ermöglicht eine unveränderliche, mit einem Zeitstempel versehene Transaktion auf der Blockchain und verbindet sie mit vielen anderen zu einem Geflecht aus maschineller Intelligenz. Die meisten Fortschritte beim Verbinden von Maschinen auf Regalen in den wassergekühlten Schmelztiegeln des Parallelismus funktionieren auch, wenn man verstreute Netzwerke Tausender luftgekühlter Computer auf der ganzen Welt miteinander verbindet.

Viele dieser Unternehmen werden scheitern, aber gemeinsam können sie die nächste Generation des Webs von den abgeschotteten Silos eroberter Daten emanzipieren. Der Kryptokosmos kann Computerleistung in einem Umfang mobilisieren, der selbst die Rechenzentren der Giganten in den Schatten stellt. In diesem Fall dienen die bei Google vorbereiteten Fortschritte in der Informatik dazu, die Welt von Googles Silos zu befreien.

Jeder Gewinn bei der Organisierung der Parallelressourcen nicht öffentlicher Supercomputer in Clouds beflügelt die Schaffung offener Sky-Supercomputer. Jedes Glasfaserkabel trägt dazu bei, riesige Menge augenblicklich noch beliebiger Computer zu Datenbankeinheiten effizienter virtueller Maschinen zu verknüpfen. Dally von Nvidia kann nur staunen, wie seine architektonischen Fortschritte ihren Siegeszug um die ganze Welt antreten und in weltweiten Netzen aus Daten und ihrer Verarbeitung in der Blockchain realisiert werden.

Diese Gewinne werden möglich, weil die Branche ihren Schwerpunkt von den Früchten der Berechnung auf ihre Verwurzelung in Vertrauen und Sicherheit verlagert. Die vorhandene Internetarchitektur ist vollgestopft mit kostenlosen Apps, die alles können, was Sie sich nur wünschen können. Porös ist sie jedoch in ihren zugrunde liegenden Protokollen, die Identitäten, Eigentumsrechte und andere Aspekte des Grundzustands des Systems errichten sollen.

Als globale Kopiermaschine etablierten die Internetgründer Ursprünge, Fakten, Wahrheiten, Zeitstempel und Grundzustände. Jenseits der rutschigen Abhänge des Internets kann die Blockchain eine unveränderliche Datenbank zur Verfügung stellen, auf der neue Vertrauensstrukturen gegründet werden können.

Sobald Daten auf der globalen Blockchain abgelegt sein werden, ist es nicht mehr nötig, ein materielles Gehäuse zu erschaffen, um einen gewaltigen Parallelcomputer zu organisieren. Dann ist es nicht mehr vernünftig, Computer neben entlegenen Flüssen oder in arktischen Gefilden anzuhäufen oder Supercomputer in die Kälte des Weltraums auszulagern. So wie das Internet Räume, Autos und sogar die Arbeit von Privatpersonen auf der ganzen Welt mobilisieren konnte, so können Blockchains die Computer der Welt organisieren. Wenn die Computer derart beschäftigt sind, ist es nur eine Frage der Zeit, bis die Räume, Autos und Jobs folgen werden.

KAPITEL 19

Ein globaler Aufstand

Guatemala nimmt eine wenig beneidenswerte Position auf der Liste der Länder ein, wo die Wahrscheinlichkeit, ermordet zu werden, am größten ist. Die Hauptstadt Guatemala-Stadt ist eine der 50 gewalttätigsten Städte und kommt den noch gewalttätigeren Städten in El Salvador und Honduras bedrohlich nahe. Die Mordraten in Ländern, die unglücklicherweise zwischen Cocapflanzen in Kolumbien und Drogendealern in den Vereinigten Staaten liegen, sind die höchsten in der Welt. Guatemala steht in dieser Hinsicht an zehnter Stelle. Zum Elend des Landes kommt hinzu, dass seine Säuglingssterblichkeit eine der höchsten in der westlichen Hemisphäre ist.[1] 30 Jahre lang waren diese Zustände nicht einmal Guatemalas schlimmstes Unglück: Der Bürgerkrieg, einer der am längsten andauernden Kriege auf dem amerikanischen Doppelkontinent, endete erst 1996.

Mitten in diesem Krieg, geführt von der Militärregierung und marxistischen Guerillas, gründete Manuel Ayau, eine große Persönlichkeit und ein in den USA ausgebildeter Ingenieur, das Center for Economic and Social Studies, um das Gedankengut der „Österreichischen Schule" der Volkswirtschaftslehre am Beispiel von Denkern wie Ludwig von Mises und des Chemikers und Philosophen Michael Polanyi zu verbreiten. Innerhalb weniger Jahre gründeten Ayau und andere Mitglieder des Zentrums eine Universität, die sie nach Francisco Marroquin benannten, einem spanischen Bischof und Zeitgenossen Martin Luthers, der seine zweite Lebenshälfte als Befürworter der Freiheit der Guatemalteken in ihrem Land verbrachte.[2]

Während der Bürgerkrieg immer schlimmer wurde, eröffnete die Universität im Januar 1972, mit Ayau als ihrem ersten Präsidenten. In seiner Antrittsrede verkündete er die Überzeugungen der UFM – Individualrechte, Wahrheit, Gerechtigkeit, Pluralismus und Demokratie – die Diktatoren und Terroristen direkt vor der Tür mit Füßen traten. Für Ayau stand die Freiheit an erster Stelle: „Wir glauben fest an die Fähigkeiten unvollkommener menschlicher Wesen, ihr Schicksal besser zu erkennen, wenn sie frei sind und nicht, wenn sie von der kollektiven Instanz, die durch den Staat personifiziert wird, genötigt werden."

Mitten im Eifer des Gefechts und der Politik auf den Straßen schaute Ayau weit voraus:

> Das Engagement von Universitäten überall gilt nicht den vergänglichen Aspekten des menschlichen Lebens, sondern vielmehr den bleibenden Perspektiven. Universitäten an sich müssen sich selbst jenseits der Konflikte ihrer Zeit positionieren, sodass Wissenschaft und akademische Freiheit – die die Menschheit zu jeder Zeit brauchen werden – bewahrt bleiben können. Was wir hier vorschlagen, ist, dass der traditionelle Elfenbeinturm von den Gelehrten, die die hitzigen Debatten in der politischen Arena suchen, nicht aufgegeben wird, sondern dass er in einen neuen und transparenten Kristallturm verwandelt wird, der es den Gelehrten – Professoren wie Studenten – erlaubt, unsere gegenwärtigen Verhältnisse zu beobachten, über sie nachzudenken und kritisch zu analysieren. Wir wollen uns bemühen, die mögliche Gestalt der Zukunft zu entdecken.[3]

Bei der ersten Abschlusszeremonie der Universität sprach Ayau erneut von der Freiheit, während er eine kugelsichere Weste unter seiner akademischen Kleidung trug.

Bischof Marroquin selbst gründete eine Schule in Guatemala, die sich schließlich zur Universität de San Carlos entwickelte, eine der ältesten

Universitäten auf dem Kontinent. Ayaus neue Universität mit ihrer Betonung auf freien Märkten und auf eine freie Gesellschaft schlug einen völlig anderen Weg ein als die alte Universität. Die *Los Angeles Times* berichtete 2008: „Während die San-Carlos-Universität aktiv linke Guerillas unterstützte, predigte [Universidad] Francisco Marroquin die Unantastbarkeit privater Eigentumsrechte und der Rechtsstaatlichkeit. Der unerschrockene Ayau wählte Rot als offizielle Schulfarbe ‚auf der Grundlage, dass die Kommunisten die Farbe an sich gerissen hatten und wir ihnen diese Exklusivität nicht überlassen sollten.'"[4]

Die UFM begann mit „40 Studenten in einem gemieteten Haus". Innerhalb von zehn Jahren gelang es ihr, ein Grundstück von 40 Morgen im Zentrum der Stadt zu kaufen. Aus diesem zur Hälfte stillgelegten Land, zurückgewonnen aus Abwasser und Müll, in dieser gewalttätigen und schönen Hauptstadt, ging ein heiterer Campus hervor. Schwungvolle Ziegelsteingebäude, eine Fülle von Vegetation, große alte Bäume und gewundene Spazierwege – eine friedliche Oase akademischer Freiheit.

Die akademische Freiheit führte zu anderen Formen der Freiheit. Im Jahr 1996 beauftragte Álvaro Arzú, der neue Präsident Guatemalas, Alfredo Guzmán, einen jungen Ingenieur und Kongressmitglied, das marode und teure, staatlich betriebene Telefonsystem zu privatisieren. Zu diesem Zeitpunkt konzentrierte sich Guatemalas staatliche Telefongesellschaft auf städtische Flächen – und das ausgerechnet in einem Land, wo die meisten Menschen in ländlichen Gegenden lebten. Guzmán war selbst ein Absolvent der UFM und bildete ein Team, das hauptsächlich aus UFM-Absolventen und -Professoren bestand. In wenigen Jahren verwandelte der Privatisierungsplan dieses Teams ein Land, in dem die bäuerliche Bevölkerung viele Kilometer fahren musste, um Schlange vor einem teuren städtischen Telefon zu stehen – das unter Umständen zehn Minuten brauchte, um ein Freizeichen zu bekommen – in das am besten verbundene Land Mittelamerikas. Eine Fallstudie von 2012 berichtete, dass „sieben Jahre nach der Reform die Zahl der mobilen Telefonverbindungen die Zahl der Einwohner des Landes überstieg."[5]

Nachdem Giancarlo Ibárgüen, einer der Telefonreformer, 2003 Präsident der UFM wurde, wurde sie die erste Universität der Welt, die (als

Ein globaler Aufstand

„Beta-Standort" für eine lokale Ausrüstungsfirma) vollständig mit WiFi ausgestattet wurde. Die UFM nimmt inzwischen den ersten Rang auf der weltweiten Liste der 50 besten Orte für das Studium klassischer Ökonomie ein, wobei sie sogar Milton Friedmans University of Chicago schlug.[6] Peter Thiel, nicht gerade bekannt als ein Fan höherer Bildung, sprach auf Einladung Ibárgüens 2009 anlässlich der UFM-Abschlusszeremonie und wurde mit einem Ehrendoktortitel ausgezeichnet. Die UFM eröffnete sogar ein George Gilder Computer Center, was natürlich meine Aufmerksamkeit erregte. Im Juni 2013 wurde die UFM unter Gabriel Calzada, Ibárgüens inspirierendem Nachfolger, die erste Universität auf dem amerikanischen Doppelkontinent, die Bitcoin als Bezahlung akzeptierte. Das Startup Cities Institute ist hier beheimatet und gehört zu der Bewegung, die Mark Klugmann zumindest zum Teil ersann, als ein Medium für digitale Währungen – womit er Ayaus Vision einer Gemeinschaft wieder heraufbeschwor, die er vor fast einem halben Jahrhundert hatte und die darauf aus ist, „die mögliche Gestalt der Zukunft zu entdecken".

„Wer ist denn schuld daran?"

Tuur Demeesters herablassende Stimme brauste auf. Er war in Belgien über Skype mit dem Seminarraum in Guatemala verbunden. Der breite Bildschirm zeigte einen jungen Mann mit konservativem Haarschnitt und einer gelehrten, akademischen Erscheinung. Ich hatte mich vorgewagt und angedeutet, dass sich seine wertvollen Bitcoin-Währungen womöglich als Schneeballsystem erweisen könnten, in dem die „Schürfer" als Indikatoren für künftige Entwicklungen reich und die Nachzügler geschröpft werden.

Es war im Mai 2014, in der Anfangszeit meines Eintauchens in die internationale Gemeinschaft der Bitcoin-Hacker. Ich hielt mich in Guatemala auf, um die Ehrendoktorwürde der Universidad Francisco Marroquín entgegenzunehmen. Dort, in der tiefen Schlucht, die die vulkanische „Zone 10" in Guatemala-Stadt spaltet, hatte ich das Gefühl, ein Weltsystem würde unter meinen Füßen erschüttert.

Ich saß an einem großen runden Tisch in einem UFM-Seminarraum und schaute aus Ayaus vergegenständlichtem „Kristallturm", diesem neunstöckigen Verbundsystem aus milchigem und transparentem Silizium, Ziegelstein und Glas, auf die rosa und roten Blüten eines gewaltigen Bougainvillea-Baums auf der anderen Seite der Schlucht. Um mich herum versammelt war eine Schar rätselhafter Programmierer, Bildungspioniere, Technologieunternehmer und Bitcoin-Cypherpunks – von denen einige alle Rollen gleichzeitig spielten – die die Vorstellung einer einheitlichen Vision des Wandels im Finanzwesen erweckten, einhergehend mit einer neuen Blüte der Freiheit und der ökonomischen Chance.

Anfangs war ich skeptisch gegenüber dieser Bewegung gewesen. Die Protagonisten waren zu jung und eine Spur zu visionär, zu radikal und zu konservativ, zu naiv und viel zu weit von den Grenzen der Seriosität entfernt, um die Grundlagen einer neuen Infrastruktur des Finanz- und Bankwesens zu errichten. Aber als sie mich dort, an der UFM, in ihrer fundierten, technikerfahrenen Sprache des quelloffenen Programmierens ansprachen, die Politik des Paradigmenwandels ins Spiel brachten und dabei eine eindrucksvolle Auffassungsgabe über die Unwägbarkeiten der Finanzmärkte und der Kryptografie bewiesen, erkannte ich, dass diese Bewegung durchaus die Mittel und das Charisma haben könnte, die überbewerteten und überregulierten Geld- und Banksysteme weltweit auf den Kopf zu stellen.

Wie Keats' stämmiger Cortez auf einer Klippe in Mittelamerika stehend, starrte ich auf die ozeanische Weite eines neuen ökonomischen Reichs, das von neuen Formen des Geldes angetrieben wurde. Schließlich waren es stets neue Spielarten des Geldes gewesen, die über Jahrtausende hinweg jedes Wirtschaftswachstum ermöglicht hatten. Tief im Schlamm des praktisch unbeweglichen Tauschhandels versunken, wäre der Reichtum der Welt nur ein winziger Bruchteil dessen, was er heute ist. Die doppelte Buchführung hatte in Venedig zu einer Revolution im Handel geführt. Jetzt sprachen die Bitcoiner von einer „dreifachen Buchführung" mit einem dauerhaften Hauptbuch in der Blockchain.

Es ist unbestreitbar, dass für die Anhäufung aller Vermögen in der Welt die Erfindung des Geldes und des Finanzwesens unabdingbar war. Der Wert des Geldes beruht auf seiner Macht, Billionen von Transaktionen zu ermöglichen und zu bemessen und Werte zu speichern, die über

Zeit und Raum hinweg transportierbar sind. Ein echter neuer Durchbruch in der Geldtechnologie könnte vergleichbare Beiträge liefern.

Ich erinnerte mich an einen Kommentar von Marc Andreessen, den größten Wagniskapitalgeber. Er sagte, er sei auf der Suche nach Firmen, die „mit wenig Geld eine Menge bewirken". Natürlich entsprach diese Gruppe größtenteils selbstfinanzierter Unternehmer den Anforderungen. Die meisten ihrer Firmen finanzierten sich hauptsächlich durch die Wertschätzung der Bitcoin, die sie schürften, an deren Minting (etwa: digitaler Prägung) sie beteiligt waren und die sie mit ihren raffinierten neuen Softwarearchitekturen ermöglichten.

Dieser unglaubliche Campus mit seinen Ökonomen der erkenntnistheoretischen Österreichischen Schule und seinen New-Age-Technologen entsprach ebenfalls den Anforderungen. Diese Koalition hatte sich innerhalb von 45 Jahren in einer Schlucht, die zuvor mit Abwasser gefüllt war, inmitten der Schönheit und Armut von Guatemala-Stadt zur Weltspitze hochgearbeitet.

Da waren wir also an der UFM und sprachen über den Atlantik hinweg mit Tuur Demeester im Herzen der Alten Welt. Mit 23 Jahren hatte er 2012 Bitcoin für fünf Dollar gekauft, die er sich zum Teil für fast 500 Dollar auszahlen ließ, um zwei Firmen zu finanzieren, ein Geldwechselunternehmen namens Kraken und eine Firma für Schürfausrüstungen namens Cointerra. Kraken gedieh, ging zu Blooming Terminal und baute eine funktionierende „Bitcoinbank" auf. Cointerra ging im Bitcoin-Crash von 2014 unter. Demeester sprach von den noch großartigeren selbstfinanzierten Heldentaten von Bitcoin Armory, die inzwischen angeblich zu den besten digitalen „Wallets" für Bitcoin gehört. Ziel des Unternehmens war es, eine sichere Bitcoin-Wallet in Software zu produzieren, sodass es 2013 eine Investitionsrunde startete, die 100.000 Dollar einbringen sollte. Das Geld strömte nur so herein und übertraf mit 500.000 Dollar alle Erwartungen. Sie gaben 100.000 Dollar für einen Geschäftsplan aus und bunkerten 400.000 Dollar in Bitcoin. Die 400.000 Dollar stiegen sprunghaft zu einer Höhe von vier Millionen Dollar an. So füllten sie ihre Wallet und mussten nicht einmal ein Programm dafür schreiben. Damit lieferten sie in den folgenden fünf Jahren das Modell für gut 1.500 Blockchain-Unternehmen.

Als Reaktion auf meine Frage, ob der Bitcoin nicht ein Schneeballsystem sei, spottete Demeester: „Wenn dem so wäre, würde es zusammenbrechen, wenn es durch Rückschläge in Verruf gebracht wird. Der Bitcoin hat bisher noch jeden Betrug und Kursverlust überstanden und ist jedes Mal stärker daraus hervorgegangen."

Ich wusste, dass das stimmte – sowohl die schockierenden Rückschläge, die Schwindler und Betrugsmaschen im Dunstkreis des Bitcoin und die unverwüstliche Strapazierfähigkeit, die fantastischen Comebacks, die auf einen bisher unangreifbaren Kern zurückzuführen waren. Das war eine stabile Technologie, deren Weg um die Welt durch schlechte Zeiten zu guten Zeiten mit beängstigenden, umwerfenden und himmelsstürmenden Erwartungen führte.

In den Fußstapfen von Entwicklungshelfern unterstützte Peter Thiel eine Reihe von Blockchain-Start-ups. Marc Andreessen führte viele erstklassige Wagniskapitalgeber aus dem Silicon Valley ins Blockchain-Getümmel. Berichte über den gut betuchten Bitcoin-Unternehmer Matt Mellon aus New York deuteten darauf hin, dass Goldman Sacks, Morgan Stanley und einige andere vornehme Kräfte der alten Garde dabei waren, rund 500 Millionen Dollar zusätzlich zu beschaffen – was die pikante Möglichkeit ins Spiel brachte, dass die Taschen für irgendwelche sogenannten Bitcoin-Schneebälle Goldman-Säcke sein könnten.

Mittlerweile weisen US-Universitäten, wie Thiel stets betont hat, keinerlei Ähnlichkeiten mit der UFM auf. Als Harvard-Absolvent und ehemaliger Fellow der Kennedy School erhielt ich, kurz bevor ich im Frühjahr 2014 nach Guatemala kam, eine Ankündigung von der Harvard-Präsidentin, sie werde einen Fonds in Höhe von 400 Millionen Dollar auflegen, um meine Alma Mater und all ihre wissenschaftlichen Fachbereiche für den Kampf gegen den Klimawandel in Stellung zu bringen. Solche Bemühungen laufen in der Praxis darauf hinaus, die Energieproduktion zu drosseln, ohne dem Klima zu nutzen.

Die Harvard-Initiative zehrt von der Atmosphäre des Anspruchs verblassender Oberschichtinstitutionen, die „wenig mit viel Geld" aus den Fonds anderer Leute erreichen, und spiegelt die zunehmende Trunkenheit elitärer amerikanischer Bildung wider. Die Eliteinstitutionen fokussieren sich darauf, den Fortschritt anzuhalten, den Bau neuer Kraftwerke zu verbieten, chemische Betriebe zu demontieren, sich gegen Israel zu stellen und sich ähnlichen reaktionären Beschäftigungen zu widmen. Dabei verfolgen sie die Launen einer im Niedergang begriffenen intellektuellen und unternehmerischen Elite – chemophobische Nervensägen und technikfeindliche Nieten, die über ihren giftigen Fundus alten Geldes plappern, während die Welt an ihnen vorbeirauscht.

Im Herbst 2013, just als die Umweltminister von Deutschland und Spanien das nahezu vollständige Scheitern ihrer einst wegweisenden Programme von Quersubventionierung, Einspeisetarifen und Strafsteuern zur Förderung „alternativer Energien" einräumten, ging Harvards privilegierte Studentenschaft an Bord. Sie stimmten mit 80-prozentiger Mehrheit für eine Resolution, für das Investitionsvolumen von 400 Millionen Dollar keine Firmen zu berücksichtigen, die mit der Gewinnung fossiler Brennstoffe auf Kohlenstoffbasis zu tun haben.

Eine ähnliche Mehrheit derselben Studenten hatte sich zuvor der entsetzlichen BDS-Bewegung (Boykott, Desinvestitionen und Sanktionen) angeschlossen und forderte einen Investitionsabzug aus Israel. Folglich machten sie mit den Antisemiten auf der ganzen Welt gemeinsame Sache, von denen manche auch Harvard mit Geld aus ihrem hauptsächlich mit Öl verdienten Vermögen überhäuften. Israel ist nicht nur eine kreative Quelle bahnbrechender Wasser- und Treibstoffproduktivität, die den gesamten Nettoverbrauch von Wasser in den 70 Jahren seit 1948 um zehn Prozent reduziert hat, während sich der Ausstoß um das 60-Fache erhöhte. Israel ist außerdem die Quelle vieler Informationstools und kryptografischer Erkenntnisse, die das Alltagsleben der Harvard-Studenten gestalten – Facebook-Postings, Google-Suchen, Simsen über den Campus hinweg, Kindle-Streaming oder Kinect-Signale für die Videospielkonsole xBox. Diese Studenten könnten ohne Israel und ohne Öl ihre kostbare Verweigerungshaltung und die der Niedrigenergie verpflichtete Lebensweise nicht mehr pflegen.

Während ich den Stimmen an der UFM in Guatemala lauschte, die im Vergleich dazu so vernünftig und einer reichen Zukunft zugewandt waren, konnte ich eine Wachablösung wahrnehmen, einen historischen Übergang von der intellektuellen und ökonomischen Führung der alten amerikanischen Eliten zu einer prophetischen neuen Generation in einer Region – von Guatemala bis Schanghai – die häufig Dritte Welt genannt wird, die Amerika aber rasch in den Schatten stellt, was freie Zonen des Geistes betrifft.

Ja, sogar das immer noch despotische, „kommunistische" China hat seine Privatwirtschaft so stark entwickelt, dass seine Staatsausgaben mittlerweile weniger als 20 Prozent des Bruttoinlandsprodukts betragen (gegenüber 26 Prozent der Vereinigten Staaten). China erweist sich in mancher Hinsicht empfänglicher für rebellische Denker und Unternehmer als Amerika. Trotz all seiner Schwächen gibt China inzwischen genau so viel Risikokapital aus wie die Vereinigten Staaten, während es dreimal so viele Erstbörsengänge verweisen kann. Wir sollten nicht glauben, dass Silicon Valley es ohne China „geschafft hat".

Die Vereinigten Staaten verzeichnen jedoch ein Comeback, das zum Teil von der neuen Unternehmergeneration angeführt wird, die von Peter Thiel aus der monolithischen Welt der Universitäten gelockt wird. Ende Oktober 2017 feierte der von Thiel inspirierte Investmentfonds 1517 den 500. Jahrestag der 95 Thesen Martin Luthers, die die Reformation in Gang setzten. Aus diesem Anlass versammelten sich Hunderte Unternehmer, die das College abgebrochen hatten. Vitalik Buterins geplante Rede fiel im letzten Moment aus. Es stellte sich heraus, dass er zu viel zu tun hatte – ein gutes Zeichen.

Ein paar Wochen vor dem Ereignis erschien „The New 95" auf *The Subversionist*, dem Blog des Fonds 1517. Nummer 19 lautet:

> Als Stephen Trachtenberg 1987 Präsident der George Washington University wurde, bezahlten Studenten 27.000 Dollar (zum Dollarkurs von 2017) für Schulgeld, Unterkunft und Verpflegung. Als er 20 Jahre später in den Ruhestand ging, zahlten sie mehr als das Doppelte – nahezu 60.000 Dollar. Trachtenberg machte GW zur teuersten Schule des Landes, ohne die Bildung auch nur einen Deut zu verbessern. Der Abschluss „dient als Trophäe, als ein

Symbol", sagte er. „Ich schäme mich nicht für das, was wir gemacht haben."

Es gibt Gebäude auf dem Campus, die nach diesem Typen benannt sind.

Die „New 95" reflektieren die philosophischen Erkenntnisse ihres Sponsors Peter Thiel. Geschrieben hat sie Mike Gibson, der zum Fonds 1517 gehört. Geholfen hat ihm dabei Danielle Strachman, die inspirierende Führungsperson des Fonds.

Sie also schlugen den Alarm. Dieses System und die entsetzliche Schuldenlast der Studenten haben dazu geführt, dass ganze Generationen aus der Unternehmenswirtschaft ausgeschieden sind. „Warum gibt es 5.300 Universitäten und Colleges in den USA, aber nur einen einzigen Blickwinkel?", fragte These Nummer 8. These 23 lautet: „Die staatliche Macht sollte nicht dafür eingesetzt werden, jeden zu nötigen, dieselben Dinge auf dieselbe Weise, am selben Ort, mit derselben Geschwindigkeit und in demselben Alter zu lernen." These Nummer 28: „Das Problem bei der Ausbildung besteht nicht darin, dass wir zu wenig investiert haben, sondern dass wir so wenig für so viel bekommen."

51. Die Zulassung ist ein Tool, um ein Monopol beizubehalten und durchzusetzen. ... Medizinische Hochschulen, juristische Fakultäten und andere Fachschulen sollten einen Collegeabschluss als Aufnahmebedingung streichen.
65. Die meisten publizierten Forschungsergebnisse sind falsch. Na klar, hier kommt deine Fußnote: „Warum die meisten publizierten Forschungsergebnisse falsch sind", von John P. A. Ioannidis, PLOS, 30. August 2005, https://doi.org/10.1371/journal.pmed.0020124.
78. Jede akademische und wissenschaftliche Zeitschrift sollte offen sein und dem Publikum kostenlos zur Verfügung stehen. Es ist viel leichter, mit einer Milliarde Augen die Ergebnisse auf Reproduzierbarkeit zu überprüfen.
79. Schulen sind profitorientiert, wenn man an Schulen wie dem MIT von Erstsemestern verlangt, einen Einführungskurs für Informatik

zu belegen, obwohl die Studenten vielleicht schon seit acht Jahren selbstständig programmieren.

94. Wir werden von künftigen Generationen danach beurteilt werden, was wir aufgebaut haben und nicht, was wir konsumieren. Wird das Geschaffene die Zeit besser überleben als seine Macher?

95. Bildung sollte eine Mission sein, die die Welt nicht nur belehrt, sondern sie befreit.

Dennoch konzentrieren sich die Universitäten darauf, den Studenten beizubringen, wie sie die Dinge aufhalten – Pipelines, Energieerforschung, chemische Innovation, neue Pflanzenformen, neue Geschäfte –, statt sie zu lehren, wie man sie erschafft. Es ist traurig und ironisch zugleich, dass gegen die Chemie gerichtete, von Universitäten empfohlene Vorschriften dazu geführt haben, die Siliziumchip-Schmieden vom Silicon Valley zu verbannen, sodass die Chipbranche größtenteils nach China und Israel ausgewichen ist.

Die Hochschule, die bereits eine wohlhabende Säule des amerikanischen Establishments ist, erhält mit ihrer Ideologie eine Art Anspruch auf staatliche Unterstützung. Während die Kosten für Ausbildung und andere Bildungskosten jahrzehntelang um ein Vielfaches schneller anstiegen als die Inflation, und die Einkommen der Hochschulabsolventen stagnierten, finanzierten die Universitäten ihre Bereicherung ungeniert auf den Rücken der sich immer höher verschuldenden Studenten. Niedergedrückt von Schulden verzichten junge Leute auf unternehmerische Aktivitäten und sogar auf die Ehe. Während Geschäftsgründungen in Amerika stagnieren, treiben sie in Richtung einer sozialistischen Abhängigkeit.

Google, das größte Unternehmen des Silicon Valleys, wurde im Gates Building in Stanford geschaffen, in dem viele renommierte Professoren arbeiten. Es verkörpert die geschlossene und kostspielige Verschmelzung von Universität, Industrie und Staat. Google stellt mit John Hennessy im Vorstand, dem ehemaligen Präsidenten von Stanford, der mit Google-Aktien 360 Millionen Dollar für die Ausstattung der Universität verdiente, sowohl die besten als auch die schlimmsten Aspekte der Ehe zwischen der Hochschule und ihrem kommerziellen Nachwuchs dar.

64. Je mehr Doktortitel vergeben werden, umso weniger wissenschaftliche Revolutionen scheinen wir zu haben. Heutzutage arbeiten mehr Wissenschaftler als zu irgendeinem anderen Zeitpunkt der Menschheitsgeschichte. Es könnte sein, dass die Wissenschaft schwieriger ist, oder es könnte sein, dass es nicht wirklich Wissenschaftler sind.

1517 und die Thiel Foundation werfen nicht einfach nur rhetorische Fehdehandschuhe hin. Seit der Gründung des Fonds 2014 hat er eine Menge Firmen unmittelbar finanziell unterstützt, die von Universitätsabbrechern geleitet werden. Hunderte weiterer Unternehmen wurden indirekt gefördert. Die Ergebnisse werden allmählich sichtbar.

Buterins Ethereum übernimmt dabei die Führung. Im Juli 2017 hieß die Ethereum Enterprise Alliance 34 wichtige Unternehmen auf einer Liste willkommen, auf der bereits Namen wie Intel, J. P. Morgan, Mastercard und Samsung standen. Dieses Bündnis wurde gebildet, um die Normen und Architekturen auf der Grundlage von Ethereum aufzubauen und zu erweitern sowie das breitgefächerte Interesse an der Blockchain-Technologie von Ethereum auf höchster Ebene des Finanzwesens und der Industrie zu bestätigen.

Ende September desselben Jahres kündigte Toyota, der größte Automobilkonzern der Welt, zur Überraschung der Experten an, dass es Lidarsysteme, einen wichtigen Bestandteil für seine selbstfahrenden Autos, von Luminar erhalten würde, einem unbekannten Start-up aus dem Silicon Valley, das von 1517 (siehe Kapitel 10) finanziert wird. Mit seiner Entscheidung für Luminar folgte Toyota drei anderen Automobilkonzernen, sodass Luminar allmählich die Weltspitze im Lidargeschäft übernahm.

Während Google seine gigantischen Rechenzentren für Google Brain weltweit ausbaute, finanzierte 1517 Stephen Balabans Bemühungen, kompakte, billigere Zentren zu bauen, die dieselben Funktionen in den Unternehmen selbst ausüben konnten. Die zum tiefgehenden Lernen befähigten Maschinen der Lambda Labs trafen in den Unternehmen, die damit zögerten, ihr wertvollstes Vermögen, nämlich ihre Daten, auf einen von Konkurrenten wie Google, Amazon oder Microsoft kontrollierten, zentralisierten Server hochzuladen, auf reges Interesse. Drei der Riesen selbst – Apple, Amazon und Microsoft – sind inzwischen bereits Kunden von Lambda Labs. Hinzu kommen viele weitere Konzerne wie General Electric und IBM, ganz zu schweigen vom MIT, Princeton und Los Alamos. Balaban sieht den erweiterten Markt des Cloud-Computing als einen nächsten Schritt an. „Am Ende", prophezeit er, „werden wir ein verteiltes Versorgungsunternehmen für Berechnungen wie der Energiekonzern Pacific Gas & Electric sein, das auf unserem Marktplatz die überschüssigen Rechenzyklen unserer Kunden verkauft ..."

Die Blockchain verwandelt die Architektur des Internets von Grund auf. Vitalik Buterins Ethereum wandelt das Netzwerk von einer Anordnung beschränkter Hierarchien in eine globale *Heterarchie* um, die in einem neuen Sicherheitsmodell verankert ist. Austin Russell bringt einzigartige, innovative *Hardware* in ein Valley, das von Software-Allesfressern und begeisterten Verfechtern der zentralisierten Datenverarbeitung nur so strotzt. Stephen Balaban gestaltet gerade die Cloud-Bewegung ins „Regenmachen" um und holt die Supercomputer aus einer zentralisierten Umgebung der Leiharbeit in einen verteilten und individualisierten Bereich.

42. Die Brüder Wright traten – mit einer Hausbibliothek, ohne Collegeabschluss und mit einem Fahrradladen – das Zeitalter des Fliegens los. Ihr Hauptkonkurrent Samuel P. Langley, ein Mathematikprofessor mit Zuschüssen von der US-Regierung und des Smithonian, stürzte in den Potomac River.

In gewisser Hinsicht sind die Thiel-Stipendien eine raffinierte Möglichkeit für einen Wagniskapitalgeber, das ehrgeizigste, fähigste und sogar ungeduldigste Talent in der neuen Studentengeneration zu finden. Thiels Glück begann mit Paypal, erreichte jedoch seinen Gipfel, als er den 18-jährigen Mark Zuckerberg überzeugte, Harvards Facebook ins Silicon Valley zu holen und es der Welt zu öffnen.

Als Schwarze Bretter im Internet und soziale Netzwerke wie MySpace noch undurchsichtig und anonym waren, erkannte Thiel, dass das Internet

Gesichter (*faces*) brauchte. Er suchte die Verantwortlichkeit realer Identitäten hinter den Postings im Internet. Außerdem war ihm bewusst, dass die jüngsten Unternehmer sehr häufig die weitreichendsten umgestaltenden Ideen hervorbrachten, wie zum Beispiel der Harvard-Abbrecher Bill Gates von Microsoft oder der Stanford-Student Larry Page von Google. Wenn man ein Wagniskapitalgeber mit dem Wunsch ist, umfassende Veränderungen in Ökonomie und Gesellschaft zu erreichen, dann ist ein kühner Blick auf die Jugend entscheidend für den Erfolg.

Das Thiel-Stipendium zieht jährlich Zehntausende Bewerber an, von denen nur 20 die höheren Weihen erhalten. Russel war 2013 und Buterin 2014 Mitglied früher Jahrgänge. Buterin ist schon auf dem Weg, der Larry Page der neuen Generation zu werden und dessen von oben nach unten organisierte Revolution umzukehren.

Betrachtete man diese Jugendlichen jedoch als bloße Mittel für die ehrgeizigen Zwecke eines Wagniskapitalgebers, hieße das, ihre Bedeutung als Symbole und Protagonisten eines neuen Weltsystems zu verkennen. Peter Thiel ist bekannt als Unternehmer und Finanzier, aber seine wahre Berufung ist die eines visionären Philosophen und nonkonformistischen Kritikers der aktuellen Herrschaft der Hochschulen.

Als Thiel Vitalik Buterin und die anderen Thiel-Stipendiaten des Jahres 2014 willkommen hieß, sagte er: „Wir hoffen, [sie] werden Menschen jeden Alters inspirieren, weil sie demonstrieren, dass intellektuelle Neugier, Stehvermögen und Entschlossenheit wichtiger für die Verbesserung der Zivilisation sind als Zeugnisse." Mit Zeugnissen bleiben die alte akademische Ordnung und ihre Hierarchien erhalten. Zu gewaltigen Kosten schleusen die Universitäten Studenten durch die Flure eines zunehmend reaktionären Bildungsestablishments, das die Vorstellung pflegt, sozialistische Hausrezepte, Identitätspolitik, Chemophobie, steriler Hedonismus, druidische Sonnenmonumente, totemistische Windräder und hohe Batterienstapel seien *fortschrittlich*. Sie da wegzulocken ist ein revolutionärer Akt.

36. Es gibt kein eisernes Gesetz der Ökonomie, das besagt, das Schulgeld solle Jahr für Jahr steigen – und nur steigen. In vielerlei Hinsicht sind Universitäten auf demselben Stand des Unterrichts

wie in den frühen 1980er-Jahren oder auf einem schlechteren Niveau. Allerdings müssen Studenten inzwischen das Vierfache dessen zahlen wie damals. Man stelle sich vor, jedes Jahr mehr Geld für die Tickets einer Fluglinie zu bezahlen, deren Flugzeuge langsamer fliegen und häufiger abstürzen, die aber ihre Erträge für einen verflucht teuren Terminal und eine Lounge ausgibt. Würdest du deren Sticker auf die Heckscheibe deines Autos kleben?

Thiel nannte dies eine durch politische Korrektheit erzwungene „Bildungsblase". Googles Weltsystem hallt wider von den Ideologien, Schwelgereien, Ansprüchen und Voreingenommenheiten der Hochschule. Thiel und der 1517-Fonds fordern die Studenten auf, gegen ihre ideologische Beschränkung aufzubegehren und neu über alles nachzudenken.

Sie nehmen die Vorstellung eines stagnierenden und selbstgefälligen Amerikas nicht hin, in dem Informationsunternehmen zu riesigen Keiretsus (Zusammenschlüssen von Unternehmen) erstarren, ein Amerika, in dem die Geschäftsgründungen zurückgehen, die Börsengänge verkümmern und die Kreativität erlahmt. Auch der Rest von uns sollte das nicht tun.

Die Welt wird nicht darauf warten.

KAPITEL 20

Die Sterilisierung des Netzwerks

Fühlen Sie sich *allein*, wenn Sie ins Internet gehen? Sie bummeln von einer Website zur nächsten, sind einsam in der Cloud, begleitet, aber nicht angerempelt von einer unsichtbaren Menschenmenge. Diese anderen besuchen zur gleichen Zeit dieselben Seiten, lesen dieselben Nachrichten, sehen sich dieselben Darsteller an. Sie sind unsichtbar und teilen Ihr Interesse am Geländelauf oder an Steuersätzen, Leonard Cohen, Informationstheorie, Leichtathletik, Joan Didion, Netzwerkprozessoren, den Basketballmeisterschaften, Art Tatum, schönen Frauen, Yo-Yo Ma, der Börsenaufsichtsbehörde oder der Blockchain. Sie sind von Menschenmengen umgeben, aber die sind unerreichbar fern. Die meiste Zeit haben Sie kein Interesse an anderen. Aber wäre es nicht hin und wieder erfreulich, Gleichgesinnte im Web zu finden?

Seiten mit Kommentarbereichen spiegeln diese Einsamkeit wider und sprechen Sie an. Man kann es an der Intensität der Reaktionen und an den Versuchen fühlen, andere Kommentatoren in einem verkümmerten Textdialog anzusprechen. Wie Leonard Cohen es in einem Lied beschreibt, ist das „fast wie der Blues."

Ich habe mich mit Daniel Berninger zum Essen verabredet, der mir von seinen Bemühungen erzählen will, wie er helfen wollte, und wie seine Regierung beschloss, ihn zu stoppen. Wenn sie ihn davon abhalten kann, diesen kleinen Schritt für das Internet zu tun, dann kann sie, so glaubt er, neue Technologiegenerationen ebenfalls pauschal stoppen. Bedroht ist die 300 Milliarden Dollar schwere drahtlose Umwandlung unter der Architektur der neuen, fünften Generation 5G und der jetzt im Aufstieg begriffenen Blockchains des Lebens nach Google.

Berninger ist Ende 40 und trägt einen gepflegten Bart. Der gut gelaunte, originelle Denker wünscht sich ein geselligeres Netz. Wäre es nicht besser, wenn Websites an eine hochauflösende Sprache gekoppelt wären? Sie würden auf ein Icon klicken und an einen Telefonisten weitergeleitet werden, oder, in einer Welt von Google „Home", zu einem Automaten. Der „Telefonist" weist Ihnen ein Gespräch in HD-Sprache zu. Mit sieben Kilohertz (statt der üblichen drei Kilohertz) und mit doppelter Abtastgeschwindigkeit ist die Akustik unheimlich klar und klangvoll. Telefonnummern oder herkömmliche Suchen werden nicht mehr benötigt. Sie können sprechen oder nicht, ganz wie Sie wünschen. So deutlich wie Telefonpräsenz.

Hello Digital heißt das Unternehmen, das mit dieser Idee wirbt. Berninger gibt zu, dass es vielleicht keine gute Idee sein könnte – „Wissen dreht sich um die Vergangenheit, beim Unternehmertum geht es um die Zukunft" –, aber ganz bestimmt ist es nicht die Rolle der Regierung, diese Idee zu blockieren.

Berninger kommt zum Dinner in den piekfeinen University Club in DC in Silicon-Valley-Jeans und ohne Jackett. Das ist ein Problem. *Mama erlaubt keine Jeans im U Club.* Vielleicht wäre er als virtueller Mann auf der Website des University Club besser dran. Vielleicht aber auch nicht. Berninger hat Glück. Der livrierte Hausherr sagt in vollem Ernst: „Heute Abend sind keine Vorstandsmitglieder anwesend."

Meine Güte, wäre er sonst verhaftet worden? Nein, aber er hätte es riskiert, am Eingang zum Speisesaal abgewiesen zu werden.

Dan bricht nicht in Schweiß aus. Er strahlt übers ganze Gesicht. Er ist scharf darauf, Obrigkeiten herauszufordern, und der University Club kommt seinem Wunsch gern nach. Er sollte begreifen, wofür diese Clubs stehen – nämlich Kommunikationsregeln unter Gleichgesinnten anzubieten – und die meisten von uns würden sie nicht anders haben wollen, selbst wenn ihre Regeln gelegentlich einen Zwischenfall mit einem Draufgänger aus dem Silicon Valley in Bluejeans provozieren.

Berninger ist seit Jahrzehnten Skeptiker und trägt gegenwärtig seinen Protest am Obersten Gerichtshof vor. Es hat sich herausgestellt, dass die Idee hinter Hello Digital gewisse abstruse Regeln der Federal Communications Commission (FCC; Bundesbehörde zur Regelung der Kommunikation per Funk, Fernsehen, Draht, Satellit und Kabel) verletzt. Alle Kläger müssen sich auf die K Street in Washington begeben, das Lobbyistenzentrum der Hauptstadt, und sich die Tricksereien einer Anwaltskanzlei sichern. Man ruft Dick Wylie und Bert Rein und ihre 234 Anwälte in der Anwaltskammer für Kommunikationsanwälte an.

Gerade noch rechtzeitig schlüpft Berninger in ein dunkles Jackett, das ihm der Hausherr des University Clubs geholt hat, und lehnt sich bequem in seinem Sessel zurück. Der Rebell hat Pause in Washington und ist bereit, seine Geschichte zu erzählen. Als Elektroingenieur hat Berninger den größten Teil seines Geschäftslebens in heiterer Stimmung damit verbracht, die Telekommunikationsbranche auf den Kopf zu stellen. Er fing in den Bell Laboratories an, wo er sich 1995 auf Studien einließ, wie das Telefonieren über Rechnernetze nach Internetstandard (VoIP; voice over the internet protocol) die Telekommunikationsfirmen beeinflussen würde. VoIP gestattete Anrufe über das Internet und befreite Telefone vom verstopften und nervenden öffentlichen Telefonnetz.

VoIP begann 1994 beim Telefondienstleister Free World Dialup, wo es die Schaltkreise eines großen Computerservers in Beschlag nahm. Von da aus kam es auf eine kleine Platine in einer Netzwerkbox bei Vocaltec in Israel, ein Unternehmen, das 1996 das erste erfolgreiche VoIP-System entwickelte. Schließlich landete es auf einzelnen Chips beim Kommunikationsanbieter Vonage. Berninger folgte der Technologie überall hin. Nun befindet sie sich für wenige Dollar auf Broadcom-Chips, sodass die *hochauflösende* Sprache über Rechnernetze nach Internetstandard auf jeder Website zugänglich sein könnte. „Hello Digital".

Als er an den umkämpften Grenzen zwischen verschiedenen Netzwerken arbeitete – am damals nicht regulierten Web und an den vermurksten öffentlichen Telefonnetzen mit seinen „Orts- und Ferngesprächen" – verfolgte die FCC jeden seiner Schritte. Aus Vocaltec entstand unter Mithilfe seines AT&T-Kollegen Tom Evsling ITXC. Berninger erschütterte die Branche mit der Idee von Ferngesprächen als Internetprodukt. Vor dem Dotcom-Crash stieg ITXC für kurze Zeit auf einen Börsenwert von acht Milliarden Dollar. Vonage war Berningers nächstes Unternehmen, mit dem er zu einem wichtigen Anbieter für VoIP wurde und 2004 einen Höchststand von 1,4 Millionen Kunden erreichte. Es wurde schließlich durch fadenscheinige, aber aufreibende Patentansprüche von Verizon gelähmt, die der Firma fast 150 Millionen Dollar entzogen.

Es war seine Erfahrung mit Hello Digital, die ihn dennoch zu einem marktliberalen Prozessführer machte.

Die existierenden, ausschließlich für das Internet gedachten Systeme fürs Sprechen wie Skype von Microsoft, Googles Hangout und der Facebook Messenger funktionieren gut genug, manchmal sogar hervorragend. Allerding gelingt es ihnen nicht, einen Vorteil aus der spontanen Zusammenführung von Interessen auf bestimmten Websites zu ziehen. Sie beschaffen keine zusätzlichen Ertragsquellen für Websites mit unabhängigem Inhalt. Und sie scheitern daran, die Magie hochauflösender Sprache hinzuzufügen. „Die Leute wissen noch nicht, dass sie das wollen, aber wenn sie es erleben, scheint jede andere Form des Telefonierens unangemessen zu sein."

Für verlässliche HD-Sprache ist, wie bei einem Telefonanruf, eine Ende-zu-Ende-Verbindung statt einer mit größten Bemühungen massiv gepufferten Internetverbindung erforderlich. In seiner „Erklärung von Daniel Berninger" gegenüber der FCC drückt er es folgendermaßen aus: „Weil Wartezeit, Schwankungen und Datenpaketverlust ... die Qualität bedrohen und das Leistungsversprechen des HD-Service zerstören, ist es unerlässlich, dass Netzwerkbetreiber diesem Datenverkehr Priorität einräumen ...", und sie werden „vernünftigerweise eine Entschädigung erwarten und verlangen."

Berninger wusste, dass diese neue Telefonieanwendung über das Web aufgrund der Open Internet Order der FCC von 2015 die Alarmglocken bei der Kommission läuten lassen würde. In diesem Jahr erklärte FCC-Chef

Tom Wheeler das Internet zu einem Bestandteil des öffentlichen Telefonnetzes und regulierte es als öffentliches Versorgungsunternehmen unter Titel II des Telekommunikationsgesetzes von 1996. Aber was konnte denn mit Berningers kleiner Anwendung schiefgehen? Hello Digital schien lediglich eine neue Form besserer Sprachakustik und des Gemeinschaftsgeistes im Netz zu sein. Nach ein paar Monaten Wartezeit wurde ihm allerdings klar, dass er sich zu weit vorgewagt hatte.

Eine Ende-zu-Ende-Verbindung zu schützen, sei nach den Regeln der „Netzwerkneutralität" illegal, sagte die FCC, was wohl verhinderte, dass manche Bits – etwa zeitkritische Bits – gegenüber anderen Bits bevorzugt würden, sodass zum Beispiel mehr Toleranz gegenüber Text- oder E-Mail-Übertragungen gezeigt werde. Daher: Auf Wiedersehen Hello Digital.

Berninger lässt sich jedoch nicht so leicht aus dem Weg räumen, nicht einmal von einer einstimmigen Entscheidung der führenden amerikanischen Telekommunikationsbehörde. Die Ausweitung einer Bundesgesetzgebung auf das Internet ging ihm auf die Nerven. Der wichtigste Schritt war die Entscheidung, dass eine Internetprotokoll-Adresse nur eine andere Art von Telefonnummer sei.

Wenn die FCC für Telefonnummern zuständig sei, so lautete das Argument, sei sie auch für IP-Adressen zuständig. Und wenn sie für IP-Adressen verantwortlich sei, sei sie auch für das Internet federführend. Warum also sollte bei dem begrenzten Adressraum von IPV4 (Internetprotokoll, Version 4), das mittlerweile rasch zu IPV6 umgewandelt wurde, um die vielen Milliarden Objekte im Internet der Dinge unterzubringen, die FCC nicht auch über die vielen Milliarden Dinge herrschen? – glänzende Aussichten für die Bürokratie. Und, so sagte die FCC in ihrer Anordnung, sollten irgendwelche neuen Arten von Adressen entwickelt werden, würden auch sie der Behörde gehören! Unter ihre Kommunikationsgerichtsbarkeit fiele also jedes neue Adressenschema, das von hinterhältigen, nicht neutralen Unternehmern eingeführt werden könnte.

Berninger beschloss, Klage einzureichen, machte jedoch die Erfahrung, dass die Anwaltskosten schwankten. Wenn er Wylie Rein engagierte, Washingtons erste Adresse im Kommunikationsbereich, würden seine jährlichen Anwaltskosten von 200.000 auf 500.000 Dollar ansteigen. Der

Prozess würde mit einer Folge von Stellungnahmen und Antworten unter dem US-Verwaltungsverfahrensgesetz beginnen, gefolgt von einem Plädoyer für die Anordnung, das Verfahren ruhen zu lassen, nachdem der routinemäßige Einspruch verweigert wurde. Er würde warten müssen, bis der Prozess im Bundesregister erfasst sein würde und so weiter per Zurückweisung durch das regulierungsfreundliche Berufungsgericht der Vereinigten Staaten für den District of Columbia. Im Juni 2016 schließlich ist es so weit! Auf dem Terminkalender des Obersten Gerichtshofs steht: *Berninger v. Federal Communications Commission.* Berninger hofft, dass der Oberste Gerichtshof, der zuvor schon das Netz vor Regulierungen geschützt hat, zu seinen Gunsten entscheiden wird. Obwohl Ajit Pai, der neue Deregulierungsvorsitzende der FCC, einige Regeln für die Netzwerkneutralität Ende 2017 teilweise aufgehoben hat, möchte Berninger das Netz ein für alle Mal von der Aufsicht durch die FCC befreien.

Wenn der kleine Schritt hochauflösender Sprache bereits die Koordinierung von Justiz und Verwaltung erfordert, die einen großen Teil der Bundesgerichte und wahrscheinlich auch den Kongress und das Weiße Haus beschäftigen wird, fragt man sich, welchen Labyrinthen die historischen Umwälzungen im Leben nach Google gegenüberstehen werden. Inzwischen ist der weitreichendste Umbruch im Bereich der Telekommunikation seit der Erschaffung des Internets im Gange. Was den Wandel des Bell'schen Gesetzes in der Computerarchitektur bewirkt – die Zerstreuung der Clouds und ihrer verdichteten Rechenzentren und die Öffnung des Sky Computings für Blockchain-Links – ist das radikale Upgrade der Infrastruktur namens 5G.

5G wird im Prinzip von vielen Telekommunikationsanbietern weltweit angenommen. Es ist die fünfte Generation drahtloser Technologiestandards. Das Netzwerk wird um einige neue Hochfrequenzen und Millimeterwellenbereiche des Spektrums erweitert, während die Mastenabdeckung um ein Vielfaches zunehmen wird. Dadurch verspricht man sich in den nächsten fünf Jahren eine 100-fache Zunahme der drahtlosen Bandbreite. Außerdem macht 5G den größten Teil des Spektrumtrubels der FFC hinfällig.

5G ermöglicht eine Leistung von rund 20 allgegenwärtigen Gigabits pro Sekunde und zehrt von der Erfindung der israelischen Firma ASOCS, deren Geräte die Sprachverarbeitung im Basisband von den existierenden riesigen Masten zurück zu den Mobifunksendern verlagern. Der neue Standard entfernt komplizierte Berechnungen in Antennensystemen und kann auf den Wetterschutz verzichten, sodass Millionen verborgene und auf das Wesentliche reduzierte Antennen aufgestellt werden können. Die Netzabdeckung lässt sich von riesigen, eingezäunten Masten auf ländliche Zaunpfähle, Telefonmasten, Parkuhren, Beleuchtungskörper und Gebäudemauern verlagern, drinnen und draußen, über das ganze Land verteilt. 5G ist weit mehr als der von der FCC angeordnete und unzutreffend benannte Universal Service Fonds, der zum nutzlosen Bestechungsfonds für Politiker wurde. 5G kann die Breitbandübertragung so universell verfügbar wie Fernsehen und Mobiltelefone machen.

Wenngleich diese Veränderungen die Kosten pro Bit der Kommunikationsvorgänge um einen Faktor von 100 reduzieren, wird ihre Bereitstellung nicht billig werden. Die geschätzten Kosten für das 5G-Upgrade belaufen sich auf 300 Milliarden Dollar, was fast an die Kosten für den ursprünglichen Ausbau des gesamten Telekommunikationsbetriebs herankommt.

Weit über hochauflösende Sprache hinausgehend, ist 5G die technologische Infrastruktur für kommende Revolutionen in Netzwerken. Es ermöglicht neu verteilte Sicherheitssysteme für das Internet der Dinge, für die Blockchain-Hauptbücher der neuen Krypto-Ökonomie der Mikrozahlungen und für die Plattformen erweiterter und virtueller Realität fortgeschrittener Internetkommunikation. Besonders bedeutsam ist es für Urs Hölzles ehrgeizigen Pläne für Google.

Geld in diesem Umfang aufzubringen, ist offensichtlich nicht mit den statischen Annahmen von Titel II vereinbar, der das Internet zu einem öffentlichen Versorgungsunternehmen wie das Stromnetz macht. Man kann nicht 300 Milliarden Dollar aufbringen, um ein reguliertes Versorgungsunternehmen aufzumöbeln. Die Überwachung der FCC zieht die Bedrohung aufwendiger Preiskontrollen und die Regulierung jeder neuen Verbindung nach sich – Hello Digital! –, nicht nur nach den Regeln der FCC, sondern auch nach denen der Provinzfürsten und der Beamten in den Metropolen.

Wenngleich die Infrastruktur für das Kommunikationswesen zu den wettbewerbsfähigsten Branchen zählt, sind die enorme Größe ihres Betriebs, ihrer Ausstattung und ihrer Belegschaft auf jeder Ebene ein verlockendes Ziel für den Staat, der stets auf der Suche nach Gebühren, Zöllen, Vermögenssteuern, „Investitionen", Wahlkampfspenden und anderen Gefälligkeiten ist. Wenn drahtlose Dienste in ländlichen Außenposten wie Aspen, Colorado und in Gettos wie Palo Alto zur Verfügung gestellt werden, besteuert der Universal Service Fonds jede Verbindung. Der Honigtopf schwoll zwischen 2010 und 2018 auf mehr als 160 Milliarden Dollar an. Zusätzlich kostet die Anordnung der FCC, überflüssige Festnetzdienste aufrechtzuerhalten, die Telefongesellschaften rund 25 Milliarden Dollar pro Jahr allein für Stromrechnungen.

„Als Unternehmer schmerzt mich das gegenwärtige Regulierungssystem für Telekommunikationsgesellschaften in zweifacher Hinsicht", sagt Berninger. „Erstens betrifft es meine Bemühungen, ein Geschäftsmodell zu verfolgen, und zweitens potenzielle Finanziers. Die Regulierung löscht beides aus. Mein neuer Service, Sprache für Websites zur Verfügung zu stellen, ähnelt ein wenig einem Konferenzservice. Augenblicklich besagt Titel II, dass Telekomfirmen 20 Prozent ihres Umsatzes an den Staat abgeben müssen, um das universelle Breitband zu bezahlen. Na schön, das heißt, das Spiel ist aus. Ich habe keine solche Firma.

Außerdem will kein Finanzier etwas mit einer regulierten Branche zu tun haben. Die Neueinstufung von Titel II hat die Investitionsfinanzierung versiegen lassen. Nehmen wir an, ich habe eine Million Dollar und will sie irgendwo investieren. Dann muss ich meine Erfolgsaussichten beurteilen. Diese werden eine Funktion der Regeln sein, auf die ich stoßen werde. Sobald die FCC ins Spiel kommt, ist das Spiel aus. Ich kenne die Regeln nicht."

Die Regeln der FCC teilen die Informationstechnologie in Teilabschnitte auf, zum Beispiel Software gegen Plattformen, drahtlos gegen Festnetz, Anwendungen gegen Betreiber oder Inhalt gegen Leitung. Die Einschätzungen der relevanten Firmen offenbaren diese große Kluft in den Kapitalmärkten. Extrem bevorzugt werden Software und inhaltsbetonte Apps gegenüber den regulierten Systemen für Leitungen, Herstellung und Hardware, die ein Netzwerk erst möglich machen.

Bevorzugte Unternehmen wie Google, Facebook, Netflix, Apple und Amazon zeigen eine Einschätzung, die sich zwischen dem Achtfachen und dem 40-Fachen ihrer Erträge bewegt. Im Gegensatz dazu zeigen Unternehmen wie AT&T, Verizon, T-Mobile und die konkurrenzfähigen Teilnehmernetzbetreiber, die den Kern des Netzwerks ausmachen, Einschätzungen, die zwischen 20- und 80-mal *niedriger* sind – also zwischen der Hälfte bis zum Eineinhalbfachen ihrer Erträge liegen. Dennoch ist die Leistungsfähigkeit der hervorragenden Güter und Dienste bei Google und Co völlig von den Investitionen der Infrastrukturfirmen abhängig.

Ein Ergebnis des Regulierungs- und Besteuerungssystems ist, dass der größte Teil der Herstellung der Telekommunikations- und Computer-Hardware und der Infrastruktur nach China und anderen Ländern ausgelagert wurde. Das Silicon Valley ist heute ein grüner Rasen, auf dem fast gar kein Silizium mehr sichtbar ist, so wenig wie eine maßgebliche Herstellung von Chips, Glasfaserkabeln oder komplexen Systemen. Aufgrund der unterschiedlichen Behandlung stecken die Telekom-Hardwarefirmen ihre Investmentfonds in den grünen Rasen. Anstatt 5G uneingeschränkt voranzutreiben, kauft Verizon AOL und die Huffington Post. AT&T umwirbt Time Warner. Das sind hauptsächlich Bandbreitennutzer statt Bandbreitenanbieter.

Im Lauf des nächsten Jahrzehnts wird die Regulierungspolitik größtenteils bestimmen, ob 5G in den Vereinigten Staaten stattfinden wird, oder ob es hauptsächlich ans Ausland verwiesen wird, ob das Versprechen der durch Blockchain-Innovationen ermöglichten Internetsicherheit in den USA realisiert wird, oder ob sich das Internet weiterhin zu riesigen, ummauerten Gärten zurückentwickelt, die von Google, Apple und Facebook beherrscht werden.

Die aktuellen Anzeichen sind nicht gerade vielversprechend. Google und Facebook bewältigen gegenwärtig nahezu 70 Prozent der gesamten Internetkommunikation, wobei Googles interne Links im Bandbreitenquerschnitt größer sind als das gesamte Internet. Aber Googles kurzer Ausflug in die lokale Infrastruktur – Google Fiber –, mit großen Worten gestartet als nationaler Plan, um der ganzen Nation Links mit Gigabit pro Sekunde zu bringen, ist auf ein paar umkämpfte Projekte zusammengeschrumpft. Überlebt haben Kampagnen für Google Fiber in Kansas City, Austin, Provo, Atlanta, Charlotte und in vier kleineren Städten. Insgesamt gesehen scheiterten diese Projekte daran, Googles bescheidenes Ziel von fünf Millionen Abonnenten zu erreichen.

Google begann als eine Internetfirma, die das World Wide Web mit ihren erstaunlichen Recherchefähigkeiten durchkämmte. Heute will sie, laut Eric Schmidt, mit dem Einsatz künstlicher Intelligenz ihre Vermittlerrolle im Web abbauen und lieber „Vorschläge" machen, statt zu „suchen". Statt vom Google-System an eine Website verwiesen zu werden, werden Sie zunehmend mit Googles eigener gezielter Antwort beliefert, verfeinert durch seine Systeme tiefgehenden Lernens, seiner superintelligenten Anpassung an Ihre Lust und Laune.

All diese Ambitionen Googles sind von der raschen Erweiterung der Bandbreite durch 5G und von anderen Projekten abhängig, die Hunderte Milliarden Dollar an Investitionen zur Folge haben werden. Google braucht die Telekomfirmen und die Infrastrukturanbieter. Es benötigt eine gedeihende Weltwirtschaft voll von Unternehmern, die auf reale Preise reagieren. Es sollte seine maßlose Unternehmenspolitik und seine eigennützige Scheinheiligkeit aufgeben.

Hello Digital hat am wenigsten damit zu tun.

Im Jahr 2002 erkannte Berninger zehn „Mythen der amerikanischen Telekom-Politik", die als Grundprinzipien für zunehmende staatliche Regulierung dienen.[1] Sechzehn Jahre später besteht der bedeutendste Wandel darin, dass diese maßgebliche Mythologie von Google und dessen Lobbyisten unterstützt wird.

Berningers erster Mythos bestand darin, dass die Politik von der Technologie unabhängig ist – dass eine Kommunikationsdienstleistung viel mehr vom Gesetz bestimmt wird als von der Technik. Viele Analysten – wie zum Beispiel der schätzenswerte Tim Wu in seinen Büchern *Der Master Switch* und *The Attention Merchants* – scheinen daher zu glauben, dass Betreiber eine unwiderstehliche Versuchung spüren, den Inhalt zu manipulieren, den sie transportieren, es sei denn, der Staat könne Regeln für die Netzwerkneutralität durchsetzen.[2] Sie sehen bei AT&T und Verizon, bei Comcast und Time Warner heimtückische Kräfte am Werk, die eingreifen und Inhalte unterdrücken, die sie nicht mögen, während sie Inhalte bevorzugen, die ihre Interessen vertreten. Ohne die kontinuierliche Wachsamkeit von Rechtsanwälten und der Überwachung durch die FCC wäre für Telekomkritiker im Netz alles verloren.

Obwohl Wu angemessene Anstrengungen unternimmt, Technologie zu begreifen, ist er ein Juraprofessor und Berater der Federal Trade Commission (etwa Bundeshandelskommission), der von Anwälten umgeben ist, die sich einbilden, sie beherrschten die Welt. Doch die Kommunikationsgesetzgebung ist ein größtenteils perverser und missverstandener Stellungskrieg gegen den ständigen, von Ingenieuren herbeigeführten Aufruhr.

Ingenieure wissen, dass Sprache, Video, interaktive 3D-Spiele, virtuelle Realität, finanzielle Transaktionen, Notrufe, gestreamte Musik, Nachrichten, Content-Delivery-Netzwerke, E-Mail, RFID-Systeme, Softwaredownloads, das Internet der Dinge und Rechner-Rechner-Links in fast jeder Hinsicht technisch unterschiedlich sind. Kein Betreiber kann sie gleich behandeln. Ein Gesetz, das verlangt, sie gleich zu behandeln, ist lediglich ein Mandat für fortwährende Rechtstreitigkeiten und daher ein Damoklesschwert und eine willkürliche staatliche Machtausübung.

In der Praxis verursachen diese Unterschiede kein Problem. Wenn Sie die beste Leitung haben, wollen Sie, dass jeder sie für seine Inhalte nutzt. Wenn Sie die beste Leitung haben, wollen Sie die Inhalte auf jedem verfügbaren Kanal haben. So tendenziös findet Manipulation einfach nicht statt, trotz entgegengesetzter Behauptungen und hysterischer Befürchtungen. Wenn Sie sie jedoch in Gesetze einbinden, damit die FCC sie durchsetzt, wird die Streitkultur der Rechtsanwälte dafür sorgen, dass die Netzwerke zu einer Arena permanenter Rechtsstreitigkeiten werden, die Wus Partner, die sich nur die Giganten leisten können, reich machen.

In der Praxis ist der einzige Faktor, der einen ernstzunehmenden Unterschied für die Internetneutralität ausmacht, die Investition in Bandbreite. Ist Bandbreite knapp, muss sie, ungeachtet der Gesetze, bevorzugt aufgeteilt werden. Eine Netzwerkneutralität ist nicht gegeben. Ist Bandbreite im Übermaß vorhanden, sind Neutralitätsgesetze unnötig. Alles findet einen Kanal. Ironischerweise ist die Hauptbedrohung für die tatsächliche

Netzwerkneutralität gegenwärtig die nationale „Netzwerkneutralitätskampagne", die Investitionen in Bandbreite verhindert, die Telekomgesellschaften in nutzlose „Spiele mit Inhalten" verstrickt und das Internet als ein unbewegliches Nullsummensystem behandelt.

Da Google zögert, andere Firmen für die Lieferung seines Spektrums kostenloser Güter zu bezahlen, unterstützt es die Internetneutralität als Möglichkeit, eine Einmischung der Regierung herbeizuführen, die Googles Gratiswelt zugutekommt. Google glaubt offenbar, dass es Regierung und Medien wirksamer manipulieren kann, als relativ geizige Betreiber das könnten. Das scheint tatsächlich so zu sein. Aber Googles Interessen sind letztlich auf Bandbreite im Überfluss angewiesen, was genau die Investitionen und Innovationen erfordert, die durch Netzwerkneutralitätsgesetze bestraft werden.

Berningers zweiter Mythos bezog sich darauf, dass das Internet im Wesentlichen eine Überlagerung des öffentlichen Telefonnetzes sei und deshalb auf ähnliche Weise reguliert werden sollte. Heute gibt es jedoch praktisch keine Überlappung. Die meisten Internetlinks benutzen inzwischen das drahtlose Spektrum und werden auf Smartphones aufgerufen. Der Rest geht über die Koaxialkabel des Kabelfernsehens, über Glasfaserverbindungen, Mikrowellen oder Satellit. Die alten Kupferkäfige des öffentlichen Telefonnetzes haben damit wenig zu tun. Aber weil dieses Netz überbesteuert und überreguliert ist, während das Internet viel weniger reguliert und besteuert wird, wollen die Befürworter eines starken Staates, wie etwa die Google-Lobbyisten, das Netz als einen Aspekt der Telekommunikation interpretiert sehen. Das ist ein erstaunlich kurzsichtiger Standpunkt.

Der dritte Mythos lautet, das Internet werde das öffentliche Telefonnetz ersetzen. Natürlich und etwa auf dieselbe Weise und im selben Ausmaß, wie Autobahnen Eisenbahngleise ersetzten. Aber die Gleise bleiben, und so werden auch Netzwerke bleiben, die auf verschiedene spezialisierte oder geschützte Sprach- und Videokommunikation über das Festnetz konzentriert sind und dabei staatliche Erfordernisse im Blick haben. Politiker werden kaum ihre Regulierungsbereiche aufgeben.

Mythos Nummer vier geht davon aus, dass das Internet eine wirtschaftsliberale Arena ist, die am besten gedeiht, wenn der Staat außen vor bleibt. In einer idealen Welt könnte das tatsächlich so sein. Aber wie viele bemerkt haben werden, ist die Welt kein idealer Ort. Da die Regierung auf jeder möglichen Stufe im Netz, in jeder Branche und auf jeder staatlichen Ebene ihre Finger im Spiel hat, ist dieser wirtschaftsliberale Ratschlag nichts weiter als sinnlose Theologie.

Nichtsdestotrotz hat ein weit verbreiteter, wirtschaftsliberaler Mythos eines „kleinen Staates", den seltsamerweise die Marktliberalen bei Google teilen, die eigentlich für einen starken Staat plädieren, Regulierer in die Lage versetzt, ihre Eingriffe massiv zu erweitern und damit den Fortschritt der Telekommunikation ernsthaft zu bremsen. Es ist der Mythos, das elektromagnetische Spektrum sei eine knappe natürliche Ressource, die dem „Grundstück am Strand" ähnele, das die Regierung im Namen des Volkes besitze und beliebig veräußern dürfe.

Im letzten Vierteljahrhundert haben die vom Staat durchgeführten Auktionen unterschiedlicher Frequenzbereiche rund 60 Milliarden Dollar eingebracht. Obwohl dieser Betrag für Regierungen, die jährlich zwischen vier und fünf Billionen Dollar ausgeben, trivial ist, häuft sich der Auktionsmammon für die Regulierer der FCC gewaltig an, die sich deshalb durchaus als staatliches „Profitcenter" brüsten können. Für eine Telekombranche, die bereits zu den am höchsten besteuerten Unternehmen in den USA gehört, stellen die Auktionen eine beträchtliche Steuer auf mobile Kommunikation dar.

Die Wissenschaft hinter den Auktionen ist längst überholt und wird hauptsächlich von Rechtsanwälten aufrechterhalten. Smartphones im Internet unterscheiden sich mit ihrer Mobiltechnologie und dem immer geringer werdenden Energieverbrauch radikal von Radio- und Fernsehsendern, die ihre Signale mit Hunderttausenden Watt über das Land ausstrahlen. Das Rundfunk- und Fernsehmodell ist so altmodisch und umweltverschmutzend wie eine Ethanolfabrik.

Das nutzbare Mobiltelefonspektrum ist das Produkt raffinierter Ingenieure, die ein stets sich ausweitendes Aufgebot von Sendern und Empfängern entwickelt haben. Hinzu kommen Mischer und Oszillatoren, Maser, Laser und Wanderfeldröhren, Klystrons, Mikrowellenstrahler und Sensoren sowie immer kompaktere Mikrocomputer, die all diese

Geräte kontrollieren. Früher einmal waren Sendeempfänger auf ihre Frequenzen festgelegt und nicht in der Lage, die Verhältnisse auf ihrem Pfad zu untersuchen. Doch Fortschritte in der Mikrochiptechnik haben den größten Teil dieses Equipments flexibel, „schlau" und programmierbar gemacht.

Zunehmend verfügbar wird „softwaredefinierte Funktechnik", die es den Systemen erlaubt, Interferenzen zu vermeiden und in offenen Kanälen zu senden. Die neuen Antennensysteme funktionieren mit immer weniger Energie, mit immer höherer Richtcharakteristik und Kontrolle, sodass sie ihre Reichweite auf lokale Sprecher reduzieren können. Viele Mobiltelefonsysteme richten einen Strahl auf jedes Telefon. Frequenzen ähneln weniger Bahngleisen, sondern viel mehr dem offenen Himmel für den Flugverkehr oder offenen Straßen für Automobile. Anstatt die Straße von allem anderen Verkehr zu räumen, gestatten die dominanten Funksysteme mit „Frequenzspreizung" Sendern und Empfängern, die Straße miteinander zu teilen. Sie brauchen eher Verkehrskontrollen statt festgelegte Zuweisungen.[3]

In dem kostspieligen Auktionssystem sind diese Kommunikationsbreiten oder Frequenzbereiche hauptsächlich für riesige Unternehmen erschwinglich. Deshalb funktionieren die Auktionen als eine Steuer, die Innovation und Wettbewerb im Telekommunikationswesen einschränkt. Die Unterdrückung des Fortschritts in der Branche durch die Steuer macht den dadurch erzeugten Ertrag mehr als zunichte. Googles Unterstützung für dieses System spiegelt lediglich seine Macht als ein Gigant der Kommunikation wider.

Der fünfte Mythos besagt, dass das Kommunikationsgesetz von 1934 auf alle Kommunikationsarten zutrifft. Diesem Gesetz lag die Annahme zugrunde, dass die Technologie die Dienstleistung definiert und bestimmt, der Kanal also den Inhalt definiert. Ein solches Konzept ist sowohl mit der Informationstheorie als auch mit dem Internet, das auf ihr beruht, unvereinbar. Dieses Gesetz ist ein Produkt längst vergangener Zeiten, als Senden mit Fernsehen in Verbindung gebracht wurde und Kupferdrähte die Telefonie definierten. In einer Ära digitaler Netzwerke, die mehreren Zwecken dienen und alle möglichen Kanäle benutzen

– Glasfaserkabel, Satelliten, oder Nahfeldkommunikationsgeräte für Video, Sprache, Geld und Maschinen – wirkt es lächerlich.

Mythos Nummer sechs geht davon aus, dass der Universal Service Fonds, eine Steuer auf Telekommunikationseinrichtungen, etwas mit der Bereitstellung von Dienstleistungen für die Armen und für ländliche Regionen zu tun hat. Festnetzverbindungen sind für Arme und entlegene Gegenden viel weniger verfügbar als die relativ ungeregelten Mobiltelefone oder Fernsehgeräte, die genau genommen fast universell sind. Der USF ist schlicht und ergreifend ein 160 Milliarden Dollar schwerer Bestechungsfonds für Politiker und Bürokraten, um Anhänger zu bezahlen und um Telekommunikationsgesetze für Sonderinteressen zu verabschieden.

Der siebente Mythos – wir brauchen nur gleiche Wettbewerbsbedingungen – ist nichts als ein weiterer Vorwand für politische Einmischung. Da es nirgendwo in der Technologie, im Kapitalismus oder im elektromagnetischen Spektrum gleiche Wettbewerbsbedingungen gibt, heizt dieser Mythos überall die Nachfrage nach Eingriffen an.

Der achte Mythos betrifft unzureichende Investitionen im Telekommunikationswesen als Ergebnis mangelhafter Anreize für Netzwerkbetreiber, die vom Staat subventioniert werden sollten. Obwohl die Regierung alle sicheren Kommunikationssysteme kaufen sollte, die sie benötigt, gibt es keinen Bedarf für Programme zur Subventionierung gewöhnlicher Breitbanddienstleistungen. Das Breitband sollte profitabel sein, auch wenn Google darauf besteht, es kostenlos zur Verfügung zu stellen.

Der Grund für unzureichende Investitionen liegt darin, dass – abgesehen von Alkohol und Tabak – das Telekommunikationswesen die am stärksten besteuerte und regulierte Branche der Nation ist. Sie ist kapitalintensiv und einem schnelleren Wandel unterworfen als jede andere Branche. Inzwischen betritt sie mit 5G und der Blockchain eine Ära neuer Möglichkeiten. Dennoch nötigen Firmen wie Google die Politiker, diese stürmische Arena wie einen öffentlichen Versorgungsbetrieb zu behandeln.

Der neunte und zehnte Mythos sind eigentlich Wiederholungen früherer Mythen im Bereich der Telekommunikationsgesetze, wie die von 1934 und 1996. Sie wurden erlassen, um das zu verwalten, was als ein natürliches Monopol erachtet wurde und inzwischen der konkurrenzfähigste Markt in der globalen Wirtschaft ist: alle möglichen Kommunikationsformen, die in weltweiten Netzen aus Glas, Licht und Funk zusammenfinden. Doch die Regulierer bleiben mit neuen Rechtsprinzipien für ihre zunehmend überflüssigen Einmischungen am Ball.

Perianne Boring von der Kammer für Digitalen Handel ist damit beauftragt, die entstehende Blockchain-Ökonomie gegen solche Regulierungen in Washington zu verteidigen und fühlt sich wie Alice im Wunderland bei der Teegesellschaft von Mad Hatter, dem verrückten Hutmacher.[4] Auf das Rätsel kryptografischer Innovation und das Rätsel der Internetneutralität hat jeder eine andere Antwort. Die US Commodity Futures Trading Commission (US-Behörde zur Regulierung der Future- und Optionsmärkte) betrachtet virtuelle Währungen als eine „Handelsware". Aber Geld kann kein Teil dessen sein, was es misst. Die Börsenaufsichtsbehörde behandelt Token, wie wir bereits gesehen haben, zunehmend als „Wertpapiere". Das Financial Crimes Enforcement Network (Büro des Finanzministeriums zur Bekämpfung von Finanzverbrechen) glaubt, dass Krypto-Assets „Geldübermittlungen" darstellen und will sie offenbar als potenzielle Verbrechen behandelt wissen. Die Bundessteuerbehörde behandelt virtuelle Währungen als „Eigentum" und schlägt vor, Kapitalgewinne und Verluste bei jeder Transaktion festzustellen und potenziell die ganze Branche unter Buchführungsformalitäten zu begraben.

„Handelsware? Wertpapier? Währung? Eigentum? Was ist es denn nun?", fragt sich Perianne. „Ich habe nicht die geringste Ahnung", antwortet Mad Hatter und beachtet Washingtons Grundsatz: „Wenn es sich bewegt, besteuere es. Wenn es sich immer noch bewegt, reguliere es. Wenn es sich nicht mehr bewegt, subventioniere es." Da die kambrische Explosion der kryptografischen Innovation immer weiter voranschreiten wird, ist sie mit der wachsenden Bedrohung von Besteuerung und Regulierung konfrontiert, da jede Regulierungsfraktion bemüht ist, Gerichtsbarkeit über sie zu bekommen.

Als das Internet aufblühte, durfte es mit Billigung der FCC und des Kongresses gedeihen, was der amerikanischen Ökonomie und der Welt gewaltige Profite verschaffte. Eine ähnliche Steuerpolitik und Zurückhaltung bei der Regulierung wird für diesen neuen Ausbruch unternehmerischer Kreativität benötigt. Die Fortbewegung wird nicht aufhören. Macht daraus ein öffentliches Versorgungsunternehmen, und es wird nach Übersee gehen.

Google als das wahrscheinlich führende Technologieunternehmen der Welt sollte das besser als alle anderen wissen. Doch die Mythologie, die Googles Weltsystem durchflutet, ist mittlerweile zur ernsthaften Bedrohung für Google selbst als Technologieführer geworden. In der entstehenden technologischen Ökonomie, die von kryptografischen Innovationen gestaltet wurde, wird Google sich wieder der Konkurrenz stellen müssen. Dort brüstet man sich mit der Vermeidung des Bösen, mit kostenlosen Gütern, doch Googles Einfluss in Washington wird nichts nutzen. Es wird sich mit einer neuen Welt auseinandersetzen müssen, in der sein Zentrum keinen Bestand haben wird.

Vor allem wird es die Verbreitung von 5G und die riesigen Investitionen brauchen, die dies zur Folge haben wird. Es wird die Kreativität der neuen Blockchain-Bewegung brauchen. Wie Hölzle den Glasfasertechnikern sagte, wird Google eine enorm erweiterte Bandbreite benötigen. Und es wird wieder Investitionen anziehen müssen. Google wird tatsächlich unternehmerisch tätig werden müssen, um in einem neuen Weltsystem mithalten zu können.

KAPITEL 21

Das Imperium schlägt zurück

In den Hallen des Kryptokosmos lächelten wir alle und klatschten Beifall, als sich ein Chor ergrauter Löwen des Establishments wie auf Kommando erhob, um Krypto zu verdammen. Jamie Dimon von JPMorgan Chase („Es ist Betrug"), Warren Buffett und Charlie Munger von Berkshire Hathaway („Es ist Rattengift") und Paul Krugman aus Princeton und für die *New York Times* („Es ist böse") waren genau die Art „alternder weißer Männer", die Marc Andreessen beleidigt hatte, als er sagte, sie lägen verlässlicherweise „in fast 100 Prozent der Fälle daneben", wenn es um Technologie gehe. Für unsere nonkonformistischen Ohren sangen diese muffigen Typen gerade einen kontrapunktischen Chor der Bestätigung.

Aber dann erschien im Dezember 2017 ein Blogposting von Kai Stinchcombe, ein selbstgefälliger junger Finanzberater und Unternehmer, der sich selbst als „genau das Gegenteil eines Futuristen" beschreibt. Seine Erklärung verbreitete sich im Netz wie ein Virus: „Nach Jahren unermüdlicher Anstrengungen und Milliarden investierter Dollar hat tatsächlich niemand eine Anwendung für die Blockchain gefunden – abgesehen von Währungsspekulationen und illegalen Transaktionen". Er verkündete, dass die Krypto-Party vorbei und es an der Zeit sei, das aufdringliche Werbegetöse einzustellen, die Bitcoin-Kappen und -Becher, -Bücher und -Broschüren zusammenzupacken, die Coin-Gipfel, die Fintech-Hackathons, die Jubiläen für das Initial Coin Offering und die Blockchain-Revuen hinter sich zu lassen. Mit einer Spur Scheinheiligkeit forderte er uns stattdessen auf, zur arbeitsintensiven Erschaffung wahren Vertrauens und wahrer Werte in der existierenden globalen Ökonomie zurückzukehren.[1]

Stinchcombe war zuvor in der Menge von Satoshis Parade versteckt gewesen und trat nun mit Bravour auf, um uns zu erzählen, nicht nur der unter Pseudonym auftretende Gründer selbst sei unverhüllt ein Trottel, sondern auch all seine „Blockchain" grölenden byzantinischen Generäle der virtuellen Währung. Das sind also Sie, Tim Draper, und Sie, Peter Thiel, und auch Sie da drüben, Marc Andreessen.

„Die Blockchain ist nicht nur eine vermurkste Technologie", schrieb Stinchcombe, „sondern eine schlimme Vision für die Zukunft." Sie sei nicht nur destruktiv, sondern auch „dauerhaft" so und treibe die Welt in eine völlig falsche Richtung. Je besser sie werde, umso schlimmer werde es kommen.

Er räumte ein, dass „eine Datenstruktur auf einer Kette kleiner Dateien, die Hashes früherer Dateien enthalten", dazu beitragen könnte, das nichtexistierende Problem der Errichtung einer unveränderlichen Datenbank zu lösen. Aber wer will so etwas? Unveränderlich? Wirklich? Egal wie groß der Fehler oder der Betrug war – er kann nicht rückgängig gemacht werden?

Natürlich will Vitalik Buterin kein solches System. Als das DAO (Datenzugriffsobjekt) von Ethereum gehackt und um 150 Millionen Dollar erleichtert wurde, drang er in seinen Programmcode ein, schmiedete seinen persönlichen „Hard Fork" und stornierte die Transaktion. Möchten Sie all die blödsinnigen Verträge über die Geschäftsbedingungen in Stein gemeißelt sehen, die Sie für unterschiedliche digitale Abos, die ewig währen sollen, oder für die ewiges Leben versprechenden Potenzpillen im Netz mit einem Häkchen bestätigen? Oder ziehen Sie es vor, einen „vertrauenswürdigen Dritten" hinzuzuziehen, egal ob Visa, Amazon oder die Bundeshandelskommission, damit sie die Fehler korrigieren?

Stinchcombe hat ausführlich dargelegt, dass Blockchains und intelligente Verträge das Bedürfnis nach Vertrauen, Regulierung, Gesetzesvollzug, staatlichem Eingreifen oder vertrauenswürdigen Vermittlern nicht überflüssig machen. Ich finde nicht, dass er mit diesen ziemlich offensichtlichen Behauptungen danebenliegt. In einem früheren Artikel behauptete er großspurig, dass es nach zehn Jahren des Experimentierens und der ehrgeizigen Ansprüche immer noch keine praktikablen „Anwendungsfälle" für Kryptowährungen oder Blockchains gebe. Selbst Ripple benutzt trotz ausgiebiger Werbung für seine Blockchain und die Kryptowährung XRP diese Methoden für die meisten seiner fortlaufenden Währungsumtauschgeschäfte nicht wirklich, schrieb Stinchcombe. Ripple zieht es vor, auf liquidere und simplere, nicht so sprunghafte und unhandliche Dollar, Yen, Yuan und Euro zurückzugreifen.

Gleichermaßen setzen alle anderen Blockchain- oder Hashchain-Propheten – von Dan Larimer bei EOS über David Sønstebø bei IOTA bis Leemon Baird bei Hashgraph und Mike Hearn bei R3 – vertrauenswürdige Dritte ein, ausgewählte „Zeugen", delegierte Interessenvertreter, „seriöse Institutionen", Unternehmensvereinigungen, Schürfverbände, rechtschaffene Regulierer oder eingreifende „Koordinatoren", damit das System funktioniert.

Stinchcombe weist darauf hin, dass „intelligente Verträge" das Vertrauen lediglich von Rechtsanwälten, die schwer verständliche Sätze in Kleingedrucktem schreiben, zu Softwareentwicklern auf Git Hub – einem Onlinedienst für Software-Entwicklungsprojekte – verlagern, die unverständlichen Code in unendlich vielen exotischen Sprachen schreiben. Braucht irgendjemand Solidity? Ruby-on-Rails? PHP? Haskell? Python? Außer für eine Elite von programmierenden Krypto-Punks (man kennt sie, diese superschlauen Typen mit den Pferdeschwänzen, den komplizierten, mit Verschwörungstheorien beschäftigten Gehirnen und dem verwirrten Glauben, die Welt könnte eine von Aliens betriebene Simulation sein) sind intelligente Verträge das Nonplusultra an Undurchlässigkeit. Für alle, außer den Programmierern, ist „open source" lediglich die raffinierte Zubereitung einer streng geheimen Soße. Softwaresprachen machen selbst juristischen Jargon im Vergleich dazu transparent.

Warum also halte ich Stinchcombes Einwände für irrelevant? Oder auch für rundheraus falsch, was Ripple betrifft, dessen Währung die meistverwendete im ganzen Kryptokosmos ist? Diese unternehmerische Welle, mit ihrem Ursprung in einer zweifelhaften Studie auf einer abstrusen Tafel von Krypto-Punks, ist erst zehn Jahre alt. Ihre Produkte bleiben fehleranfällig und unterentwickelt. Doch gibt es Tausende ähnlicher Firmen und deren Kreativität ist erstaunlich. Stinchcombe sieht all die Mängel und Beschränkungen der meisten existierenden Lösungen, aber das macht ihn nicht scharfsinniger als deren Autoren. Deren Arbeit ist so innovativ und kreativ wie die Produkte der ersten Internetfirmen und -technologien in den 1990er-Jahren.

Stinchcombe schreibt aus dem Schoß des dominierenden Finanzestablishments heraus, das erst kürzlich den Weltkapitalismus mit einer zehn Jahre dauernden globalen Rezession lahmgelegt hat. Er glaubt an die Wirksamkeit des Devisenhandels, an das Dodd-Frank-Gesetz, an das Zentralbankwesen, gigantische Geschäftsbanken, die staatlich verbürgt „systemrelevant" sind, an die Volcker-Regel, die Börsenaufsichtsbehörde, die Gesetze zum Insiderhandel, an die Magie des Nullzinses und an die quantitative Lockerung. Er ist ein Teil des Problems.

Er hält das Gefüge des globalen Finanzwesens für statisch und traut ihm Verbesserungen nur in kleinen Schritten zu. Stellen Sie sich vor, sagt er, wie die globalen Zusammenhänge mit einer Visa-Karte gelöst werden. Seine Antwort auf Leute, die von der existierenden Bürokratie frustriert sind, lautet, sich nicht hinter einer unnötig komplizierten Krypto-Variante zu verstecken, sondern sie einfach „abzuwählen". Tolle Idee, Kai!

Wenn Sie bessere soziale Netzwerke haben wollen, dann verpfuschen Sie sie nicht mit „unveränderlichen" Blockchains, sondern denken Sie sich bessere Vorschriften aus. (Noch mehr Vorschriften fürs Internet!) Wünschen Sie sich ansprechendere Dienstleistungen für die Armen, dann bieten Sie ihnen nicht etwa an, ihre Grundbuchstreitigkeiten einer unveränderlichen Datenbank anzuvertrauen, sondern melden Sie sich freiwillig, um Eigentumsrechte zu klären und um Kommunalentwicklung zu betreiben, helfen Sie in einer Suppenküche aus oder werden Sie Anwalt und bieten Sie Ihre Fähigkeiten der Rechtshilfe an. (Noch mehr

Programme für Gemeindearbeit und noch mehr Gerichtsverfahren!) Zentralbanken werden, wie er uns versichert, „von gewählten Amtsträgern besetzt". Wenn Sie, „das Volk", wirklich ein nicht reguliertes Bankensystem wollen, dann wählen Sie doch einfach die amtierenden Politiker ab. Warum nicht? Sie sind doch diejenigen, die diese selbstherrlichen Währungsmanager in ihre Ämter berufen und die aufgeblasenen Transferleistungen immer weiter in die Höhe treiben und die Wähler mit unerfüllbaren Versprechen großzügiger Rentenleistungen bestechen. (Wenn Sie sie nicht abwählen können, dann rühren Sie einfach noch mehr Fiatgeld und weitere Schulden in den 280 Billionen Dollar fassenden Weltuntergangskessel.)

Wir wollen diese Empfehlungen kommentarlos an uns vorbeigehen lassen. Das Versprechen der Kryptowährungs-Bewegung ist die Erkenntnis, dass die alten Bürokratien des Sozialismus und der Vetternwirtschaft gescheitert sind. Das ist das Problem und nicht die Lösung.

Eine Quelle der Verwirrung ist Stinchcombes Vorstellung, genährt von der Krypto-Bewegung selbst, dass intelligente Verträge und globale Währungen etwas völlig Neues sind. Er unterstellt, dass die Ausschaltung vertrauenswürdiger Dritter ein radikaler Aufbruch sei, der von einer Blockchain-Apokalypse begünstigt werde. Doch jeder Fortschritt für Mechanisierung und Industrie – vom Webstuhl zur Nähmaschine, die Zeilensetzmaschine, die Fräse, die Telefonanlage und vom Internetrouter ins World Wide Web – hat verlangt, dass ein gewisses Maß menschlicher Kontrolle an unterschiedliche Maschinensprachen abgegeben werden musste. Ein numerisch gesteuertes Schweißgerät wird von einem intelligenten Vertrag geregelt. Dasselbe gilt für einen Geldautomaten oder andere Münzautomaten. Auch ein Netzwerkprozessor in einem Top-of-Rack-Schalter eines Rechenzentrums funktioniert so.

Der Grund, warum Leute wie Stinchcombe Blockchains und andere derartige Technologien als neu und bedrohlich betrachten, ist ihr Glaube an das Eschaton der Google-Ära. Ihrer Ansicht nach besetzen der Fortschritt der Automatisierung, das maschinelle Lernen und die künstliche Intelligenz eine begrenzte Landschaft menschlicher Dominanz und Kontrolle, die letzten Endes in einem Roboteruniversum erschöpft sein wird

– Leben 3.0. Doch Charles Sanders Peirce, Kurt Gödel, Alonzo Church, Alan Turing, Emil Post und Gregory Chaitin widerlegten diese Annahme auf der grundlegendsten Stufe mathematischer Logik.

Die Mathematik ist kein geschlossenes oder begrenztes System. Sie öffnet sich mit jedem Schritt einem Universum menschlicher Vorstellung. Wie die triadische Logik von Peirce erläutert, ruft jedes Symbol seine eigene Unendlichkeit einfallsreicher Interpretation hervor. Ein Symbol und sein Objekt sind ohne einen Erklärer (Peirce nennt ihn „Interpretanten") zusammenhanglos. Chaitin feiert dieses System als eine neue Mathematik der Kreativität, die sich nach Gödel erschloss, während Turing Hilberts Hypothese eines vollständigen und einheitlichen mathematischen Universums widerlegte.

Die unvermeidliche Schlussfolgerung lautet, dass auf mathematischer Logik begründete Maschinen den menschlichen Bereich nicht ausschöpfen können, sie können ihn nur erweitern. Jeder neue Mechanismus befreit den menschlichen Geist zugunsten kreativer Abenteuer und Leistungen. Erwartungen menschlicher Opfer für den Maschinenmoloch sind mit Natur und Wahrheit unvereinbar.

Blockchains, Hashchains, Blockstacks, intelligente Verträge, die Ausgabe von Token und Kryptowährungen sind neue Möglichkeiten, die Übel des Google-Zeitalters anzusprechen: löchrige Internetsicherheit, ungebundenes Geld, Überregulierung, Netzwerkkonzentration, übertriebene Verzögerungen und nachlassende Erträge aus Big Data. Alle diese Probleme stammen von der Überbeanspruchung vertrauenswürdiger Dritter, die zugunsten einfacherer Systeme aufgegeben und von einzelnen Vermittlern kontrolliert werden müssen, die sich näher am eigentlichen Ort der Dienstleistung befinden. Einige dieser Dritten sind Börsenmakler, Suchmaschinen, soziale Netzwerke oder weltweit tätige Einzelhändler, die von riesigen, miteinander verbundenen Sirenenservern betrieben werden. Andere Beispiele für Überregulierung sind Geldsysteme, die von Zentralbanken, Parlamenten und Finanzministerien gelenkt werden und die Geld eher wie einen Zauberstab schwingen, statt die Messlatte des Goldes anzulegen. All dies muss dezentralisiert und unter das Management von Privaten zurückgebracht werden, die die Betriebseinschränkungen und die wahren Investitionschancen erkennen. Das Imperium mag glauben, dass Satoshi und seine Anhänger auf schwankendem Boden stehen, aber die Imperatoren und ihre Höflinge sollten auf ihren 280 Billionen Dollar schweren Schuldenturm schauen, der zu taumeln beginnt. Ihre eigenen Vermögen könnten unter ihm begraben werden. Regierungen und Investoren sollten überall die explosive Kreativität im Kryptokosmos willkommen heißen, die ein neues finanzielles Weltsystem für den Augenblick vorbereitet, wenn die Wundertüte der Fiatwährung endlich platzt.

KAPITEL 22

Der Bitcoin-Fehler

Mike Kendall, 195 Zentimeter groß, musste bei seiner ärztlichen Untersuchung krumm dastehen, um es unter die 193 Zentimeter zu bringen, die maximale Größe für Piloten der Air Force. Schlank, mit rotblondem Haar und stechenden Augen, fliegt er inzwischen für American Airlines den Airbus 321S, und in den letzten 20 Jahren hat er sich als Nebenbeschäftigung in einer Höhe von rund 10.000 Metern über Geld schlaugemacht.

Sein Blog heißt „Man on the Margin" (Mann am Rand). Da oben, in den Wolken, ist er viele Stunden täglich zwangsläufig mit Karten, Maßen, Normen und Grundzuständen beschäftigt. Er ist sich der Zusammenhänge und Abweichungen zwischen Karten und Territorien, Messungen und Luftspiegelungen überaus bewusst und will nicht, dass sich seine Wegweiser verlagern, geschweige denn ausfallen, während er da oben in Raum und Zeit schwebt.

Ebenfalls „da draußen in Raum und Zeit" sind Unternehmer auf Karten und Maßstäbe angewiesen, die ihre Investitionen und Firmen lenken. Der Raum verzeichnet die geografische Spanne der Unternehmung horizontal über die ganze Welt hinweg. Die Zeit bildet die vertikale Dimension ab, die die Wirtschaft in die Zukunft führt. Geld ist ein zentraler Maßstab für beides: Wechselkurse vermitteln Transaktionen über Grenzen hinweg, während Zinssätze die Bewegung durch die Zeit lenken. Wenn die Zeichen und Signale von Zeit und Raum durch staatliche Eingriffe oder durch willkürliche Deckelungen oder Kontrollen durcheinandergebracht werden, kann der Handel untergehen und die Investitionshorizonte schrumpfen in beiden Richtungen.

Bei der eingehenden Überprüfung dieses Problems war Kendall anfangs von Isaac Newtons Weltsystem fasziniert – sein unverwüstlicher Goldstandard als vorbildliches Geld – und begeisterte sich schließlich für Satoshis Bitcoin als Goldimitation. Um die Chancen für den Bitcoin und die anderen Kryptowährungen und Token zu verstehen, ist es nötig, die zentrale Bedeutung des Goldes zu begreifen.

Gold löste die horizontalen und vertikalen Rätsel des Geldes gleichermaßen. Als universeller Indexwert dämpfte es die flüchtigen Schwankungen und Verschiebungen der Wechselkurse. Als unveränderlicher Standard machte es aus Zinssätzen einen verlässlichen Leitfaden für Unternehmer, um Verpflichtungen in dunklen Zeiten einzugehen.

Folglich stellte der Goldstandard Karten und Maßstäbe zur Verfügung, die Unternehmer in die Lage versetzten, über Zeit und Raum hinweg zuversichtlich zu handeln. Sie hatten die Garantie, dass sich die finanzielle Messlatte in einer unsicheren und stets im Umbruch befindlichen Welt nicht verändern würde, wenn sie ihre Produkte zum Verkauf auf den Markt brachten.

Obwohl manche Leute glauben, dass Bergleute den Goldvorrat in Zukunft ausschöpfen könnten, gibt es dafür kaum Anhaltspunkte. Während Futuristen daran denken, auf Meteoren, im Meer, am Meeresboden, auf Abraumhalden und auf dem Mond Mineralien abzubauen, ist die Wahrscheinlichkeit einer Obergrenze für Gold abstrus. Der Markt gibt sein eigenes Urteil zu diesem Thema ab und zeigt kein Anzeichen eines „Scheitelpunktes für Gold". Der existierende Vorrat von 187 Kilotonnen Gold ist gleichmäßig zwischen finanziellen und dekorativen Zwecken aufgeteilt. Sollte es Engpässe geben, werden sie lediglich zu einer Verlagerung zwischen diesen beiden Anwendungen führen.

Obwohl die Goldgewinnung jahrhundertelang den Goldvorrat um 1,5 bis 2,5 Prozent jährlich hat ansteigen lassen, ist der Goldbestand im

Vergleich zu seinem Umlauf gewaltig. Die Menge des Goldes im Bestandsverzeichnis ist wesentlich größer als seine jährliche neue Produktionsrate, was Gold besonders widerstandsfähig gegenüber Versorgungsengpässen macht.

Große neue Goldfunde, von Südamerika im 16. bis Südafrika im 19. Jahrhundert haben relativ geringe Auswirkungen auf die Preise gehabt. Angehäufte Bestände können zwischen den beiden Hauptverwendungen als Geld und Schmuck schwanken. Geld ist flüssiger Schmuck. Schmuck ist kristallisiertes Geld. Gold-Rohbarren können in beliebige Spielereien umgetauscht werden, während Schmuck, den Bedürfnissen der Wirtschaft entsprechend und gesetzlich geschützt durch den Goldpreis, zu Münzen eingeschmolzen werden kann, Die Produktionsmenge im Goldabbau reagiert wesentlich langsamer.

Falls die technologischen Durchbrüche die Goldproduktion auf drastische Weise erweitern könnten, würde Gold als Maßstab weichen und sein wirklicher Preis würde plötzlich fallen. Doch im Lauf von Jahrtausenden wissenschaftlicher Fortschritte und metallurgischer Entdeckungen ist Gold stabil geblieben. Die Verbesserungen in der Bergbautechnologie sind durch die zunehmende Schwierigkeit, das Gold aus immer tieferen und minderwertigeren Adern zu holen, wettgemacht worden.

Wie ich in *Scandal of Money* erklärt habe, macht diese grobe Entwertung des technischen Fortschritts aus dem Goldpreis eine Funktion der *Zeit*, die es dauert, um das Gold zu gewinnen.[1] In einer Welt voll subjektiver menschlicher Leidenschaften und der Gier, des Hungers und der Begierden ist Zeit der eine ökonomische Faktor, der unbestreitbar objektiv ist. Folglich verleiht die Zeit den Bewegungen des Geldes einen objektiven Wahrheitsgehalt.

Geld ist im Wesentlichen ein Maßstab der unerbittlichen Zeitknappheit in der Ökonomie. Stellen Sie sich eine Welt des Tauschhandels vor. So würden zum Beispiel die Umrechnungskurse zwischen Äpfeln und Häusern von den unterschiedlichen Zeiträumen bestimmt, die benötigt werden, um einen einzelnen Bestandteil zu produzieren. Wenn eine Tauschwirtschaft zur gewerblichen Wirtschaft wird, manifestieren sich diese gemeinsamen Zeitfaktoren in Geld.

Wir leben heute in einer globalen Ökonomie, in der eine Vielzahl von Gütern und Dienstleistungen in unergründlichen Raum- und Zeitmustern ausgetauscht werden. Um die Kompromisse und Prioritäten wirtschaftlicher Entscheidungen zu vermitteln, muss Geld eine knappe Ressource sein. Was immer knapp bleibt, wenn alles andere im Überfluss vorhanden ist, ist die *Zeit*. Stabiles Geld verleiht dem Tanz wirtschaftlicher Aktivitäten einen harmonischen Rhythmus, ohne den die Tänzer in Chaos und Missklang stürzen würden.

Wie König Midas herausfand, ist Gold (so wie alle Kandidaten für echtes Geld) nicht Reichtum an sich, sondern ein Maßstab für Reichtum. Während einige Befürworter des Goldes – zu denen in den vergangenen Jahren auch ich gehörte – darauf bestanden haben, dass seine langsame, aber stetige Wachstumsrate von zwei Prozent eine wachsende Geldmenge garantiere, die auf das Wirtschaftswachstum abgestimmt sei, sagt Nathan Lewis, wir seien „Idioten". Er legt zu Recht dar, dass unter einem Goldstandard *die Geldmenge praktisch nichts mit dem Goldbestand zu tun hat*:

> Ich möchte das Beispiel der Vereinigten Staaten nehmen. Im Jahr 1775 betrug die Gesamtmenge der im Umlauf befindlichen Währungen (hauptsächlich Gold- und Silbermünzen) schätzungsweise 12 Millionen Dollar. Im Jahr 1990 waren es 1.954 Millionen Dollar – eine Zunahme um das 183-Fache!
> In diesem Zeitraum nahm die Menge des Goldes aufgrund der Goldförderung in der Welt knapp um das Dreieinhalbfache zu. Offensichtlich haben diese beiden Faktoren nichts miteinander zu tun ...
> So schrumpfte beispielsweise zwischen 1880 und 1900 die Geldbasis in Italien in Wirklichkeit um 4,8 Prozent. Im selben Zeitraum wuchs die Geldbasis in den USA um 81 Prozent. Beide Länder benutzten Goldstandardsysteme. Also hat die „Geldmenge" [unter einem Goldstandard] nicht nur keinen Bezug zur Förderung und Produktion von Gold, sondern es ist überdies möglich, dass zwei Länder während desselben Zeitraums zu extrem unterschiedlichen Ergebnissen kommen.[2]

Da Gold nicht verdirbt, bleiben die 187.000 Tonnen Gold, die im Lauf der Jahrhunderte abgebaut wurden, zur Verwendung als Geld erhalten. Gold behält Neutralität in Raum und Zeit und ist daher weder inflationär noch deflationär. Es bestraft weder Gläubiger noch Schuldner. Es ist eine Messlatte und eine Verrechnungseinheit für die Güter und Dienstleistungen der Welt.

Trotz der nahezu einhelligen Ablehnung des Goldstandards durch angesehene Ökonomen haben die Zentralbanken in aller Welt ihren Goldbestand allmählich angehäuft. Während die Gebildeten debattieren, praktizieren die rationalen Akteure des Markts faktisch einen Goldstandard. Ich persönlich habe auf solche Widersprüche so reagiert, dass ich anstelle von Universitätsgelehrten eher Verkehrspiloten und andere Autodidakten wie zum Beispiel Nathan Lewis und Steve Forbes um Rat gefragt habe. Die Antwort von vielen Tausend Investoren unter den Millennials war, Bitcoin und andere Krypto-Assets zu kaufen. Die Frage lautet, ob irgendeines dieser Mittel die historische Rolle des Goldes übernehmen kann.

Satoshi glaubte, dass sein Schürfalgorithmus Gold nachahmte. In *Scandal of Money* akzeptierte ich seine Behauptung. Der Bitcoin neutralisierte durch seine zehnminütigen Schürfzyklen und das Losverfahren auf umständliche Weise den technischen Fortschritt. Im Jahr 2017 beschäftigte ich mich jedoch näher mit Mike Kendall, der sich in das Wirtschaftsmodell eingefuchst hatte, das den Bitcoin als möglichen Nachfolger des Goldstandards betrachtete. Ich schickte ihm einen vorab veröffentlichten Entwurf von Saifedean Ammous' Buch *The Bitcoin Standard*[3], das den Bitcoin als angemessenen Ersatz für den Goldstandard darstellte. Ammous hat in den vergangenen sieben Jahren Bitcoin und Gold analysiert und vereint wirtschaftliche und finanzielle Raffinesse mit einem Ingenieursabschluss.

Ammous verurteilt „den Sirenengesang der Hochstapler und Hofnarren" und erläutert dies so: „Im Gegensatz zu dem unerhört fehlerhaften und zentralen Lehrsatz der staatlichen Geldtheorie *war es nicht die Regierung, die Gold als Geld festlegte. Vielmehr konnte die Regierung nur durch den Besitz von Gold überhaupt irgendeine Art von Geld in Umlauf bringen.*"[4]

Was den Bitcoin betrifft, versichert er: „Nakamoto erfand digitale Knappheit ... eine digitale Ware, die knapp ist und nicht unendlich reproduziert werden kann ... eine digitale Ware, die nach ihrem Transfer nicht mehr im Besitz des Absenders ist ...

Die obere Grenze der Menge, die wir von jeder beliebigen Ware produzieren können, entspricht nie ihrer Verbreitung auf dem Planeten, aber dem Aufwand und der Zeit, die investiert werden müssen, um sie herzustellen. Mit seiner absoluten Knappheit", schreibt Ammous, „ist der Bitcoin zeitübergreifend in höchstem Maße verkäuflich."

Kendall war beeindruckt. Aber als er genauer nachforschte, fand er einen grundsätzlichen Fehler, nämlich den Glauben, dass die Geldmenge von der Bitcoin- oder Goldmenge bestimmt werden sollte. Das hieß mit anderen Worten, dass Gold (oder der Gold nachahmende Bitcoin) nicht nur als Messlatte oder Verrechnungseinheit dienen sollte, sondern als das tatsächliche Mittel für alle Geschäfte.

Ein derart monolithisches Geld war auch der Irrtum von Murray Rothbard, einem eigensinnigen Vertreter der Österreichischen Theorie. Er war der Überzeugung, jeder authentische Goldstandard müsse zu 100 Prozent durch Gold gedeckt sein. Er glaubte nicht einmal an das Mindestreserve-Bankwesen – die grundlegende Rolle der Banken –, das zwangsläufig zwischen Sparern, die Sicherheit und Liquidität wünschen, und Unternehmern vermittelt, die es durch langfristige Investitionen zerstören. Der Wert der Liquidität hängt unweigerlich von den Erfolgen der illiquiden und langfristigen Unternehmung ab. Es gibt keine Möglichkeit, die Laufzeitinkongruenzen zwischen Ersparnissen und Investitionen zu vermeiden, es sei denn, man wolle den Kapitalismus abschaffen.

Genauso wenig können Bitcoin und andere Kryptowährungen ohne Systeme zur Vermittlung zwischen Sparern und Investoren zu nennenswerten Geldmitteln werden. Geld kann nicht einfach ein intelligenter Vertrag sein. Es bedeutet kontinuierliche Handlungen intelligenter Diskretion bei der Bereitstellung von Krediten und Investitionen, die auf Veränderungen in Märkten und Technologien reagieren, während in Hayeks Worten „der Goldstandard die Regierungen dazu zwingt, die Qualität des Geldes so zu kontrollieren, dass sein Wert konstant bleibt."[5]

Cameron Harwick von der George Mason University trifft mit der Aussage, der Bitcoin könne als intelligenter Vertrag nicht erfolgreich sein, den Nagel auf den Kopf. Er müsse von einer unternehmerischen Bankfunktion ergänzt werden:

> Wenn die wichtigste Quelle für die Unbeständigkeit des Bitcoin die schwankende Nachfrage ist, können wir damit rechnen, dass die Ausgabe und der Umlauf von in Bitcoin auszahlbaren Verbindlichkeiten die Nachfrage nach dem Bitcoin (und daher auch seinen Wert) stabilisiert, indem man es zulässt, dass Schwankungen durch Veränderungen der Verbindlichkeiten statt durch das Preisniveau oder das Volumen der Transaktionen entstehen.[6]

Eine Währung lässt sich nicht auf Autopilot stellen. Sie benötigt Orakel, die sie zu den vielversprechendsten unternehmerischen Anwendungen lenken.

Kendall kommt zu dem Schluss: „Der Unterschied zwischen der klassischen Finanzierungstheorie [des Goldstandards] und Rothbards Lehre, besteht darin, dass die klassische Theorie in die Tat umgesetzt worden ist. Sie hat eine 300 Jahre alte Geschichte finanziellen Erfolgs mit einem Goldstandard vorzuweisen. Im Gegensatz dazu ist Rothbards Finanzierungsstandpunkt nie realisiert worden, aber er hat gegenwärtig die Möglichkeit, seine Funktionsfähigkeit mit dem Bitcoin unter Beweis zu stellen. Mit seiner absolut begrenzten Menge definiert der Bitcoin das Rothbard'sche System.

Allerdings gibt es einen Grund, weshalb die Welt ein Rothbard'sches Finanzsystem bis jetzt nicht angenommen hat. Es wird nicht funktionieren, und der Bitcoin wird, seinem Design nach, nicht als eine praktische Währung funktionieren."

Als Kendall immer weiter in die Bitcoin-Welt vordrang, war er über seine Funde zunehmend beunruhigt. „Während Satoshi mehr als brillant gewesen ist, als er die Blockchain als Grundlage für den Bitcoin schuf, verstand er nichts von einer Währung als Verrechnungseinheit. Als Satoshi den Bitcoin-Vorrat auf 21 Millionen Einheiten über einen Zeitraum von 131 Jahren begrenzte, entwarf er den Bitcoin als eine deflationäre

Währung ... Wegen seines deflationären Designs wird der Bitcoin eher als volatiler Investitionseinsatz genutzt" statt als eine Messlatte oder eine Verrechnungseinheit.

Ammous sagt dazu: „Der Grund, warum Satoshi sich für 100 Millionen Einheiten pro Bitcoin entschied, war, dass die gesamte globale Geldmenge zu diesem Zeitpunkt rund 21 Billionen Dollar betrug, und für den Fall, dass die ganze Weltwirtschaft zum Bitcoin wechseln würde, die kleinste Bitcoin-Einheit dem Wert eines Cent entsprechen sollte ... [Wenn das 2009 geschehen wäre], wäre jeder Satoshi einen Dollar-Cent wert, während jeder Bitcoin rund eine Million Dollar wert wäre."

In seiner Verkleidung als Craig Wright glaubt „Satoshi", dass nahezu alle vergangenen Goldstandards äußerst fehlerhaft waren. Erst bei der Bitcoin Investment Conference im Oktober 2015 beteuerte Wright, dass eine 100-prozentige Deckung durch Gold für einen wirksamen Goldstandard erforderlich sei. Er sagt, dass „der Golddevisenstandard bis zu den 1930er-Jahren kein wahrer Goldstandard war, weil er nicht zu 100 Prozent auf Gold beruhte."

Kendall bemerkt dazu: „Aus demselben Grund, warum man keinen 100-prozentigen Goldstandard haben kann – es gibt einfach nicht genug Gold für unsere riesige internationale Wirtschaft, außerdem wäre er äußerst deflationär –, ist die festgelegte Begrenzung des Bitcoin ebenfalls äußerst deflationär und unausführbar. Um zu diesem Schluss zu kommen, muss Wright die gemeinsame 300-jährige Geschichte der britischen, amerikanischen und internationalen Goldstandards und deren erwiesenen Erfolg ignorieren, oder er versteht sie nicht."

Ich stimmte zu, dass die wichtigste Rolle des Geldes die der Verrechnungseinheit ist, ein Wertmaßstab, der Transaktionen über Zeit und Raum ermöglicht. Aber ich hatte angenommen, dass sich die Wachstumsrate des Bitcoin im Lauf des gegenwärtigen Jahrhunderts an den Bedarf der Wirtschaft für einen stabilen Maßstab anpassen würde.

Beim Vergleich zwischen Bitcoin und Gold übersah ich, dass der Bitcoin eher das Transaktionsmedium selbst ist statt eine stabile Metrik für die Bewertung von Fiatgeldern. Bei Gold sind Transaktionen nebensächlich, beim Bitcoin sind Transaktionen der entscheidende Punkt. Der Bitcoin muss daher im Gegensatz zum Gold entweder im Volumen oder im Wert zunehmen, wenn das System erfolgreich sein soll.

In Diskussionen mit Steve Forbes leistete ich vehement Widerstand gegen seine Erkenntnis, der Bitcoin könne, wenngleich er für Transaktionen und als Wertanlage dienen mag, nicht die zentrale Rolle einer Währung als Verrechnungseinheit und als Maßstab spielen. Ich sagte, *warten Sie nur* – Gold und Bitcoin werden sich annähern. Mir schien, als ähnele der Bitcoin mit seinem langsamen Wachstum und einem leichten Hang zur Deflation dem Gold, aber wie ich in *Scandal of Money* schrieb, sei er nicht so deflationär, um mehr als einen schwachen Anstieg zugunsten von Sparern zu verursachen. Diese Tendenz ist wachstumsförderlich.

Ammous drückt es so aus: „Wohlstand gedeiht nur, wenn es für die Leute keine leichte Methode gibt, Geld zu produzieren, und sie stattdessen nützliche Dinge produzieren müssen."[7]

Wen kümmert's, was im Jahr 2140 passieren wird, wenn Satoshis Algorithmus einen Halt beim Bitcoin-Schürfen anordnet? Ich bin jetzt 78 Jahre alt! Die Krise findet *jetzt* statt, mit Schulden und anderen staatlichen Verbindlichkeiten, die sich allein in den Vereinigten Staaten auf mehr als 100 Billionen Dollar belaufen. Sie übertreffen das Bruttoinlandsprodukt von 78 Billionen Dollar, während die Schulden global auf 257 Billionen Dollar gestiegen sind. Ich erachtete eine geringe deflationäre Tendenz als ein vernünftiges Korrektiv für die Schuldenübersättigung, die gegenwärtig die Weltwirtschaft plagt, deren Schulden weit über die Wachstumsraten des Weltbruttosozialprodukts hinausgehen.

Kendall jedoch bestätigte Forbes' Erkenntnis, und jenseits aller Nörgelei wies er nach, dass der Bitcoin mit seiner jetzigen Beschaffenheit keine Währung sein kann. Währungen erzeugen Wert, indem sie ihn messen. Der Preis des Bitcoin wandelt sich mit der Nachfrage. Man könnte reagieren und sagen, dass sich der Preis des Dollar ebenfalls mit der Nachfrage verändert. Wie ich in *Scandal of Money* zeige, traf das seit 1971 die meiste Zeit zu, und solche Schwankungen sind nun einmal die Achillesferse des Dollar als langfristige Währung.

„Keine andere grundlegende Maßeinheit", sagt Kendall – sei es die Sekunde, der Meter, das Ampere oder das Kilogramm – „verändert ihren

Wert aufgrund von Nachfrage. Es sind *Normen auf der Grundlage von Naturkonstanten.* Wenn Geld eine Messlatte ist, kann es nicht auf Nachfrage reagieren."

„Wenn der Bitcoin den erforderlichen Funktionen der Währung nicht gerecht werden kann, dann ist sein langfristiger Nutzen als Währung null und nichtig. ... Der Bitcoin würde im Äther verschwinden, wo er herkam. ... Da der Bitcoin seinen Vorrat auf einen fixierten Betrag begrenzt hat, der zum größten Teil bereits erzielt worden ist, wird er als gesetzliches Zahlungsmittel eine kurze Haltbarkeitsdauer haben."[8] Kendall weist darauf hin, dass andere Kryptowährungen mit ihren Schürfalgorithmen in die deflationären Fußstapfen des Bitcoin treten werden.

Beim Vergleich ihrer Emissionspreise zeigt Kendall, dass der Bitcoin dem Gold wenig ähnelt. Sollte der Bitcoin die Wachstumsrate der Goldproduktion von 1,6 Prozent in den letzten 100 Jahren nachahmen, würde die gegenwärtige Zahl der Bitcoin – 16.641.130 – auf 116 Millionen Einheiten an Satoshis Schlusstermin im Jahr 2140 anschwellen, was weit mehr als seine festgesetzten 21 Millionen sind. Falls der Bitcoin die höhere historische Wachstumsrate des Goldes von 2,5 Prozent erreichen sollte, wären es 347.119.614 Einheiten. Kendalls Schlussfolgerung lautet, das Limit von 21 Millionen Gesamteinheiten „ist im Lauf der Zeit äußerst deflationär und undurchführbar."

Wenn die Leute an das System glauben, könnte der größte Teil des Reichtums auf der Welt bei periodischen Panikkäufen dem Bitcoin zugutekommen, wie bei der Tulpenmanie, der Südseeblase oder bei anderen Geistesgestörtheiten, die Charles Mackay 1841 in seinem Buch *Zeichen und Wunder – Aus den Annalen des Wahns* katalogisiert hat.[9] Dieses Ergebnis könnte heutige Bitcoin-Besitzer erfreuen, doch würde es zweifellos zu staatlichen Eingriffen, Beschlagnahmungen, Kurseinbrüchen und anderen Reaktionen kommen, die dieses ansonsten befreiende Menschheitsprojekt beenden würden.

Satoshis System verläuft asymptotisch zum Zeitmodell des Geldes, hält langsam den Zeitablauf an und unterbricht ihn im Jahr 2140. Für Kendall fühlt sich das so an, als würde die Landebahn entfernt werden, während er noch in der Luft ist. Die Zeit jedoch läuft mit unveränderbarem Tempo ewig weiter.

Dieser Fehler im Bitcoin-System stellt eine großartige Chance für andere Kryptowährungen dar. Doch bisher spiegeln nur wenige von ihnen – in der embryonischen „Stablecoin-Bewegung" – eine Vorstellung von einer Währung als Messlatte wider. Kendall bemerkt dazu Folgendes: „Der Wert des Ether wird von seiner Menge und seiner Nachfrage bestimmt, die wiederum von technikaffinen Freaks ohne wirkliches Verständnis für eine Währung als Verrechnungseinheit bestimmt wird." Vitalik Buterin sollte davon Notiz nehmen.

Craig Wright verkündet immer noch, der Bitcoin sei „die Lösung für alles." Er bleibt ein „Bitcoin-Maximalist". Aber Tatsache ist, dass der Bitcoin seine grundlegende Rolle als Währung nicht erfüllen kann. Es ist sein historisches Los, einen Zufluchtsort als Schutz vor durchgedrehten Regierungen und Zentralbanken zu bieten. In erster Linie ist er ein Hafen für eine großartige Innovation – die Blockchain.

KAPITEL 23

Die große Entflechtung

Die Kryptografie-Revolution hat zu einer großen Entflechtung der Funktionen des Geldes geführt und das Versprechen gegeben, die Flaute des Google-Zeitalters umzukehren, eine Epoche, in der all die digitalen Vermögen gebündelt und angehäuft wurden.

Die Bündelung spiegelt das Coase'sche Gesetz wider: Firmen expandieren, bis die Kosten für die Durchführung einer Transaktion innerhalb der Firma die Kosten für eine Durchführung außerhalb der Firma übersteigen. Don und Alex Tapscott weisen darauf hin, dass dieses Gesetz in beide Richtungen funktioniert: Wenn Unternehmen feststellen, dass die Kosten für interne Tätigkeiten die Kosten der Ausgliederung überschreiten, sollten sie kurztreten, ihre Reichweite einschränken und Arbeitsabläufe ausgliedern. Mit anderen Worten: Sie sollten sich entflechten.[1]

Clayton Christensen fügt dem Coase'schen Gesetz ein technologisches Argument hinzu. Er führt vor, dass Integration – im Wesentlichen die Bündelung von Bestandteilen in ein nahtloses System – so lange wünschenswert ist, wie eine Technologie die Markterfordernisse nicht erreicht. Alle Nahtstellen zwischen den Bestandteilen müssen so optimiert sein, dass die Markterfordernisse erfüllt sind. Wenn daraufhin suboptimale Leistung dem Markt genügt, wird das Bausteinprinzip – mit dem

Einsatz normgerechter Nahtstellen und Bestandteile – Kosten reduzieren und den Marktanteil erhöhen.[2]

In der Bitcoin-Blockchain akzeptieren Unternehmen sperrige Lösungen, indem sie kontinuierlich ein Hauptbuch mit einem Volumen von 120 Gigabyte über das Netzwerk verteilen, wenngleich die meisten Funktionen innerhalb einer einzigen Firmenhierarchie 10.000-mal effizienter ausgeführt werden könnten. Warum sollten Unternehmen das tun? Der Grund, sich diese Kosten der Blockchain aufzuhalsen, liegt darin, die Flaute der Zentralisierung, der Verunsicherung und der Erstarrung in Angriff zu nehmen, die die gegenwärtige Informationsökonomie plagt.

Die *New York Times* macht die Umlenkung von Ressourcen in Kryptowährungen für den größten Teil der Leiden unserer Wirtschaft – langsames Bruttoinlandswachstum, geringe Produktivität, sogar die niedrigen Geburtsraten – verantwortlich.[3] Aber die Krypto-Innovation thematisiert die unternehmerische Flaute, die von nachlassenden Geschäftsgründungen und Börsengängen sowie von den gewaltigen Umlenkungen von Ressourcen geprägt ist – und die am besten am Beispiel des überflüssigen Devisenhandels im täglichen Umfang von 5,1 Billionen Dollar dargestellt wird. Sie geht die Sicherheitskrise mit einer neuen Internetarchitektur an. Kryptowährungen schalten die Vermittler bei Transaktionen aus und bieten ein Rezept für das aufgeblähte Finanzwesen an – mit einem Volumen von fast 40 Prozent der Unternehmensprofite – das ebenfalls mit dem abnehmenden Wachstum des Bruttoinlandsprodukts einhergeht.[4]

Firmen geben Hierarchien auf und verfolgen heterarchische Strukturen, weil, wie Tapscott es formuliert, „die Blockchain-Technologie eine glaubwürdige und effektive Methode [bietet], nicht nur Zwischenhändler auszuschalten, sondern auch die Transaktionskosten drastisch zu senken, Unternehmen in Netzwerke zu verwandeln, Wirtschaftsmacht zu verteilen und sowohl Vermögensbildung als auch mehr Wohlstand in der Zukunft zu ermöglichen."[5]

Der Bitcoin beabsichtigte, die mit täglich 5,1 Billionen Dollar aufgeblähte Wundertüte moderner Währungen platzen zu lassen und einen Krypto-Überfluss hervorzurufen. Aber die Verrechnungseinheiten – die finanziellen Messlatten – verblieben in der Welt des Fiatgeldes und des Goldes. Deshalb besteht die augenblickliche Schlüsselfunktion des Bitcoin darin, der Welt die Blockchain-Technologie beschert zu haben.

Im Rahmen der großen Entflechtung erzeugt die Blockchain funktionelle Token (von BAT für Aufmerksamkeit über GNT für Supercomputing bis zu RNDR für Grafikbearbeitungsfunktionen). Sie erschafft Tauschmittel (Bitcoin, Ether, Monero, Zcash), Wertanlagen (Bitcoin, Ether und andere) Sicherheitsvorkehrungen (Blockstack, Rivetz), Softwaresprachen (Solidity, Golem) und Maßstäbe für Wohlstand. In diesem Zusammenhang sind sogar „Stablecoin" produziert worden, die als Verrechnungseinheiten dienen, sowie echtes Geld (DigixDAOs DGX und Emergents G-Coins, die an Goldbarren gebunden sind und Tether, der an den Dollar gebunden ist). Und dann entwickelte die Blockchain-Bewegung Methoden, um zwischen diesen verschiedenen Token, Formen und Fondsfacetten wie Ripples XRP Bancor und TREZOR zu vermitteln.

Wenn die Funktionen des Geldes größtenteils entflochten sind, werden auch die zunehmenden Anhäufungen ökonomischer Macht entflochten sein. Finanzkonglomerate öffnen sich für Transaktionen, Kredite, Gruppenfinanzierungen und Krypto-Assets. Die Inhalte versprechen, ihrer Beschränkung auf die riesigen Silos von Google, Amazon und deren Konkurrenten zu entfliehen und sich wieder über das Netz hinweg zu verteilen, wobei die digitale Rechteverwaltung in der Blockchain integriert sein wird.

Am wichtigsten ist, dass die vom Bitcoin angeführte Krypto-Bewegung das Prinzip der Knappheit bekräftigt hat, wobei der Irrglaube der verschwenderischen Gratiswaren und des freien Geldes der Google-Ära enthüllt wurden. Die von Google verschenkten, aufwendigen Wunderdinge werden überflüssig geworden sein; ebenso Googles Bergwerke und Verluste, die als Werbung angepriesen werden, und schließlich auch Google Mind mit der Wunschvorstellung von Superhirnen in bewusstseinsfähigen Maschinen.

Wissenschaftler haben stets die entscheidende Rolle von Messwerten in Handel und Industrie verstanden. Die neue Bewegung ist in der Vorherrschaft und Knappheit der Zeit verwurzelt, wie sie allen Maßstäben und ökonomischen Lehren zu eigen ist. Die Erbauer und Schöpfer der Welt, die ihre Abenteuer von *null auf eins* starten, tragen die Bausteine aus allen Teilen der Welt zusammen. Das hat die Koordinierung dieser Einzelteile zur Folge – Chipdesigns aus Tel Aviv, eingeritzt auf Silizium in einer Fertigungsanlage in Taiwan, auf Leiterplatten in Palo Alto befestigt, in Shenzhen zu Systemen zusammengefasst und in Cupertino vermarktet. Damit diese integrierten Produkte zusammen funktionieren, müssen ihre Hersteller auf unveränderliche Maßsysteme vertrauen, die sich häufig im Rahmen von Pikometern und Pikosekunden bewegen.

Das Internationale Einheitensystem (abgekürzt mit „SI" für das französische *Système internationale*) hat sieben wichtige Kennzahlen begründet, von denen jede auf einer Naturkonstanten beruht: die Sekunde Zeit, der Meter Länge, das Kilogramm Gewicht, der Grad Kelvin der thermodynamischen Temperatur, das Ampère des elektrischen Stroms, das Mol der Molekularmasse und die Candela der Lichtstärke. Diese Maße können nicht schwanken, weil ihre Beständigkeit der weltweiten Fülle menschlichen Fleißes zugrunde liegt, die uns miteinander verbindet, am Leben erhält und gedeihen lässt.

Während der ganzen Menschheitsgeschichte haben die Menschen verstanden, dass Geld eine Schlüsselfunktion als Maßstab hat. Im Gegensatz zu Craig Wrights leidenschaftlicher Ansicht sind Währungen *keine* Handelsware, kein Teil dessen, was sie messen. Maßstäbe können nicht ein Teil dessen sein, was sie kalibrieren. Sie müssen ihre Wurzeln in einem Messraster haben, das über die Reichweite des Handels hinausgeht. Selbstbezügliche Schleifen – ob Physiker Atome mit Atomen messen, Philosophen Geist mit Geist eichen oder Ökonomen Handelsware mit Handelsware messen – verdammen ihre Benutzer zu Gödel'scher Sinnlosigkeit.

Das SI-System bestätigt, dass die *Zeit* allen unveränderlichen Normen der Messtechnik zugrunde liegt. Alle sieben wichtigen Einheiten sind von Naturkonstanten, Frequenzen und Wellenlängen abhängig, die auf die eine oder andere Art durch den Lauf der Zeit begrenzt sind. Die Zeit als das einzige unumkehrbare Element im Universum, dessen Ausrichtung durch die thermodynamische Entropie bestimmt wird, ist der ultimative Bezugsrahmen für alle gemessenen Werte.

Wie Roberto Unger und Lee Smolin in ihrem Buch *The Singular Universe and the Reality of Time* schreiben, „ist die Zeit real. Tatsächlich ist sie die wahrste Eigenschaft der Welt … womit wir meinen, dass sie nicht aus irgendeinem anderen Aspekt der Natur hervorgehen kann … Die Zeit geht nicht aus dem Raum hervor, wenngleich der Raum womöglich aus der Zeit hervorgeht."

Das Wirtschaftsleben unterliegt dieser Wirklichkeit. Der Handel wird von der Lichtgeschwindigkeit und der Lebensspanne beherrscht und muss sich sowohl dem kosmischen Rhythmus als auch den Zyklen der Uhr beugen.

Die Google-Ära nähert sich ihrem Ende, weil Google versucht, die Beschränkungen der ökonomischen Knappheit und Sicherheit zu hintergehen, indem es seine Güter und Dienstleistungen umsonst hergibt. Googles Gratiswelt ist eine Möglichkeit, sich frech über die zentrale Bedeutung der Zeit in der Ökonomie hinwegzusetzen und über die Brieftaschen seiner Kunden hinaus unmittelbar deren Zeit zu ergreifen.

Die Sirenenserver der Finanzwelt und die künstliche Intelligenz versuchen ebenfalls, die Knappheit der Zeit zu umgehen, indem sie Transaktionen multiplizieren und Algorithmen jenseits der unerbittlichen Grenzen von Lichtgeschwindigkeit und Lebensspanne beschleunigen. Im unheimlichen Erfolg der quantitativen Analysten im Finanzwesen kommt nicht etwa ein neues und tieferes Verständnis der Realitäten von Unternehmen und Technologien zum Ausdruck. Er bewegt sich lediglich auf eine Zeitskala jenseits wirklicher Transaktionen und Bewertungskennzahlen in der Welt zu.

Derivate, börsengehandelte Fonds und andere trügerische Formen der Liquidität, schreibt Mervyn King, der ehemalige Präsident der Bank of England, „trennten die Größenordnung von Bankbilanzen von der Größenordnung realer Betriebsaktivitäten … Die Kreditvergabe an Firmen ist durch den Betrag, den sie leihen möchten, begrenzt, [aber] in derivativen Finanzinstrumenten gibt es kein entsprechendes Limit für das Volumen von Transaktionen." Wie die Aliens in der *Star Trek*-Episode „Was summt denn da?" („Wink of an Eye"), die unsichtbar sind, weil sie eine beschleunigte Zeitskala bewohnen, die es ihnen erlaubt, die Menschen zu beherrschen, arbeiten die Flash Boys an beiden Küsten jenseits der realen Chronologie und jenseits des kosmischen Rhythmus.[6] Genauso wenig gelangt die sogenannte künstliche Superintelligenz zu einem tieferen Verständnis für die Spiele Go, Schach oder für die Atari-Spiele, um nur die jüngsten Beispiele zu nennen. Die Super-KI ist erfolgreich, weil sie die Spielgeschwindigkeit enorm beschleunigt und dabei einen großen Teil des Wahrscheinlichkeitsraums eines begrenzten und deterministischen Systems erobert. In einen unbegrenzten und nichtdeterministischen Bereich versetzt, wie selbstfahrende Autos oder Mehrzweckroboter, wird sie letzten Endes ohne neue sensorische Systeme und menschliche Anleitung scheitern.

Die große Entflechtung der Blockchain-Bewegung kann die ökonomische Wirklichkeit wiederherstellen, indem sie die Verbindungen zwischen Datenverarbeitung, Finanzwesen und KI anhand der unaufhaltsamen Messgrößen von Zeit und Raum neu organisiert. Entscheidend wird ihre Entstehung aus dem Krypto-Mischmasch der Maße sein, der an die Knappheit der sich entfaltenden Zeit gebunden ist. Satoshi tat das Richtige, als er Gold nachahmte, aber weil er die Quellen des Erfolgs des Goldes nicht vollständig begriff, irrte er sich im Hinblick auf seine Parameter für den Bitcoin.

Satoshis Irrtum gibt anderen nur insofern eine Chance, als sie das Wesen von Geld und Zeit erfassen. Untersucht man die Szene von Ethereum über Cardano bis zu Hedera und Blockstack und so weiter, wird nicht deutlich, welche Lösungen funktionieren können. Aber wir können zuversichtlich sein, dass unter der überschwänglichen Kreativität der neuen Krypto-Welt komplette Lösungen für die Probleme des Geldes entwickelt werden. Wir wollen hoffen, dass sich die Lösungen ohne ein geopolitisches, aus einer Reihe neuer Finanzkrisen resultierendes Chaos ergeben.

Hier sind die wichtigsten Projekte, deren Kreativität beinahe täglich von neuen Rivalen herausgefordert wird:

Bitcoin, im Jahr 2018 das zehn Jahre alte erste Projekt, ist dasjenige mit dem höchsten Börsenwert sowie der robustesten und am besten überprüften Bockchain. Er kann als Anlagewert und als Mittel für große internationale Transaktionen dienen. Mit einer Höchstmenge von 21 Millionen

Einheiten ist er keine stabile Verrechnungseinheit. Mit der Konzentration auf Sicherheit ist seine „Scriptsprache" brauchbar, aber nicht Turing-vollständig, da ihm rekursive Schleifen fehlen. Daher ist er in seiner Fähigkeit eingeschränkt, intelligente Verträge auszuführen, aber gleichzeitig begrenzt in seiner Anfälligkeit für Hacks. Seine Lightning-Erweiterung verleiht ihm potenzielle Skalierbarkeit für kleinere Transaktionen. Seine wichtigsten Personen sind Satoshi und Nick Szabo, der den Bitcoin mit Bit Gold erahnen ließ.

Ethereum, im Jahr 2018 sieben Jahre alt, ist immer noch die vielseitigste Plattform für intelligente Verträge und Initial Coin Offerings. Seine Software Solidity ist Turing-vollständig. Sein Coin – Ether – verfügt über den zweithöchsten Börsenwert unter den Kryptowährungen. Sein „Gasmaßstab" gibt Bezahlungen für den Energieverbrauch bei der Datenverarbeitung an und beschützt das System gegen Spam und Dienstverweigerungsangriffe. Doch da Gas auf Computerfortschritte reagiert, ist auch Ether keine stabile Verrechnungseinheit. Ethereums Geschäftsführer Vitalik Buterin ist womöglich die eindrucksvollste Persönlichkeit, die bisher aus dem Kryptokosmos hervorgegangen ist. Zu den anderen, die an der frühen Entwicklung von Ethereum beteiligt waren, gehört auch der inzwischen ausgestiegene Mitbegründer Charles Hoskinson.

Bitmain, ein wundertätiges chinesisches Start-up, begann 2012 mit dem Entwurf anwendungsspezifischer integrierter Schaltkreise (ASICs) für das Schürfen von Bitcoin. Fünf Jahre später, im Jahr 2017, stellte es Nvidia als den profitabelsten Chiphersteller der Welt in den Schatten, mit angeblichen Profiten von fast vier Milliarden Dollar. Bitmains ASICs erreichen eine Leistung im Petahash-Bereich pro Sekunde – das sind 10^{15} oder Tausende Terahash –, was sie zu den leistungsstärksten Computern weltweit macht. Unter dem Druck der chinesischen Regierung hat sich Bitmain seitdem rund um den Globus ausgebreitet und eine Abteilung gegründet, die künstliche Intelligenz und Geräte für maschinelles Lernen baut. Gegen dieses Unternehmen sollte man nicht wetten.

Blockstack arbeitet seit vier Jahren im Netz und hat Hunderttausende Benutzer. Es handelt sich um eine Plattform für Sicherheit und Identität für ein neues dezentralisiertes Internet. Blockstack stellt einen Domain

Name Service (sozusagen das Telefonbuch des Internets) zur Verfügung, der in der Bitcoin-Blockchain verankert ist. Es hat einen 25 Millionen Dollar schweren Venturefonds und ein skalierbares Modell, das die Blockchain für Hinweise auf Speicheradressen statt für die Datenspeicherung selbst reserviert. Daher kann es die Blockchain dafür nutzen, was eine Blockchain bieten kann – Sicherheit, Identität und Vertrauen –, während es die Blockchain davon befreit, was sie nicht leisten kann – riesige Transaktionen und Speicherplatz. Die wichtigsten Persönlichkeiten sind Muneeb Ali, Ryan Shea, Luke Nelson und Michael J. Freedman aus Princeton.

NEO ist ein Rivale von Ethereum, der in China vorherrschend ist. Es ist eine Art Betriebssystem für On-Chain, Chinas Hyperhauptbuch-Projekt, um Unternehmen mit Regulierungssystemen in Übereinstimmung zu bringen. Da Hongfei, NEOs CEO, ist politisch ausgebufft. NEO ist die Quelle der DNA (Chinas „verteilte Netzwerkarchitektur") und die Grundlage einer Plattform für intelligente Verträge, die sich an die asiatische Politik anpassen lässt und trotz politischer Widerstände wohl immer noch zum Zentrum der Krypto-Bewegung gehört.

Cardano ist darauf vorbereitet, sich auf dem Globus auszubreiten. Es wurde nach Gerolamo Cardano benannt, der im 16. Jahrhundert die Wahrscheinlichkeitstheorie begründete. Entwickelt wurde Cardano von Charles Hoskinson, dem ersten CEO von Ethereum und BitShares. Geschrieben ist es in der innovativen, aber mühseligen Sprache Haskell. Da Software eingesetzt wird, die auf mathematischen Funktionen beruht, ist Cardano durch formelle mathematische Methoden verifizierbar. Es strebt an, durch Erzeugung neuer Ressourcen bei der Expansion skalierbar, überprüfbar und nachhaltig zu sein. Hoskinson ist darauf konzentriert, alles richtig zu machen – Peer Review (Kollegenbegutachtung), überprüfbarer Code, algorithmische Strenge –, aber viel wichtiger ist es, die richtigen Dinge zu tun. Es könnte nämlich sein, dass Cardano den Unterschied nicht erkennt. *EOS* ist das dritte Hauptprojekt, das von dem geschickten Krypto-Veteranen Dan Larimer gestartet wurde als Nachfolger von *Steemit* (einer Blockchain im Reddit-Stil) und *BitShares* (einer dezentralen Handelsplattform für Kryptowährungen, an deren Start Hoskinson beteiligt war). Steemit und BitShares sind angeblich immer noch für einen großen Anteil aller „Transaktionen" über die Blockchain verantwortlich, aber da sie zum größten Teil gratis sind, ist es schwer festzustellen, was das bedeutet. EOS verspricht, eine neue Plattform für intelligente Verträge zu sein, kostenlos und in herkömmlichen Sprachen wie Java und C programmierbar. Es steckt im Entwicklungsverlauf einer Mittelbeschaffung, die auf direktem Weg ist, eine Milliarde Dollar zu überschreiten, bevor sie zu Ende geht. Larimer ist ein gebildeter Marktliberaler und sollte seine öffentlichen Stellungnahmen mehr auf die Vorzüge seiner Software konzentrieren, statt sich auf die angeblich lähmenden Auswirkungen und persönlichen Marotten seiner Konkurrenten einzulassen.

IOTA ist überhaupt keine Blockchain, sondern ein *Wirrwarr* verketteter Transaktionen, bei dem jeder Unterhändler zwei andere Transaktionen verifiziert, um seine eigene zu berechtigen. IOTA stammt aus einer Gemeinschaft von Krypto-Freaks in Norwegen und beabsichtigt, in großem Stil skalierbar und für das Internet der Dinge geeignet zu sein. Hier scheint Geld hereinzukommen.

Zu den anderen Repräsentanten der Krypto-Bewegung nach dem Bitcoin gehört *RaiBlocks*, das sich selbst als ein Hashgraph für Leute statt für Dinge beschreibt, und mein persönlicher Favorit ist *Jonetix* aus Cupertino. Es wurde von dem ehemaligen Intel-Angestellten Paul Wu und von Nick Tredennick gegründet. Sie haben eine unknackbare Krypto-Chain für das Internet der Dinge erfunden, die ihre Privatschlüssel aus den Zufallsbewegungen der Moleküle in Chipsubstraten erzeugt.[7]

Das vielleicht eindrucksvollste neue Unternehmen ist *Hashgraph*, gegründet von einer texanischen Firma, die lange im Verborgenen arbeitete und Swirlds („shared worlds") heißt.[8] Es ist ein viel gepriesenes, von dem Mathematiker Leemon Baird von der Carnegie Mellon University erfundenes System, und erhebt den Anspruch, mit allen Blockchains konkurrieren zu können und keinen Bezug zur Blockchain-Technologie zu haben. Doch es kommt ebenso wie sein neuer, öffentlich zugänglicher Nachwuchs Hedera aus demselben Kryptokosmos wie die Blockchains, die es ersetzen will.

Hashgraph verwendet viele derselben Krypto-Tools, für die Bitcoin den Weg bereitet hat, und nennt seine Blöcke „Runden" („rounds"). Aber es muss immer ein Haufen Transaktionen zusammengestellt werden. Sie werden in die Wurzel eines Hash-Baums („Merkle tree") gehasht und anschließend einer Kette hinzugefügt. Im Weißbuch für Hedera steht dazu: „Am Ende jeder Runde berechnet jeder Knotenpunkt den geteilten Zustand nach der Bearbeitung aller Transaktionen, die in dieser Runde und davor empfangen wurden. Dann kennzeichnet es digital ein Hash aus diesem geteilten Zustand, bringt es in eine Transaktion ein und „plaudert" es in der Community aus."[9]

Das ist genau das, was Satoshi für den Bitcoin empfahl, der ebenfalls ein „Plauderprotokoll" benutzt, um den Zustand des Systems und einen Hash-Baum zu verbreiten, der die einzelnen Blöcke hasht. Hashgraph beschreibt die Kette als „Adressen für den öffentlichen Schlüssel": Das ist auch das Kernstück des Bitcoin. Und wie beim Bitcoin gehen die Adressen auf eine „Genesis" zurück. Ob es „Genesis-Block" oder „Genesis-Runde" heißt, ist lediglich eine Frage des Geschmacks.

Was Leemon Baird erfunden hat, ist ein neuer Konsensmechanismus, der beabsichtigt, die umständlichen Arbeitsnachweise für Schürftätigkeiten bei Bitcoin und Ethereum zu ersetzen und die zufälligen Gabelungen dabei zu eliminieren. Obwohl Hashgraph auch behauptet, die vielen unterschiedlichen „Anteilsnachweise" mit seinen eigenen Verlockungen nach dem Motto „Der Sieger bekommt alles" anzuvisieren, enthält es einen eigenen Mechanismus für Anteilsnachweise. „Jeder Knotenpunkt verteilt eine Stimme für jeden Coin der Hedera-Währung", die er besitzt.[10]

Die grundlegende Erfindung wird „virtuelle Abstimmung" genannt, wobei der Speicher in jedem Knotenpunkt einen Graphen der Hashes von Transaktionen enthält, die ihm von anderen Knoten in dem universellen Plauderprozess zugetragen wurden. Hier muss keine echte Abstimmung stattfinden, weil der Hashgraph auf jedem Knotenpunkt genügend Informationen sammelt, um alle Transaktionen auf objektive Weise rechtzeitig zu ordnen und abzugleichen. Der Plauderprozess der Informationsverbreitung liefert außerdem einen Konsens über den Zustand des Systems, ohne dass zusätzliche Kommunikation nötig ist. Wenn dieses virtuelle Abstimmungssystem funktioniert – und niemand hat bisher bewiesen, dass es nicht klappt –, dann ist es ein Coup, eine schnellere und bessere

Mausefalle, die eine Menge Mäuse (nationale Kreditgenossenschaften, Gesundheitssysteme und noch ungenannte große Banken) fängt.

Das öffentliche Hedera ist jedoch Teil eines zentralisierten Systems – ein Hashgraph-Konsortium und -Gremium –, das von 39 „bekannten und angesehenen globalen Organisationen" geleitet wird. Das Gremium beruht auf dem Visa-Modell und kann die Software und die Regeln überarbeiten, eine Besonderheit, die die Natur der Sache verändert. Die grundlegende Frage wird lauten, ob sein Management sich für ein stabiles Coin-System (Gold oder eine andere, wirklich auf „Zeit" beruhende Knappheit) entscheidet, oder ob es sich in einer selbstbezüglichen Schleife an den Dollar oder an ein indirektes Fiatmodell binden wird, wie zum Beispiel an Handelsware. Viele seiner „angesehenen Institutionen" werden vermutlich die gescheiterten Modelle des existierenden Systems bevorzugen.

Im Gegensatz zu anderen Kryptowährungen mangelt es Hedera an quelloffener Programmierbarkeit, Unwandelbarkeit und der mit einem Zeitstempel versehenen Beständigkeit der Aufzeichnungen, aber es ist eine elektrisierende und skalierbare Erfindung, die sich profilieren wird. Sie wird die Internetarchitektur nicht verändern und stellt eine relativ geringe Bedrohung für die etablierte Ordnung dar. Aber sie wird beliebige Formen intelligenter Verträge oder anderer Anwendungen an der Spitze unterbringen. Sie ist nicht nur mit Java, sondern auch mit Ethereums Solidity programmierbar.

Da „Stablecoins" letzten Endes den Währungsraum als Maßstäbe dominieren werden, ist das faszinierendste Projekt eine weitere chinesische Firma namens DigixDAO. Als erstes ICO auf der Blockchain von Ethereum überraschte es die Welt, indem es täglich 5,5 Millionen Dollar einwarb. Der DXC ist ein auf dem Goldbarren basierender Coin, auf menschenwürdige Weise geschürft und auf einer Blockchain eingetragen. DigixDAO hat alle anderen Krypto-Assets während des Gemetzels im Frühjahr 2018 überflügelt und könnte damit bewiesen haben, dass eine Bindung an Gold einen Stablecoin befähigen kann, als Verrechnungseinheit zu dienen.

Etliche andere Firmen folgen dieser Methode, auf Gold basierende digitale Währungen aus der Taufe zu heben. Die beeindruckendste scheint der G-Coin von Emergent Technologies zu sein, das von dem umtriebigen Unternehmer Brent de Jong geleitet wird. Für ihn bietet der G-Coin den Weg zu einem neuen Goldstandard. Mit 250 Ingenieuren und Büros in 70 Ländern bietet Emergent den G-Coin als westliche Variante des chinesischen DigixDAO an. Die Barrenvermögen hinter dem G-Coin werden auf einer genehmigten Blockchain von der Goldmine bis zur Transaktion verfolgt, was ein mögliches Modell für Lieferketten in vielen Branchen darstellt. De Jong ist ein routinierter Unternehmer und Finanzier, der hingebungsvoll die Blockchain benutzt, um Gold zur „flüssigsten Währung der Welt" zu machen – und das auf der Grundlage von „konfliktfrei und verantwortungsvoll geschürftem Gold, das in Tresorräumen gelagert wird."

Das Bell'sche Gesetz verdammt die vorherrschende Rezentralisierung der Datenverarbeitung und gewährleistet die Entstehung einer neuen Architektur. Und siehe da, hier ist sie. Sie ist auf derselben Kryptografie gegründet, die Claude Shannon und Alan Turing im Zweiten Weltkrieg entwickelt haben. Damit steht eine neue Computerarchitektur bereit, die auf Blockchains, mathematischen Hashes und auf dem Spektrum damit verknüpfter Erfindungen in der großen Entflechtung beruht.

Die neue Architektur stellt Alternativen zu den fünf Billionen Dollar zur Verfügung, die täglich verspielt werden. Sie bietet Alternativen für das unsichere Internet von heute an, dieses poröse Web, wo Equifax oder Yahoo Hunderte Millionen persönliche Benutzerdaten in einem Augenblick verlieren können und die fünf Giganten des Internets einfach nur weitere Passwörter und Benutzernamen verlangen.

Das ganze Chaos, in dem das Geld und unsere Informationstechnologie versinken, könnte ein Heilmittel in der neuen Bewegung der Kryptowährungen finden, die 2009 mit Satoshi und dem Bitcoin begann und mit den neuen Technologien des Kryptokosmos enden wird. Obwohl der Bitcoin letztlich nicht das Potenzial für einen neuen Goldstandard haben wird, wird die ihm zugrunde liegende Technologie die Funktionen des Geldes entflechten. Das kann schließlich den notwendigen Unterschied zwischen dem Zahlungsmittel und dem Maßstab klären und ermöglichen.

Zerfallen werden die GAFAM-Konglomerate (Google, Apple, Facebook, Amazon, Microsoft) – die Clouds der konzentrierten Datenverarbeitung und des Handels. Ein neues Hardware-Paradigma geht über das Digitale und über Silizium hinaus und wendet sich dem Analogen, Kohlenstoff-Nanoröhrchen und Hybridchips mit Sensoren und 5G-Antennen in riesiger Zahl zu. Sogar Geld selbst wird zerfallen und neu erfunden werden. Die Clouds werden in den Himmel zerstreut – *Sky Computing* wird auf Ihrem Laptop und Smartphone ausgeführt, über die Blockchains verbreitet, transparent und transformativ.

Der letzte Test wird darin bestehen, ob das neue System dem menschlichen Geist und seinem Bewusstsein dienen wird. Der Maßstab jeder künstlichen Intelligenz ist der menschliche Geist. Er hat einen geringen Energieverbrauch, ist global verteilt, hat in der Nähe seiner natürlichen Umgebung eine geringe Wartezeit, ist unerbittlich an Raum und Zeit gebunden und nach dem Ebenbild seines Schöpfers kreativ.

NACHWORT

Das neue Weltsystem

Peyton Manning, der ewige Quarterback-Champion, überschaut schnell das Feld vor seinen Augen. Von seinem Podium im zweiten Stock des Capital Hotels in Little Rock erspäht er eine vertraute Person in der Ecke. Es ist die 193 Zentimeter große Gestalt von Hunter Hillenmeyer. Sieben Jahre lang ist er Verteidiger bei den Chicago Bears gewesen und ist mittlerweile Stratege und Wortführer für die Firma Strivr aus Nashville, womöglich die Marktführerin auf der Welt, wenn es darum geht, neue Märkte für die virtuelle Realität zu erschließen.

Diese zwei charismatischen ehemaligen NFL-Spieler sind in Little Rock, um an der Gipfelkonferenz von Stephens, Inc. teilzunehmen, des Banken- und Investment-Paladins, dessen Vorstandsvorsitzender Warren Stephens ein Kumpel von Manning ist und in Hillenmeyer investiert.

Manning weiß mit Sicherheit, dass der braunhaarige, unbehelmte Hillenmeyer nicht die Bühne stürmen und ihn umwerfen wird, sodass er mit seinen klugen Beobachtungen über Football und das Geschäftsleben fortfahren kann. Manning befürwortet das „Lernen durch Handeln, um immer besser zu werden" und lenkt sein Thema direkt in die Spur von Hillenmeyer.

Auf dieser Konferenz, wo Strivr seine raffinierte, immersive Trainingstechnik zur Schau stellt, ist Hillenmeyer ein größerer Star als Manning.

Er weist darauf hin, dass das Moore'sche Gesetz den Preis der Ausrüstung für virtuelle Realität auf ein Zehntel oder weniger des Betrags gesenkt hat, der in den Glanzzeiten eines Doug Trumbull und Jaron Lanier aufgebracht werden musste. Heute kosten die Headsets von Facebooks Oculus Rift weniger als 1.000 Dollar – noch immer unerschwinglich teuer für den Verbrauchermarkt, aber billig im Vergleich zu früheren VR-Systemen.

„Lernen durch Handeln" ist bei Weitem die effektivste Form des Trainings, und Strivr hat sich auf die Details konzentriert, um ein vollständiges Erlebnis virtuellen Lernens anzubieten. Entscheidend ist dabei, die vordere Hirnrinde des Benutzers auszuschalten. Das ist der „denkende", entscheidende, problemlösende Teil des Gehirns, der weiß, dass das virtuelle Erlebnis unwirklich ist. VR umgeht diese intelligenten Lappen und setzt am sogenannten Reptiliengehirn dahinter an, wo eine Aufhebung des Zweifels es dem Gedächtnis gestattet, ein „echtes" Erlebnis zu speichern. Mit der Unterstützung dieses zerebralen Phasenübergangs kann die virtuelle Realität den Lernprozess für die meisten Jobs beschleunigen.

Ich werde vom Publikum aufgefordert, auf der Bühne zu demonstrieren, worüber Hillenmeyer spricht. Ich setze das Oculus-Headset auf, und nachdem ich meine Brille etwas zurechtgerückt habe, muss ich wohl auch – Hoppla! – meine vordere Hirnrinde weggefummelt haben. Sie muss hier irgendwo sein, aber ich werde schon als Quarterback in die Mitte eines wirren Haufens von Spielern der Dallas Cowboys gestürzt und von ihnen verschlungen. Ich stecke virtuell in Dak Prescotts Schuhen und bin bereit, dem Wide Receiver Cole Beasley einen Pass zuzuwerfen. Völlig eingetaucht in das Spiel falle ich fast von der Bühne und entkomme dem Andrang der Spieler, während ich den Pass knackig abschließe.

Nach seiner Aufgabe in Stanfords VR-Labor, das Footballteam der Universität zu unterstützen, formulierte Hillenmeyer sein RIDE-Prinzip. Die Chancen für die virtuelle Realität werden in Ereignissen gefunden, die zu *selten, unmöglich, gefährlich* oder *teuer (rare, impossible, dangerous, expensive)* für den Durchschnittsbürger sind. Mein Passspiel für die Cowboys, wobei mich die VR davor bewahrt, von einem drei Zentner schweren Verteidiger in den Boden gerammt zu werden, spiegelt alle vier Bedingungen wider.

In den 1970er-Jahren hatte die virtuelle Realität ihren Durchbruch beim Training für Piloten in Flugsimulatoren oder bei der Vorbereitung von Bohrinsel-Ingenieuren in speziellen Trainingseinheiten. Anschließend triumphierte sie als Antrieb für den Test und den Entwurf von Produkten. Wie Lanier in seinem Buch *Anbruch einer neuen Zeit* betont: „Fast für jedes Fahrzeug, das in den letzten 20 Jahren hergestellt wurde, egal, ob es rollt, schwimmt oder fliegt, wurde der Prototyp in VR erstellt."[1]

Hillenmeyers aktuelles Beispiel eines *seltenen* VR-Ereignisses ist der Andrang am Black Friday nach Thanksgiving bei Walmart, dessen Walmart Academy ein wichtiger Kunde von Strivr ist. Wegen der Fluktuationsrate in der Belegschaft von Walmart haben 40 Prozent der Manager diesen einmal im Jahr stattfindenden Tornado nie erlebt. Strivr stürzt die Auszubildenden mitten in das Chaos und ermöglicht ihnen, Geschäfte abzuschließen, ohne niedergetrampelt zu werden. Walmart berichtet, dass Auszubildende, die mithilfe von VR geübt haben, unter tatsächlichen Bedingungen selbstbewusster und effektiver gearbeitet haben.

In der Kategorie *unmöglich* zitiert Hillenmeyer Strivrs Programm für das Training des olympischen Skiteams der USA. Das Team war in Park City, Utah, versammelt und benutzte VR, um die Abfahrt in Südkorea zu erleben, Schauplatz der Olympischen Winterspiele von 2018. Mikaela Shiffrin, Lindsey Vonn und die anderen Olympiateilnehmer konnten den Parcours erleben und instinktiv jede Drehung und Wendung improvisieren, ohne eine saisonbeendende Verletzung oder Schlimmeres zu riskieren.

In einer Geschichte über Shiffrin im *New Yorker* schreibt Nick Baumgarten: „Jedem kann mal ein fataler Fehler unterlaufen (die Bestform einzubüßen, beim Slalom mit der Skispitze die falsche Seite des Tors zu erwischen, den Schwung auf den falschen Fuß zu verlagern) oder Pech haben (defekte Ausrüstung, Schneewehen, Windböen). Und wie sieht es mit einer Lebensmittelvergiftung aus? Oder gar mit geopolitischen Faktoren: Ein internationales Sportfest auf der koreanischen Halbinsel könnte zu diesem Zeitpunkt ungelegen kommen."[2] Sie sollten also lieber so lange wie möglich in Park City bleiben und die koreanischen Hänge in der virtuellen Realität ausprobieren.

Am wertvollsten ist Strivrs Trainingssoftware vermutlich für Feuerwehrleute, deren Lungenkrebsrate 50-mal höher ist als die der restlichen Bevölkerung. Jedes Jahr müssen Feuerwehrleute in verräucherter Umgebung trainieren und giftige Dämpfe einatmen. Mit der Hilfe von Strivr können sie eine verrauchte Sicht haben, ohne den Qualm einatmen zu müssen. Noch wichtiger ist, dass sie lernen, die visuellen und akustischen Zeichen eines bevorstehenden Feuerübersprungs zu erkennen, bei dem die Flammen sie plötzlich fortreißen können.

Strivrs Märkte deuten auf das Ausmaß der Möglichkeiten für VR hin. Jedes Trainingssystem unterscheidet sich von den anderen und geht mit intimem Wissen über ein besonderes Umfeld einher. Jede VR-Sitzung macht einen teuren und zeitaufwendigen Vorgang erforderlich, die Bilder für die 3D-Umgebung zu rendern.

„Der Hype um VR", schreibt CEO Danny Belch im Strivr-Blog, „ist nicht mehr nur Reklamerummel, sondern real. Die Tatsache, dass Walmart und United Rentals VR benutzen, wird bleibende Auswirkungen auf die VR-Branche insgesamt haben." United Rentals hat sich auf die Vermietung von Baumaschinen spezialisiert und war mit dem Problem konfrontiert, seine Kunden dazu zu bewegen, Sicherheitsübungen auf der Baustelle zu absolvieren. „Sie machen es einfach nicht." Mit dem Einsatz von VR allerdings reduziert die Firma Haftungsrisiken, während sie zugleich Sicherheit und Produktivität verbessert.

Walmarts VR-Einsatz in rund 200 Filialen mit Tausenden von Managern ist der größte aller Zeiten. In der Technologiegeschichte könnte sich Walmart als die entscheidende Erfolgsmatrix erweisen. Die Einzelhandelskette Lowe's ist dieser Entwicklung gefolgt und weist ihre Kunden mit virtueller Realität in Heimwerkertechniken ein.

Da die virtuelle Realität nun in die „Ereignisphase" eingetreten ist, taucht sie auch in dem ehrwürdigen *Internet Trends Report* von Mary Meeker auf, die für die Wagniskapitalfirma Kleiner, Perkins, Caufield & Byers arbeitet. Sie berichtet, dass Konsumenten in geringer, aber zunehmender Zahl Headsets kaufen, während Gaming-Unternehmen mit VR-Titeln richtig Geld verdienen. Unternehmer seien häufig auch Gaming-Fans, bemerkt Meeker und nennt Elon Musk, Reid Hoffman und Mark

Zuckerberg. Globales, interaktives Gaming wird gerade zum Mainstream. 2017 gab es mit 2,6 Milliarden Spielern einen Anstieg um das 27-Fache in gut zehn Jahren. Die Erträge aus diesen weltweiten Spielen stiegen 2017 auf mehr als 100 Milliarden Dollar an, und China ist jetzt der größte Markt.

Ich erzähle dem Strivr-Team – Hillenmeyer und Belch –, OTOY plane eine globale Computerplattform für VR-Rendering in billiger Ausführung. Belch hält das für aufregend, zumal es der Strivr-Software auf der ganzen Welt neue Märkte erschließen würde. Kein Grund, warum die virtuelle Realität nur seltene, unmögliche, gefährliche oder teure Märkte ansprechen sollte, wenn sie allgegenwärtig sein kann.

Virtuelle Realität ist dafür ausgelegt, menschliche Fähigkeiten und menschliches Lernen zu erweitern. Sie ist das Gegenteil von künstlicher Intelligenz, die versucht, das Lernen durch Maschinen zu verbessern. Virtuelle Realität bringt den Vorrang des Geistes über die Materie zur Geltung. Sie ist eher auf der Singularität menschlicher Gehirne als auf einer fadenscheinigen Singularität von Maschinen gegründet.

Da VR ein beständig fortschreitendes Sensorium an Schnittstellen und Signalumwandlern beim Menschen benötigt, fördert sie eine Branche prothetischen Zubehörs – Spezialbrillen und -handschuhe, scrollende Textbanner, haptische Synthese und sensorische Verschmelzung –, die die Grenzen menschlichen Erlebens erweitert und letztendlich Bewegung, Kraft, Widerstand, Wärme, Schärfe und andere interaktive Effekte vermittelt. Genauso wie Strivr Feuerwehrleute und Skifahrer trainieren kann, können diese Fortschritte die Ausbildung von Krankenpflegern, Notdienstkräften, Chirurgen und sogar Physikern verbessern.

Ende 2017 interviewte ich Jules Urbach von OTOY, als er noch völlig vom Besuch der Schriftstellerin und Physikerin Lisa Randall aus Harvard beeindruckt war, die ihn kurz vor mir am selben Tag besucht hatte. Sie ist ein Paradebeispiel für TED-Talks, ihre Bücher stehen auf der Bestsellerliste der *New York Times*, und sie ist auch so eine Kandidatin für ewiges Leben, ohne an Gott zu glauben. Randall war bei OTOY hereingeschneit, um über Jules' Octane-Rendering-Tool zu diskutieren, das die Bewegungen, Reflexionen, Lichtbrechungen und Wechselwirkungen von

Photonen misst und interpretiert. Sie betrachtete es als ein empirisch geprüftes Verhaltensmodell für Photonen, das Hinweise auf die multidimensionale Beschaffenheit des Lichts geben könnte.

Als Autorin von Büchern, die die „verborgenen Dimensionen" des Universums ergründet, hatte Randall Jules erzählt, dass der Vorgang des Renderns von Bildern eine neue Möglichkeit eröffnet, den Kosmos zu entschlüsseln. Alles beginnt mit Photonen, und Photonen gehen auf den Urknall zurück. Wenn OTOY ein computergeneriertes Bild macht, kartiert es einen Mini-Urknall der Emissionen und Reflexionen von Photonenstrahlen in einer irdischen Szene. Das Rendern von Algorithmen ist eine empirische Untersuchung, um die Wirklichkeit zu erklären, wobei die menschliche Erleuchtung sowohl die Quelle als auch das Ziel ist.

Zudem ist VR ein Weg zum Verständnis des menschlichen Bewusstseins. Wie Lanier ausführt, stellt VR den bewussten Menschen ins Zentrum der Sphäre und lässt Sie „Ihr Bewusstsein fühlen", in seiner reinen Form. „Der Benutzer ist der Fixpunkt in einem System, in dem sich alles andere verändern kann."[3]

In der VR sind *Sie selbst* Ihr Input.

Googles Weltsystem konzentriert sich eher auf die materielle Umgebung als auf das menschliche Bewusstsein, eher auf künstliche Intelligenz als auf menschliche Intelligenz, auf maschinelles Lernen statt auf menschliches Lernen, auf relativistische Suche statt auf die Suche nach der Wahrheit, aufs Kopieren statt aufs Erschaffen, auf die Einführung menschlicher Hierarchien in einem flachen Universum, statt Menschen in einem hierarchischen Universum zu Handlungsfähigkeit zu verhelfen. Es strebt die Einzigartigkeit in Maschinen statt in menschlichen Gehirnen an.

Das neue Weltsystem muss diese Positionen umkehren und die Einzigartigkeit der Schöpfung würdigen: Geist über Materie, menschliches Bewusstsein über Mechanismus, echte Intelligenz über bloße algorithmische Suche, zielgerichtetes Lernen über geistlose Evolution und Wahrheit über Zufall. Ein neues System kann ein heroisches Zeitalter menschlicher Errungenschaften hervorbringen.

Angetrieben werden solche Fortschritte durch eine Verlagerung der Konzentration von den Früchten der Datenverarbeitung auf ihre Wurzeln in Vertrauen und Sicherheit. Die Informationstheorie hat die Wirklichkeit stets von zwei Seiten erklärt. Einerseits misst und ermöglicht sie Kommunikation, Übertragung, Redundanz und verlässliches Kopieren über Zeit und Raum hinweg. Andererseits konzentriert sie sich auf die Dekodierung und Entschlüsselung der verborgenen Dimensionen der Wirklichkeit, die vom Rauschen verhüllt ist. Einerseits ist sie eine Kopiermaschine, während sie andererseits eine Wahrheitsmaschine ist, die versucht, die Grundzustände der Welt aufzuklären.

Als Claude Shannon 1948 seine Informationstheorie am MIT und an den Bell Labs entwickelte, war die Welt mit der Kommunikation über einen verrauschten Kanal beschäftigt. Fragen zur Wahrheit und zu Konsequenzen wurden von Fragen zu Signalen und Rauschen überlagert. Die Informationstheorie begann mit der Abhandlung „Communications Theory for Secrecy Systems" (Kommunikationstheorie für Geheimhaltungssysteme). Dieser Aufsatz bewies, dass ein perfekt randomisierter One-Time-Pad (Einmalverschlüsselung) einen unknackbaren Schlüssel darstellt. Er ist eine Säule der Informationstheorie, da er einen Pol eines Kontinuums zwischen dem Rauschen (rein zufälliges, weißes Rauschen) und perfekter Ordnung (vorhersagbar, deterministisch und informationsfrei) definiert.

Shannons Aufmerksamkeit war auf die ergiebigen, als stochastisch bezeichneten Bereiche dazwischen (kontrollierte oder beschränkte Wahrscheinlichkeit) gerichtet, die die Herausforderung der Kommunikationstechnik, der Codes, der Verschlüsselung und der Entschlüsselung ausmachen. Mit diesem Bestreben nahm er das Problem in Angriff, einen Sinn in Bergen von Rohdaten zu finden. Shannons Arbeit wies auf den Komplex von Big Data hin, auf das maschinelle Lernen und auf die künstliche Intelligenz, die die Google-Ära beflügelte.

Das Ergebnis ist die Internetarchitektur, überladen mit kostenlosen Apps, die alles können, was man sich wünschen kann, und mit zugrunde liegenden porösen Protokollen, um Identitäten, Eigentumsrechte und andere Facetten des Grundzustands des Systems zu etablieren. Ein poröser, durchlöcherter Internet-Stapelspeicher erlaubt es, dass Geld und Macht nach oben abgezogen werden.

Als eine globale Kopiermaschine scheitert das Internet daran, Ursprünge, Fakten, Wahrheiten, Zeitstempel, Grundzustände und Identitäten zu begründen. Fake News und Phishing-Expeditionen lassen sich kaum von wirklichen Ereignissen und erbaulicher Kommunikation unterscheiden. Jetzt ist die Zeit gekommen, um sich über die heikle Lage des Internets hinauszubewegen und eine unveränderliche Datenbank zu erschaffen, auf der sich neue Strukturen des Vertrauens und der Wahrheit errichten lassen: Betreiber mit geringer Entropie für die erhöhte Entropie einer Ära menschlicher Kreativität und Errungenschaften. Die neue Ära wird sich über die Markow-Ketten unterbrochener Wahrscheinlichkeitszustände hinausbewegen hin zu Blockchain-Hashes von Geschichte und Zukunft, Vertrauen und Wahrheit.

Das Gegenteil der speicherlosen Markow-Ketten sind Blockchains. Während Markow-Ketten Effizienz und Geschwindigkeit erzielen, indem sie die Vergangenheit rigoros in den Hintergrund drängen, lassen Blockchains mit einem mathematischen Hash die Vergangenheit bis in jede Einzelheit fortbestehen. So ein Hash ist vielleicht 10.000-mal langsamer zu berechnen als Markow-Ketten, enthält aber eine unauslöschliche Signatur aller Transaktionen, die auf den ursprünglichen Block zurückgehen. Markow-Ketten sagen Ihnen die statistisch wahrscheinliche Zukunft voraus, ohne die Vergangenheit zu kennen. Blockchains ermöglichen die Zukunft des wirklichen Lebens, indem sie die Vergangenheit unauslöschlich aufzeichnen.

Deshalb bewahren und erweitern Blockchains Informationen, während Markow-Ketten es riskieren, sie unter der Annahme der Zufälligkeit zu zerstören. Markow-Modelle stellen durch die Trennung der spezifischen Absichten und Pläne, Geschichten und Identitäten von ihrer Rechenmethode eine Flucht vor dem wirklichen Wissen dar, das Reichtum erschafft und ausmacht. Das Weltsystem der nächsten Ära wird den Aufstieg von Gedächtnis und Detailgenauigkeit, Erfindung und Faktizität, Zeitstempel und Rechtstitel sehen – was Chaitin, der größte noch lebende Informationstheoretiker, „die neue Mathematik der Kreativität" nennt, die Mathematik menschlicher Freiheit, die Gödel und Turing und ihren Beweisen der Unberechenbarkeit und der Unvollständigkeit folgt.

Das Universum ist hierarchisch und multidimensional. Es lässt sich nicht auf zweidimensionale Sequenzen verkürzen. Eine Computerbranche für eine Welt der Information sollte an den kreativen Dimensionen der virtuellen Realität statt an dem flachen Universum des materialistischen Aberglaubens orientiert sein. Ein erfolgreiches Weltsystem sollte der Darstellung der vollständigen Komplexität des menschlichen Lebens und Geistes gewidmet sein.

Fachbegriffe und Informationen für „Das Leben nach Google"

Bitcoin: Eine Methode sicherer Transaktionen auf der Grundlage weiter Verbreitung und Dezentralisierung eines Hauptbuchs im Internet. Im Gegensatz dazu beruhen gegenwärtige Kreditkartensysteme auf Geheimhaltung und Zentralisierung und benutzen geschützte Netzwerke und Rechenzentren hinter Firewalls, die persönliche Informationen der Unterhändler enthalten.

Bitcoins öffentliches Hauptbuch der Transaktionen wird rund alle zehn Minuten in Blöcken erfasst. Es beginnt mit dem aktuellen Block und geht bis zum „Genesis-Block" zurück, den Satoshi Nakamoto, der unter Pseudonym auftretende Erfinder des Bitcoin, geschaffen hat. Jeder Block ist bestätigt, wenn mindestens die Hälfte der Teilnehmer im Bitcoin-Verifizierungsprozess – die „Schürfer" – den Block mit allen früheren Blocks seit dem Genesis-Block mathematisch mit Hashwerten versehen. Um daher eine Transaktion zu verändern oder zu stornieren, muss mehr als die Hälfte der Computer im System damit einverstanden sein, dass alle Transaktionen seit Genesis neu berechnet und neu formuliert werden.

Bitcoin sind keine Münzen (Coins), sondern Maße oder Maßstäbe für Transaktionen, die permanent in der Blockchain aufgezeichnet werden.

Blockchain: Eine Datenbank, die einem Kataster für Grundeigentumsrechte ähnelt und für Ereignisse, Vereinbarungen, Patente, Lizenzen oder andere dauerhafte Aufzeichnungen erweitert ist. Alle Daten werden zusammen vom Ursprung der Reihe an mathematisch mit Hashwerten versehen und jede Aufzeichnung auf dezentralisierten Knotenpunkten des Internets verteilt und veröffentlicht.

Boltzmann'sche Entropie: Wärme (die Gesamtenergie aller Moleküle eines Systems) über Temperatur (die durchschnittliche Energie der Moleküle). Ludwig Boltzmann (1844-1906) setzte diesen Unterschied mit *fehlender Information* oder mit der Unsicherheit über die Verteilung der Moleküle gleich und machte damit den Weg frei für Claude Shannon und die Informationstheorie. Beide Formen der Entropie verzeichnen Unordnung. Boltzmanns Entropie ist analog und vom natürlichen Logarithmus *e* beherrscht, während *Shannons Entropie* digital ist und von log 2 beherrscht wird.

Chaitin'sches Gesetz: Gregory Chaitin, Erfinder der algorithmischen Informationstheorie, bestimmt, dass man keine statische, ewige und perfekte Mathematik verwenden kann, um ein dynamisches, kreatives Leben zu führen. Deterministische Mathematik hält den Mathematiker in einem mechanischen Prozess gefangen, der weder Innovation noch Überraschung, weder Lernen noch Leben hervorbringen kann. Man muss die Newton'sche Mathematik der Physik überschreiten und postmoderne Mathematik anwenden – die Mathematik, die Gödel (1931) und Turing (1936) folgt – die Mathematik der Kreativität.

Echtes Geld: Ein Maßstab, eine Wertkennzahl, die die Knappheit und den unumkehrbaren Zeitablauf widerspiegelt – entropiebasiert, gleichmäßig verteilt und gegründet auf den physikalischen Grenzen der Lichtgeschwindigkeit und der Lebensspanne. Bitcoin und Gold sind in diesem Sinn beide echtes Geld. Das staatliche Monopoly-Geld ist es nicht.

Expansive Finanz- und Geldpolitik: Der Versuch von Zentralbanken, durch den Verkauf von Staatsanleihen, die ein Regierungsdefizit ausgleichen sollen, wirtschaftliche Aktivitäten zu fördern.

Überwiegend linksgerichtete Keynesianer glauben, dass Zentralbanken Wertpapiere verkaufen und einen steuerlichen Anreiz gewähren, indem sie mehr staatliche Ausgaben ermöglichen.

Überwiegend rechtsgerichtete Monetaristen glauben, dass die Zentralbanken wirtschaftliche Aktivitäten fördern, indem sie Geld erzeugen, um Staatsanleihen zu *kaufen.*

Dieses neue Geld erhalten die früheren Eigentümer der gekauften Anleihen, hauptsächlich Banken, die in den letzten Jahren die Fonds verwendet haben, um noch mehr Anleihen vom Finanzministerium zu kaufen. Folglich gleichen sich Keynesianer und Monetaristen an und vergrößern gemeinsam die Ausgabenbefugnis der Regierung.

In einer Informationsökonomie versuchen beide Maßnahmen, staatliche Macht zu benutzen, um Wachstum zu erzwingen. Doch Wirtschaftswachstum ist *Lernen* (Anhäufung überprüften Wissens). Lernen kann nicht erzwungen werden.

Gödel'scher Unvollständigkeitssatz: Kurt Gödels Entdeckung in der mathematischen Logik, dass jedes formale System, das hinreichend stark ist, um die Wahrheiten der Arithmetik zum Ausdruck zu bringen, unvollständig und von Axiomen abhängig ist, die sich nicht auf das System reduzieren lassen – Wahrheiten, die innerhalb des Systems selbst nicht bewiesen werden können. Gödel (1906-1978) erfand eine mathematische Maschine, die Zahlen benutzte, um Axiome darzustellen, und sah so die Entdeckungen der Informatik voraus. Gödel wies nach, dass die Mathematik nicht hermetisch versiegelt oder physikalisch deterministisch sein kann und bereitete den Weg für die postmoderne Mathematik: eine Mathematik der Software und Kreativität. John von Neumann (1903-1957) war der Erste, der die Bedeutung von Gödels Demonstration aus dem Jahr 1931, dass mathematische Aussagen wahr, aber unbeweisbar sein können, zu würdigen wusste und publizierte.

Von Neumann erkannte, das Gödels Beweis von seiner Erfindung einer mathematischen „Maschine" abhing, die Zahlen verwendete, um Algorithmen, die ebenfalls in Zahlen ausgedrückt wurden, zu verschlüsseln und zu beweisen. Diese Erfindung, die von Neumann und Alan Turing übernahmen, stießen die Informatik und die Informationstheorie an und ermöglichen die Entwicklung des Internets und der Blockchain.

Gold: Das Geldelement, Atomzahl 79, über Jahrhunderte hinweg geprüft und einzigartig als Geld geeignet. Die fünf Edelmetalle im Periodensystem der Elemente sind Rhodium, Palladium, Silber, Platin und Gold. Rhodium und Palladium sind seltene Elemente, die erst im 18. Jahrhundert entdeckt wurden. Der Schmelzpunkt von Platin liegt bei 1.768,3 Grad Celsius, sodass es ohne fortgeschrittene Technologie nicht handhabbar ist. Silber beschlägt und korrodiert und seine Reaktionsfreudigkeit macht es für industrielle Zwecke geschmeidiger als Gold. Allein Gold kann als beständiger und unwandelbarer Wertmaßstab funktionieren. Gold wird normalerweise als Geld betrachtet, weil es eine nützliche Handelsware ist – schön, glänzend, teilbar, tragbar, selten und in Schmuck umwandelbar – aber eigentlich ist Gold das Geldelement, weil es nutzlos ist. Geld ist nicht wertvoll, weil es in Wirklichkeit Schmuck ist. Schmuck ist wertvoll, weil es tatsächlich Geld ist. Gold ist ein Wertmaßstab, der auf der Zeit beruht, die benötigt wird, um schrittweise eine Unze zu gewinnen, die sich im Lauf der Jahrhunderte wenig verändert hat, während es immer schwieriger geworden ist, Gold aus den tieferen und minderwertigeren Adern zu gewinnen. Der Goldmaßstab ist daher keine Funktion der Technologie und des industriellen Fortschritts. Gold ist kein Teil von dem, was es misst, sondern ein reines Maß für Wert.

Hash: Umwandlung einer digitalen Datei unterschiedlicher Länge in eine Zeichenkette spezifischer Länge – im Secure Hashing Algorithm (SHA-256, der in der Kryptografie der Bitcoin-Blockchain benutzt wird) ist die Ausgabe immer 32 Bytes (256 Bits). Hashes sind ungeheuer schwer umzukehren. Kenntnis des Hashs vermittelt keine Kenntnis der Datei, aber Kenntnis der Datei lässt sich ohne Weiteres in den Hash umwandeln. Jede Veränderung der Datei verändert auf drastische Weise das Hashergebnis. Hashes decken daher jede Manipulation mit den gehashten Daten auf. Der gebräuchlichste Hash ist die Prüfsumme am Ende jedes Internetpakets. Hashes sind die Grundlagentechnologie für Blockchains und Hashgraphs.

Hashgraph: Die Verwendung verketteter Blöcke („Runden" genannt) von Hashes in einer baumähnlichen Struktur, mit einem raffinierten Algorithmus, der „virtuelle Abstimmung" genannt wird, und der einen Konsens ohne wirkliche Abstimmung oder einen *Arbeitsnachweis* erreicht, ein komplexer und arbeitsaufwendiger Prozess, der nach Möglichkeit vermieden werden sollte. Dieses schnelle und effiziente System könnte sich durchaus als untere Ebene der Blockchains durchsetzen.

Hauptstraße: Das Symbol der Realwirtschaft von Arbeitern, die stündlich oder monatlich bezahlt werden und von den beschleunigten Kreisschleifen des Geldverdienens an der Wall Street abgeschottet sind. Hauptstraße ist vielleicht die Straße, in der Sie wohnen, und Standort für lokale Geschäfte und Jobs.

Hypertrophie der Finanzwirtschaft: Das Wachstum der Finanzwirtschaft jenseits der Wachstumsgeschwindigkeit des Handels, den es misst und schlichtet. So ist zum Beispiel der internationale Devisenhandel rund 73-mal umfangreicher als der gesamte Welthandel mit Gütern und Dienstleistungen und geschätzt 100-mal größer als alle Geschäfte an der Börse. Öl-Termingeschäfte sind in gut drei Jahrzehnten um den Faktor 100 angestiegen, von zehn Prozent der Ölproduktion von 1984 auf das Zehnfache der Ölproduktion im Jahr 2015. Derivate auf Immobilien betragen inzwischen das Neunfache des globalen Bruttosozialprodukts. Das ist kein Kapitalismus mehr, sondern die Hypertrophie der Finanzwirtschaft.

Informationstheorie: Den Anfang machte Kurt Gödel, als er die Logik in die funktionale Mathematik und in Algorithmen einbrachte. Die Informationstheorie entwickelte sich durch den Verstand von Claude Shannon (1916-2001) und Alan Turing (1912-1954) zu ihrer gegenwärtigen Rolle als mathematische Philosophie. Sie beschreibt die menschlichen Schöpfungen und Kommunikationsformen als Übertragungen durch einen Kanal, entweder per Draht oder drahtlos angesichts der Macht des Rauschens, wobei das Ergebnis anhand seiner „Neuheit" oder Überraschung gemessen wird, definiert als *Entropie* und vollzogen als Wissen.

Die Entropie ist höher oder niedriger, was von der Entscheidungsfreiheit des Absenders abhängt. Sie ist ein marktliberales Verzeichnis. Je größer das verfügbare Alphabet der Symbole ist – das heißt, je größer die

Menge möglicher Botschaften ist –, umso größer ist die Auswahl des Verfassers und umso höher ist die Entropie und die Information der Botschaft.

Unsere digitale und analoge Welt wird von der Informationstheorie sowohl ermöglicht als auch beschrieben.

Kryptografie mit öffentlichem Schlüssel: Der größte Teil der Kryptografie ist symmetrisch: derselbe Schlüssel (oder Kette digitaler Zahlen) ver- und entschlüsselt die Nachricht. Das ist in Ordnung, solange Sie persönlich den Schlüssel dem Empfänger übergeben können. Doch die Internetökonomie ist auf kontinuierliche Transaktionen mit Menschen angewiesen, die Sie nie zu Gesicht bekommen werden. Die Lösung für dieses Problem ist ein asymmetrisches Schlüsselpaar, das gemeinsam erzeugt wird. Der eine Schlüssel – der öffentliche Schlüssel – verschlüsselt die Nachricht, kann sie aber nicht entschlüsseln, während ein privater Schlüssel für die Entschlüsselung zuständig ist. Die Blockchains sind alle auf öffentliche Schlüssel als Adressen für Transaktionen angewiesen, die von ihren Privatschlüsseln zum Abschluss gebracht werden können.

Ein wichtiger Vorteil für Privatschlüssel ist ihr Einsatz zur Verschlüsselung von Dateien, die vom entsprechenden öffentlichen Schlüssel entschlüsselt werden sollen. Dieser Vorgang ermöglicht digitale Unterschriften, die eine Nachrichtenquelle beglaubigen. Sie wissen, dass die Nachricht von einem einzigartigen Privatschlüssel stammt, der im Paar mit dem öffentlichen Schlüssel erzeugt wurde, den Sie besitzen. Das heißt, Geld kann wie ein Scheck unterschrieben werden und sichert die Authentifizierung, ohne zwangsläufig die Quelle der Unterschrift aufzudecken.

Diese Technik versöhnt zwei scheinbar gegensätzliche Ziele von Kryptographien: Privatsphäre und Beglaubigung, das Bedürfnis nach nahtlos vertrauenswürdigen Transaktionen ohne die Offenlegung persönlicher Daten und das Bedürfnis, auf verlässliche Eigentums- und Geschichtsverzeichnisse für juristische Zwecke zugreifen und sie nachweisen zu können. Folglich können wir bargeldähnliche Transaktionen (ohne bloßgelegte Geheimnisse) haben, und zwar mit robusten, verlässlichen und unveränderlichen Aufzeichnungen, wenn Gerichte oder Steuerbehörden danach fragen. Identität und Eigentum können verschwiegen werden, wenn es angemessen ist, und nachgewiesen werden, wenn es erforderlich ist.

Vergleichen Sie dieses System mit dem gegenwärtigen System, in dem Identität und Eigentum gegenüber nicht vertrauenswürdigen Außenstehenden kontinuierlich bloßgestellt, aber nicht nachgewiesen werden können, ohne auf womöglich korrupte oder verlogene Dritte oder Staatsanwälte angewiesen zu sein.

Metcalf'sches Gesetz: Der Wert und die Macht eines Netzwerks wächst mit dem Quadrat der Zahl kompatibler Knoten, die es verknüpft. Dieses Gesetz ist nach dem Ingenieur Robert Metcalf (geb. 1946) benannt, einem Miterfinder des Ethernets. Es ist ein grobes Verzeichnis und zutiefst unlogisch. (Das Internet ist weniger wert als das Quadrat seiner sechs Milliarden verbundenen Geräte.) Aber das Gesetz trifft auf kleinere Netzwerke zu und erklärt die Vektoren der Wertschöpfung von Firmen wie Facebook, Apple, Google und Amazon, die mittlerweile die Börsenkapitalisierung dominieren. Das Metcalf'sche Gesetz könnte auch auf das Versprechen der neuen digitalen Währungen zutreffen und letztlich den Erfolg einer neuen Transaktionsebene für den Softwarestapel des Internets gewährleisten.

Moore'sches Gesetz: Das Preis-Leistungs-Verhältnis in der Computerbranche verdoppelt sich alle zwei Jahre. Dieses Tempo stimmt ziemlich genau mit einem schnelleren Tempo bei der Anzahl produzierter Transistoren überein, was eine Erfahrungskurve anzeigt. Das Moore'sche Gesetz wurde von dem Intel-Gründer Gordon Moore (geb. 1929) formuliert und war von der Forschung des Caltech-Professors Carver Mead inspiriert. Ursprünglich beruhte es auf der zweijährlichen Verdopplung der Dichte von Transistoren auf einem Siliziumchip. Inzwischen verlässt es sich hauptsächlich auf andere Lernvektoren wie Parallelverarbeitung, Mehrsträngigkeit, niedrigere Spannung und dreidimensionale Chiparchitekturen. Als Erfahrungskurve ist das Moore'sche Gesetz ein wichtiges Prinzip der Informationstheorie.

Peirce'sche Triade: Das Theorem des Mathematikers und Philosophen Charles Sanders Peirce (1839-1914) behauptet, dass alle Symbole und Zeichensysteme (wie Software und Mathematik) ohne einen Interpreten sinnlos sind. Die Triade besteht aus einem Zeichen (Symbol), einem

Objekt und einem menschlichen Interpreten. Entfernt man den Interpreten, wird die Triade entleert und es bleibt Ideologie und List (z. B. „maschinellem Lernen" und „künstlicher Intelligenz") überlassen, sie wieder auszufüllen.

Rauschen: Interferenz in einer Nachricht. Beliebiger Einfluss der Leitung auf den Inhalt: eine unerwünschte Störung in einem Kommunikationskanal. Rauschen ist üblicherweise die Verzerrung des Inhalts durch seinen Kanal. Eine hochentropische Nachricht (voller Überraschungen) benötigt einen Kanal mit niedriger Entropie (ohne Überraschung). Überraschungen im Signal sind Informationen, Überraschungen im Kanal sind Rauschen.

Reichtum: Überprüftes Wissen. Ein Naturgesetz besagt, dass Materie erhalten bleibt: Die materiellen Ressourcen haben sich seit der Steinzeit nicht verändert. Alle beständigen ökonomischen Fortschritte gehen auf die Zunahme des Wissens durch *Lernen* zurück.

Sand Hill Road: Der baumreiche Wohnsitz der kalifornischen Wagniskapitalgeber und ihrer „Einhörner", der sich vom Camino Real nahe Stanford bis zur Route 280 und in die Wolken und den Reichtum von Woodside und Silicon Valley erstreckt. Diese Luxusgegend, die ihre Führung, was unternehmerisches Kapital betrifft, gerade an China, Israel, Initial Coin Offerings in der ganzen Welt und an andere Geldbeschaffungsaktivitäten verliert, füllt sich allmählich mit Rechtsanwälten und Politikern.

Shannon-Entropie: Am einfachsten zu messen durch die Anzahl der Binärziffern, die nötig sind, um eine Botschaft zu verschlüsseln. Sie wird als die Summe der Logarithmen zur Basis 2 für die Wahrscheinlichkeiten der Bestandteile der Nachricht berechnet. Die Logarithmen der Wahrscheinlichkeiten zwischen eins und null sind stets negative Mengen. Entropie wird durch ein Minuszeichen vor dieser Summe positiv dargestellt. Dieses Minuszeichen haben einige berühmte Theoretiker veranlasst, über den Begriff der Negentropie zu stolpern, was ein Widerspruch in sich ist – mehr als 100 Prozent Wahrscheinlichkeit. Überraschende Informationen führen die Intuition in die Irre und sind eine Form der Unordnung. Das Alphabet ist geordnet, Kristalle ebenfalls, genauso Schneeflocken.

Hamlet und Google sind wunderschön ungeordnete Alphabete, die überraschende Informationen übermitteln.

Turingmaschine: Von Gödels Beweis inspiriert, entwarf Turing das Modell eines abstrakten Universalcomputers, der aus einer Steuerungseinheit bestand, die eine Reihe von Anweisungen verwaltet, um zu lesen, zu schreiben und sich entlang eines unendlich langen Speicherbands, das auf ganzer Länge in quadratische Felder eingeteilt ist, ein Feld nach dem anderen vor- und zurückzubewegen. Er bewies, dass diese hypothetische Maschine jede beliebige berechenbare Funktion erfüllen kann. Seitdem herrschte Jubelstimmung im Silicon Valley, obwohl Turing kurz darauf bewies, dass die meisten Zahlen nicht durch einen Rechenvorgang erzeugt werden können. Turings Universalcomputer konnte nicht berechnen, ob ein spezielles Programm jemals anhalten könnte. Turings Maschine war ein Universalcomputer, weil er über unbegrenzten Raum und unbegrenzte Zeit verfügte. Wirkliche Computer sind zwangsläufig auf spezielle Zwecke beschränkt. Sie sind keine Gehirne.

Wirtschaftswachstum: Durch Falsifizierbarkeit oder mögliche Insolvenz geprüftes Lernen. Dieses Verständnis von Wirtschaftswachstum folgt aus Karl Poppers Erkenntnis, dass eine wissenschaftliche Aussage in Begriffen formuliert werden muss, die falsifizierbar oder widerlegbar sind. Staatliche Garantien verhindern Lernen und hemmen daher wirtschaftliches Wachstum.

Alle expandierenden Unternehmen und Branchen folgen einer *Erfahrungskurve*, die bei jeder Verdopplung der verkauften Gesamtmenge eine Kostenverringerung von 20 bis 30 Prozent erfährt. Klassische Erfahrungskurven sind das Moore'sche Gesetz bei Mikrochips und das Metcalf'sche Gesetz im Netzwerkbetrieb. Raymond Kurzweil verallgemeinerte die Idee als ein „Gesetz der sich beschleunigenden Erträge", ein Konzept, das Henry Adams in der grafischen Darstellung einer Erfahrungskurve in seinem Werk *Die Erziehung des Henry Adams* vorgestellt und auf den Anstieg des Energieertrags angewendet hat.

Wirtschaftswachstum als Lernprozess profitiert nicht unmittelbar vom „maschinellen Lernen", es sei denn, die verarbeiteten Symbole werden von Menschen interpretiert.

Endnoten

Vorwort: Zurück in die Zukunft – die Simulatorfahrt

1. Josiah Lee Auspitz, „The Wasp Leaves the Bottle", *The American Scholar*, 2002, 602–619; Charles Sanders Peirce; Chance Love and Logic: Philosophical Essays (New York: Barnes & Noble, 1923), herausgegeben mit einer Einführung von Morris Cohen und mit einem Aufsatz von John Dewey.
2. Neal Stephenson, *Snow Crash* (München: Wilhelm Goldmann, 1995), S. 33: „Deshalb ist Hiro eigentlich gar nicht hier. Er befindet sich in einem computergenerierten Universum ... in der Fachsprache wird dieser imaginäre Ort das Metaversum genannt."
3. C. S. Lewis, *The Weight of Glory and Other Addresses* (New York: The Macmillan Company, 1949), S. 16–29. „Transposition" ist der zweite Aufsatz.
4. George Gilder, *Life after Television: The Coming Transformation of Media and American Life* (Knoxville, Tenn.: Whittle Communications, 1990); überarbeitete Auflage (New York: Norton 1994). „Wir werden entdecken, dass das Fernsehen eine Technologie mit Vormachtstellung aber mit fatalen Schwächen war. Am Anfang war die Dominanz im Aufstieg begriffen, inzwischen kommen die Mängel stärker zum Vorschein. Die kulturellen Grenzen des Fernsehens waren tolerierbar, als es noch keine Alternative gab, angesichts der neuen, sich abzeichnenden Computertechnologien aber sind sie unerträglich – Technologien, in denen die USA der Welt voraus sind." Zu diesem Zeitpunkt nannte ich das neue Gerät einen „Telecomputer". Mein Freund Bruce Chapman, der Gründer des Discovery Institute, schlug vor, in späteren Auflagen das elegantere Wort „Teleputer" zu benutzen, was ich dann auch tat.
5. Gilder, *Life after Television* (1994), S. 20.
6. Ebd., S. 20, passim. In früheren Ausgaben fehlt diese spezielle Betrachtung des Teleputers, obwohl ich ihn in den frühen 1990er-Jahren regelmäßig in meinen Vorträgen verwendet habe.

Kapitel 1: Stehlen Sie dieses Buch nicht

1. W. Brian Arthur, „Where is Technology Taking the Economy?" *McKinsey Quarterly*, Oktober 2017.
2. Yuval Noah Harari, *Homo Deus: Eine Geschichte von Morgen* (München: C.H.Beck, 2018).
3. Jeff John Robert und Adam Lashinsky, „Hacked: How Companies fight back", *Fortune*, 22. Juni 2017. „Im Endeffekt sind allerdings die Menschen genauso schuld wie die Software. ‚Die schwache Schattenseite der Sicherheit ist kein Versagen der Technik, sondern schlampige Prozessumsetzung oder mangelhafte soziale Verfahrenstechnik', sagt Asheem Chandna." Er ist Investor bei Greylock Partners und Direktor des Sicherheitsunternehmens Palo Alto Networks. „Chandna stellt fest, dass die meisten Hackerangriffe auf zwei Arten stattfinden, die beide kein anspruchsvolles technisches Wissen erfordern: Eine Angestellte klickt auf eine versteckte Falle in einem Link oder in einem Anhang – vielleicht in einer E-Mail, die von ihrem Boss zu kommen scheint – oder jemand stiehlt das Passwort eines Angestellten und erhält so Zugang zum Firmennetzwerk."
4. Karl Marx und Friedrich Engels, Gesammelte Werke, Band 3, *Deutsche Ideologie*, (Berlin: Dietz, 1978), S. 33.
5. William F. Buckley Jr., *Cancel Your Own Goddam Subscription* (New York: Basic Books, 2007), S. 21–24. J. R. Nyquist, „How to Immanentize the Eschaton", *Financial Sense, Applying Common Sense to Markets*, 6. Juli 2009. „Im Jahr 1969 schrieb ein Sechzehnjähriger dem konservativen Kolumnisten William F. Buckley Jr. und bat ihn, ‚mich darüber aufzuklären, was, um Himmels willen, der Begriff „das Eschaton immanentisieren" bedeutet'. Buckley antwortete: ‚Eschaton bedeutet im Großen und Ganzen die letzten Dinge im Ablauf der Zeit, während immanentisieren ungefähr bedeutet, der Zeit innezuwohnen. Folglich läuft die Immanentisierung des Eschaton darauf hinaus, an der weltlichen Erfahrung teilzuhaben gemäß der menschlichen Herrschaft, die jenseits der Zeit und daher jenseitig ist. So etwas zu versuchen, hieße, die Transzendenz Gottes zu leugnen und zu vermuten, dass Utopia in dieser Welt verwirklicht werden kann'.
„Ich finde Buckleys Antwort witzig, weil ‚das Eschaton zu immanentisieren' im Grunde heißt, das Ende der Welt (d. h. ‚die letzten Dinge im Ablauf der Zeit') herbeizuführen. Man könnte sagen, dass diejenigen, die die Transzendenz Gottes leugnen, bei ihrem Versuch, ihr dummes Utopia zu errichten, die Apokalypse in sich selbst tragen. Denn welche bessere Möglichkeit gäbe es schon, die ‚Endzeit' herbeizuführen? Diejenigen, die uns vom Rassismus, Sexismus und Klassismus befreien wollen und bemüht sind, die ‚eine Welt' zu erschaffen, erkennen nicht, dass die Menschheit nicht vervollkommnungsfähig ist und dass jeder Versuch, den Menschen zu perfektionieren, wahrscheinlich zur Verwirrung der grundlegenden Instinkte führt und jegliche funktionierende Ordnung, die wir errichten konnten, zerstört."

6. Ronald H. Coase, *The Firm, The Market, and The Law* (Chicago: University of Chicago Press, 1988), S. 7. „Die Obergrenze der Firmengröße ist erreicht, wenn ihre Kosten, eine Transaktion zu organisieren, mit den Kosten, sie vom Markt durchführen zu lassen, übereinstimmen."

Kapitel 2: Googles Weltsystem

1. Stephenson lieh sich den Titel von Newton selbst, der den dritten Band seiner *Principia* „De mundi systemate" nannte.

2. D. T. Whiteside, *The Mathematical Papers of Isaac Newton*, (Cambridge: Cambridge University Press, 2008), xxix.

3. Franz Lieber, "Appointment in Tomorrow," *Galaxy Science Fiction*, Juli 1951.

4. Zu meinen Untersuchungen dieser Theorie siehe *Knowledge and Power* (2013), erweitert in *The Scandal of Money* (2016).

5. Nathan K. Lewis, "The World's Experience with Gold Standard Systems," Kapitel 5 in *Gold: The Monetary Polaris* (New Berlin, N.Y.: Canyon Maple Publishing, 2013).

6. Ebd.

7. Zitate von David Hilbert: https://de.wikiquote.org/wiki/David_Hilbert.

8. Gregory J. Chaitin, *Thinking about Gödel and Turing: Essays on Complexity, 1970–2007* (Hackensack, N. J.: World Scientific Publishing Co., 2007), S. 281, passim.

9. William Briggs, *Uncertainty: The Soul of Modeling, Probability and Statistics* (Switzerland: Springer International Publishing, 2016), S. 32.

10. Hubert Yockey, *Information Theory, Evolution, and the Origin of Life* (New York: Cambridge University Press, 2005). *Information Theory and Molecular Biology* (1992).

11. George Dyson, *Turings Kathedrale: Die Ursprünge des digitalen Zeitalters*. (Berlin: Ullstein, 2016), S. 336. Er zitiert Turings Dissertation unter Alonzo Church in Princeton: Alan Turing, „Systems of Logic Based on Ordinals", S. 161.

12. Werner Heisenberg, der 1927 das Unbestimmtheitsprinzip in die Physik eingeführt hatte, war unter den Zuhörern, als Gödel 1930 seinen Unvollständigkeitssatz vorstellte, verfehlte es jedoch, ihn als Verallgemeinerung seiner eigenen Erkenntnis zu würdigen. Einige Zeit später schob Gödel bekanntlich den Physiker John Wheeler aus seinem Büro, als der andeutete, es gebe eine Verbindung zwischen dem Unbestimmtheitsprinzip in der Physik und dem scheinbar verwandten Prinzip in der Datenverarbeitung.

13. Chaitin, *Proving Darwin: Making Biology Mathematical* (New York: Pantheon Books, 2012), S. 212. Wie Hubert Yockey beweist Chaitin, dass Darwin unbeweisbar, aber mathematisch verständlich ist. Siehe auch Chaitin, *Thinking*

about Gödel and Turing, S. 333. „Die Zahl *Omega* ist die Wahrscheinlichkeit, dass ein zufällig ausgewähltes, in sich geschlossenes (netzunabhängiges) Computerprogramm ... letztlich anhalten wird, statt endlos weiterzurechnen ... Erstaunlicherweise ist jedoch der genaue numerische Wert von *Omega* unberechenbar und eigentlich irreversibel komplex. [Dies] kann pessimistisch interpretiert werden, in dem Sinn, dass die menschliche Erkenntnis begrenzt ist. Die optimistische Interpretation, die ich bevorzuge, lautet: *Omega* zeigt, dass man Mathematik nicht mechanisch betreiben kann und dass Intuition und Kreativität ihre wesentlichen Bestandteile sind. Tatsächlich ist *Omega* in gewisser Hinsicht die kristallisierte, konzentrierte Essenz der mathematischen Kreativität."

Kapitel 3: Googles Wurzeln und Religionen

1. http://citeseer.ist.psu.edu/stats/articles. Ich habe die Aufsätze von Stanford und Google gezählt.

2. Eine übersichtliche Erklärung von PageRank und der Suchtechnologie findet man in John MacCormicks Buch *Nine Algorithms that Changed the Future: The Ingenious Ideas that Drive Today's Computers* (Princeton: Princeton University Press, 2012), S. 10–37.

3. Larry Page, hey, praktisch all seine Zitate sind über Google zugänglich!

4. David Gelernter, *Gespiegelte Welten im Computer* (München: Carl Hanser, 1996).

5. Page, ebd.

6. Wenn Sie die Textversion der Geschichte über die Erfinder und Gründer jenseits aller Suchressourcen von Google bevorzugen, dann finden Sie reichlich Stoff in Steven Levys Buch *Google Inside: Wie Google denkt, arbeitet und unser Leben verändert* (Frechen: mitp, 2012) oder in der schmeichelnden Prosa des im Umgang mit Medien versierten *New Yorker*-Autors Ken Auletta, *Googled: The End of the World as We Know It* (New York: Penguin Books, 2010). Die olympische Sicht von ganz oben bieten Eric Schmidt und Jonathan Rosenberg, mit einem Vorwort von Larry Page, *Wie Google tickt – How Google works* (Frankfurt: Campus, 2015).

7. Fred Turner, *Burning Man at Google: A Cultural Infrastructure for New Media Production* (Sage Journal, 2009).

8. Der sensationslüsterne, streitsüchtige und eloquente Scott Cleland und der technikaffine Ira Brodsky entfesseln einen gezielten Drohnenangriff auf Googles Geschichte: Cleland, Scott and Ira Brodsky, *Search & Destroy: Why You Can't Trust Google Inc.* (St. Louis, MO: Telescope Books, 2011). Ich bin mit ihrer Feindseligkeit und ihrem Glauben an ein Rechtsmittel auf Kartellrechtsebene gegen Google nicht einverstanden, aber das Buch enthält eine Menge bissiger Beobachtungen über Googles Unternehmensstrategie.

9. Cleland. ebd., S. 82.

Kapitel 4: Das Ende der Gratiswelt

1. Jerry Bowyer, "Will Bitcoin Kill Don Draper? The Real End of an Era", *Forbes.com*, 31. Mai 2015.
2. Douglas Edwards, *Google-Mitarbeiter Nr. 59: Der erste Insider-Bericht aus dem Weltkonzern* (München: Redline, 2012), S. 27.
3. Jeremy Rifkin, *Die Null-Grenzkosten-Gesellschaft: Das Internet der Dinge, kollaboratives Gemeingut und der Rückzug des Kapitalismus* (Frankfurt am Main: S. Fischer, 2016). Siehe auch seine Rede bei Google, *https://www.youtube.com/watch?v=5-iDUcETjvo*.
4. Edwards, Einleitung, S. 12.
5. Jonathan Taplin, *Move Fast and Break Things: How Facebook, Google and Amazon Cornered Culture and Undermined Democracy* (New York: Little Brown and Company, 2017), S. 126, passim.
6. Daniel Colin James, "This Is How Google Collapsed", *Hacker Noon: Where hackers start their afternoons*, 27. April 2017. https://hackernoon.com/howgoogle-collapsed-b6ffa82198ee.
7. Ebd. Die meisten dieser Zahlen stammen aus dem Blog von Daniel Colin James.

Kapitel 5: Die Zehn Gebote des Kryptokosmos

1. „Sicherheit zuletzt" ist das Prinzip des Ethernet-Erfinders Bob Metcalfe.
2. Das Bild von den M&A-Einhörnern und IPO-Gazellen ist auf den Finanzier und Philosophen William Walton zurückzuführen. Anm. d. Übers.: M&A bedeutet Mergers and Acquisitions = Unternehmensfusionen und Unternehmenskäufe.

Kapitel 6: Googles Coup mit dem Rechenzentrum

1. George Gilder, „The Information Factories", *Wired*, 1. Oktober 2006. Ursprünglich ging ich als freier Autor für *Wired* auf die Reise, und ein großer Teil des Textes in diesem Kapitel, einschließlich der ersten Absätze, erschien zuerst in *Wired*. Allerdings wurden sämtliche Daten und Themen zwölf Jahre später für dieses Buch auf den neuesten Stand gebracht.
2. The Dalles ist nur ein Teil von Googles weltweitem Imperium von Rechenzentren, das aus rund zwei Millionen Servern an 15 Orten, von Singapur bis zu Quilicura in Chile, besteht.
3. Jaron Lanier, *Wem gehört die Zukunft? Du bist nicht der Kunde der Internetkonzerne, du bist ihr Produkt* (Hamburg: Hoffmann & Campe, 2014), S. 86, passim.

4. Gordon Bell, „Bell's Law for the Birth and Death of Computer Classes", *Communications of the ACM*. 51 (1), Januar 2006: S. 86–94.

5. Beschrieben von Tracy Kidder in seinem Meisterwerk *Die Seele einer neuen Maschine* (Basel: Birkhäuser, 1982). Niemand hat so lebendig wie er die endlose Geschichte vom Design neuer Computer und Software eingefangen.

6. Urs Hölzle, Rede auf der Optical Fiber Conference in Los Angeles am 11. April 2017. Diese und viele andere Reden Hölzles sind auf YouTube abrufbar, während seine umfassendere Analyse mit Luiz Barroso und Jimmy Clidaras in *The Datacenter as a Computer* (San Raphael, CA: Morgan and Claypool Publishers, 2013) erläutert wurde.

7. „The Information Factories", *Wired*, ebd., siehe Endnote 1.

8. Andy von Bechtolsheim, ebd., und von Arista auf der „Cloud Hardware Conference" der Linley Group am 8. Februar 2017 auf den neuesten Stand gebracht.

Kapitel 7: Dallys Parallelparadigma

1. Diese Reise in die Zukunft mit Bill Dally fand am 25. August 2017 im Anschluss an ein langes Interview bei Nvidia in Mountainview statt. Dem vorausgegangen waren in den Jahren zuvor Gespräche am Caltech und am MIT und die sorgfältige Lektüre seines Buchs *Principles and Practices of Interconnection Networks* (San Francisco: Morgan Kauffmann Publishers, 2004) mit Co-Autor Brian Towles. Außerdem studierte ich Artikel von Dally und seinen Kollegen, einschließlich „The GPU Computing Era" mit John Nickolls, der ebenfalls bei Nvidia arbeitet, in *IEEE Micro*, März–April 2010, sowie „Scaling the Power Wall: A Path to Exascale" von Dally und elf Kollegen in *IEE Micro*, September–Oktober 2011. Es stellt sich heraus, dass Nvidia alles erreicht hat, was es in diesen frühen Publikationen plante. Dally hat mich schon lange beeinflusst, ist aber offensichtlich nicht verantwortlich für meine in diesem Kapitel oder sonstwo geäußerten Ansichten.

2. Nick Tredennick und Brion Shimamoto, „Embedded Systems and the Microprocessor", *Microprocessor Report* (Cahners), 24. April 2000. Er pflegte, Witze über das begehrte Segment namens „Null-Verkäufe" zu reißen – Chips, die für die Luft-und Raumfahrt und für andere Märkte hergestellt wurden und deren Nachfrage sich auf einige Hundert Chips oder weniger belief.

3. HC03 (1991), 26–27. August. Hot Chips: A Symposium on High Performance Chips, finanziert vom IEEE Technical Committee on Microprocessors and Microcomputers in Zusammenarbeit mit ACM-SIGARTH. https://www.hotchips.org/archives/1990s/hc03/. Die Konferenz fand im Stanford Memorial Auditorium statt, und alle waren sie da, von den Konferenzvorsitzenden John Hennessy und Forrest Baskett (Silicon Graphics) bis zu Dally und Tom Knight vom MIT und einem ganzen Bataillon von Texas Instruments, sowie David Perlmutter und Michael Kagan von Intel Israel, um für den vom Pech

verfolgten i860-Chip mit der Architektur des „very long instruction word"
(VLIW; etwa: breites Befehlsformat) zu werben, der sich zu dem ebenfalls
unter keinem guten Stern stehenden Itanium entwickelte.

4. Eine prägnante Einführung in die Technologie des maschinellen Lernens ist das Buch des Autorenteams Yaser S. Abu-Mostafa, Malik Magdon-Ismail, Tsuan-Tien Lin, *Learning from Data: A Short Course* (AMLbook.com). Bei einem faszinierenden Abendessen im Caltech Athenaeum im Februar 2013 führte mir Abu-Mostafa sein herausragendes Können im Bereich des maschinellen Lernens vor.

5. John Markoff, „How Many Computers to Identify a Cat? 16,000", *New York Times*, 25. Juni 2012.

6. Claude Elwood Shannon, "A Mathematical Theory of Communication," publiziert im Bell Systems Technical Journal im Oktober 1948 und verfügbar unter N. J. A. Sloane, Aaron D. Wyner, edits, Shannon *Collected Papers* (Piscataway, NJ: IEEE Press, 1993), Abschnitt 12: "Equivocation and Channel Capacity", S. 33.

7. Thiel setzte seine Kritik in seinem aufschlussreichen Buch fort: Peter Thiel mit Blake Masters, *Zero to One: Wie Innovation unsere Gesellschaft rettet* (Frankfurt am Main: Campus, 2014).

8. Talk of the Town, *New Yorker*, 6. Dezember 1958, https://www.newyorker.com/magazine/1958/12/06/rival-2.

Kapitel 8: Markow und Midas

1. Lawrence Rabiner, „Hidden Markov Models", *Proceedings of the IEEE*, Februar 1989. Dieser Artikel belegt inzwischen den sechsten Platz der meistzitierten Arbeiten der gesamten Informatikliteratur.

2. Philipp von Hilgers und Amy N. Langville, "The Five Greatest Applications of Markov Chains," in Amy N. Langville und William J. Stewart, Hg., *Proceedings of the Markov Anniversary Meeting* (Altadena, Calif.: Boson Books, 2006), S.156 ff.

3. Claude Elwood Shannon, "A Mathematical Theory of Communications" in *The Bell System Technical Journal*, Oktober 1948, Abschnitt 4, "Graphical Representation of a Markoff Process", in *Collected Papers* (Piscataway, NJ: IEEE Press, 1993), S. 15. „Stochastische Prozesse der oben beschriebenen Art („Der diskrete, rauschfreie Kanal") sind mathematisch als Markow-Prozesse bekannt ... [Eine] diskrete [Informations]quelle kann für unsere Zwecke als Markow-Prozess dargestellt werden. Der allgemeine Fall lässt sich wie folgt beschreiben: Es existiert eine endliche Anzahl möglicher ‚Zustände' eines Systems ... Zusätzlich gibt es eine Menge Übergangswahrscheinlichkeiten; ... die Wahrscheinlichkeit, dass ein im Zustand Si befindliches System als nächstes in den Zustand Sj übergehen wird ... [W]ir setzen voraus, dass für jeden

Übergang ein Buchstabe erzeugt wird ... Die Zustände werden dem ‚Einflussrest' der vorausgegangenen Buchstaben entsprechen."

4. Ray Kurzweil, *Das Geheimnis des menschlichen Denkens* (Berlin: Lola Books, 2014), S. 142. Kurzweil erklärt, dass hierarchische, verborgene Markow-Modelle und verwandte Modelle, wie fast jedes maschinelle Lernen, auf Hierarchien linearer Sequenzen beruhen, mit Schwerpunkten und adaptivem Lernen in den Verbindungen, die auf dem Eintauchen in Daten beruhen.

5. Amy Langville und Carl D. Meyer, *Google's Page Rank and Beyond: The Science of Search Engine Rankings* (Princeton: Princeton University Press, 2006, 2011).

6. Kurzweil, *Das Geheimnis des menschlichen Denkens*, S. 152 ff.

7. George Gilder, *Microcosm: The Quantum Revolution in Economics and Technology* (New York: Simon & Schuster, 1989), S. 262–289.

8. Jaron Lanier, *Wem gehört die Zukunft? Du bist nicht der Kunde der Internetkonzerne, du bist ihr Produkt* (Hamburg: Hoffmann & Campe, 2014), S. 20.

9. Ebd., S. 20 ff.

10. Ebd., S. 18.

11. Hal Lux, "The Secret World of Jim Simons," *Institutional Investor*, November 2000, https://www.institutionalinvestor.com/article/b151340bp779jn/thesecret-world-of-jim-simons.

12. Robert P. Crease, *The Prism and the Pendulum: The Ten Most Beautiful Experiments in Science* (New York: Random House, 2004), S. 59–76, Kapitel 4: "Newton's Decomposition of Light with Prisms."

13. Lanier, *Wem gehört die Zukunft?*, S. 21 ff.

14. Ebd., S. 206.

Kapitel 9: Leben 3.0

1. Max Tegmark, *Leben 3.0: Mensch sein im Zeitalter Künstlicher Intelligenz* (Berlin: Ullstein, 2017). Er beschreibt die Saga der Organisierung und Finanzierung der Konferenz im Nachwort: „Die Geschichte des FLI-Teams [Future of Life Institute]", S. 471–493.

2. Tegmark, Leben 3.0, S. 12.

3. Ebd., S. 12.

4. Musk über KI: https://www.cnbc.com/2018/03/13/elon-musk-at-sxsw-a-i-ismore-dangerous-than-nuclear-weapons.html.

5. Hawking über KI. Sie gab ihm eine Stimme, und er benutzte sie, um vor der KI zu warnen. https://qz.com/1231092/ai-gave-stephen-hawking-a-voice-and-he-used-it-to-warn-usagainst-ai/.

6. Ray Kurzweil popularisierte in seinen Reden das Märchen vom Kaiser von China und dem Erfinder des Schachspiels. Der Kaiser war so dankbar für die Erfindung, dass er dem Erfinder alles versprach, worum er ihn bitten würde. Der Erfinder sagte: „Nur ein Reiskorn auf dem ersten Feld des Schachbretts ... und die Verdopplung der Körner auf jedem folgenden der 64 Felder." Da der Kaiser kein Mathematiker war, willigte er sogleich in das exponentielle Verfahren ein. Um 2^{64} (minus 1) Körner bereitzustellen, müsste er den Erfinder mit ungefähr 18 Millionen Billionen Körnern belohnen. Das ist der gesamte Reis, der je auf der Erde geerntet wurde, und nicht einmal diese Menge würde genügen. Kurzweil weist darauf hin, dass der Kaiser in dem Moment in Schwierigkeiten gerät, wenn die Verdopplung die zweite Hälfte des Schachbretts erreicht. Kurzweil spekuliert über zwei Möglichkeiten, wie die Geschichte ausgeht: Entweder übernimmt der Erfinder das Kaiserreich oder er wird enthauptet. Die Lektion für Erfinder lautet also, *den Kaiser im Auge zu behalten.*

7. Tegmark, *Leben 3.0*, S. 236.

8. Ebd., S. 220 ff.

9. Ebd., S. 366.

10. Ray Kurzweil, Herausgeber, *Kurzweil.ai.net*, wobei AI hier für Accelerating Intelligence (beschleunigende Intelligenz) steht.

11. G. K. Chesterton, *Vom Wind und den Bäumen: Gewichtige Kleinigkeiten* (Coesfeld: Elsinor, 2016), S. 58.

12. Lanier, Jaron, *Gadget – Warum die Zukunft uns noch braucht* (Berlin: Suhrkamp, 2010), S. 30.

13. Charles Sanders Peirce, *Chance, Love and Logic: Philosophical Essays,* herausgegeben mit einer Einführung von Morris R. Cohen, mit einem ergänzenden Aufsatz von John Dewey, (New York: Barnes & Noble, 1923). Eine erhellende Einführung in das Peirce'sche Werk liefert Josiah Lee Auspitz, „The Wasp Leaves the Bottle" in *The American Scholar*, 2001, S. 602–619. E. T. Nozawa wendet Peirce auf Informationssysteme und Software an: „Peircean Semeiotic: A New Engineering Paradigma for Automatic and Adaptive Intelligent Systems Design" (Marietta, Georgia: Lockheed Martin Aeronautics). Die Arbeit zeigt, dass „die Peirce'sche Semiotik [die Wissenschaft der Zeichen und Symbole] eine äußerst revolutionäre Rolle in der fortgeschrittenen Entwicklung der künstlichen Intelligenz, der Kognitionswissenschaft" und anderer Informationswissenschaften spielt.

14. Michael Denton, *Nature's Destiny: How the Laws of Biology Reveal Purpose in the Universe* (New York: The Free Press, 1998), S. 324–327 in Kapitel 14: "The Dream of Asilomar."

15. Leigh Cuen, "What Really Is Ethereum? Co-Founder Joe Lubin Explains", *International Business Times*, 24. August 2017, http://www.ibtimes.com/whatreally-ethereum-co-founder-joe-lubin-explains-2578228.

16. Klint Finley, "Out in the Open: Teenage Hacker Transforms Web into One Giant Bitcoin Network", *Wired*, 27. Januar 2014, https://www.wired.com/2014/01/ethereum/.

Kapitel 10: 1517

1. Die Website des Thiel-Stipendiums: http://thielfellowship.org/about/.

2. „Im Jahr 2012 nahm ich an der University of Waterloo mein Studium auf; 2013 wurde mir klar, dass Krypto-Projekte 30 Stunden meiner Zeit pro Woche in Anspruch nahmen, also ließ ich das Studium sausen. Ich reiste um die Welt, lernte viele Krypto-Projekte kennen und erkannte schließlich, dass sie alle viel zu sehr mit spezifischen Anwendungen beschäftigt waren, während Verallgemeinerungen zu wünschen übrig ließen – so kam Ethereum zustande, das mich seitdem auf Trab hält ..." Vitalik Buterin, https://about.me/vitalik_buterin.

3. Die Website des 1517-Fonds. http://www.1517fund.com/thesis/.

4. Pony Tracks „Bewaffnung"; Bruce Newman, „Tanks for the Memories: Historic Collection of Military Might Auctioned for More Than $ 10 Million", Mercury News, 13. Juli 2014, https://www.mercurynews.com/2014/07/13/tanks-for-the-memories-historic-collection-of-military-might-auctioned-for-more-than-10-million/.

Kapitel 11: Der Raub

1. Hal Finney postete diese Antwort an Satoshi am 16. Januar 2009 auf dem Forum, das heute Bitcoin Forum genannt wird.

2. Finney, ebd.

3. John Mauldin und Jonathan Tepper, *Code Red: How to Protect Your Savings from the Coming Crisis* (Hoboken, NJ: John Wiley & Sons, 2014).

4. Ayn Rand, *Atlas wirft die Welt ab* (München: Blanvalet, 1989).

5. Nermin Hajdarbegovic, "Linguistic Researchers Name Nick Szabo as Author of the Bitcoin Whitepaper", *Coindesk*, 16. April 2014. Er wies auf ein Expertenteam forensischer Linguisten hin, angeführt von Professor Jack Grieve an der Ashton University im englischen Birmingham. In der Geschichte wird auch der Linguistikforscher Skye Greye zitiert, der im Dezember 2013 zum selben Schluss kam. Michael Chon von Booz Allen Hamilton veröffentlichte jedoch am 26. Dezember 2017 eine Abhandlung, die eine Reihe von Klassifizierungsalgorithmen ins Feld führte, die Szabo als Autor des Weißbuchs, aber Ian Grigg, einen Partner von Craig Wright, als den Autor von Satoshis E-Mails identifizierten. Grigg hat Wright und Kleiman als die wichtigsten Mitglieder des Satoshi-Teams genannt. Ungeachtet der besonderen Rolle, die Szabo spielt, ist er der originellste und spannendste Denker in der Gruppe, und seine Abhandlung über Bitgold ist prophetisch.

6. George Gilder, *Telecosm: The World after Bandwidth Abundance* (New York: Simon & Schuster, 2000), S. 116 ff. Diese Beschreibung von Marc Andreessen wurde zuerst in der Zeitschrift *Forbes ASAP* als "The Coming Software Shift" veröffentlicht und 1996 von Rich Karlgaard unter der Forbes-Marke American Heritage in einer Sammlung meiner ASAP-Artikel mit dem Titel *Telecosm* neu veröffentlicht.
7. Clifford Stoll, *Die Wüste Internet – Geisterfahrten auf der Datenautobahn* (Frankfurt am Main: S. Fischer, 1996).
8. Marc Andreessen, „Why Bitcoin Matters", *New York Times*, 21. Januar 2014.

Kapitel 12: Auf der Suche nach Satoshi

1. Stellen Sie sich dies als ein geplantes Drehbuch für ein historisches Dokudrama über Satoshi vor. Es beruht ganz und gar auf den gespeicherten Posts von Satoshi selbst, ausgeschmückt mit Scherzen und anderen Hilfsmitteln, die charakteristisch für historische Romane sind. Satoshi Nakamotos berühmtes Weißbuch heißt „Bitcoin: A Peer-to-Peer Electronic Cash System" (2008). Die zuverlässigste Darstellung der Details stammt von Andreas M. Antonopoulos, *Bitcoin und Blockchain – Grundlagen und Programmierung: Die Blockchain verstehen, Anwendungen entwickeln* (Heidelberg: O'Reilley, 2018).
2. Stiftung für Peer-to-Peer-Alternativen, https://p2pfoundation.net.
3. Craig Wright, „Shinseiki Evangerion", *nChain: The Future of Bitcoin*, Arnhem, Juli 2007, https://www.youtube.com/watch?v=JdJexAYjrDw&t-49s.

Kapitel 13: Kampf der Blockchains

1. Andrew O'Hagan, „The Satoshi Affair", *London Review of Books*, Band 38, Nummer 13, 30. Juni 2016; siehe auch *Das geheime Leben – Wahre Geschichten von der dunklen Seite des Internets* (Frankfurt am Main: S. Fischer, 2017).
2. Craig Wright, "Future of Bitcoin Talk", Arnhem, Niederlande, YouTube, https://www.youtube.com/watch?v=JdJexAYjrDw.
3. http://gavinandresen.ninja/satoshi (2. Mai 2016).
4. Swirlds ist eine Plattform für dezentrale Anwendungen auf der Grundlage des „Hashgraph"-Konsensalgorithmus. https://www.swirlds.com/. IOTA ist ein quelloffenes, dezentrales Hauptbuch, das keine Blockchain benutzt. Sein quantensicheres Protokoll wird „Tangle" genannt. https://blog.iota.org/the-tangle-an-illustrated-introduction-4d5eae6fe8d4.
5. Saifedean Ammous, *The Bitcoin Standard* (New York: Wiley, 2018).
6. Chris Burniske und Jack Tatar, *Cryptoassets: Das Investoren-Handbuch für Bitcoin, Krypto-Token und Krypto-Commodities* (München: Franz Vahlen, 2018), S. 175–177.

Kapitel 14: Blockstack

1. Neal Stephenson, *Snow Crash* (München: Wilhelm Goldmann, 1994).
2. Stephenson, *Snow Crash*, S. 36: „Diese Einschienenspur ist eine kostenlose öffentliche Anwendersoftware, die es Anwendern ermöglicht, sich schnell und reibungslos auf der Straße zu bewegen ..." (ebd.).
3. Muneeb Ali, "Trust-to-Trust Design of a New Internet", (Dissertation, Princeton University, Juni 2017), https://muneebali.com/thesis.
4. Tedx, New York, https://www.youtube.com/watch?v=qtOIh93Hvuw&t=28s.
5. Muneeb Ali, "Things Engineers Do to Move to the US", *Medium*, 26. April 2015. https://medium.com/@muneeb/living-on-one-mcfish-a-day-for-the-american-dream-592ed97c1bab.
6. Andy Oram, Hg., *Peer-to-Peer: Harnessing the Power of Disruptive Technologies* (Sebastopol, Calif.: O'Reilly & Associates, 2001). Dieses Buch ist eine Schatztruhe. Es beschreibt die Forschung über dezentrale Systeme und Kryptografie in den 1990er-Jahren, die zur Blüte der Kryptowährung unserer Zeit geführt hat. Als eines der ersten Krypto-Token wurde „Mojo", neben eCash, als Vorläufer der Kryptowährungen von Michael Freedman und anderen gründlich besprochen. Freedman beschäftigte sich mit Mikrozahlungen, „kenntnisfreien Beweisen" (zero-knowledge proofs), digitalem Bargeld, mathematischen Hashes und anderen relevanten Betätigungen am MIT und in Princeton. Für *Peer-to-Peer* schrieb er ein Kapitel über „Free Haven" (ein anonymes Speichersystem, worin die Publizisten die Geltungsdauer ihres Dokuments bestimmen), S. 159–187. Sein Kapitel „Accountability" (S. 271–340) thematisiert Mikrozahlungen, „Hash Cash", Zuverlässigkeitssysteme, doppelte Ausgaben, Arbeitsnachweise und andere Themen, die mit der Blockchain zu tun haben. Freedmans Co-Autoren waren in beiden Abhandlungen David Molnar und Robert Dingledine, ein Schüler von Ron Rivest – einer der Erfinder der RSA-Verschlüsselung, die nach Rivest, Shamir und Adlemann benannt ist und der, wie Adi Shamir, ein begeisterter Befürworter digitalen Bargelds ist. Gemeinsam gehören sie zur prominenten Krypto-Elite aus Berkeley, Harvard und von Microsoft. Jeder dieser Typen wäre vermutlich kompetent genug, um Satoshi sein zu können.
7. Muneeb Ali, „Trust-to-Trust", S. 60.
8. Berners-Lee in der Charlie Rose Show: https://charlierose.com/videos/29038.

Kapitel 15: Die Rückeroberung des Netzes

1. Muneeb Ali, „Trust-to-Trust", S. 31.
2. Jude Nelson et al., "Extending Existing Blockchains with Virtualchain", Workshop über dezentrale Kryptowährungen und Konsenshauptbücher, Chicago, IL, Juli 2016.

Kapitel 16: Brendan Eichs Rückkehr mit Brave

1. Kevin Kelly, *The Inevitable: Understanding the 12 Technological Forces that Will Shape Our Future* (New York: Penguin, 2017), S. 229.
2. Ebd., S. 229.

Kapitel 17: Yuanfen

1. Peter Thiel mit Blake Masters, *Zero to One: Wie Innovation unsere Gesellschaft rettet* (Frankfurt am Main: Campus, 2014), S. 79.
2. Alexander Mordvintsev, Christopher Olah und Mike Tyka, "Inceptionism: Going Deeper into Neural Networks", Google Research Blog, 17. Juni 2015, https://research.googleblog.com/2015/06/inceptionism-going-deeper-into-neural.html.
3. Steven Levy, "Inside Deep Dreams: How Google Made Its Computers Go Crazy", *Wired*, 11. Dezember 2015, https://www.wired.com/2015/12/inside-deep-dreams-how-google-made-its-computers-go-crazy/.
4. "Here's How To Make Your Own Dreamscope A.I. Images" by "burnersxxx", 16. Juli 2015, https://burners.me/tag/dreamscope/.

Kapitel 18: Sky Computing ist im Kommen

1. Urs Hölzle, Grundsatzrede auf der Optical Fiber Conference, Los Angeles, 11. April 2017, https://www.youtube.com/watch?v=n9zEiGyvJ-A.
2. Ebd.
3. SWNS, "Americans Check Their Phones 80 Times a Day: Study," *New York Post*, 8. November 2017, https://nypost.com/2017/11/08/americans-check-theirphones-80-times-a-day-study/.
4. Muneeb Ali, "The Next Wave of Computing", August 2017, https://medium.com/@muneeb/latest.
5. Ivan Liljeqvist, *Ivan on Tech*, https://www.youtube.com/watch?v=fEDKGyeF6fw.
6. OTOY, Render-Token-Weißbuch, 17. August 2017, https://rendertoken.com/pdf/1.7RenderTokenWhitepaper.pdf.
7. Ebd.
8. Brendan Eich, "The Render Token," 25. September 2017, https://brendaneich.com/.

Kapitel 19: Ein globaler Aufstand

1. "The World's Most Dangerous Cities", *The Economist*, 31. März 2017, https://www.economist.com/blogs/graphicdetail/2017/03/daily-chart-23.
2. Francisco Pérez de Antón, *In Praise of Francisco Marroquín* (Guatemala: Universidad Francisco Marroquín, 1999).
3. Manuel F. Ayau, Stellungnahme zur Philosophie und Antrittsrede, Universidad Francisco Marroquín, 1972.
4. Marla Dickerson, "Leftist Thinking Left Off Syllabus", *Los Angeles Times*, 6. Juni 2008, http://www.latimes.com/world/mexico-americas/la-fi-guatemala6-2008jun06-story.html.
5. Carlos Sabino, Wayne Leighton, *Privatization of Telecommunications in Guatemala: A Tale Worth Telling*, Case Study (The Antigua Forum, 2013); Rocio Cara Labrador and Danielle Renwick, "Central America's Violent Northern Triangle", Council on Foreign Relations Backgrounder, 18. Januar 2018, https://www.cfr.org/backgrounder/central-americas-violent-northerntriangle. Giancarlo Ibárgüen über die Drogenbekämpfung: "Ich gebe der Drogenbekämpfung in den USA die Schuld für das, was hier in Guatemala geschieht." „The Drug War in Guatemala: A Conversation with Giancarlo Ibárgüen," 21. Oktober 2011, *Reason.tv*, produziert von Paul Feine und Alex Manning, http://reason.com/ blog/2011/10/21/reasontv-the-drug-war-in-guate. Mehr Fakten über Guatemala (einschließlich hoher Säuglingssterblichkeitsrate): Guatemalas Landesprofil, *BBC News*, Website zum letzten Mal aktualisiert am 3. Juli 2012, 11:42, UK, http://news.bbc.co.uk/2/hi/americas/country_profiles/1215758.stm#facts. Guatemalas Säuglingssterblichkeitsrate betrug im Jahr 2017 21 Todesfälle auf 1.000 Lebendgeburten. Nur in Haiti (46,8) und in Bolivien (35,3) sind die Bedingungen für Neugeborene in der westlichen Hemisphäre noch schlechter. Zur Säuglingssterblichkeitsrate im Ländervergleich, siehe die Schätzungen im World Factbook, 2017 der Central Intelligence Agency: https://www.cia.gov/library/publications/the-world-factbook/rankorder/2091rank.html. Höchste Säuglingssterblichkeitsrate in der westlichen Hemisphäre: 1. Haiti (#36), 2. Bolivien (#52), 3. Guatemala (#78) – in Klammern die Platzierung auf der Liste der 225 weltweit erfassten Länder.
6. Die besten 50 Orte, um Klassische Nationalökonomie zu studieren: https://thebestschools.org/features/top-places-to-study-classical-economics/.

Kapitel 20: Die Sterilisierung des Netzwerks

1. "10 US Telcom Policy Myths", http://www.danielberninger.com/10myths.html.
2. Wu, Tim, *Der Master Switch: Aufstieg und Niedergang der Informationsimperien* (Sigloch: mitp, 2012). Siehe auch *The Attention Merchants: The Epic Scramble to Get Inside our Heads* (New York: Alfred A. Knopf, 2016), wo Wu (in einer Fußnote!) einräumt, dass die Abweichung von einer netzwerkneutralen

Unternehmensstrategie den Niedergang von AOL verursacht hat: „Denn der ummauerte Garten war letzten Endes ein schwächeres Angebot als die vollständige, im Internet verfügbare Vielfalt." Er kam zu dem Schluss, dass das Streben nach dem durch Werbung erzielten Reichtum des Fernsehens auf einem Medium, das seine Inhalte nicht sendet, sondern direkt verbreitet und von den Kunden kontrolliert wird, nie funktionieren würde. Wu zitiert den AOL-Chef Steve Case mit einem köstlichen Satz: „Eins ärgert mich wirklich", sagte er, „die Werbung ist so platziert, dass die Mitglieder sie sehen werden."

3. In *Telecosm: The World After Bandwith Abundance* (New York: Simon & Schuster, Touchstone-Taschenbuchausgabe, 2000), komme ich auf S. 163 zu folgendem Schluss: „Intelligente Radios bringen einem nicht den Strand, sondern die endlosen Wellen des Meeres selbst nahe ... Im Allgemeinen sollte die FCC [Federal Communications Commission, US-Zulassungsbehörde für Kommunikationsgeräte] nichts damit zu tun haben, Lizenzen für das Spektrum zu verteilen. Stattdessen sollte sie eine Art Führerschein für Radios [für alle elektromagnetischen Sendegeräte] ausgeben. Jedem Dienstleister mit blinden oder leistungsstarken Systemen, der behauptet, er könnte ohne eine exklusive Lizenz nicht arbeiten, der am Strand baut und jeden anderen von der Brandung fernhalten will, sollte eine schwere Beweislast aufgebrummt werden."

4. Perianne Boring, „Protection Blockchain from Mad Hatter", *The Hill*, 21. November 2017.

Kapitel 21: Das Imperium schlägt zurück

1. Kai Stinchcombe, "Ten years in, nobody has come up with a use for blockchain", Medium, 22. Dezember 2017, https://hackernoon.com/ten-years-in-nobody-hascome-up-with-a-use-case-for-blockchain-ee98c180100.

Kapitel 22: Der Bitcoin-Fehler

1. George Gilder, "What Bitcoin can Teach", in *The Scandal of Money: Why Wall Street Recovers but the Economy Never Does* (Washington, DC: Regnery, 2016), S. 69–76.

2. Nathan K. Lewis, "The Gold Standard and the Myth about Money Growth", Forbes.com, 16. Februar 2012. Ein großer Teil der Daten ist auch verfügbar in *Gold: The Final Standard* (New Berlin, NY: Canyon Maple Publishing, 2017), S. 3.

3. Saifedean Ammous, *The Bitcoin Standard* (New York: Wiley, 2018).

4. Ebd., S. 40.

5. Friedrich Hayek, "Toward a Free Market Monetary System", *Journal of Libertarian Studies* 3 no. 1: 1–8.

6. Cameron Harwick, "Cryptocurrency and the Problem of Intermediation", *The Independent Review* (Spring 2016): 581.

7. Ammous, S. 16.

8. Diese Position gegen Ammous fasst Ralph Benko als erfahrener Vertreter des Goldes zusammen. Siehe auch "Why Bitcoin Never Was, Is Not, And Will Never Be the New Gold Standard," *Coin*, 7. Februar 2018, https://www.gcoin.com/blog/2018/2/7/whybitcoin-never-was-is-not-and-will-never-be-the-new-gold-standard.

9. Charles Mackay (Hg. Max Otte), *Gier und Wahnsinn: Warum der Crash immer wieder kommt* (München: FinanzBuch, 2010), Vorwort von Andrew Tobias.

Kapitel 23: Die große Entflechtung

1. Don Tapscott und Alex Tapscott, *Blockchain Revolution: Wie die Technologie hinter Bitcoin nicht nur das Finanzsystem, sondern die ganze Welt verändert* (Kulmbach: Plassen, 2016), S. 128–130, 190.

2. Clayton Christensen und Michael E. Raynor, *The Innovator's Solution: Warum manche Unternehmen erfolgreicher wachsen als andere* (München: Franz Vahlen, 2018), S. 129–145.

3. Binyamin Appelbaum, "Is Bitcoin a Waste of Electricity, or Something Worse?" *New York Times*, 28. Februar 2018.

4. Der Fehler bei der Berechnung des Bruttoinlandsprodukts (BIP), das die meisten kreativen Beiträge der Ökonomie nicht berücksichtigt, wird von dem neuen Konzept des Wirtschaftswissenschaftlers Mark Skousen korrigiert. Es nennt sich Gross Output (GO, Bruttoleistung) oder Bruttoinlandsausgaben. GO wurde im Dezember 2013 von der amerikanischen Bundesbehörde für Wirtschaftsstatistik angenommen und enthält die Ausgaben des Zwischenhandels für Investitionsgüter und Handelswaren und nicht nur die im BIP registrierten Endverkäufe. Weil GO Ersparnisse und Vermögensbildung einbezieht – zum Beispiel unternehmerische Kreativität im Kryptobereich – entspricht Skousens Verzeichnis viel besser dem darauffolgenden Wachstum, als es das BIP darstellt, das mit Staatsverschuldung und Transferzahlungen künstlich ansteigt. Während Ökonomen GO verunglimpfen, weil es sowohl den Verkauf von Automobileinzelteilen als auch den Verkauf des Autos selbst in die Berechnungen einbezieht, zählt das BIP Lebensmittel, Medizin und andere Unterstützungen für menschliche Arbeit doppelt. Die Wirtschaft ist eine Vielfalt sich überlagernder Güter und Dienstleistungen, die sich kontinuierlich verändern. Jede entsprechende Messung handelt sich das Problem der doppelten Zählung ein.

5. Tapscott und Tapscott, S. 133.

6. Max Tegmark, *Leben 3.0: Mensch sein im Zeitalter Künstlicher Intelligenz* (Berlin: Ullstein, 2017), S. 229 ff. Tegmark weist darauf hin, dass eine künstliche Intelligenz, die mit der Geschwindigkeit von einer Operation pro

Nanosekunde arbeitet (arbeiten heißt hier mit der Gigahertz-Taktfrequenz aktueller Computer), uns wie eine Operation alle vier Monate vorkommen würde.

7. Nick Tredennick und Paul Wu, *Transaction Security, Cryptochain, and Chip Level Identity* (Cupertino: Jonetix, 2018). Siehe auch Tredennick und Wu, "Transaction Security Begins With Chip Level Identity", Int'l Conference on Internet Computing and Internet of Things, ICOMP, 2017.

8. Leemon Baird, "The Swirlds Hashgraph Consensus Algorithm: Fair, Fast, Byzantine Fault Tolerance", Swirlds Tech Report, 31. Mai 2016, überarbeitet am 16. Februar 2018.

9. Leemon Baird, Mance Harmon und Paul Madsen, "Hedera: A Governing Council & Public Hashgraph Network: The Trust Layer of the Internet", Weißbuch V1.0, 13. März 2018, S. 22.

10. Ebd., S. 19.

Nachwort: Das neue Weltsystem

1. Jason Lanier, *Anbruch einer neuen Zeit – Wie Virtual Reality unser Leben und unsere Gesellschaft verändert* (Hamburg: Hoffmann & Campe, 2018), S. 18, Einleitung.

2. Nick Paumgarten, "Mikaela Shiffrin, the Best Slalom Skier in the World", *New Yorker*, 27. November 2017.

3. Lanier, ebd., S. 84.

Literaturverzeichnis

Bücher

Abu-Mostafa, Yaser S. et al., *Learning from Data: A Short Course* (AMLbook.com).

Ali, Muneeb, *Trust to Trust Design of a New Internet*, Juni 2017. Vorgelegte Dissertation zur Erlangung des akademischen Grades des Doktors der Philosophie an der Princeton University. https://muneebali. com/thesis.

Ammous, Saifedean, *The Bitcoin Standard* (New York: Wiley, 2018).

Antonopoulos, Andreas M., *Bitcoin und Blockchain – Grundlagen und Programmierung: Die Blockchain verstehen, Anwendungen entwickeln* (Heidelberg: O'Reilly, 2018).

Auletta, Ken, *Googled: The End of the World as We Know It* (New York: Penguin Books, 2010).

Beltrami, Edward, *What Is Random? Chance and Order in Mathematics and Life* (New York: Springer, 1999).

Berlinski, David, *The Advent of the Algorithm, The Idea that Rules the World* (New York: Harcourt, 2000).

Bernstein, Jeremy, *Quantum Profiles* (Princeton: Princeton University Press, 1991).

Briggs, William, *Uncertainty: The Soul of Modeling, Probability and Statistics* (Springer International Publishing, 2016).

Burniske, Chris und Jack Tatar, *Cryptoassets: Das Investorenhandbuch für Bitcoin, Krypto-Token und Krypto-Commodities* (München: Franz Vahlen, 2018).

Casey, Michael J. und Paul Vigna, *The Truth Machine: The Blockchain and the Future of Everything* (New York: Macmillan, 2018).

Chaitin, Gregory J., *Conversations with a Mathematician* (London: Springer, 2002).

Chaitin, Gregory J., *Proving Darwin: Making Biology Mathematical* (New York: Pantheon Books, 2012).

Chaitin, Gregory J., *Thinking About Gödel and Turing: Essays on Complexity, 1970–2007* (Hackensack, NJ: World Scientific Publishing Co., 2007).

Chesterton, G. K., *Vom Wind und den Bäumen: Gewichtige Kleinigkeiten* (Coesfeld: Elsinor, 2016).

Cleland, Scott und Ira Brodsky, *Search & Destroy: Why You Can't Trust Google Inc.* (St. Louis, MO: Telescope Books, 2011).

Craig, Sir John, *The Mint* (Cambridge, UK: University Press, 1953).

Crease, Robert P., *The Prism and the Pendulum: The Ten Most Beautiful Experiments in Science* (New York: Random House, 2004).

Christensen, Clayton und Michael E. Raynor, *The Innovator's Solution: Warum manche Unternehmen erfolgreicher wachsen als andere* (München: Franz Vahlen, 2018).

Dally, William James und Brian P. Towles, *Principles and Practices of Interconnection Networks* (San Francisco: Morgan Kauffmann Publishers, 2004).

de Antón, Francisco Pérez, *In Praise of Francisco Marroquín*. (Guatemala: Universidad Francisco Marroquín, 1999).

Denton, Michael J., *Nature's Destiny: How the Laws of Biology Reveal Purpose in the Universe* (New York: The Free Press, Simon & Schuster, 1998).

Derbyshire, John, *Unknown Quantity: A Real and Imaginary History of Algebra* (Washington, DC: Joseph Henry Press, 2006).

Dyson, George, *Turings Kathedrale: Die Ursprünge des digitalen Zeitalters* (Berlin: Ullstein, 2016).

Edwards, Douglas, *Google-Mitarbeiter Nr. 59: Der erste Insider – Bericht aus dem Weltkonzern* (München: Redline, 2012).

Erickson, Jon, *Hacking: Die Kunst des Exploits* (Heidelberg: dpunkt, 2008).

Gelernter, David, *Gespiegelte Welten im Computer* (München: Carl Hanser Verlag, 1996).

Gilder, George, *Life After Television: The Coming Transformation of Media and American Life* (Knoxville, TN: Whittle Communications, 1990). Whittle Direct Books, The Larger Agenda Series.

Gilder, George, *Life After Television: The Coming Transformation of Media and American Life*, Revised Edition (New York, W.W. Norton & Company, 1994).

Gilder, George, *Microcosm: The Quantum Revolution in Economics and Technology* (Simon & Schuster, 1989).

Gilder, George, *Telecosm: The World After Bandwidth Abundance* (New York: Simon & Schuster, 2000).

Gilder, George, *The Scandal of Money: Why Wall Street Recovers but the Economy Never Does* (Washington, DC: Regnery, 2016).

Harari, Yuval Noah, *Homo Deus: Eine Geschichte von Morgen* (München: C.H. Beck, 2018).

Hölzle, Urs, *The Datacenter as a Computer* (San Raphael, CA: Morgan and Claypool Publishers, 2013).

Kelly, Kevin, *The Inevitable: Understanding the 12 Technological Forces that will Shape Our Future* (New York: Penguin Books, 2017).

Kessler, Andy, *How We Got Here: A Silicon Valley and Wall Street Primer* (Escape Velocity Press, 2004).

Kidder, Tracy, *Die Seele einer neuen Maschine* (Basel: Birkhäuser, 1982).

Kurzweil, Ray, *Das Geheimnis des menschlichen Denkens* (Berlin: Lola Books, 2014).

Langville, Amy und Carl D. Meyer, *Google's Page Rank and Beyond: The Science of Search Engine Rankings* (Princeton: Princeton University Press, 2006, 2011).

Lanier, Jason, *Anbruch einer neuen Zeit – Wie Virtual Reality unser Leben und unsere Gesellschaft verändert* (Hamburg: Hoffmann & Campe, 2018).

Lanier, Jaron, *Wem gehört die Zukunft? Du bist nicht der Kunde der Internetkonzerne, du bist ihr Produkt* (Hamburg: Hoffmann & Campe, 2014).

Lanier, Jaron, *Gadget – Warum die Zukunft uns noch braucht* (Berlin: Suhrkamp, 2010).

Levy, Steven, *Google Inside: Wie Google denkt, arbeitet und unser Leben verändert* (Frechen: mitp, 2012).

Lewis, C. S., *The Weight of Glory and Other Addresses* (New York: The Macmillan Company, 1949).

Lewis, Nathan K., *Gold: The Final Standard* (New Berlin, NY: Canyon Maple Publishing, 2017).

Lewis, Nathan K., *Gold: The Monetary Polaris* (New Berlin, NY: Canyon Maple Publishing, 2013).

MacCormick, John, *Nine Algorithms that Changed the Future: The Ingenious Ideas that Drive Today's Computers* (Princeton: Princeton University Press, 2012).

Mackay, Charles (Hg. Max Otte), *Gier und Wahnsinn: Warum der Crash immer wieder kommt* (München: FinanzBuch, 2010).

Marx, Karl und Friedrich Engels, Gesammelte Werke, Band 3, *Deutsche Ideologie* (Berlin: Dietz, 1978).

Mauldin, John und Jonathan Tepper, *Code Red: How to Protect Your Savings from the Coming Crisis* (Hoboken, NJ: John Wiley & Sons, 2014).

O'Hagan, Andrew, *Das geheime Leben. Wahre Geschichten von der dunklen Seite des Internets* (Frankfurt am Main: S. Fischer, 2017).

Oram, Andy. ed., *Peer-to-Peer: Harnessing the Power of Disruptive Technologies* (Sebastopol, CA: O'Reilly & Associates, 2001).

Peirce, Charles S., herausgegeben mit einer Einführung von Morris R. Cohen, mit einem ergänzenden Aufsatz von John Dewey, *Chance, Love, and Logic: Philosophical Essays* (New York: Barnes & Noble, 1923).

Popper, Nathaniel, *Digital Gold: Bitcoin and the Inside Story of the Misfits and Millionaires Trying to Reinvent Money* (New York: HarperCollins, 2015).

Rand, Ayn, *Atlas wirft die Welt ab* (München: Blanvalet, 1989).

Rifkin, Jeremy, *Die Null-Grenzkosten-Gesellschaft: Das Internet der Dinge, kollaboratives Gemeingut und der Rückzug des Kapitalismus* (Frankfurt am Main: S. Fischer, 2016).

Sabino, Carlos und Wayne Leighton, *Privatization of Telecommunications in Guatamala: A Tale Worth Telling*, Case Study (The Antigua Forum, 2013).

Schmidt, Eric und Jonathan Rosenberg, mit einem Vorwort von Larry Page, *Wie Google tickt - How Google Works* (Frankfurt am Main: Campus, 2015).

Shannon, Claude, mit Sloane, N.J.A. and Aaron D. Wyner, ed., *Collected Papers* (Piscataway, NJ: IEEE Press, 1993).

Stephenson, Neal, *Error* (München: Manhattan, 2012).

Stephenson, Neal, *Snow Crash* (München: Wilhelm Goldmann, 1994).

Stephenson, Neal, *Principia (Der Barock-Zyklus, Band 3)* (München: Manhattan, 2008).

Stoll, Clifford, *Die Wüste Internet: Geisterfahrten auf der Datenautobahn* (Frankfurt am Main: S. Fischer Verlag, 1996).

Sweigart, Al, *Cracking Codes with Python, an Introduction to Building and Breaking Ciphers* (San Francisco: No Starch Press, 2018).

Taplin, Jonathan, *Move Fast and Break Things: How Facebook,* Google and Amazon Cornered Culture and Undermined *Democracy* (New York: Little Brown and Company, 2017).

Thiel, Peter, mit Blake Masters, *Zero to One: Wie Innovation unsere Gesellschaft rettet* (Frankfurt am Main: Campus, 2014).

Thierer, Adam und Clyde Wayne Crews Jr., *What's Yours is Mine: Open Access and the Rise of Infrastructure Socialism* (Washington, DC: Cato Institute, 2003).

Tapscott, Don und Alex Tapscott, *Blockchain Revolution: Wie die Technologie hinter Bitcoin nicht nur das Finanzsystem, sondern die ganze Welt verändert* (Kulmbach: Plassen, 2016).

Tegmark, Max, *Leben 3.0: Mensch sein im Zeitalter Künstlicher Intelligenz* (Berlin: Ullstein, 2017).

Turner, Fred, *Burning Man at Google: A Cultural Infrastructure for New Media Production* (Sage Journal, 2009).

Turing, Alan, "On Computable Numbers, With An Application to the Entscheidungsproblem" (Princeton: Princeton Graduate Press, 1936).

Turing, Alan, *Systems of Logic*, edited and introduced by Andrew W. Appel (Princeton, NJ: Princeton University Press, 2012).

Vigna, Paul und Michael J. Casey, *Cryptocurrency: Bitcoin und Ethereum. Wie virtuelles Geld unsere Gesellschaft verändert* (Düsseldorf: Econ, 2015).

Whiteside, D.T., *The Mathematical Papers of Isaac Newton* (Cambridge, UK: University Press, 2008).

Wu, Tim, *The Attention Merchants: The Epic Scramble to Get Inside our Heads* (New York: Alfred A. Knopf, 2016).

Wu, Tim, *Der Master Switch: Aufstieg und Niedergang der Informationsimperien* (Sigloch: mitp, 2012).

Yockey, Hubert, *Information Theory, Evolution, and the Origin of Life* (New York: Cambridge University Press, 2005).

Zeitschriften

Andreessen, Marc, „Why Bitcoin Matters", *The New York Times*, 21. Januar 2014.

Andreessen, Marc, „Why Software is Eating the World", *Wall Street Journal*, 20. August 2011.

Appelbaum, Binyamin, „Is Bitcoin a Waste of Electricity, or Something Worse?" *New York Times*, 28. Februar 2018.

Arthur, W. Brian, *McKinsey Quarterly*, Oktober 2017.

Auspitz, Josiah Lee, „The Wasp Leaves the Bottle: Charles Sanders Peirce", *The American Scholar*, 2001, 602–19.

Ayau, Manuel F., „Philosophy Statement and Inaugural Address", Universidad Francisco Marroquin, 1972.

Bell, Gordon, „Bell's Law for the Birth and Death of Computer Classes", *Communications of the ACM.* 51 (1), Januar 2008.

Boring, Perianne, „Protecting Blockchain from the Mad Hatter", *The Hill*, 21. November 2017.

Dally, William James und John Nickolls, „The GPU Computing Era", *IEEE Micro*, März/April 2010.

Dally, William James et al., „Scaling the Power Wall: A Path to Exascale", *IEEE Micro*, September/Oktober 2011.

Eich, Brendan, Brave Software, *Basic Attention Token (BAT), Blockchain Based Digital Advertising*, Weißbuch (13. März 2018).

Gilder, George, „The Information Factories", *Wired*, 1. Oktober 2006.

Hajdarbegovic, Nermin, „Linguistic Researchers Name Nick Szabo as Author of the Bitcoin Whitepaper", *Coindesk*, 16. April 2014.

Levy, Steven, „Inside Deep Dreams: How Google Made Its Computers Go Crazy", *Wired*, 11. Dezember 2015, https://www.wired.com/2015/12/inside-deep-dreams-how-google-made-its-computers-go-crazy/.

Lewis, Nathan K., „The Gold Standard and the Myth about Money Growth", *Forbes.com*, 16. Februar 2012.

Lieber, Franz, "Appointment in Tomorrow", *Galaxy Science Fiction*, Juli 1951.

Nelson, Jude und Muneeb Ali, Ryan Shea, Michael J. Freedman, „Extending Existing Blockchains with Virtualchain", Workshop über dezentralisierte Kryptowährungen und Konsens-Hauptbücher, Chicago, IL, Juli 2016.

O'Hagan, Andrew, „The Satoshi Affair", *London Review of Books*, Band 38, Nummer 13, 30. Juni 2016. Siehe auch: *Das geheime Leben. Wahre Geschichten von der dunklen Seite des Internets* (Frankfurt am Main: S. Fischer, 2017).

Rabiner, Lawrence, „Hidden Markov Models", *Proceedings of the IEEE*, Februar 1989.

Roberts, Jeff John und Adam Lashinsky, „Hacked: How companies fight back", *Fortune*, June 22, 2017.

Shannon, Claude Elwood, „A Mathematical Theory of Communications" in *The Bell System Technical Journal*, Oktober 1948.

Tredennick, Nick und Brion Shimamoto, „Embedded Systems and the Microprocessor", *Microprocessor Report* (Cahners) 24. April 2000.

von Hilgers, Philipp und Amy Langville, „The Five Greatest Applications of Markov Chains", *Proceedings of the Markov Anniversary Meeting*. Boston Press, 2006.